Experiencias en la implementación de la gestión del talento humano desde el pensamiento complejo

Experiencias en la implementación de la gestión del talento humano desde el pensamiento complejo

Coordinadores
Bibiana Tobón
Haydeé Parra-Acosta
Clara Guzmán
Sergio Tobón
Luis Gibran Juárez-Hernández

Kresearch

© 2016 Kresearch Corp.
www.kresearch.us
e-mail: kresearchcorp@gmail.com

Coordinación editorial:
Haydeé Parra Acosta

Primera edición: 2016
ISBN: 978-1-945721-01-4
DOI: http://dx.doi.org/10.24944/isbn.978-1-945721-01-4
Edición: Lake Mary, FL (Estados Unidos)

Dirección:
801 International Parkway • 5th Floor • Lake Mary FL 32746 •

Tabla de Contenido

Presentación

La gestión del talento humano se define como un conjunto de acciones articuladas para lograr que las personas desarrollen sus potencialidades en la resolución de los problemas del contexto y puedan alcanzar unas determinadas metas, mediante estrategias y recursos del contexto y personales. Esto implica tanto la responsabilidad individual como organizacional y de la sociedad, pues el talento no se puede desarrollar y poner en acción solamente por factores personales, enfoque que ha primado hasta el momento en muchas organizaciones. La gestión del talento humano debe trascender el plano individual y enfocarse en lo colaborativo, considerando el sistema organizacional dentro del cual se desenvuelven las personas.

En la actualidad, la gestión del talento humano debe orientarse a afrontar los retos de la sociedad del conocimiento, la cual es diferente a la sociedad industrial y a la sociedad de la información. Esta nueva sociedad se caracteriza por el trabajo colaborativo para mejorar las condiciones de vida y lograr metas compartidas, con base en el empleo de las tecnologías de la información y la comunicación, la co-creación de conocimiento, la flexibilidad para asumir el cambio continuo y el aprendizaje personal y organizacional. En cambio, la sociedad industrial se centraba más en la producción en serie y el trabajo individual por objetivos operativos y poco flexibles, mientras que la sociedad de la información ha tenido como fin la información misma a partir de las tecnologías.

En el presente libro se describen una serie de experiencias en torno a la implementación de la gestión del talento humano en diversas organizaciones sociales, empresariales y comunitarias. Estas experiencias fueron evaluadas y seleccionadas por un comité de expertos en el área, considerando los siguientes criterios: 1) pertinencia de la propuesta acorde con el tema de la gestión del talento humano; 2) revisión bibliográfica pertinente al tema; 3) cumplimiento de las normas de redacción; y 4) relevancia para impulsar nuevos estudios en el área. Este conjunto de propuestas tanto desde lo teórico como desde lo empírico posibilitan comprender algunos elementos de cómo se está abordando la gestión del talento humano en Latinoamérica. No pretende ser un análisis exhaustivo del tema, sino simplemente mostrar el abordaje de este proceso en un conjunto de organizaciones.

Se presentan diversidad de experiencias de investigación que abordan temas tales como: 1) los ambientes virtuales de aprendizaje en el desarrollo del talento; 2) el liderazgo estudiantil; 3) el empleo de la metodología de los proyectos formativos; 4) la aplicación de la metacognición en la formación; 5) la investigación formativa; 6) el proceso de sustentabilidad; y 7) la evaluación del talento mediante e-portafolios. La mayoría de estas experiencias abordan la socioformación.

El conjunto de experiencias que se describen en la presente obra muestra un avance en la gestión del talento humano desde una perspectiva humanista, lo que implica considerar a las personas con respeto y dignidad, asumiéndolas como protagonistas de su vida y buscando que tengan calidad de vida, en el marco de la sustentabilidad ambiental y el logro de las metas organizacionales y sociales. Es así como se tienen avances en considerar a las personas como el centro de las organizaciones y los proyectos comunitarios, más que como recursos que deben encajar en procesos productivos lineales a partir de objetivos concretos establecidos para un área específica, como fue el énfasis en la sociedad industrial.

Sin embargo, esta serie de experiencias también muestra que todavía se tienen importantes retos en la gestión del talento humano, como los siguientes: 1) superar las estructuras organizacionales jerárquicas; 2) transformar las organizaciones industriales en auténticas sociedades del conocimiento con base en la visión compartida y el trabajo colaborativo; 3) pasar de la evaluación de procesos administrativos a la evaluación de desempeño a través de productos concretos; 4) promover más la gestión a través de proyectos y evitar hacerlo a partir de funciones 5) trabajar con base en una visión compartida que logre articular el trabajo de todos; 6) y cambiar los procesos de formación para que se articulen a las necesidades de las personas en función de las actividades que realizan en la vida cotidiana como en el trabajo.

Bibiana Tobón
Haydeé Parra-Acosta
Clara Guzmán
Sergio Tobón
Luis Gibran Juárez-Hernández

8

Evaluación de los artículos que conforman el presente libro

Sentido del libro

Este libro es el resultado de un proceso de investigación en diferentes países de Iberoamérica y se basa en la sistematización de experiencias de aplicación de la gestión del talento humano considerando ejes tales como la socioformación, la sociedad del conocimiento y el pensamiento complejo. Las experiencias se implementaron en entornos organizacionales, educativos y comunitarios.

Pares evaluadores de los artículos:

Dr. Roberto Wilbert Castillo Tamayo, IINDEQ, México
Mtro. Roger Loaiza Álvarez, CIMTED, Colombia
Mtro. Obed González Moreno, Universidad Anáhuac México, Escuela de Artes
Dr. José López Loya, Servicios Educativos del Estado de Chihuahua, México
Dr. David de la Oliva, Docente e Investigador, Benemérita Universidad Autónoma de Puebla, México
Dr. Luis Gibran Juárez Hernández, Centro Universitario CIFE, México
Dr. Juan Salvador Nambo de los Santos, Centro Universitario CIFE, México

Proceso de evaluación

Los artículos fueron seleccionados a partir de la evaluación de pares, quienes siguieron la siguiente lista de cotejo:

Lista de cotejo para la evaluación de los artículos de investigación		
Indicadores	Cumple	No cumple
1) El artículo contiene título, resumen en español, palabras clave, abstract, keywords, introducción, metodología, resultados, discusión y referencias.		
2) Las partes del artículo están articuladas entre si y siguen las normas APA 6ta. Edición.		
3) El título da cuenta del problema abordado en el artículo y de sus metas.		
4) El resumen contiene: propósito, metodología, principales resultados y conclusiones. Éstos elementos están articulados en un único párrafo.		

5) En la introducción se fundamenta con claridad un problema de investigación con apoyo en la revisión bibliográfica y se presenta el propósito del estudio. El problema es relevante en el contexto actual de la investigación en el área.		
6) La metodología está acorde con el problema de investigación y explica los procedimientos realizados para abordarlo con apoyo en la bibliografía.		
7) Los resultados se describen con organización y síntesis; responden a la metodología, al problema de investigación y las metas del estudio.		
8) Se analizan los resultados en la discusión mediante una síntesis de las conclusiones y una comparación con otros estudios, con apoyo en referencias pertinentes.		
9) El artículo se apoya en un conjunto amplio de referencias, la mayoría de los cuales son de los últimos 4 años.		

CAPÍTULO 1

Cartografía conceptual de los ambientes virtuales de aprendizaje en la educación superior. Un enfoque por proyectos formativos

Yolanda Selene Martínez-Rodríguez
ymartinez@ipn.mx

Nayeli Berenice Deyanira Cruz-Estrada
naycruze@gmail.com

Ma. Isabel Martínez-Godínez
mc_isabelmar@hotmail.com

Georgina Rueda-Rojas
ginarueda2003@yahoo.com

Escuela Superior de Turismo del
Instituto Politécnico Nacional, México

Referencia APA:

Martínez-Rodríguez, Y., Cruz-Estrada, N., Martínez-Godínez, M. I., & Rueda-Rojas, G. (2016). Cartografía conceptual de los ambientes virtuales de aprendizaje en la educación superior. Un enfoque por proyectos formativos. En B. Tobón, H. Parra-Acosta, C. Guzmán, S. Tobón, & L. G. Juárez-Hernández (Eds.), *Experiencias en la implementación de la gestión del talento humano desde el pensamiento complejo* (pp. 11-23). Lake Mary: Kresearch.

Cartografía conceptual de los ambientes virtuales de aprendizaje en la educación superior. Un enfoque por proyectos formativos

Resumen

Se presenta a través de la metodología de la cartografía conceptual (Tobón, 2015), la integración de un Ambiente Virtual de Aprendizaje (AVA) para el diseño de proyectos formativos acorde a las expectativas y estilo de vida de los estudiantes del nivel superior. Los AVA ofrecen poderosas herramientas que articuladas facilitan la construcción de recursos versátiles y poderosos, tomando como base la socioformación, se ofrezca a la comunidad académica, una guía para construir proyectos formativos por competencias, en conjunción con las herramientas virtuales que ofrece un AVA; los avances tecnológicos tienen una evolución extraordinaria y ofrecen innovaciones que pueden aprovecharse para fortalecer a los estudiantes en su desarrollo académico, en una sociedad compleja y repleta de información (Prensky 2001). EL desarrollo de un modelo a partir de la Cartografía conceptual, facilitará al docente la construcción de proyectos formativos para el nivel superior.

Palabras clave: proyecto formativo, AVA, materiales multimedia

Conceptual cartography about virtual environment of Learning for formative projects for universities

Abstract

It comes through the methodology of conceptual mapping (Tobón, 2010) , the integration of a Virtual Learning Environment (AVA) for designing training projects according to the expectations and lifestyle of upper level students. The AVA articulated offer powerful tools to facilitate the construction of versatile and powerful resources, based on the socioformación, is offered to the academic community, a guide to build competency training projects, in conjunction with virtual tools offering AVA; technological advances have an extraordinary evolution and offer innovations that can be used to strengthen students in their academic development in a complex and full Information Society (Prensky 2001). The development of a model from the conceptual mapping, teachers facilitate the construction of educational projects for the top level.

Keywords: training project, AVA, and multimedia materials.

Introducción

Las TIC abren una puerta a un nuevo de aprendizaje que se denomina el tercer entorno o sociedad digital, éste requiere por parte de los adultos una disposición permanente para enfrentarse a nuevos aprendizajes, por una parte al manejo de las tecnologías que los hacen posibles y por otra, a la forma de aprender en los entornos virtuales que las tecnologías hacen posibles (Echeverría 2012). En un acercamiento a la teoría sociocultural de Vygotsky se ve cómo al interactuar con los nuevos mediadores instrumentales y sociales, el adulto está estimulando su desarrollo cognitivo al forzar la creación de nuevas zonas de construcción del conocimiento y al integrarse los nuevos contenidos conseguidos en sus esquemas mentales. Prensky (2011), menciona que: "Los universitarios de hoy constituyen la primera generación formada en los nuevos avances tecnológicos, a los que se han acostumbrado por inmersión al encontrarse, desde siempre, rodeados de computadoras, vídeos, videojuegos, música digital, telefonía móvil y otro tipos de entretenimientos y herramientas afines". A esta generación se le puede denominar nativos digitales, llamados por otros N-Gen o D-Gen (por sus siglas en ingles Net o Digital). Sin duda, resulta evidente que la mayoría de los estudiantes piensan y procesan la información de modo significativamente distinto a sus predecesores, de ahí la necesidad de crear nuevas alternativas acorde a las expectativas y estilo de vida de los estudiantes universitarios, que despierten su interés y mantengan su motivación, en una sociedad compleja y llena de información (Prensky 2001).

El uso de Internet, así como de los ambientes virtuales de aprendizaje (AVA) en la educación, se ha vuelto una alternativa no solo necesaria sino indispensable para los jóvenes universitarios, quienes además de ser nativos digitales, exigen desafíos creativos e innovadores que fomenten su interés, motivación y compromiso con su desarrollo académico y su proyecto ético de vida. Aunque hay diversas estrategias didácticas, se propone implementar los AVA mediante la metodología de los proyectos formativos (Tobón, 2014), de acuerdo con los postulados de la socioformación (Tobón, Gonzalez, Nambo y Vazquez Antonio, 2015). Esto se hace considerando que es necesario transformar los planes y programas de estudio en la educación superior teniendo como base los retos de la sociedad del conocimiento, lo cual implica reestructurar los perfiles de egreso y de ingreso, así como los mapas curriculares y la metodología de docencia y evaluación con énfasis en la resolución de problemas del contexto, el proyecto ético de vida y el trabajo colaborativo. Las asignaturas deben dejar de ser materias aisladas y convertirse en proyectos formativos que lleven al desarrollo del talento humano de los estudiantes y docentes, y, a la vez, contribuyan a resolver necesidades del sector social y productivo.

A pesar de la importancia de los AVA, no se tiene claridad de su significación ni de su metodología. Es por ello que en el presente estudio documental, se hace un análisis conceptual de los AVA siguiendo la metodología de los proyectos formativos. Para ello, se trabajan las ocho categorías claves de la cartografía conceptual, una estrategia propuesta por Tobón (20015). Con ello se espera que los docentes y estudiantes posean una mayor claridad de este proceso, que es esencial para poder formar en los nuevos contextos sociales basados en las tecnologías de la información y la comunicación.

Noción

Según Ávila y Col (1999, citado por Calderón (2006), se entiende por ambientes virtuales de aprendizaje (AVA), el espacio físico donde las nuevas tecnologías tales como los sistemas satelitales, Internet, multimedia y la televisión interactiva entre otros, se han potencializado rebasando al entorno escolar tradicional, que favorece el conocimiento y la apropiación de contenidos, experiencias y procesos pedagógicos- comunicacionales. Están conformados por el espacio, el estudiante, el asesor, los contenidos educativos, la evaluación y los medios de información y comunicación. Estos entornos de aprendizaje favorecidos con la incorporación de las tecnologías fortalecen la educación a distancia por ser un modelo donde la no presencia física entre quien enseña y quien aprende es su principal característica, teniendo la ventaja de ser asíncrona (no se requiere horarios específicos para coincidir), lo que promueve la autogestión y el autodominio. Los AVA han pasado por un proceso de evolución a través de las generaciones que han utilizado sus ventajas para ofrecer propuestas educativas acorde a las necesidades actuales de la sociedad del conocimiento a la que se pertenece. Por lo tanto, se puede decir, que los AVA son aquellos espacios en donde se crean las condiciones para que el individuo se apropie de nuevos conocimientos, e nuevas experiencias, de nuevos elementos que generen procesos de análisis y reflexión, y se les denomina virtual, por no realizarse en un lugar físico determinado, las TIC e Internet. Se trata de una herramienta que consolida bajo el concepto un amplio rango de aplicaciones informáticas instaladas en un servidor cuya función es la de facilitar al profesorado la creación, administración, gestión y distribución de cursos a través de Internet. (Sánchez 2009), Los AVA son instrumentos de mediación que posibilitan las interacciones entre los actores del proceso educativo, consolida la relación de éstos con el conocimiento, con elmundo, con los hombres y consigo mismos ante los desafíos actuales de la sociedad. Es decir, un AVA orienta una forma de actuación educativa dentro de unos márgenes tecnológicos (Suárez 2005). Esa nueva forma de orientar la acción facilita entre otras cosas:

1. El acceso a la información y a la comunicación a través de materiales digitales e hipertextuales.

2. La autogestión del estudiante para orientar su acción, en tanto amplían su concepción del qué, dónde y con quiénes se puede y es necesario aprender.

3. El diseño de estrategias de aprendizaje acorde a las necesidades actuales del estudiante.

4. La relación de convivir con las tecnologías en la cotidianeidad, el aprender tecnología y aprender de la tecnología al abordar situaciones de la vida a resolver.

5. Los efectos cognitivos gracias a la interacción con la tecnología informacional, que ponen en evidencia que éstas modifican las estrategias de pensamiento, sus formas de representación, las estrategias de metacognición, las formas de ver el mundo.

6. Una nueva acepción sobre el concepto de aula, clase, enseñanza y aprendizaje.

7. Una forma renovada de comprender la interacción entre estudiantes, ya que la eleva exponencialmente a múltiples posibilidades y limitaciones de comunicación.

8. La posibilidad de mejorar algunas habilidades cognitivas que dependen directamente del estímulo específico de cada herramienta.

9. Las representaciones simbólicas y herramientas complejas de actuación basadas en la interacción cooperativa entre personas.

En la Tabla 1 se describe una síntesis de la etimología de los ambientes virtuales de aprendizaje (AVA).

Ambiente	Virtual	Aprendizaje
Ambiente del lat. ambĭens, -entis que rodea o cerca; condiciones o circunstancias físicas, sociales, económicas, de un lugar, de una reunión, de una colectividad o de una época; grupo, estrato o sector social. La palabra ambiente proviene del latín ambiens, ambientis, que va por uno y otro lado, que abarca el entorno, que rodea, participio de presente del verbo ambireir, (Real Academia Española, 2014).	Virtual del latín. virtus, fuerza, virtud, es un adjetivo y se utiliza para referenciar a algo que tiene virtud para producir un efecto, aunque no lo produce de presente, frecuentemente en oposición a efectivo o real; otra acepción es como adjetivo ante algo implícito, tácito, la palabra "virtual" proviene del latín virtus, que significa fuerza, energía, impulso inicial. (Real Academia Española 2014).	Aprendizaje, es la adquisición por la práctica de una conducta duradera. Sus componentes léxicos son: el prefijo ad-(hacia), prenhendere (atrapar), -iz (agente femenino), más el sufijo –aje (acción). (Real Academia Española 2014).
En el ámbito educativo se puede definir el "ambiente" como la organización del espacio, la disposición y la distribución de los recursos didácticos, el manejo del tiempo y las interacciones que se dan en el aula; es un entorno dinámico, con determinadas condiciones físicas y temporales, que posibilitan y favorecen el aprendizaje.	En el ámbito educativo, se puede definir virtual, como una realidad mediante la aplicación del conocimiento o la práctica en clase, con escenarios semejantes a la vida real, para crear nuevas estrategias de solución a los problemas que se observen dentro del contexto que se desea aprender.	En la socioformación, los ambientes virtuales de aprendizaje, son los contextos que posibilitan, influyen y tienen impacto positivo en la formación integral, tanto de los estudiantes como de los diferentes actores de la educación, mediante la articulación de diferentes tipos de recursos, actividades de aprendizaje y evaluación.

Categorización

Los AVA son herramientas que surgen dentro de la sociedad del conocimiento como respuesta a las exigencias de competitividad y globalización que se requiere para ser competente en una sociedad cada vez más tecnificada. La sociedad del conocimiento es un conjunto de organizaciones centradas en resolver los grandes problemas de la humanidad, como la violencia (en todas sus manifestaciones), la destrucción del ambiente ecológico, la corrupción, el desempleo, la desnutrición, la baja calidad de vida que afecta a muchas poblaciones, etc., mediante la búsqueda, procesamiento, adaptación, creación, innovación y aplicación del conocimiento a través de diferentes medios (Tobón, Gonzalez, Nambo y Vazquez Antonio, 2015). La UNESCO en su documento hacia las sociedades del conocimiento (UNESCO 2005), ha declarado como prioridad, la necesidad de resolver los problemas de tiempo y espacio, para acceder a la educación, ciencia, cultura y comunicación.

La sociedad del conocimiento es el resultado de los cambios radicales provocados por la tercera revolución industrial, la de las tecnologías que han creado una dinámica nueva desde mediados del siglo XX, que abarca desde la formación de personas y los grupos, así como los adelantos científicos, técnicos, las expresiones culturales y la educación, que se hallan en constante evolución, es decir transitan hacia una interdependencia cada vez mayor, esto es la vinculación de saberes y la transversalidad. Una disciplina brinda una solución parcial y limitada a un problema, pero al interactuar con otras se logran soluciones creativas e innovadoras que tienen impactos en múltiples aspectos de la sociedad. De esta forma la noción del conocimiento es un elemento central de esos resultados, donde se debe considerar que el conocimiento se ha convertido en objeto de grandes retos sociales, económicos, políticos y culturales. Ante esto, es importante señalar que es imperativo enfocarse en la educación para todos a lo largo de la vida (Faure, 1973).

Como es posible observar, la sociedad del conocimiento implica (Tobón, 2014; Tobón, Gonzalez, Nambo y Vazquez Antonio, 2015):

1. Pasar del énfasis en la información, tal y como sucede en la actualidad, a trabajar con el conocimiento. Para ello es necesario analizar críticamente la información, comprenderla, organizarla de forma sistemática, además de buscar su pertinencia.

2. Buscar que el conocimiento esté accesible a través de diferentes medios, principalmente los tecnológicos, que son los que facilitan el acceso.

3. Formar personas con un sólido proyecto ético de vida, con un propósito claro y cuya actuación tenga su base en los valores universales, con compromiso por la resolución de los problemas del contexto local y global.

El uso de Internet en la educación, así como de los AVA, se ha vuelto una alternativa no solo necesaria sino indispensable para los jóvenes universitarios, quienes además de ser nativos digitales, exigen desafíos creativos e innovadores que fomenten su interés, motivación y compromiso con su desarrollo académico y su proyecto ético de vida.

Características esenciales

Los AVA se caracterizan por ser espacios de formación con apoyo en las tecnologías de la información y la comunicación siguiendo un determinado modelo o enfoque educativo. Se propone que este enfoque o modelo sea la socioformación por estar estrechamente vinculado con la sociedad del conocimiento y tener impacto en los procesos de desarrollo de las competencias, tal y como lo demuestran varios estudios (Hernández, Tobón, González y Guzmán, 2015; Parra Acosta, Tobón y López Loya, 2015). A continuación se describen las características puntuales los lineamientos de Dillenbourg (2000):

- Es un espacio diseñado para gestionar el conocimiento. En todo AVA se proporciona, analiza y gestiona el conocimiento desde diversas fuentes, para lo cual es necesario tener una arquitectura web que lo soporte.

- Es un espacio social. Las interacciones entre participantes ocurren en el ambiente que es mediado por las herramientas proporcionadas, que transforman los espacios propuestos en plazas donde se proponen y resuelven problemas. La interacción puede ser sincrónica o asincrónica.

- Es una representación. Los AVA varían desde los que usan sólo texto hasta los que integran el 3D. Todos ellos trabajan con representaciones que son interpretadas por los estudiantes, quienes normalmente se comportan como la representación les sugiere. Algunos ambientes representan un campus o una escuela y entonces los espacios sugeridos son salones, auditorios, cafetería, cubículos de los docentes, biblioteca entre otros elementos similares.

- Los estudiantes no sólo son activos, también son actores. Durante los cursos programados, los estudiantes se enfrentarán a actividades como: lecturas, cuestionarios abiertos y de opción múltiple y el uso de interactivos, también durante el proceso de interacción con las actividades de aprendizaje producirán objetos como opiniones en los foros, ensayos que comparten con la comunidad, diapositivas, programas de cómputo, imágenes entre otros objetos que enriquecen el ambiente virtual de aprendizaje.

- El uso de los AVA no está restringido a la educación a distancia. Los AVA también son usados como un apoyo a temas particulares, a actividades extra clase y de modo mixto durante clases presenciales que se efectúan en laboratorios de cómputo.

- Un AVA integra múltiples herramientas. Las herramientas que integra un AVA cumplen con una serie de funciones como proporcionar información, permitir la comunicación y la colaboración así como la administración de las actividades de aprendizaje y la administración escolar.

El Ambiente Virtual se sobrepone con el Ambiente físico. Algunos AVA tienen la cualidad de hacer uso de elementos asociados al ambiente físico como los libros, manipulación de instrumentos, actividades de aprendizaje que requieren entrevistas, el trabajo cara a cara o el uso de la ayuda por medios de comunicación tradicionales.

Diferenciación

Los AVA se tienden a confundir con otros términos cercanos como (Collins 1998):

1. Herramientas para llevar a cabo tareas:
2. Son herramientas como procesadores de texto, hojas de cálculo, herramientas de dibujo, herramientas para presentaciones, uso de lenguajes de programación, entre muchos otros.
3. Sistemas integrados del aprendizaje:
4. Estos integran actividades de aprendizaje y un registro de las mismas que sirven de referente para el docente, la administración y el alumno.
5. Simuladores y juegos:
6. Programas de simulación y de juego.
7. Redes de comunicación
8. Espacios de interacción como las páginas web dinámicas, el correo electrónico, los foros en Web y las bases de datos.
9. Entornos de aprendizaje interactivo:
10. En estos entornos el estudiante tiene un rol activo, normalmente simula el desempeño de una profesión u oficio mientras obtiene una retroalimentación a su desempeño.

Vinculación

Los AVA se vinculan con la comunicación en la sociedad del conocimiento. La comunicación estudia los procesos donde se observa las interacciones de los seres para llevar a cabo intercambios de información. Actualmente los medios de comunicación son tan diversos y vastos, que con un dispositivo electrónico se pueden comunicar eventos y notas multimedia a costos mínimos el uso de las herramientas Web 2.0, favorecen la capacidad humana de comunicación enriqueciéndola a costos mínimos y con alta efectividad y alto impacto.

Metodología

Los AVA se apoyan en los componentes descritos en la Tabla 2.

Tabla 2. Componentes de apoyo de un AVA

Wikis	Herramientas que permiten crear y editar contenido de forma colectiva a través de un navegador web. La Wikipedia es el ejemplo más famoso. Su potencial educativo estriba en que ayudan a desarrollar habilidades de escritura y colaboración, el docente puede llevar seguimiento revisando el proceso histórico del texto, observando la calidad y cantidad de aportaciones de cada alumno, propicia que los participantes construyan y enriquezcan conceptos al agregar elementos que otros no hayan aportado ya. (Peralta y Díaz Barriga 2011; Richardson 2010).
Weblog o blog	Consiste en una página web en la cual se publican artículos escritos con un estilo personal e informal de un tema en particular, organizados en orden cronológico. Pueden ser utilizados como herramienta de gestión de conocimiento, como espacio de reflexión sobre el aprendizaje o como red de aprendizaje donde se investigue un tema específico (Richardson 2010), permite observar la evolución del estudiante en el logro de desempeños.
Portafolios	Es un método de evaluación consistente en una colección digital organizada de evidencias (proyectos, lecturas, exámenes, productos) seleccionadas por el alumno con un objetivo concreto. Evidencia lo que se aprende, incrementa los niveles de motivación, otorga un papel activo al estudiante en el proceso de evaluación y permite un seguimiento continuo (Barberà y De Martín 2009).
Foros de discusión asincrónica	Es un espacio de comunicación asincrónica organizado en cuadros de diálogo, en donde los alumnos pueden realizar aportaciones sobre un tema de discusión específico. Poseen la ventaja de promover un mayor grado de reflexión al contar con más tiempo para organizar las ideas propias y reflexionar sobre las de los demás (Llorente 2006).
Chats de discusión sincrónica	Es un sistema de comunicación donde dos o más alumnos conversan sobre algún tema en tiempo real mediante texto, audio y video. Es un medio ágil de expresión de ideas y una herramienta útil para el trabajo colaborativo y de tutoría. (Muñoz y González 2011)
Webquest	Se trata de una actividad enfocada a la investigación guiada mediante recursos de Internet. Parte de una pregunta central y se desarrolla a través de tareas auténticas. Desarrolla la capacidad de navegar por la Red, seleccionar información relevante y habilidades de pensamiento crítico y trabajo colaborativo (Temprano 2008).
Laboratorios virtuales	Son espacios virtuales que simulan situaciones, desde prácticas manipuladas hasta visitas guiadas. Su finalidad es desarrollar procesos de exploración, medición y análisis de fenómenos. Permiten a los alumnos relacionar eventos con sus consecuencias, comprender significativamente los contenidos teóricos, observar procesos difíciles de estudiar en la naturaleza y ayudan a desarrollar habilidades de ejecución de ciertos procesos (Barberá 2004; Méndez, Rivas, y Monge 2001).
Aprendizaje electrónico	Son actividades pensadas para llevarse a cabo de manera independiente. Se utilizan materiales autosuficientes que contienen toda la información, estructura, secuencia y elementos de retroalimentación para aprender un contenido de modo significativo (Barberà y De Martín 2009).

Desarrollo de proyectos	Es una actividad organizada en torno a un problema o cuestión que dirige las tareas de aprendizaje encaminadas a resolver una situación problemática o generar un producto, se resuelve de manera progresiva y en periodos extensos de tiempo. Desarrolla en los alumnos competencias para afrontar problemas reales, de cooperación, comunicación oral y escrita (Barberà y De Martín 2009).
Análisis electrónico de casos	Son e-actividades que giran en torno a una situación problemática real o realista, presentada en forma de narrativa o historia. A través de diversas tareas de aprendizaje se busca formular soluciones al caso. Promueve el desarrollo de estrategias de solución de problemas, pensamiento crítico, estrategias de colaboración, reflexión y planeación (Mauri, Colomina y Rochera 2006).

Ejemplificación

Investigadores de la Universidad de Stanford establecieron un modelo para desarrollar wikis como comunidades de práctica. Se propone retomar este modelo en el desarrollo de un AVA desde la socioformación, mediante la articulación con la metodología de los proyectos formativos.

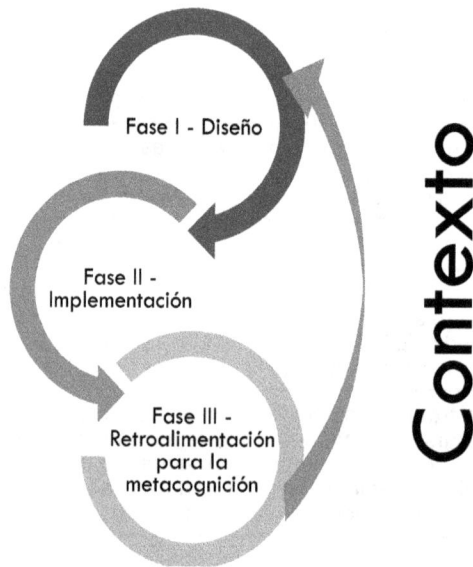

Figura 1. Modelo para desarrollar un AVA desde el enfoque socioformativo

Fase I. Diseño

• Determinar las competencias y los resultados de aprendizaje. Esto debe hacerse de acuerdo con los planes y programas de estudio.

- Planear el proyecto formativo. Identificar un problema del contexto y planear el proyecto formativo con actividades en línea (Tobón, 2013, 2014, 2015).

- Desarrollar un plan tecnológico. Una vez establecidas las competencias y el proyecto formativo, es necesario desarrollar un plan tecnológico que determine qué tecnología se tiene disponible para realizar el proyecto formativo en la web, así como el grado de familiarización que tienen los actores con las herramientas disponibles.

- Establecer el plan operativo. Este plan debe tener los roles y las funciones intrínsecas del equipo de colaboradores, alineados a la conceptualización del proyecto formativo. Esto debe abordarse con flexibilidad y comunicación asertiva.

- Diseño y construcción de una base de datos. Es un repositorio estructurado de los materiales y desarrollos que conformen el proyecto formativo.

- Crear expectativas a través de estrategias de sensibilización. Esto se hace con los actores involucrados en el proyecto, a partir de la visualización de metas, considerando los saberes previos, con el propósito de motivar e involucrarlos en el proceso.

Fase II. Implementación

- Ejecutar el proceso de formación siguiendo la planeación del proyecto formativo, con acciones continuas de seguimiento de los estudiantes. Llevar un registro continuo del acceso de los estudiantes y comunicarse con ellos permanentemente para brindarles asesoría en el manejo de los recursos didácticos. Algunas sugerencias:

- Conocer el perfil de los participantes.

- Elegir las herramientas tecnológicas de la web 2.0 que favorezcan la interacción mediante la comunicación asertiva, fomentando la confianza en un ambiente de respeto, que facilite la evaluación.

- Posibilitar la colaboración entre los estudiantes en la resolución del problema del proyecto.

- Presentar los instrumentos de evaluación desde el inicio de las actividades.

- Fase III. Retroalimentación para la metacognición

- Esta fase implica las siguientes acciones:

- Retroalimentación grupal. Es recomendable que los mismos estudiantes se apoyen mutuamente para aprender y mejorar.

- Aplicar la autoevaluación, coevaluación y heteroevaluación para lograr la metacognición, como un proceso continuo de mejora.

- Aplicar evaluaciones de forma sistémica y continua.
- Socializar las evidencias para promover un mejor desempeño.

Conclusiones

El uso de los AVA es esencial en la educación superior actual por los nuevos estudiantes que se tienen, que están en la era digital. Sin embargo, los AVA tienen que trascender el enfoque de las asignaturas y abordar nuevas metodologías como son los proyectos formativos. Esta estrategia implica centrarse en resolver un problema del contexto mediante la colaboración y la metacognición, tal y como se propone desde el enfoque socioformativo. Se espera que las universidades progresivamente implementen esta metodología en los AVA.

Referencias

Barberà , E., & De Martín, E. (2009). Portafolio electrónico. aprender a evaluar el aprendizaje. Barcelona: UOC.

Collins, A. (1998). El potencial de las tecnologías de la información para la educación . Madrid: Pirámide.

Dillenbourg, P. (2000). TECFA, education an technology. Recuperado el 31 de 03 de 2014, de University Genêve: http://tecfa.unige.ch/tecfa/publicat/dil-papers-2/Dil.7.5.18.pdf

Dillenbourg, P. (2002). Hyper Articles en ligne. Recuperado el 2 de 03 de 2014, de ccsd.cnrs.fr: http://telearn.archives-ouvertes.fr/docs/00/19/07/01/PDF/Dillernbourg-Pierre-2002a.pdf

DRAE. (2001). Diccionario de la lengua española. Madrid: DRAE. Recuperado el 18 de Febrero de 2014, de Real Academia Española: http://lema.rae.es/drae/

Echeverría, J. (2012). El tercer entorno. La Prensa Nicaragua.

Faure, E. (1973). UNESCO. Recuperado el 28 de 03 de 2014, de http://unesdoc.unesco.org/images/0013/001329/132984s.pdf

Gilbert, D. (2007). Speking of computers. Recuperado el 28 de 3 de 2014, de http://speaking.stanford.edu/Back_Issues/SOC73/highlights/Wikis_at_Stanford.html

Hernández, J. S., Tobón, S., González, L., y Guzmán, C. (2015). Evaluación Socioformativa y Rendimiento Académico en un Programa de Posgrado en Línea. Paradigma, XXXVI, 30-41.

Parra Acosta, H., Tobón, S., y López Loya, J. (2015). Docencia socioformativa y desempeño académico en la educación superior. Paradigma, XXXVI, 30-41.

Peralta, A., & Díaz Barriga, F. (2011). Gabinete, comunicación y educación. Recuperado el 29 de 03 de 2014, de Universitat Autònoma de Barcelona: http://www.gabinetecomunicacionyeducacion.com/files/adjuntos/Dise%C3%-B1o%20Instruccional%20de%20ambientes%20virtuales%20de%20aprendizaje%20desde%20una%20perspectiva%20constructivista.pdf

Prensky, M. (2001). Digital natives, digital immigrants. Recuperado el 2 de 03 de 2014, de Practical visionary: http://www.marcprensky.com/writing/Prensky%20-%20Digital%20Natives,%20Digital%20Immigrants%20-%20Part1.pdf

Rammert, W. (2001). UbWeb, Geocrítica. (S. nova, Ed.) Recuperado el 28 de 3 de 2014, de http://www.ub.edu/geocrit/sn-80.htm

Richardson, W. (2010). Blogs, wikis y podcasts (3a ed.). United Kingdom: Corwin.

Sánchez, R. J. (2009). Plataformas de enseñanza virtual para entornos educativos. Recuperado el 2 de 03 de 2014, de Universidad de Malaga, España: http://www.sav.us.es/pixelbit/pixelbit/articulos/n34/15.pdf

Suárez, G. C. (2005). Universidad de Salamanca, España. Recuperado el 03 de 03 de 2014, de Los entornos virtuales de aprendizaje como instrumento de mediación: http://campus.usal.es/~teoriaeducacion/rev_numero_04/n4_art_suarez.htm

Temprano, A. (2008). Diseño y desarrollo de un software para la creación de webquest. Bubok Publishing S.L.

Tobón, S. (2013). Formación integral y competencias. Pensamiento complejo, currículo, didáctica y evaluación. 4ta. Ed. Bogotá: ECOE.

Tobón, S. (2014). Proyectos formativos: teoría y práctica. México: Pearson.

Tobón, S. (2015). Socioformación: hacia la gestión del talento humano acorde con la sociedad del conocimiento. México: CIFE.

Tobón, S., Gonzalez, L., Nambo, J. S., y Vazquez Antonio, J. M. (2015). La Socioformación: Un Estudio Conceptual. Paradigma, 36(1), 7-29.

UNESCO. (2005). UNESCO. Recuperado el 10 de 02 de 2014, de Informe Mundial de la UNESCO: http://unesdoc.unesco.org/images/0014/001419/141908s.PDF

CAPÍTULO 2

El farmacéutico y el saber-hacer para un mundo mejor es posible

Flor Ángela Tobón-Marulanda
Universidad de Antioquia. Profesora titular investigadora. Integrante de los
Grupos de investigación en Tecnología en Regencia de Farmacia de la Facultad
de Química Farmacéutica y de Uni-Pluri/Versidad de la Facultad de Educación.

Sonia Claudia Duque-Cuartas
Profesora Universidad de Antioquia. Escuela de Idiomas y Universidad Pontificia
Bolivariana. Profesora investigadora. Facultad de Educación

Luis Alirio López-Giraldo
Universidad de Antioquia. Facultad de Enfermería
Profesor investigador. Antropólogo, Magíster en Salud Pública. Integrante del
grupo de investigación Uni-Pluri/Versidad de la Facultad de Educación.

Correspondencia: Universidad de Antioquia. Sede Principal: Calle 67
53 -108. Facultad de Química Farmacéutica, Bl. 1-413. Medellín,
Colombia. Email: flor.tobon@udea.edu.co y jvm@une.net.com

Referencia APA:

Tobón-Marulanda, F., Duque-Cuartas, S., & López-Giraldo, L. (2016). El farmacéutico y el saber-hacer para un mundo mejor son posible. En B. Tobón, H. Parra-Acosta, C. Guzmán, S. Tobón, & L. G. Juárez-Hernández (Eds.), *Experiencias en la implementación de la gestión del talento humano desde el pensamiento complejo* (pp. 25-52). Lake Mary: Kresearch.

Resumen

La educación y formación holística en el saber-hacer del educando, educador y profesional de cualquier disciplina (farmacéuticos); además de gobernantes y administradores, se deben a la sociedad y les incumbe impulsar el desarrollo de proyectos productivos y sostenibles, como un plan de vida individual y colectiva; en integración de saberes que aporten a la salud física, mental, social y ambiental alrededor del desarrollo local, nacional y global.

Desde la pedagogía social y la participación de la comunidad, se forja otros ciudadanos resilientes con capacidad integral (humana y profesional), integrados al contexto específico en la búsqueda de soluciones a los problemas humanos y económicos extremos que induce las diversas variables psicosociales (VPS) negativas, expresadas en diversidad de violencias. La educación en capacidades y habilidades fortalece el liderazgo, la organización comunitaria, el desarrollo de la economía solidaria, la construcción de la soberanía alimentaria, estimula el sentido de arraigo e identidad por el territorio.

El propósito de esta reflexión es aumentar conciencia de los valores socioculturales, psicoafectivos, medio ambientales, tecnológicos, políticos y económicos, clave de la educación dimensionada al desarrollo humano integral que promueva en las generaciones nuevas actitudes y prácticas cotidianas, basadas en principios y valores de solidaridad, tolerancia, convivencia pacífica, libertad de expresión e identidad cultural con equidad y justicia.

Palabras clave: Saber-hacer, farmacéutico, responsabilidad social, desarrollo humano integral, modelo de desarrollo.

Abstract

Holistic education and training in the know-how of the learner, educator and professional in any discipline (pharmacist); as well as rulers and administrators, are due to society and are responsible for promoting the development of productive and sustainable projects, such as a plan of individual and collective life; integration of knowledge that contribute to the physical, mental, social and environmental health around the local, national and global development.

From social pedagogy and community participation, other resilient citizens are forged with full capacity (personal and professional), integrated to the specific context in seeking solutions to extreme human and economical problems that generated the various negative psychosocial variables, expressed in a variety of violence. To strengthen community organization, the development of social economy, building food sovereignty, generating sense of belonging and identity through the territory.

The purpose of this reflection is to increase awareness of the socio-cultural, psycho emotional, environmental, technological, political and economic values, which are the key to education dimensioned to integral human development that promotes the generations to new attitudes and daily practices, based on principles and values of solidarity, tolerance, peaceful coexistence, freedom of expression and cultural identity with equity and justice.

Introducción del tema

La educación holística sistemática implica transmitir actitudes y prácticas razonadas de una disciplina de forma benéfica y afectiva en lenguajes diversos relacionados con la misma, mediante estrategias didácticas posibles en todas las escuelas por la que transita un ser humano con proyección social; centrada en el desarrollo armónico de ciudadanos para el desarrollo local y del mundo. Se trata de un proceso complejo de enseñanza-aprendizaje significativo, ligado a la familia para que el ciudadano sea creador, crítico y transformador de su vida y de las realidades sociales actuales de ilegalidad y corrupción.

Una enseñanza educativa que comienza en la familia gestante (nonato), allí donde se inicia su pensamiento creador (positivo o negativo); aula de clase y por todas las escuelas por donde transite estimule. Aquella que estimule la autonomía y libertad del pensamiento, la ética y los valores del ser humano para que certifique la formación integral de capacidades y habilidades del saber-hacer en el deber ser para el desarrollo humano integral sostenible y la transformación de la sociedad que se desea.

En este sentido, el modelo político educativo actual es deficiente y es la principal causa, entre otras, de la crisis humanitaria crítica de la sociedad actual, como la falta de empleo digno permanente, pobreza, seguridad alimentaria, violencias, inseguridad vial, ilegalidad, entre otras. Se infiere que a través de otra biopolítica pública que desarrolle otro modelo de enseñanza educativa erudita referente, centrada en el ser humano, a quién se le amplíe la educación de la cultura, la conciencia de las necesidades básicas, los principios y valores. Es decir una enseñanza educativa que promueva la vida, la calidad de vida y la dignidad humana con ética, afecto, protección, respeto, solidaridad, felicidad, honestidad, bondad, entre otras; se podría pensar que el país tiene mayor probabilidad de avanzar hacia un progreso integral (Nussbaum, 2012; Tobón et tal, 2012; Zapata, 2010; Sabater, 1994).

Este problema por décadas no se soluciona por la falta de una política pública clara con la participación activa de todos los actores involucrados intersectorialmente, quienes deberían ser conscientes de la importancia de enaltecer más el pensamiento holístico del ser humano que el conocimiento disgregado de las ciencias y las tecnologías (las maquinas no razonan). Se considera que la formación de ciudadanos en lo humano, es la razón esencial de cualquier organización educativa o empresa, a través de la historia, en especial de la primera; cuya meta sea forjarles una relación adecuada consigo mismo, la familia, la sociedad y el medio ambiente; cuyo desafió demanda de la voluntad política del gobierno y todos los implicados de llegar a un conceso sobre la necesidad de la concepción de otra biopolítica pública que conciba la creación de otro modelo de enseñanza educativa que promueva las prácticas académicas de investigación formativa temprana y se aproximen a las condiciones óptimas ineludibles de formación holística sistemática, centrada en el desarrollo humano integral sostenible (Campo y Restrepo, 1999).

Lo anterior, requiere la capacitación de líderes (no jefes) estudiantiles, profesionales, educadores, administradores, gobernantes, legisladores y ciudadanos habilidosos que aporten a la construcción de otra sociedad distinta a la de hoy; para el progreso equitativo del país, basado en el desarrollo humano integral sostenible más que en el crecimiento económico de unos pocos, basado en el PIB.

Se necesita un modelo de enseñanza educativa temprana que considere la superioridad de la agregación del aprendizaje cultural al ser humano (rural y urbano), los principios y valores éticos sobre la educación-formación disgregada del conocimiento social que favorece la distinción especializada individual de lo técnico, tecnológico, profesional o investigativo en matemática, estadística, lectura, información, comunicación, ciencia biomédica, ingeniería, entre otras (Morin, 2011; Franco, 2006; Franco, 2004; Foro Social Mundial Temático, 2003). El fin es la educación del ser humano en agregación del conocimiento social y lo aplique en el quehacer cotidiano en un contexto específico y circunstancia, para que:

1. Estimule un espíritu afectuoso y reflexivo que transforme al otro, orientado al logro de aumentar autoestima y autonomía personal para la producción efectiva en libertad de pensamiento, pluralismo ideológico y necesidades prioritarias. Teniendo en cuenta, la universalidad de los saberes ligada a su experticia y al carácter de las formas culturales.
2. Forje conocimiento social idóneo en el saber-hacer para el deber ser ético en la solución oportuna de problemas de las comunidades más vulnerables en condiciones críticas, en lugar de problematizarlos, una responsabilidad social con conciencia solidaria. Se requiere de seres humanos, capaces de des-urbanizar el saber-hacer y contradecir lo antinatural (el consumismo) y contribuyan al mejoramiento y al fortalecimiento de la comunidad rural para que sea protagonista de su desarrollo integral, individual y productivo en el contexto para el cambio social sin violencias.
3. Promueva la inclusión social de los ciudadanos urbanos y rurales en las dinámicas internacionales del conocimiento, la ciencia, la innovación, la técnica y el trabajo.

4. Construya conocimiento social, ciencia e innovación individual y colectiva en beneficio de los más necesitados a partir del desarrollo de la agregación de las ciencias natural, exacta, social, humana (antropología, filosofía, entre otras), la técnica, tecnología y la creación artística, divulgándola a través de la transferencia del conocimiento social.

5. Contribuya al estudio, preservación y divulgación de los saberes propios de las etnias y culturas que constituyen el ámbito doméstico particular, conexo a la disciplina específica en dialogo de saberes pedagógicos del conocimiento social y se aporte al desarrollo del país a través del trabajo comunitario urbano y rural; mediante la extensión solidaria (no de negocio). Por el contrario, se trata de la cohesión de los saberes entre la práctica académica e investigación formativa temprana como agentes sociales de esta co-responsabilidad.

Este reto complejo requiere del aprendizaje de conocimiento profundo que capacite más y mejores ciudadanos sostenibles, con menos recursos para la construcción de un Mundo Mejor es Posible. Una responsabilidad social conjunta de todos los implicados en el modelo político-económico global (gobernantes, administradores, empresarios, educadores, legisladores y de las fuerzas vivas de la sociedad, entre otros), quienes deben consensuar cómo transformar este modelo actual y construir otra biopolítica pública referente, la cual busque soluciones efectivas a la crisis humanitaria actual.

Para lo cual se requiere de talento humano capacitado en la destreza de comprender diversos saberes culturales con sentido humano, gestione y facilite las condiciones ineludibles de tipo logístico, administrativo, infraestructura y presupuesto, para el aprendizaje educativo integral de otra generación de ciudadanos líderes inteligentes, éticos, incluyentes y habilidosos, no solo en el conocimiento de su disciplina; sino también en la destreza de aplicar los conocimientos sociales en dialogo consigo mismo, con el otro y con el todo en lo territorial.

Para que estos ciudadanos innovadores transfieran el conocimiento social a través del proceso complejo de enseñanza-aprendizaje lúdico de generación en generación, esencial en la educación de calidad, un derecho gratuito para todos y los ciudadanos prevengan e intervengan las dificultades diversas que están ocasionando la crisis humanitaria global.

Una ruta fundamental para detener y evitar la crisis humanitaria actual, es mediante otro modelo de sistema educativo que proporcione la educación gratis para todos y se eduque otra generación nueva (reingeniería humana), talento humano idóneo con calidad integral en otra forma de pensar flexible y prevea cómo solucionar las causas y enfrentar con justicia los responsables de las realidades sociales de violencias diversas que viven las poblaciones vulnerables (desplazamiento rural e intraurbano, prostitución, embarazos no deseados, violación de los derechos; incidentes y accidentes viales, entre otras).

Hoy, este tema requiere de espacios de reflexión amplia y profunda a través del diálogo razonado entre las autoridades responsables directas de las políticas públicas del sistema de educación, salud, justicia e instituciones educativas; entre otras. Donde se analice la pertinencia de un cambio conceptual universal que rompa paradigmas teórico-prácticos sin fronteras al respecto y una visión futurista en la búsqueda permanente de la calidad de la enseñanza educativa-formativa del ser humano resiliente, en perspectiva de derecho fundamental y derecho superior de los niños, niñas y jóvenes.

Considerando que la resiliencia se logra a través de la enseñanza educativa innovadora, armoniosa y sistemática (esencial para los más necesitados, como el campesino y los ciudadanos en condiciones críticas). Donde el ejemplo cotidiano, empieza en la familia (instructora), unida al aprendizaje significativo y sentido de ciudadano del mundo por las demás escuelas de la vida, sin exclusión social en ningún lugar del planeta. En este desafío es urgente la planificación y la gestión integral de la prevención de los riesgos, principalmente en las zonas donde no se tiene condiciones para una vida digna; y, esto a su vez, induce la crisis humanitaria actual (Nussbaum, 2012; Nussbaum, 2010; Grupo de Estudio Estrategia Municipio Saludable (GEEMS), marzo 2007; Gadotti, 2001; Galeano, 2002; Campo y Restrepo, 1999).

El texto expone la sistematización del resultado de varias investigaciones cualitativas tipo Acción-Participación (IAP) con enfoque hermenéutico, a manera de intervención educativa solidaria sobre la exploración del conocimiento ideal de los implicados para ofrecer un aprendizaje educativo innovador. Un tópico desde la importancia de la argumentación ética del saber-hacer en el deber ser, orientado al beneficio de razonar con el espíritu humano.

En esta perspectiva, el trabajo se aborda desde la teórica, filosófica y de la empírica-crítica con participantes voluntarios a las intervenciones educativas solidarias, orientadas a un análisis amplio de la necesidad actual que el ser humano se perfeccione en capacidades y habilidades para el trabajo, acorde con las necesidades humanas prioritarias locales a través de todas las escuelas por donde transite. De tal forma que le permita ejercer ciudadanía en sus actuaciones o no actuaciones de forma crítica, reflexiva, propositiva y transformadora de la sociedad de consumo. Aquel ciudadano con capacidad y habilidad en el saber-hacer significativo del deber ser, quién actúa o no actúa de forma consciente como líder de cualquier disciplina y agente social solidario.

Por ejemplo, el farmacéutico en el quehacer cotidiano de su disciplina con espíritu humano en dialogo de saberes con las ciencias biomédica, social y ambiental en función del mejoramiento del otro y del todo; su función social es la atención farmacéutica en el acompañamiento al equipo de la salud, al paciente y a la comunidad en lo relacionado con la promoción de la salud (uso correcto de los medicamentos y afines); seguimiento farmacoterapéutico y en la prevención de problemas relacionados con estos (PRM).

Se interpreta que cuando el farmacéutico se des- responsabiliza de este compromiso social, se podría pensar que no actúa por el bienestar del paciente, un ciudadano anti-bio-político, educado-formado sin liderazgo en su objeto de estudio "los medicamentos y afines" hacia la sociedad con cultura cívica en la diversidad de lenguajes de las ciencias biomédica, humana, social, atención farmacéutica integral, ambiental, entre otras. Sin tener en cuenta la enseñanza educativa, basada en la atención primaria en salud (APS) y en una política farmacéutica beneficiosa (PFB), por la seguridad del ser humano (CONPES, 2012).

En contraste, se entiende que el ser humano biopolítico (líder sujeto-ciudadano), educado y formado en capacidades y habilidades en una disciplina con un valor alto de lo civil, ético; respecto consigo mismo, por el otro y lo ecológico; tolerancia, convivencia, altruismo; respeto por todas las normas e interpretación de las mismas con principios de favorabilidad, proporcionalidad, solidaridad, justicia en el contexto específico; en perspectiva de derecho superior de la educación formativa, no punitiva. De ahí que la enseñanza educativa temprana es una responsabilidad social de todos los implicados para un mundo mejor es posible, allí donde se previene conflictos y se construye la paz.

La biopolítica pública se concibe como todas aquellas gestiones y acciones efectivas en el saber-hacer del deber ser, orientadas y ejecutas por líderes sabios con espíritu humano encaminadas a cimentar otro sistema educativo de calidad que forme en capacidades y habilidades para el trabajo. Mediante el cambio de las tácticas educativas teórico-prácticas, centradas en el mercado competitivo por otras herramientas ajustadas al desarrollo humano integral de estudiantes, profesores y comunidades. Para los forme como ciudadanos capaces de aportar a otra capacitación inaplazable con el ejemplo (reingeniería humana), con especial énfasis en habilidades para la producción en el campo agropecuario (Tobón et tal, 2012; Tobón y López 2009).

Así, en ningún lugar del universo coexistiría el poder velado de patriotismo de ninguna persona, educador, grupo político, gobernante o administrador que se sienta superior y ejerza poder sobre el otro (los más necesitados) y el todo (bienes públicos y el territorio).

Una enseñanza educativa que imprima en el ser humano otra forma de pensar flexible, amplia y profunda que lo capacite en destrezas del saber-hacer en el deber ser; y, construya otra generación nueva que contribuya a resolver las necesidades prioritarias locales.

En esta ambición la construcción intersectorial de otro sistema educativo es una responsabilidad social de las autoridades responsables directas del mismo, quienes deberían educarse junto con los pedagogos a partir de la objetividad de la academia para que comprendan en equipo y en forma articulada las necesidades humanas y sociales; la diferencia y la cultura del otro; y, se entienda que la visión individual del futuro local, está ligada a la visión colectiva y global, no es doméstica ni individual , (Tobón et tal, 2012; Zapata, 2010; Saramago, 2002; Morin, 2001; Savater, 1998; Sandoval et al, 1996).

31

El propósito es invitar a todos los implicados a la reflexión sobre la responsabilidad social de todos en la transformación humana y social, las cuales requiere de estrategias didácticas de perfeccionamiento permanente en capacidades y habilidades en el saber-hacer del deber ser. Plasmadas en los planes de gobierno, de la familia y en los planes curriculares de todas instituciones educativas. Esto requiere de la voluntad política de las autoridades responsables directas, conforme a la Constitución Política de 1991 y en coherencia con el discurso de campañas políticas que no son políticas orientadas a la re-construcción de la estructura del modelo educativo actual en equipo transdisciplinar e intersectorial en otro sistema de modelo biopolítico. Eso se observa en el bajo rendimiento de las mayorías de los estudiantes, un indicador que la enseñanza educativa actual, no impacta de forma positiva significativa, principalmente a los más necesitados del conocimiento social.

Para que el ser humano sea bien educado y se transforme su pensamiento en torno a lo significativo de educar el espíritu humano en valores y principios benefactores para el bien de las mayorías. Una manera de superar las crisis humanitarias de hoy, que demanda de acompañamiento psicosocial, como una estrategia pedagógica continua que ayude a superar la división y la polarización política; escenario de poder libre contra ajenos y entre propios.

Mediante el acompañamiento social formativo y continuo, el ser humano va adquiriendo capacidad de análisis y racionalice cómo buscar alternativas de superación de la cultura actual de ilegalidad, violencias, corrupción en la gestión pública, conductas de vida insalubres, cultura del silencio y el miedo de intervenir las causas y los responsables de esta crisis humanitaria nacional y global. La cual deambula por una senda de incertidumbre dominante en sectores amplios de la sociedad urbana y rural (Tobón et tal, 2013; Segura, 2000; Saldarriaga, 2006; Suárez, 2008).

Ante esta encrucijada, la participación activa de las comunidades académicas y la comunidad civil (fuerzas vivas de ciudadanos afectados) junto con los gobernantes, entes del orden ejecutivo, legislativo, de control, educación, saud, justicia, sistema financiero y empresarios y fuerza pública; quienes son los ejecutores del modelo político neoliberal en general, deben hacerse la siguientes reflexiones:

¿La educación es un derecho o es un negocio?

¿Cómo debería ser la indagación del saber-hacer en el deber ser de la educación-formación incluyente de calidad en lenguajes diversos, aquel diálogo de saberes que tiene su lógica significativa definida en el lenguaje natural y de algún modo, se armoniza perfectamente con el discurso de la academia y de cierta experiencia práctica integral significativa en campos del conocimiento diverso?

¿Por qué toda institución de gobierno y de educación como la Universidad de Antioquia debe promover la integración de saberes y la responsabilidad social solidaria?

¿Para qué y cómo se está educando en la actualidad?

¿Existe un futuro amable posible para el desarrollo sostenible, la transformación humana y de las poblaciones más deprimidas en el marco del modelo educativo neoliberal?

¿A quiénes y a cuántos beneficia realmente la seguridad, mirada desde el pie de la fuerza pública del neoliberalismo?

¿Es realmente la seguridad, mirada como fuerza pública, prioridad para la educación de calidad y desarrollo sostenible de las mayorías?

¿La fuerza pública está educada y formada en capacidades y destrezas holísticas para el autocontrol y transferir conocimiento integral con sentido humano a la sociedad?

¿A quiénes y a cuántos está educando este modelo educativo actual?

Estos interrogantes, entre otros, a la vez, deben procesarlos y responderlos las autoridades responsables directas a la sociedad en forma integrada, como una ruta posible para la construcción de otra generación reorganizada que responda al desafío de cambio hacia una biopolítica pública, orientada a ayudar a resolver las necesidad básicas de los más vulnerables mediante la capacitación eficiente y ética del ser humano para el desarrollo local en beneficio de la humanidad.

El problema y su justificación

El mundo y Colombia vive una situación de crisis humanitaria, las causas esenciales de esta, entre otras, es el deficiente sistema de educación pública de calidad por procesos para todos; en especial en los ámbitos rural y en asentamientos marginales de las ciudades. Donde se observa ausencia de acompañamiento social, una responsabilidad social de las autoridades responsables directas del gobierno de garantizar al ser humano en condiciones críticas, acompañamiento permanente en el aprendizaje holístico sistemático de calidad, ligado al desarrollo humano integral sostenible, diverso y equitativo. Para que se respete como ciudadano, reconozca y considere al otro y al todo en armonía con la naturaleza. En consecuencia, se estimule el autocuidado y la producción persistente individual y colectiva.

La falta de desarrollo humano integral sostenible, diverso y equitativo, aumenta la carencia de líderes comunitarios, de participación activa y la falta de inclusión social de los ciudadanos en las decisiones de las políticas públicas que los afectan con un alto impacto negativo psicoafectivo, conexo a la salud física, mental y social; y, esta ligada al desarrollo local. Por estas razones se induce a un desplazamiento significativo, crisis humana socio-cultural, ambiental, falta de producción diversa y a una subcultura político-económica de las mayorías. En consecuencia, paralela a esta crisis humanitaria crece la ilegalidad, corrupción, violencias, la falta de visión, deficiente capacidad humana de gestión sistémica sistemática, eficaz y eficiente; y, vulneración de los derechos humanos fundamentales.

En esta configuración el concepto actual de políticas públicas y de sistema de educación tradicional para el desarrollo humano y territorial, adolece de los aspectos relacionados con lo humano, social, cultural, tecnológico, ambiental, económico-político, producción y lo territorial. En el sentido del saber-hacer en el deber ser ético y oportuno por el bien común, además pereciera que no se entiende el significado profundo de la interrelación estrecha entre lo humano con la innovación-ciencia-tecnología en el tiempo para todos.

Al igual se observa que muchas veces, la educación a partir de la cultura de la legalidad, la transparencia y la comunicación fluida (precisa y completa) en dialogo de saberes para la paz, no se trabaja conscientemente con la condición estricta que los gobernantes deben poseer formación integral con sentido humano, evidenciada en el programas de gobierno que publican y en ocasiones no se ejecuta (GBEEMS, 2009; Herbet y Egido, 2006; GBEEMS, 2006; GBEEMS, 2005; Gadotti, 2001).

En esta configuración, se plantea los referentes conceptuales sometidos a discusión con los participantes a través de las IAP sobre la visión de los requerimientos para la construcción de otro modelo político y económico que desarrolle un sistema educativo innovador acorde a las necesidades sociales de hoy, en términos de una mayor y mejor planeación de acciones en la coordinación de actividades municipales y nacionales en materia de mayor inversión social para el aprendizaje educativo integral para todos, orientado más al desarrollo humano integral que al despliegue económico para unos pocos.

Referentes Conceptuales De Las Experiencias

La argumentación teórica, filosófica y empírica-crítica de esta sistematización de experiencias de IAP, se enfoca a la necesidad de buscar alternativas de solución a los problemas prioritarios locales mediante el proceso de enseñanza-aprendizaje significativo del ser humano. Para que este busque cómo mejora y fortalece la interrelación estrecha entre la salud-producción -desarrollo sostenible hacia la sociedad.

Las comunidades y en especial aquellas en condiciones críticas, tienen realidades diferentes en cada contexto específico, allí donde se conduzca a la dinámica de la participación social activa mediante el dialogo de saberes que permita el avance hacia una mejor y mayor calidad de vida. Una manera es la enseñanza educativa de desarrollo humano integral de forma trasversal en el plan curricular, desde el aula de clase de todas las asignaturas, durante las prácticas académicas tempranas en familia y con la comunidad.

Escenarios donde todos saben algo, en coherencia con la responsabilidad social y el objeto de estudio del plan curricular de cada disciplina en dialogo de saberes. Se considera que todas las escuelas por donde transite el ser humano, son lugares por excelencia de instrumentalización de la pedagogía social hacia una organización lógica y cognitiva de las realidades sociales (reflexión de orden superior) para analizar las culturas anti-humana y anti-natura e indagar cómo transformarlas a través de la educación formativa temprana con sentido ciudadano. Es decir, aprender haciendo, desaprendiendo y re-aprendiendo (Galeano, 2008; GBEEMS, junio de 2008; GBEEMS, julio de 2008; GBEEMS, 2009; García y Uribe, 2006; Giraldo y Hurtado, 2003).

Desde este conocimiento de orden superior, se plantea el referente conceptual de cinco pilares primordiales en la enseñanza educativa holística sistemática de capacidades y habilidades con espíritu humano de las generaciones futuras, herramientas esenciales para que logren el desarrollo humano integral sostenible, diverso y equitativo:

Primer pilar: en perspectiva de derechos humanos y derechos fundamentales

Los derechos humanos son el conjunto de derechos reconocidos por los Estados a todas las personas, desde que nacen, sin diferencia de religión, raza, edad, sexo, condición social y pensamiento pues están basados en el respeto de la dignidad humana y la igualdad. El Derecho Internacional Humanitario (DIH) es un conjunto de normas acordadas por varios países para reglamentar la guerra y proteger a las personas que no participan en ella o en conflictos armados internos de algún país (Agudelo, 2011; Gutiérrez, 2007; Comité de los Derechos del Niño, 2005; Roux y Ramírez, 2004; CP, 1991).

Ellos con énfasis especial en el derecho superior de la familia gestante, los niños, las niñas y los adolescentes; deben ser reconocidos, respetados y tener garantías protectoras de los intereses de los destinatarios por los Estados. Un eje esencial de la educación-formación de ciudadanos dignos para la defensa de la diversidad, la diferencia, la libertad de expresión y pensamiento. De ahí surge la pregunta:

¿Es posible que las generaciones nuevas construyan políticas públicas como una biopolítica? Aquellas que forjen cambios positivos en derecho, los practiquen, respeten y los protejan en la vida diaria como parte de la dignidad humana en bien de los colectivos. Un parte esencial del conocimiento para que se comprenda la importancia de la relación estrecha entre la tríada estudiante-educador-comunidad. La cual requiere de un proceso de enseñanza-aprendizaje significativo de los niños y los adultos a través de la vida.

Para que sean tratados con dignidad y se logre una aproximación mayor a la solución de las insuficiencias locales dentro de sus realidades y establecer vínculos afectivos estrechos que potencien su desarrollo biológico, físico, psicológico, sociocultural, tecnológico y ambiental. Se parte de la hipótesis: ¿Será posible qué a partir del conocimiento de los derechos humanos fundamentales como parte básica de desarrollo integral y socialización de los niños y jóvenes, se podrá prever otro modelo de sistema educativo que mejore la calidad de vida y se alcance un desarrollo sostenible?

Los derechos humanos poseen seis principios propios: uno, universalidad; iguales para todos e indispensables para subsistir dignamente como seres humanos en una sociedad. Dos, propios de la naturaleza o de la dignidad de la persona humana, es decir su origen no pertenece a ninguna autoridad. Tres, responsabilidad en su ejercicio, porque mis derechos terminan donde comienzan los derechos ajenos. Cuatro, de obligatoriedad su respeto y cumplimiento para todas las personas y para el Estado. Cinco, integralidad, unos dependen de otros. Seis, complementariedad, no tienen diferencias importantes entre ellos.

Desde esta mirada compleja de enseñanza educativa de las diferentes dimensiones posibles de desarrollo del ser humano, los derechos fundamentales comprenden otros tres retos y perspectivas:

Primera, de deberes: derivados del ejercicio de los derechos y libertades, que obligatoriamente implica responsabilidades de la autoridades responsables directas, tales como: respetar los derechos ajenos y no abusar de los propios, obrar conforme al principio de favorabilidad y solidaridad social; respetar y apoyar a las autoridades democráticas legítimamente constituidas para mantener la independencia e integridad nacional; defender y difundir los derechos humanos, soporte de la convivencia pacífica y propender al logro y mantenimiento de la paz; colaborar para el buen funcionamiento de la administración de justicia; proteger los recursos culturales y naturales del país; velar por la conservación de un entorno sano; y, contribuir al financiamiento de los gastos e inversiones del Estado dentro de conceptos de justicia y equidad.

Segunda, de principios: en el desarrollo y aplicación de normas, en especial la de los niños y los jóvenes; implica responsabilidad y coherencia entre los pensamientos, las conductas y las actuaciones. Estos deben ser pensados como necesarios y potenciales, porque en alguna manera el ser humano los determina y los comparte, extendiéndolos más allá del ser mismo, en un continuo ir y venir del ser humano con justicia y retribución de esa justicia.

Tercero, de los valores: razonados como características virtuosas que toda persona desde nonato debe poseer para el bien propio y colectivo, concibiéndole valor a sus necesidades existenciales y axiológicas. Estos se expresan en el día a día mediante actos, pautas y declaraciones de derechos que requiere la sociedad a través de una economía solidaria y la creación de una biopolítica pública.

Es una herramienta que educa niños, jóvenes y adultos con sentimientos de confianza, autoestima, autonomía y creación de relaciones de afectividad, solidaridad, respeto a la dignidad humana y participación activa que propician cambios cotidianos positivos, como el respeto a la vida, a la salud y al bienestar. Mediante el respeto, la aplicación y la garantía de las normas de forma equitativa, justa e incluyente. Así se ennoblece el tránsito de los niños y los adultos hacia el desarrollo temprano en la primera infancia, en cuyo camino, significa ir más allá de la escolarización o pre-escolarización de los niños y jóvenes para que participen en su educación y autocuidado con alegría en un ambiente protector, reconocimiento y garantía de los derechos fundamentales.

Segundo pilar: el desarrollo hacia el beneficio de la armonía humana

En acercamiento al pensamiento de Manfred Max-Neef y su grupo de trabajo, este es una directriz que permite forjar generaciones nuevas, responsables y comprometidas con la satisfacción de las necesidades y los satisfactores prioritarios humanos. Los cuales se entienden como carencias y potencialidades humanas, individuales y colectivas de manera simultánea. Se postula la existencia de dos tipos de necesidades:

Una, las existenciales que corresponden al ser, tener, hacer, estar. Dos, las necesidades axiológicas, a las cuales el sujeto les da valor y son: de subsistencia, protección, afecto, entendimiento, participación, ocio, creación, identidad y libertad. Los satisfactores se entienden como manera de ser, tener, hacer, estar o enseñar algo.

Por ejemplo: en el método del proceso de enseñanza-aprendizaje en el deber ser de otro sistema educativo, centrado en el ser humano, las prácticas sociales, las conductas, los comportamientos, las actitudes, las normas, los principios y los valores que contribuye a la satisfacción de las necesidades humanas. Los satisfactores de las necesidades humanas tienen efectos diferentes en cada contexto, con mayor impacto social en las comunidades en condiciones críticas, según la cultura, el entorno y el medio ambiente.

La interrelación entre las necesidades axiológicas y las necesidades existenciales es cambiante y permanente, entendida como una relación de objetos categóricos en la concepción y aplicación de unos y de otros, convirtiéndose en definición de cultura y en decisión de formas de desarrollo. En oposición a la educación del modelo económico y político actual, centrado en el negocio de la educación excluyente. (Tobón y López, 2011; Tobón, 2007; Sen, 2000; Max-Neef et al, 1986).

Tercer pilar: el perfeccionamiento holístico de las posibles dimensiones humanas

El desafío de la enseñanza educativa de los ciudadanos es el desarrollo sostenible con una alineación ética-biopolítica, desde la educación temprana de siete dimensiones esenciales (GBEEMS, 2008; 2007; 2006; 2005; ILPES Naciones Unidas et al, 2007; Valencia, 2006; Orozco, octubre de 2001 a marzo de 2002; Sen, 2000; Sandoval et al, 1996):

- La Ontológica, para que el ser humano se desarrolle con sentido ético por la vida, la calidad de vida y la dignidad humana; en el ejercicio pleno de sus derechos, deberes, libertad, valores y potencialidades.

- La Social, mediante la creación de una biopolítica pública que promueva la utilización adecuada de satisfactores de las necesidades existenciales y axiológicas humanas.

- La biopolítica pública, en derechos, promoción de una democracia participativa real e incluyente de todos sectores sociales en dialogo de saberes en contexto, mediante la integración e interacción social para definir las decisiones que afectan a la mayoría.

- La Ecológica, orientadora al difícil equilibrio de los ecosistemas interno y externo del ser humano para el proceso productivo sostenible y diverso de las mayorías. Se conserve y se mejore el ambiente, sin extinguir los recursos naturales que requieren otras generaciones para satisfacer sus necesidades básicas.

- La Tecnológica, dirigida a la utilización racional de las tecnologías de investigación, información y comunicación más apropiadas, en cada caso o situación del contexto.

- La Económica distributiva y solidaria, orientada a aumentar la producción y la productividad territorial con distribución equitativa del ingreso.

- La comunicación, entre emisor-receptor de forma fluida, precisa, clara y completa.

Cuarto pilar: el plan de vida personal en colectivo

El Ser humano debe elaborar su constitución política personal para aplicarla en su plan de vida colectiva. Esto requiere de la reflexión de su propia historia para proyectar su misión, principios y valores en la vida, la cual empieza en el centro de su ser, su círculo personal de influencia y cuyo centro está compuesto por sus paradigmas más básicos. Es decir las formas o maneras de mirar el mundo que orienta el contacto del individuo con su visión por la vida y sus valores en sociedad. En este sentido, la persona en su plan de vida, promueve todos aquellos deseos que ella busca producir de lo mejor de sí misma, permitiéndole articularse con el otro, con su entorno y con el todo.

Es delinear un camino que le permite elaborar en la mente lo que quiere ser (carácter) y hacer (aportaciones y logros). Se resalta que no consiste en hacer un "proyecto pequeño" y abandonarlo en cualquier momento, consiste en saber desarrollar proyectos grandes durante la vida. También en el deber-ser autoanalizarse continuamente en torno a las preguntas: ¿Quién soy y quiénes somos? ¿Hacia dónde voy y hacia dónde vamos? y ¿Qué debo y qué debemos hacer? Teniendo en cuenta las limitaciones y capacidades de cada uno, para fortalecer y lograr los fines planeados (Puerta, 2002; Posada et al, 2001).

El ser humano (sujeto-ciudadano) en este plano, practica en lo cotidiano su capacidad de auto-conciencia como una brújula que dirige sus mapas mentales y se pregunta si estos están basados en la misión social, principios, valores de la realidad. Así se ayuda a detectar talentos singulares y diversos que desarrolle su capacidad y habilidad mental de imaginar ideas y convertirlas en objetivos de sus grandes proyectos de vida. Un plan de vida deseado con la finalidad de conceder dirección a su existencia inmersa en el colectivo.

Lo anterior implica iniciar el contenido escrito del saber-hacer en el deber ser con sentido humano y social, plasmado en una Constitución Personal, donde se muestre las capacidad de reflexión, libertad y autorrealización, paralela a la responsabilidad social de eliminar poco a poco, las actitudes, conductas y condiciones de vida negativas que le limitan el despliegue de satisfactores de sus necesidades básicas.

Quinto pilar: las metas del desarrollo humano

A partir de la ideología del Grupo de Puericultura de la Universidad de Antioquia, se concibe las siguientes siete metas fundamentales para el desarrollo: autoestima, autonomía, creatividad, felicidad, solidaridad y salud integral (entendida como sinónimo de bienestar, un ejercicio del proceso vital humano pleno en buenas condiciones de vida, ambientes saludables, alimentación adecuada, hábitos saludables, estímulo de factores protectores para la salud y prevención de factores de riesgo de enfermedades y buena atención en salud.

Estas cinco metas son esenciales para tejer la sexta meta de la resiliencia, la capacidad y la destreza de avanzar en el desarrollo individual y colectivo, afrontando los problemas y las dificultades, sin dejarse vencer. Por el contrario, potencializarlos para salir fortalecido.

En esta visión de desarrollo futurista, se parte de la hipótesis que si la familia cumple su papel esencial de educar, formar y socializar, entonces las escuelas pueden ocuparse de continuar el proceso de enseñanza-aprendizaje significativo del saber-hacer en el deber ser colectivo. En el sentido formativo más que corregir y sancionar conductas inapropiadas, porque si en la familia, se aprendió a convivir y a valorar la autoridad directa responsable como elemento que ayuda a crecer, el resultado es la posibilidad de acordar soluciones óptimas, afectivas y firmes, correspondiente a la necesidad humana.

De igual modo, los formadores de formadores son corresponsables y cumplen una misión social de orientar a los educandos para la construcción de una sociedad amable y protegida por la confianza en la calidad de la educación-formación integral. En la cual, las metas del desarrollo buscan el apoderamiento eficiente de las familias, en especial la familia gestante, en su labor puericultora (cultivadora de niños/as) con el propósito de tejer y fortalecer la resiliencia (GBEEMS, Marzo 2007; Posada et al, 2006; Grupo de Puericultura Universidad de Antioquia, 2002; Gadotti, 2001; Smirnov, 2000)

Metodología

Se trata de experiencias sobre IAP con el enfoque hermenéutico de carácter reflexivo, dialógico y participativo, a manera de intervención educativa, realizadas en regiones y asentamientos marginados antioqueños de Colombia por más de una década. La información textual se obtuvo por medio de talleres, grupos focales, entrevistas a profundidad y observación no participante hasta saturar la información.

Las variables de control como unidad de análisis, fueron los conceptos esenciales teórico y filosófico de los cinco pilares de desarrollo humano integral sostenible, diverso y equitativo, necesarios para el saber-hacer en el deber ser. Puestos a consideración de los participantes en las dinámicas pedagógicas, como una propuesta para la construcción de otro sistema educativo de calidad que eduque-forme en capacidades y habilidades humanas que contribuya a resolver las necesidades prioritarias de la localidad en cada contexto y circunstancias específicas (Bonilla y Rodríguez, 1997; Hammersley y Atkinson, 2001).

La organización de la información y su posterior análisis, se efectuó mediante el programa de cómputo Atlas-ti, Versión 5.0, según el siguiente proceso: 1) Transcripción textual de la información. 2) Preparación de documentos primarios. 3) Creación de unidades hermenéuticas. 4) Extracción de citas de los documentos primarios. 5) Codificación de la información de las citas. 6) Creación de familias de códigos.

Objetivo General

Reflexionar con un núcleo importante de personas en lo local y en regiones antioqueñas (equipo de gobierno, niños, niñas, estudiantes, académicos, gremios y empresarios), para analizar la orientación de la educación-formación integral en el deber ser del perfil innovador del sistema educativo actual, centrado en el ser humano para satisfacer las necesidades humanas en el marco de los ambientes actuales de cambio y mejoramiento.

Los propósitos fueron:

1. Reflexionar sobre las actitudes y prácticas positivas en el quehacer cotidiano de acompañamiento a la familia gestante y a la comunidad educativa de las escuelas (estudiantes, profesores, administradores, egresados y padres de familia), como una herramienta que mejora la convivencia y la tolerancia mediante la participación real en las decisiones gubernamentales que impactan a los colectivos; elementos fundamentales para la construcción de la democracia verdadera y la paz tan anhelada.

2. Sembrar ideas desde el aula de clase, prácticas académicas y la extensión académica solidaria frente a la construcción de un perfil de otro modelo de sistema educativo innovador de desarrollo del Ser humano integral sostenible, diverso y equitativo que privilegie la ciencia y la tecnología para el bienestar de las mayorías.

Hallazgos y elementos para la discusión

Los hallazgos de la sistematización de las experiencias de IAP, se analizaron a partir de los cinco pilares expuestos arriba como unidades de observación durante las intervenciones educativas con las comunidades participantes, la cuales permitieron inferir desde sus testimonios las siguientes categorías: fortalezas, logros, oportunidades y retos.

De las cuales se expone las que presentaron frecuencia mayor, relacionadas con oportunidades y retos:

- La oportunidad de una mejor gestión holística de las autoridades responsables directas del sistema educativo y de las comunidades académicas desde las prácticas académicas con proyección a la sociedad, que involucre un trabajo conjunto articulado con los diferentes sectores organizados de las comunidades municipales (rural y urbana) hacia la solución de los problemas prioritarios locales. Aunque en ocasiones está en el papel, no obstante, al interior de varias instituciones educativas y en la práctica académica cotidiana en poblaciones en condiciones críticas, es poco visible.

- La coyuntura de violencias exige de una mayor gestión integral intersectorial para realizar convenios incluyentes, oportunos, eficaces, eficientes y equitativos; articulados y coordinados entre las partes, que busquen mejorar y fortalecer a las personas con menos recursos en la localidad y sentido humano. Así ellos podrían alcanzar el reto de ser protagonista del desarrollo de su territorio.

- La crisis humanitaria actual invita a los responsables directos de dar respuesta a la necesidad urgente de inversión social suficiente, principalmente en la educación de calidad incluyente para acceder a un trabajo digno y estable, la raíz de los demás problemas complejos (salud integral, violencias, prostitución, desplazamiento, trata de personas, narcotráfico, emergencia carcelaria, fronteras invisibles, entre otros).

Hoy, la oportunidad es superar la falta de capacidad y voluntad biopolítica de los gobernantes de asignar el mayor presupuesto a la educación con mayor probabilidad de forjar ciudadanos honestos que promuevan el desarrollo sostenible frente al presupuesto que invierten en la falsa seguridad democrática y en el disfrute de beneficios de muy pocos a costa de los más débiles. Alejándose del principio ético por décadas de favorecer a los más débiles, niños, niñas y a los jóvenes en condiciones críticas, como el acceso a la educación y salud integral con calidad, elementos prioritarios para acceder a un trabajo estable; y, a su vez, la prevención del hambre y las violencias.

El compromiso es la construcción de otro modelo biopolítico ético, centrado en la formación de otros seres humanos que busquen el desarrollo de la cultura formativa de la observación de las realidades sociales. Para que se supere los obstáculos de la globalización neoliberal actual, esta no respeta los derechos fundamentales ni las culturas y es evidente el resultado de la educación actual de los falsos valores en nuestras relaciones con las personas, la propiedad y con las ideas.

La intervención de estos problemas complejos demanda del apoyo de un equipo académico (talento humano integral), transdisciplinar-multicultural que construya una bio-política, basada en derecho y en la ética, para que realice acciones oportunas a la solución de los problemas complejos de la sociedad. Contraria a la falsa seguridad democrática actual, entendiéndose por una democracia verdadera, aquella que satisface toda seguridad sostenible y garantice el mínimo vital de una vida digna en forma escalonada; y, a su vez, prevenga las formas diversas de violencia, mediante la seguridad de acceder a la educación gratis y al conocimiento social; al trabajo estable y vivienda digna; a la recreación sana y la seguridad alimentaria de la población más desfavorecida, que son las mayorías.

Para que el ser humano educador a través de la formación investiga de maestros, explore con las comunidades otras alternativas productivas diferentes a los actos delictivos de diversas formas, a través de la enseñanza educativa en equipo con todos los implicados en las comunidades más deprimidas y ayudarlas a que sean protagonistas en la solución de sus necesidades humanas y de su desarrollo local (Jaramillo, 2007).

Es el momento que las instituciones educativas de primaria y secundaria de la mano con las universidades y estas ligadas a todos los sectores implicados, cambien la política educativa para la formación de otra generación innovadora en el marco de la responsabilidad social. Un ser humano renovado que se comprometa con la educación de otros seres humanos, un círculo virtuoso que supere el estancamiento de la gran brecha social y económica entre pobres y ricos. Al respecto, en una aproximación al pensamiento de Morin (2012, 2001), se resalta la necesidad de enseñar los saberes en la interrelación estrecha de la triada entre los individuos sociedad especie, en la que emerge la conciencia humana y el desarrollo conjunto de las autonomías individuales, de las participaciones comunitarias y del sentido de pertenencia de la especie humana; en los siguientes tópicos: En primer lugar: la concepción de formación integral renovada hacia la reingeniería humana para el cambio social, dirigida a que el formador de formadores, vea en el educando un sujeto participativo, quién debe proyectar su vida a aprender y a desaprender para a formación integral de aprender a ser, hacer, servir, trascender y aprender a convivir en comunidad. Una relación pedagógica a través de todas las escuelas de la vida.

Segundo: la responsabilidad social de las instituciones educativas, la cual según Vallaeys (2008); esta es: "una política de gestión de impactos, (...) basada en la medición y el diagnóstico permanente de todos los procesos de la formación, (...) que busca la mejora continua de todos los productos e impactos de la organización, (...) para la mayor satisfacción posible de todas las partes interesadas y afectadas por la existencia de la organización,

(...) asociándose, dialogando y creando sinergia entre todos actores necesarios para lograr el mayor impacto social posible (...)". En esta representación, se trata de formar a la comunidad académica para que la institución educativa mejore y fortalezca relaciones con la sociedad, basadas en el propio engrandecimiento de las capacidades y habilidades. Esta argumentación es opuesta a la responsabilidad social comercial que promueve una estructura de empresa competitiva y de propio aislamiento de negocio, en lugar de formar comunidad participante y cohesión del capital social que aporte a la solución de las causas de la crisis mundial y entender cómo éstas, ocurren a través de los tiempos (Valencia, 2006). Por eso, se entiende la responsabilidad social de educadores y profesionales, aquellas acciones holísticas sistemáticas en derechos y no por el negocio. Además la práctica de cotidiana del ejemplo de los valores del amor, tolerancia, respeto, libertad, responsabilidad, honestidad, humildad, beneficio, solidaridad, justicia, lealtad y equidad en las relaciones personal y social. Estos valores deben ser garantizados a todos y máxime a las personas en condiciones críticas y deberían ser reconocidos como datos de índices de inclusión social de los gobiernos (Bintrim et tal, 2014; Nussbaum, 2012 y 2010; Zapata, 2010).

Tercero: la importancia de una educación basada en el afecto, condición esencial en el ecosistema psico-afectivo y socio-cultural del ser humano; estas interrelaciones influyen en sus planes de vida personal (Constitución Personal) y colectivo. Un ser humano satisfecho, tiene mayor probabilidad de autoestima y autonomía (metas del desarrollo humano), determinantes en las emociones y en los sentimientos de valoración del ser humano que le permite el despliegue de su disposición, capacidad y habilidad del saber–hacer en el deber ser. Para asistir a los más necesitados; sentirse solidario y cumplir con su responsabilidad social en las comunidades vulnerables de las que hace parte (Suárez, 2008).

Cuarto: el desarrollo de la creatividad y la recreación a través de la lúdica como acompañamiento social al ser humano en la comunidad académica y en comunidades en condiciones críticas, es una estrategia que busca una relación estrecha entre el contenido teórico-práctico que promueva estas metas de desarrollo. Además de tener claro que la institución educativa está unida al acompañamiento a la comunidad, son espacio de tipo académico y político, privilegiados para la reflexión y construcción de realidades sociales, colaboraciones y de la socialización de la práctica académica institucional (Tobón et tal; 2013; Tobón et tal, 2012; Tobón y Gaviria, 2011; Voces y Sentidos de las prácticas académicas, 2009; Tobón y López, 2009.

Quinto: el reto de la compresión de los lenguajes en la terminología de los saberes, estos tienen significado y sentido diferente entre actores sociales, según la cultura de los modos de conocer y de las experiencias de la vida cotidiana. Una comunicación fluida precisa y completa entre el emisor-receptor de su disciplina en dialogo de saberes, aporta al empeño de saber-hacer lo que debe ser y ennoblece el desarrollo humano integral sostenible. Una estrategia pedagógica que forme más y mejores personas respetuosas de lo público sobre lo privado con justicia e inclusión social (Tobón et tal; 2013).

Conclusiones

Las oportunidades y los retos del país inmerso en la globalización de la crisis humanitaria, radica la importancia, magnitud y el alcance de este análisis de experiencias en torno a la argumentación teórica-filosófica, desde la comprensión de la interrelación estrecha entre los ejes de desempeño en la docencia-investigación-extensión-administración, aplicados al plan curricular de la educación-formación integral a través del tiempo. Para alcanzar estos se demanda de la construcción de un equipo intersectorial para consensuar otro modelo ético-biopolítico que desarrolle un sistema educativo holístico sistemático de calidad, centrado en el desarrollo humano integral, sostenible, diverso y equitativo.

Dicho proceso complejo comienza en familia, aula de clase y trabajos académicos prácticos de extensión solidaria con las comunidades, basados en la construcción del conocimiento social colaborativo y en la enseñanza educativa de la investigación formativa temprana; desde las primeras escuelas, la formación integral universitaria hasta en la universidad de la vida. A partir de los principios pedagógicos de la formación integral del ser, el saber, el hacer, el trascender y el aprender a convivir consigo mismo, con el otro y con el todo.

Por consiguiente, la familia y en especial la familia gestante, debe ser educada-formada en la sexualidad con responsabilidad para reproducirse o no reproducirse. Es ir más allá de enseñarles a tomar anticonceptivos, es que comprenda el significado, sentido y el alcance de su responsabilidad del acompañamiento directo y cotidiano de sus hijos desde nonato y a través de la vida en forma continua. Entendiendo que durante el proceso de la gestación y los primeros siete años de vida, se consolida el lineamiento de la estructuración de sus emociones, sentimientos y personalidad (positiva o negativa), la cual afecta las relaciones consigo mismo, el otro y el todo; además, la actitud y práctica hacia el trabajo individual y colectivo de los niños, jóvenes y los ciudadanos; y por ende el desarrollo local.

Asimismo, en este proceso, las instituciones educativas de cualquier nivel de escolaridad, deberían apropiarse de programas agropecuarios prácticos y productivos de la región, articuladas con las facultades de ciencias agrarias y zootecnia, principalmente. Se trata de cumplir con la responsabilidad social más en lo práctico y en la intervención de la burocracia gubernamental de problematizar las soluciones rurales con papeleos de ayuda y no de enseñanza educativa para facilitarles las condiciones para ejecutarlas.

El educador debe formar un ciudadano del mundo, mediante estrategias pedagógicas lúdicas que promueva el cambio positivo de su realidad, desde la primera escuela socializadora del ser humano (la familia), determinante en el desarrollo integral del ser humano en los siete años primeros de vida. Etapa que se puede influir para la educación de un pedagogo social e indagador de las realidades sociales, aquel que convierta la didáctica en aquel espejo que refleje y cuestione a diario su quehacer cotidiano para el avance del pensamiento reflexivo, crítico y transformador de manera individual y colectivo. Un conocimiento social dialectico con sentido humano que fomente la liberación de pensamiento y respete las ideas del oponente, basada en las preguntas de:

¿El por qué?, ¿El cómo? y el ¿Para qué? De:

¿La educación-formación integral en el saber-hacer del deber ser de la disciplina unida a la pedagogía social en las prácticas académicas que promueva la responsabilidad social y la integración de saberes de todos los involucrados?

Los profesionales y el educador, desde los cuatro ejes de desempeño interrelacionados estrechamente: la educación-formación integral en la labor pedagógica, investigación, extensión y administración de la academia, debe explorar el alcance del proceso complejo de la enseñanza-aprendizaje significativo en el desarrollo del Ser humano. Teniendo en cuenta que toda institución educativa (pública, privada), tiene una misión y una responsabilidad social que cumplir a través de la enseñanza educativa enfocada a las comunidades vulnerables; necesitadas de conocimiento y prácticas académicas de sus actores, ligados al dialogo entre interlocutores.

En general, estas observaciones respondieron poco las preguntas de los estudios IAP de forma significativa. Sin embargo, cada vez más, surgían más interrogantes de los participantes; incertidumbre e impotencia ante las realidades de crisis humanitaria que evidencia lo urgente de las siguientes acciones relevantes, entre otras, para intervenirla hoy:

Las políticas públicas no se deben reducirse al acceso de bienes y servicios materiales (la macroeconomía, el PIB). Por el contrario, debe proporcionar en perspectiva de derechos fundamentales, aquellos bienes invisibles al modelo neoliberal (la seguridad desde todas las dimensiones de los derechos fundamentales como son la seguridad alimentaria, la seguridad de la protección y la justicia social; la seguridad educativa, la seguridad de la salud pública, entre otras). Considerando que si bien estas, se están dando actualmente en alguna medida en lo demográfico; en lo general, no se facilita en la realidad (en el caso rural), el desarrollo humano y social desde la producción en el territorio local.

Las autoridades responsables directas de gobierno deben ser nombradas por su calidad en la capacidad y habilidad en el saber-hacer en deber-ser de la atención integral a la relación estrecha entre la tríada de la educación-salud-desarrollo local, regional, nacional y global. Contrario a lo que ocurre hoy, en una democracia muy imperfecta, de elegir o designar personas muy poco idóneas por intereses políticos y económicos particulares. Dichos intereses se muestran con actitudes y prácticas no benévolas que van en contravía a las fuentes de la vida, libertad, responsabilidad social y la paz.

Se considera que hoy, las mayorías de las autoridades directas de gobierno y los legisladores de la gestión pública, dueños del poder político-económico, se alejan del saber-hacer y del comportamiento en el deber-ser de un ciudadano virtuoso en lo ético con valores como componente cognitivo (sentir,

45

intelectual) que vive la realidad social. Además que entienda como se vive en comunidad, principalmente en la comunidad en condiciones vulnerables. Entendida como un grupo de personas, con territorio definido, sentido de pertenencia, intereses comunes, organización y líderes que la representan para reconstruir un tejido social más ético que goce de la vida. Condición indispensable para el trabajo en equipo transdisciplinar-multicultural.

No obstante, se percibe la esperanza de lograr construir un mundo mejor es posible, potenciando oportunidades y retos de la educación-formación humana integral en la importancia del saber-hacer en el deber ser significativo con espíritu humano en la encrucijada actual. Esta es una herramienta posible y efectiva a partir de la cual se estructure la reconstrucción y dirección del sistema educativo actual, desde el pasado y presente hacia el futuro.

En esta tarea converge tanto los instrumentos y herramientas de tipo cuantitativo y cualitativo para el alcance de resultados de la forma como se concibe la relación entre la práctica de poder hacer sabiendo en el deber ser, hacia la conservación de los ecosistemas directamente relacionados al ser humano, la salud y el medio ambiente para el desarrollo local y global.

Recomendaciones

Se invita a una revisión y reflexión del papel de todos los actores involucrados en el orden territorial (comunidades, académicos, sector productivo, empresarial, comercial y del gobierno), para que se respete el Estado Social de Derecho y entre todos se construya un nuevo modelo de planeación desde las necesidades humana locales, considerando los procesos formativos para las generaciones nuevas, llamadas a enfrentar las realidades de crisis humanitaria que inciden negativamente en el desarrollo humano, de las comunidades y por ende en el progreso nacional y global.

Para lograr este desafío el gobierno tiene una responsabilidad social de ejecutar políticas públicas benéficas para la mayoría, como observar la necesidad de una educación oportuna, innovadora, crítica y transformadora, un derecho fundamental, no son objeto de negocio.

Reflexionar las causas principales en contexto de las situaciones que originan violencias diversas en el país globalizado, como son la enfermedad física, mental, social y ambiental, por la falta de educación de calidad incluyente y gratis para los más necesitados. Unida a los pocos estímulos a la producción y al desarrollo integral del país. Aunque, se enfatiza una educación y una atención que excluye a los más necesitados por los cuidados asistenciales a altos costos.

Los gobiernos deberían ser coherentes con el deber-ser del ESD, conforme al derecho superior de los niños, jóvenes, familia gestante y adultos mayores; en cuyas etapas de la vida tienen lugar cambios en el ámbito de la percepción, el punto de vista se expande a entornos más amplios y cambios en el ámbito de la acción de lo cotidiano.

Esto exige de los responsables directos: 1) La caracterización de las necesidades prioritarias de las comunidades en condiciones críticas para diseñar, formular y desarrollar planes, programas, proyectos y acciones educativos que minimicen la vulneración de la condición física y mental de los niños. 2) Capacidad académica y ética de quienes administran las políticas públicas y ejercen autoridad en las decisiones firmes que justifica el destino efectivo de los recursos públicos y privados para contribuir a la solución de los problemas de los más vulnerables.

En consecuencia es inminente que los intelectuales con todos los actores involucrados, de manera transdisciplinaria rompan las barreras que impiden la profundización de la educación-formación integral que mejore y fortalezca la sensibilidad de los niños y los jóvenes y la comunidad en general exigir una enseñanza educativa que inicie la estructuración de pensamiento amplio. Para que tengan la posibilidad de acción hacia una vida y una supervivencia digna que satisfaga sus necesidades fundamentales y les permita avanzar hacia el cambio de modelo político-económico de desarrollo, centrado en el capital, por otro modelo biopolítico de desarrollo, centrado en lo humano, la sociedad y en el desarrollo del país humanizado que soñamos con bienestar. En este sentido, la ignorancia es fácil, la ciencia es demandante, no hay que subestimar a los enemigos de la ciencias en dialogo de saberes desde la pedagogía social. Donde la vigilancia, seguimiento y control al acceso a la educacióny salud integral, estas paralelas al acceso a la justicia de todos los ciudadanos en condiciones críticas (discapacitados, campesinos, marginados, víctimas de las violencias, entre otros) y a la participación política en la decisiones que afectan a la localidad. Temas que deben ser de interés prioritario frente al PIB nacional (modelo de desarrollo actual capitalista), que se des-responsabiliza del desarrollo humano integral. Así lo expresan los siguientes epígrafes:

"LA PRIORIDAD: Educar, por el país próspero que soñamos, al alcance de los niños"

Instalación de la Misión de Ciencia, Educación y Desarrollo, noviembre de1993)

"El universo es sagrado. Si quieres cambiarlo vas arruinarlo. Si quieres poseerlo vas a perderlo. Entrégate con humildad: así se te puede confiar la responsabilidad de cuidar todas las cosas. Ama al mundo como a ti mismo: así puedes tomar la responsabilidad para relacionarte con todas las cosas"

Lao Tse

Referencias bibliográficas

Agudelo, M. (2011). El problema de la fundamentación filosófica de los derechos humanos. Bases ontológicas. Bogotá: Editorial Temis.

Bintrim, R.; Escarfuller, W.; Christopher, S.; Tummino, A.; Wolsky A. (2014). Índices de Inclusión Social.

Bonilla E, Rodríguez. S. (1997). El proceso de investigación cualitativa. En: Más allá del dilema de los métodos. Bogotá: Editorial Norma.

Campo, R. y Restrepo, M. (1999). Formación integral. Modalidad de educación posibilitadora de lo humano. Bogotá: Ed. Universidad Pontificia Javeriana.

Comité de los Derechos del Niño (2005). Realización de los Derechos del Niño en la Primera Infancia. Guía de la Observación General No 7. Ginebra: Naciones Unidas, Fondo de las Naciones Unidas para la Infancia y Fundación Bernard Van Leer.

República de Colombia (1991). Constitución Política. Medellín: Ed. Universidad de Antioquia.

Foro Social Mundial Temático (2003). Comisión Encuentro Sectorial Educación. Brasil, Porto Alegre.

Franco, Z. (2004). Desarrollo Humano y de Valores para la salud. 2 ed. Manizales: Ed. Universidad de Caldas.

Franco, Z. (2006). La evaluación ética en la educación para el Desarrollo Humano. Manizales: Ed. Universidad de Caldas.

Gadotti, M. (2001). Cruzando Fronteras: Lecciones de Freire. Cuaderno Pedagógicos de la Escuela Traducción: Martha Cecilia Herrera. Bogotá, D.C.: Editor, Preprensa e Impresión Servigraphic Ltda.

Galeano J. R. (2002). Cómo gestionar la calidad en la educación. Medellín: Ed. Colección Aula Abierta, Facultad de Educación.

Galeano, L. (2008). Ser profesor universitario hoy. Medellín: Editorial Universidad de Antioquia, Facultad de Educación, Grupo Uni-Pluri/Versidad.

García, C.; Uribe D. (2006). Hacia una Conceptualización del Pensamiento de Orden Superior. Medellín: Revista Uni-pluri/Versidad, vol. 6 (3): 27-31.

Giraldo, L.; Hurtado, R. (2003). La Reflexión en el aula: un medio para la formación. 2 ed. Medellín: L & V Impresores.

Grupo Base Estrategia Municipio Saludable (2005). Dignidad y equidad: dos pilares fundamentales del desarrollo humano. Boletín. Boletín N° 2. Medellín: Ed. Universidad de Antioquia.

Grupo Base Estrategia Municipio Saludable (2006). El auge de las políticas públicas. Boletín. Boletín N° 3. Medellín: Ed. Universidad de Antioquia.

Grupo de Estudio Estrategia Municipio Saludable (Marzo 2007). La puericultura y el desarrollo humano. Boletín N° 6. Medellín: Ed. Universidad de Antioquia.

Grupo Base Estrategia Municipio Saludable (junio de 2008). Nueva serie radial en la emisora cultural: desarrollo y bienestar. Boletín N° 9. Medellín: Ed. Universidad de Antioquia.

Grupo Base Estrategia Municipio Saludable (julio de 2008). Empoderamiento de los líderes estudiantiles: estrategia democrática para el mejoramiento de la calidad de la educación. Boletín N° 10. Medellín: Ed. Universidad de Antioquia.

Grupo Base Estrategia Municipio Saludable (2009). Los compromisos de la Universidad de Antioquia con el proceso de formación política en la escuela. Boletín N° 12. Medellín: Ed. Universidad de Antioquia.

Grupo Base Estrategia Municipio Saludable (2009). La extensión solidaria y la investigación formativa como aportes a la calidad del medio ambiente, la salud pública y el desarrollo local. Boletín N° 13. Medellín: Ed. Universidad de Antioquia.

Grupo de Puericultura (octubre 2002). La Crianza Humanizada: Cómo hacer del niño un buen ciudadano. Volumen 7 (6). Medellín: Ed. Universidad de Antioquia.

Gutiérrez, H. (2007). Agencia Periodismo Amigo de los Derechos de La Infancia Barcelona: Paidós.

Hammersley, M.; Atkinson P. (2001). Etnografía: métodos de investigación. 2 ed. Barcelona: Paidós.

Herbet, F.; Egido, A. (2006). El apoyo social en el proceso de acompañamiento. Rev. Psychofenia, vol 9 (14): 119-136.

Jaramillo, R. (2007). La formación investigativa de los maestros: un asunto estratégico para la alta calidad. Rev. Uni-pluri/versidad, Vol. 7 (1): 13-22.

Max-Neef Manfred et al (1986). Desarrollo a escala Humana: una opción para el futuro. Edición Cepaur, Fundación Dag Hammarskjold. Editores: Sven Hamrell, Olle Nordberg. Medellín, Colombia: Edita y Distribuye Proyecto 20 Editores.

Morin E. (2011). Una cabeza bien puesta. Buenos Aires: Editorial Nueva Visión.

Morin E. (2001). Los siete saberes necesarios para la educación del futuro. Bogotá: Cooperativa Editorial Magisterio.

Naciones Unidas (ILPES), CEPAL, Hegoa IDEA (2007). Seminario Competitividad Territorial y Desarrollo Local. Medellín: Universidad de Antioquia.

Nussbaum M. (2012). Crear capacidades. Propuesta para el desarrollo humano. 2 ed. Barcelona: Paidós.

Nussbaum M. (2010). Sin fines de lucro. España: Ed. Katz.

Orozco, L. (octubre de 2001 a marzo de 2002). "La formación integral como base para definir estrategias de un pensamiento lúcido y pertinente". Debates No32. Medellín: Ed. Universidad de Antioquia.

Posada, A.; Gómez, J.; Ramírez, H. (Agosto 2001). Proyecto de vida. Boletín Crianza humanizada, volumen 6 (7). Medellín: Universidad de Antioquia, Grupo de Puericultura.

Posada, Á.; Gómez, J. y Ramírez H. (2006). El niño sano. 3ª edición. Medellín: Ed. médica panamericana.

Puerta, M. (mayo de 2002). Proyecto de vida en la adolescencia. Boletín Crianza humanizada, Vol. 7 (4). Medellín: Universidad de Antioquia, Grupo de Puericultura.

República de Colombia. Consejo Nacional de Política Económica y Social –CONPES– 2012. Departamento Nacional de Planeación. Política Farmacéutica Nacional, [en línea], consulta el 17 de abril de 2012. Disponible en: http://www.minsalud. gov.co/Politicas%20Farmaceuticas/Pol%C3%ADtica%20farmac%C3%A9uti- ca/Documentos%20soporte/23042012%20CONPES%20POLIITCA%20FARMA- CEUTICA%20PROYECTO.pdf

Roux, C. y Ramírez J. (diciembre de 2004). Derechos sociales económicos y culturales, economía y democracia. Bogotá: Fundación Social y Oficina CEPAL en Colombia.

Saldarriaga, J. (2006). Educar en la adversidad: prácticas y estrategias escolares frente al impacto de las violencias en niños y niñas. Medellín: Pregón Ltda; edita Corporación Región.

Sandoval, C.; Roldán, O.; Luna, M. (1996). Bases conceptuales de una educación orientada al desarrollo humano. En: Una educación para el desarrollo humano. Medellín: CINDE, Módulo 1.

Saramago, J. (6 de febrero del 2002). Este Mundo de la Injusticia Globalizada. Brasil, Porto Alegre: Foro Social Mundial.

Savater F. (1994). El valor de educar. Barcelona: Editorial Ariel S.A.

Savater F. (29 de octubre de 1998). En Ética y ciudadanía. Acto de conferimiento del Doctorado Honoris Causa. Caracas: Universidad Simón Bolívar.

Segura D. (2000). ¿Es posible pensar otra escuela? Bogotá: Editor, Escuela Pedagógica Experimental.

Sen, Amartya (2000). Desarrollo y libertad. Bogotá: Ed. Planeta.

Suárez, R. (2008). Educación. Condición de humanización. Manizales: Ed. Universidad de Caldas.

Tobón, F.; López, L.; Ramírez, J. (2013). Acompañamiento psicosocial a jóvenes marginados para prevención de la farmacodependencia. Rev. Humanidades Médicas, vol. 13 (2):348-37.

Tobón F, López L. (2011). El desarrollo a escala humana un referente para el diseño de planes de desarrollo local. En: Abriendo espacios flexibles en la escuela. 2a ed. Lopera I, Builes LF (eds). Grupo Base Estrategia Municipio Escuela Saludable. Medellín: Universidad de Antioquia; p. 16-25.

Tobón, F.; López, L.; Ramírez, J. (2013). La lingüística cognitiva y la lingüística aplicada a una ciencia para la comunicación transdisciplinar. Rev. Humanidades Médicas, Vol. 13(3):586-605.

Tobón, F.; Mejía, M.; Gutiérrez P. (2012). Un mundo mejor es posible: Educación humanista hacia la búsqueda del ser humano en la Atención Farmacéutica y en la ciudadanía. Alemania: Editorial Académica Española.

Tobón, F., Gaviria, N., Ramírez, J. (2012). La lúdica como método psicopedagógico: una experiencia para prevenir la farmacodependencia en jóvenes. Rev. Avances en Psicología Latinoamericana, 30 (1), 81-92.

Tobón, F. y Gaviria, N. (2011). El ocio creativo y el tiempo libre. En: Abriendo espacios flexibles en la escuela: 165-180. 2a ed. Lopera I, Builes LF (eds). Grupo Base Estrategia Municipio Escuela Saludable. Medellín: Ed. Universidad de Antioquia.

Tobón, F. y López, L. (2009). Percepciones acerca del desarrollo actual de las prácticas académicas del Programa de Química Farmacéutica: una visión desde los actores académicos. Rev. Uni-pluri/Versidad, Vol. 9 (2): 13-24.

Tobón, F. (2007). Prácticas académicas con responsabilidad social. Hacia la promoción del desarrollo humano y la construcción de estilos de vida y hábitos saludables. Rev. Uni-pluri/Versidad, vol.7 (1): 1-12.

Valencia, A. (2006). Grupo de Investigación de Estudios Políticos del Instituto de Estudios Políticos de la Universidad de Antioquia. IX Encuentro Nacional de Investigadores Capital Social: Estrategia del mercado o nuevas formas de cohesión social. Medellín: Centro de Investigaciones de la Fundación Universitaria Luís Amigó.

Vallaeys, François. La Responsabilidad Social Universitaria: ¿Cómo entenderla para quererla y practicarla? Pontificia Universidad Católica del Perú. Disponible en: http://blog.pucp.edu.pe/action.php?action=plugin&name=LinkCounter&type=c&k=20071126-comoentenderRSUparaquererla.doc/. Consultado 8 de agosto de 2008.

Voces y Sentidos de las prácticas académicas (2009). Vol. 4. Medellín: Universidad de Antioquia, Vicerrectorías de Docencia y Extensión.

Zapata J. (2010). La formación de los nuevos profesionales. Colección No 5 Asociación de Profesores Universidad de Antioquia. Medellín: Ed. Producciones Colombianas.

CAPÍTULO 3

Promoción de competencias para el liderazgo estudiantil: Una alternativa para potenciar el talento humano en la comunidad

Gerardo Alberto Bogarín-Hernádez
bogocr23@gmail.com
(506) + 8660 2431
Docente, Ministerio de Educación Pública
Guanacaste, Costa Rica

Gaudy Julissa Jiménez-Ordóñez
gaujj32@yahoo.es
(506) + 8336 9988
Académica, Universidad Nacional de Costa Rica
Guanacaste, Costa Rica

Referencia APA:
Bogarín-Hernández, G., & Jiménez-Ordóñez, G. (2016). Promoción de competencias para el liderazgo estudiantil: Una alternativa para potenciar el talento humano en la comunidad. En B. Tobón, H. Parra-Acosta, C. Guzmán, S. Tobón, & L. G. Juárez-Hernández (Eds.), *Experiencias en la implementación de la gestión del talento humano desde el pensamiento complejo* (pp. 53-71). Lake Mary: Kresearch.

Resumen

En la actualidad el talento humano en las instituciones educativas se ve minimizado por múltiples razones y una de ellas es por la falta de promoción de competencias para el liderazgo estudiantil, que logre trascender e impactar de manera positiva en su entorno.

Este proyecto presenta la realidad de una comunidad educativa, una población fronteriza y rural, la cual se ubica en la zona norte de Costa Rica, de lento desarrollo socioeconómico, en donde la educación secundaria es la oportunidad de superación más cercana para los y las jóvenes.

En este trabajo se valoran las oportunidades comunales y oferta académica a la que acceden los jóvenes de la comunidad, en busca de establecer las opciones que tienen para convertirse en líderes y lideresas comunales.

Así mismo se plantea una propuesta que consiste en un plan de capacitación para una proyección educativa del talento humano en la comunidad.

Dando apertura a una alternativa para la comunidad en donde se logra un compromiso de parte de todos los participantes para desarrollar en los y las jóvenes las habilidades o competencias necesarias, para su desarrollo.

Proyectando así, a los y las estudiantes como líderes dentro de sus contextos estudiantiles, permitiendo generar actitudes que logren convertirlos eventualmente en figuras generadoras de un cambio social dentro de su comunidad.

Palabras Claves: Competencia, Liderazgo, Talento Humano, Liderazgo Estudiantil.

Introducción

Este es un proyecto que nace en el seno de las necesidades de una comunidad sedienta de cambios que se reflejen en una movilidad social importante, que reconfigure la manera en la que se percibe el acontecer nacional.

Se llega a determinar la necesidad existente de desarrollar las habilidades y destrezas para el liderazgo, en la comunidad estudiantil de un Liceo, en donde los estudiantes tienen problemas para identificar nombres de personas que sean líderes dentro de sus contextos y ámbito nacional, y desconocen lo que es un líder.

Además existe un gran nivel de abstencionismo en la participación de eventos cívicos y populares dentro de la institución que se ve reflejado a nivel comunal, ya que las personas que se han egresado del Liceo no figuran activamente dentro de las diferentes organizaciones que se encuentran en la comunidad.

Es frecuente que los estudiantes no quieran participar de las actividades propuestas en el liceo y que su respuesta ante la solicitud de su participación sea, la demanda de puntos en forma de pago, es decir hace falta que lo jóvenes sean críticos y participativos, además de contar con iniciativa que les permita vislumbrar cuáles son las necesidades que existen y que ellos como estudiantes pueden ayudar a diluir y eliminar, incluso el identificar oportunidades o cuáles son sus debilidades para mejorar su rendimiento educativo.

Este tipo de situaciones se mantienen con los jóvenes y se podría atribuir a esto mismo, el lento progreso de la comunidad, ya que las diferentes organizaciones comunales están integradas por personas mayores en gran proporción, que han permanecido en estos puestos durante un largo periodo.

Antecedentes

Cuando se acercaba el final del milenio se dejaba sentir en los medios de comunicación, el ambiente nacional y mundial una tensión porque en materia de retos sociales esto significaba un gran cambio para todo ciudadano del mundo, y hoy este sentimiento de tensión y exigencia social en lugar de encontrar un estado de hibernación se convierte cada día en el combustible que impulsa a los estudiantes a alcanzar sus graduaciones y a los trabajadores a luchar por un deseado ascenso o plaza propietaria que proporcione una oportunidad de acariciar la estabilidad y desterrar al estrés de la vida cotidiana del nuevo milenio.

Una de las herramientas que han utilizado grandes empresarios como Bill Gates o Steve Jobs, ha sido el liderazgo, con lo que alcanzaron el éxito cada uno en sus respetivas corporaciones, de modo que al pensar en liderazgo entre los estudiantes, se está preparando realmente nuevos ciudadanos con una forma diferente de enfrentar los retos del mundo.

Nuevos ciudadanos, resulta muy sencillo de decir, no obstante no es nada nuevo, en términos de capacitar a las personas, más la definición como tal, de talento humano, es el concepto al que últimamente las empresas dan más importancia, invirtiendo en proporcionar el conocimiento necesario a su personal con el objetivo de tener mejores resultados en cada una de las tareas que estos desarrollan, pero ¿qué significa talento humano?

Partiendo de sus raíces de manera individualizada talento es considerada como inteligencia o la capacidad de entender, y al ser utilizada dentro del concepto de talento humano según Chiavenato (2002: 6) es:

"Un área muy sensible a la mentalidad que predomina en las organizaciones. Es contingente y situacional, pues depende de aspectos a la cultura de cada organización, la estructura organizacional adoptada, las características del contexto ambiental, el negocio de la organización, la tecnología utilizada, los procesos internos y otra infinidad de variables importantes"

Juárez y Stevanovich (2011: 7), sostienen que "La gestión del talento humano está relacionada con la motivación, los tipos de líderes que existan en las instituciones, formas de dirigir, valores, así como los espacios físicos en donde interactúen las personas".

Es decir, la gestión del talento humano es un engranaje más de la dinámica social de las organizaciones, cualesquiera que sean, independientemente del área en la que se desenvuelvan las personas, sacar provecho del talento humano existente es dependiente de un ejercicio del liderazgo exitoso o adecuado, Cortés citado por Juárez y Stevanovich, (2011: 8), menciona que "se podría teorizar que el liderazgo que se asocia con niveles aceptables de motivación, sería aquel liderazgo que se desarrolle con una visión amplia del desarrollo humano, de manera que logre el avance social, integral y sostenible de cada persona".

Por otro lado se encuentra el liderazgo estudiantil como un insumo del talento humano abordado por Cáceres, (2007: 575), desde una perspectiva de género considerando que de acuerdo con los últimos datos se ha dado una creciente participación de mujeres en las organizaciones educativas, además de que algunas investigaciones de la década de los noventa revelan que las mujeres lideran más orientadas a las relaciones que los hombre y con un estilo más democrático y participativo.

Llegando finalmente a diversas conclusiones entre las que Cáceres (2007: 575) destaca lo siguiente:

"No se han encontrado diferencias significativas, en función del género, en las percepciones de los/as líderes estudiantiles en relación con los distintos ámbitos de identificación, atribuciones, expectativas, práctica y valoración del liderazgo. Únicamente son apreciables algunas matizaciones en cada uno de ellos".

Cáceres, Lorenzo y Sola (2009), también participaron de un estudio en el contexto universitario italiano (Aportaciones actuales del liderazgo estudiantil en el contexto Italiano: la Universidad de Bolonia). En ese estudio se determinó que un número importante de los líderes estudiantiles eran mujeres y que asumían de manera muy seria su papel de líderes pedagógicas en la dinámica de mediación en los salones de clases, al igual que el mencionado estudio, en éste, aplicado en la Universidad de Granada, España, se trataron cuatro aspectos básicos; por qué son elegidos, para qué son elegidos, cómo desarrollan su rol; es decir su práctica del liderazgo y la valoración de lo realizado en su rol.

Los resultados de la investigación permitieron que los autores llegaran a la conclusión de que el ejercicio del liderazgo es considerado como algo complejo de llevar a cabo, sin embargo es una función o tarea compartida por todos, que los líderes poseen cualidades innatas que desarrollan en la interacción con el medio que los rodean, Además, Cáceres et al. (2009) menciona las siguientes conclusiones:

- La formación de los líderes es un aspecto esencial y prioritario para desarrollar con éxito sus funciones.

- Los condicionantes del éxito en la representación estudiantil vienen determinados por la eficacia, el compromiso, el altruismo y la creatividad.

- La falta de candidatos en la representación estudiantil se asocia con la escasa participación del alumnado debido a su individualismo, pasividad, desinterés, desconocimiento y desconfianza ante estas tareas funcionales.

Resumiendo los resultados obtenidos en el desarrollo de esta investigación se determinó que los maestros ejecutan un liderazgo autoritario en donde esperan que las acciones sean inmediatas luego de la orden, aceptando a su vez que el tiempo no es el suficiente para realizar actividades, tipo dinámicas y motivacionales, por su parte los estudiantes manifiestan que casi no existen clases en las que se fomente el diálogo y por el contrario solo se dan órdenes.

Lorenzo, Cáceres, Aznar, Hinojo y Trujillo (2011), ejecutaron un estudio acerca del liderazgo estudiantil, que ya se ha aplicado en otros países Europeos, entre ellos España, con base en cuatro aspectos básicos, por qué son elegidos, para qué son elegidos, cómo desarrollan su rol, es decir su práctica del liderazgo y la valoración de lo realizado en su rol.

Este estudio se realiza con jóvenes universitarios en el contexto italiano con una comparación entre sistemas Europeos como el español, entre sus principales hallazgos, se citan que la mayor representación del liderazgo es de mujeres y que la condición de liderazgo se encuentra condicionada por una serie de elementos organizativos que hacen que sea diferente en cada país, además de que estas líderes adoptan un papel protagónico como mediadoras entre docentes y estudiantes en los salones atribuyéndose un liderazgo pedagógico representativo.

También se concluyó en este estudio que la posición de no recompensar ni académicamente, ni económicamente las participaciones en la organización universitaria en materia de liderazgo no merma la cantidad de postulantes a estas tareas, pero sí que ese fenómeno tiene su origen en la organización de las instituciones.

Santamaría, y Sánchez (2011), abordan el liderazgo estudiantil en un proyecto desarrollado con base en dos estrategias: formación y promoción del liderazgo, además de una participación activa, esto se ejecuta en una escuela de enfermería, siendo sus conclusiones de suma importancia en la valoración del liderazgo estudiantil como parte esencial en una educación de finalidades claras y para formar ciudadanos de mundo.

Otras de las conclusiones a las que llega Santamaría, y Sánchez (2011: 111) son:

"La formación de estudiantes en liderazgo y participación y la promoción de la organización estudiantil, puede contribuir a que la escuela y la universidad entreguen a la sociedad profesionales con visión y ejercicio pleno de su ciudadanía, que tengan mayores posibilidades de aportar efectivamente el desarrollo social. En este sentido la gestión y desarrollo de este tipo de proyectos, constituye una manera de asumir y concretar en la práctica las dimensiones ética y política de la de la formación integral.

Reyes (2012: 150), plantea una guía metodológica basada en técnicas motivacionales con el objetivo de influir desde esta perspectiva en el desarrollo del liderazgo estudiantil, esto lo aplicó en una escuela del cantón de Maná en el Ecuador, la aplicación de la propuesta concluyó que "Se pudo observar que los docentes participantes, obtuvieron una calificación aceptable y trabajaron en conjunto con los padres de familia para desarrollar hábitos de liderazgo, mediante la aplicación de técnicas motivacionales."

Otra de las conclusiones fue que en definitiva la elaboración de la guía es una herramienta vital, ya que las estrategias motivacionales son necesarias para que el personal docente desarrolle hábitos de liderazgo en los estudiantes.

Cada uno de estos proyectos e investigaciones plantean una realidad mundial, la educación que no contempla al liderazgo dentro de la formación de los educandos está dejando parte de la misma a la deriva, permitiéndose no permear a los jóvenes de las habilidades y destrezas necesarias para enfrentar a los retos actuales y futuros en una sociedad que cada día pone a prueba la supervivencia del más apto.

Problema

Dentro de la comunidad que se desarrolla esta iniciativa, existe un problema de falta de liderazgo en la población estudiantil del Liceo, que no solo afecta la imagen de la institución, siendo este uno de los aspectos de menor importancia, si se considera que cada estudiante que se pierde en el anonimato y prefiere ser solo una estadística nada más, ante la mirada de pobladores de la comunidad, preocupados por esta inactividad estudiantil, este es un talento humano sin desarrollar y que eventualmente pasará factura en el desarrollo de ellos mismo como persona, como miembro activo de una sociedad cada día más demandante.

De ahí surge la necesidad de plantearse las siguientes interrogantes: ¿qué está haciendo el liceo como institución educativa para mejorar las posibilidades de formación de los educandos?, surgiendo con la pregunta el reto de realizar una tarea que hasta ahora nadie asume, potenciar el talento humano, tarea que se aborda en este proyecto bajo el título "Promoción de Competencias para el Liderazgo Estudiantil: Una alternativa para potenciar el talento humano en la comunidad", generándose así otra pregunta ¿Cuáles son las habilidades y destrezas a potenciar en los estudiantes del Liceo, en busca de promover el talento humano en la comunidad.

Metodología

Características de la población

El estudio se desarrolla en el Liceo de Brasilia, una institución de innovación ubicada en el cantón de Upala, el cual es frontera con la hermana Republica de Nicaragua, el Liceo recibe estudiantes de comunidades aledañas y otras, encontrándose a 10 kilómetros el liceo más próximo a este.

Ubicado a 1.3 Km de la escuela de la comunidad, cuenta con servicios básicos de electricidad y agua, las telecomunicaciones llegaron en el año 2010, sin embargo, el Liceo aún no cuenta con una conexión de internet y hasta el año 2012 se pudo utilizar celular de manera idónea. En fin esta institución de educación en tercer ciclo y diversificada aún se encuentra dentro de las estadísticas de la educación rural fronteriza.

Esta Institución se funda en 1997 y se convierte rápidamente en una oportunidad académica de gran importancia para la localidad y las comunidades aledañas.

Ante todo es importante recalcar, nuevamente, que la comunidad en estudio forma parte de la brecha educativa que existe entre las zonas rurales y las urbanas, donde no solo existen problemas sociales como la pobreza extrema, en estas zonas las escuelas son pequeñas, y esto podría hacer pensar que los maestros pueden atender mejor a los estudiantes por tener menos alumnos, sin embargo, esta zona está llena de escuelas en las que un solo docente debe atender de tres hasta los seis niveles simultáneamente, en comunidades de difícil acceso con el recargo de la dirección, lo que le resta las oportunidades para capacitarse, donde las tecnologías aun no forman parte de la cotidianidad y la autocapacitación es una verdadera odisea.

El liceo como tal, figura como la oportunidad por excelencia de los jóvenes que quieren seguir estudiando, pero qué oportunidades ofrece la comunidad a quienes no continúan sus estudios o han terminado la secundaria.

En una comunidad en la que el progreso no es una característica destacada en el pueblo, la educación tiene el reto de cambiar los esquemas mentales, la cultura, el contexto en el que se desarrollan estos jóvenes, en una comunidad en la que no hay nada, existe todo por hacer, solo falta la iniciativa, el valor, el emprendedorismo para iniciar una aventura que promueva el bienestar de las familias y la comunidad.

Enfoque de la investigación

Desde el inicio de este proyecto la información ha sido obtenida del contexto, de ese modo se realizó una identificación preliminar de las situaciones que podían representar una oportunidad de abordaje, y aún y cuando se estructura formalmente la recolección de datos se ha trabajado sin incluir los cálculos matemáticos, siendo estas características las determinantes del paradigma, que en definitiva no es cuantitativo.

En consideración a las premisas mencionadas se asume un enfoque naturalista o cualitativo, al respecto Hernández, Fernández y Baptista (2006) dicen que: El enfoque se basa en métodos de recolección de datos no estandarizados. No se efectúa una medición numérica, por lo cual el análisis no es estadístico. La recolección de los datos consiste en obtener las perspectivas y puntos de vista de los participantes (sus emociones, experiencias, significados y otros aspectos subjetivos) (p.8).

Por otro lado estos argumentos son apoyados también por otros autores como es el caso de Strauss y Corbin (citados por Sandín 2003), se define como investigación cualitativa a cualquier tipo de investigación que produce resultados a los que no se ha llegado por procedimientos estadísticos u otro tipo de cuantificación. Puede referirse a investigaciones acerca de la vida de las personas, historias, comportamientos, y también al funcionamiento organizativo. Movimientos sociales o relaciones e interacciones. (p.127).

En efecto la información obtenida en el proceso de este proyecto es completamente no estadística, si bien es cierto existen muchos instrumentos para la recolección de los datos que eventualmente se convierten en información, tal como las entrevistas, en sus diferentes formas, estructuradas, no estructuradas y en grupos focales; de acuerdo con Hernández, Fernández y Baptista (2006), lo más importante en una investigación cualitativa es el investigador ya que juega un papel de recolector de hechos y situaciones que sustentan la investigación, es quien experimenta y explora en el proceso de producción intelectual y como tal puede desarrollarse en diverso papeles.

En este proyecto particularmente el autor se ha desarrollado como amigo, entendiéndolo desde la perspectiva de Mertens (citado por Hernández, Fernández y Baptista 2006), como, cuando "el investigador no asume una autoridad específica, sino que trata de establecer una relación positiva y cercana con los participantes, ya que se amplía sustancialmente la apreciación" (p. 586).

De este modo es como el investigador logra un acercamiento realista y no invasivo en el contexto del fenómeno estudiado y alcanzando una comprensión que en otras circunstancias serían imposibles de alcanzar.

Tipo de investigación

Establecido el enfoque del proyecto, como cualitativa resta determinar cuál es el tipo de la investigación y considerando que se trata de una cuestión de mejora y cambio social se ha clasificado como una investigación acción que de acuerdo con Kemmis (citado por Rodríguez, Gil, y García 1996), es una forma de búsqueda auto reflexiva, llevada a cabo por participantes en situaciones sociales (incluyendo las educativas), para perfeccionar la lógica y la equidad de:

a. Las propias prácticas sociales o educativas en las que se efectúan estas prácticas.

b. Comprensión de estas prácticas.

c. Las situaciones en las que se efectúan estas prácticas. (p. 42).

Es de tipo Investigación –acción ya que no solo reflexiona sobre la realidad actual sino que actúa sobre la misma en busca de fortalecerla y brindar una comprensión del cuadro completo de la situación y población en estudio. Es un esfuerzo por parte del autor por trascender la realidad actual con un cambio que represente un acierto positivo en la dinámica social que se experimenta, es la búsqueda de un cambio en los esquemas o estructuras sociales establecidas dentro de la población, que en este caso es la comunidad educativa del III Ciclo del Liceo de Brasilia.

Técnicas e instrumentos de recoleccion de información

Por las características del proyecto se determinó trabajar en un enfoque naturalista, por lo que los instrumentos y técnicas de recolección de datos, no son aptas para el graficado de datos utilizando frecuencias, por el contrario el instrumento utilizado fue la entrevista, la cual de acuerdo con Barrantes (2002) "es una conversación, generalmente oral entre dos personas" (p. 194), las entrevistas pueden ser utilizadas tanto para el uso del paradigma cuantitativo como para el cualitativo, sin embargo, para utilizar en un enfoque naturalista se clasifican en dos, las estructuras y las de profundidad, siendo este último tipo el que se usara en el presente proyecto, Barrantes (2002) al respecto dice que "es una especie de conversación entre iguales, y no un intercambio formal de preguntas" (p. 208) este instrumento fue utilizado para entrevistar a miembros de la comunidad, personal y directora anterior, permitiendo no solo obtener respuesta de las preguntas preconcebidas sino que en el desarrollo de la conversación surgen aspectos que no se contemplaron inicialmente.

Además del instrumento de la entrevista se utilizó técnicas grupales, específicamente la técnica de discusión en grupos pequeños, lo que Barrantes (2002) define como un "intercambio mutuo de ideas y de opiniones entre los integrantes de un grupo relativamente pequeño" (p. 220).

Las discusiones de grupos pequeños o también llamados grupos focales, fueron utilizados en la fase diagnóstica con los docentes de hora Guía y Orientación, además de otras sesiones con los estudiantes.

La libertad para conversar acerca de un tema en particular y la facilidad de moverse entre temáticas, producen una amplia y rica gama de datos para el proyecto que dan sentido a las iniciativas que deben generarse en un diagnóstico. Es a partir de esos datos que surge, la idea de un plan de capacitación para promover las competencias para un liderazgo comunal.

La propuesta

La forma descomunal en que las nuevas tecnologías de la información y la comunicación arremeten sobre las nuevas generaciones, así como una serie de exigencias sociales, que se hacen cada vez más veraces en el futuro de jóvenes desprovistos de herramientas para enfrentarlas, traen a la realidad una iniciativa que proporcione algunas herramientas para hacer de un futuro incierto un futuro probable.

Luego de llevar a cabo un diagnostico en el centro educativo de la comunidad de Brasilia, en la provincia de Alajuela, se obtienen resultados suficientes para el diseño e implementación de una propuesta que dote de oportunidades a los estudiantes.

La comunidad en cuestión, es un pueblo rural en la franja fronteriza con nuestro vecino Nicaragua, lo que a su vez se traduce en una población transculturizada, no obstante, como muchas de ellas, también es parte de las estadísticas en cuanto a un lento desarrollo social y económico.

Ya conocidas las diversas razones por las que la comunidad es un candidato idóneo, a la siguiente propuesta, sin embargo es necesario comprender el trasfondo teórico antes de conocer la propuesta, sus contenidos enfoques y metodologías.

En este siglo demandante cada vez es más una exigencia que una necesidad la formación en competencias, para ostentar a las oportunidades, educativas y laborales, razón por la que se realiza una revisión teórica acerca de cuáles serían las competencias a fomentar inicialmente, además de que estas deben de ser afines con la formación del líderes comunales a partir de las aulas del Liceo de la comunidad.

En esta revisión nos encontramos con las disposiciones de la legislación de la Unión Europea, a través de Programas de Educación, Formación y Juventud, publicadas en el Diario Oficial de la Unión Europea del 30 de diciembre de 2006, de las que se eligen; la comunicación en la lengua materna y competencia digital, competencias sociales, cívicas y sentido de la iniciativa y la competencia de aprender a aprender.

Es claro que el reto adoptado es grande y será llevado a cabo en un sinuoso camino, ya que se espera influir en el pensamiento y cultura de los participantes de allí que desde la definición del nombre de la propuesta se da el protagonismo que las personas seleccionadas para la aplicación de la propuesta, demandan, la propuesta es nombrada como, "Mis competencias, las de mi comunidad", es decir mi comunidad será lo que yo como miembro activo de la misma pueda hacer por ella y con ella.

El plan de capacitación está diseñado con el objetivo de que cualquier persona que de lectura de él, no solo lo entienda sino que además estará en capacidad de implementarlo, previa adaptación contextual del mismo.

Para ellos se platea como objetivo general de la misma, "Promover el liderazgo ciudadano desarrollando competencias mediante un plan de capacitación para una proyección educativa del talento humano en la comunidad de Brasilia y aledañas." Además los objetivos específicos son planteados con la meta de que cada uno de ellos de lugar a un de los módulos diseñados en la propuesta, estos: "Construir el concepto de competencias para el liderazgo", "Reconocer el concepto de comunicación y sus canales", "Evidenciar la diferencia entre trabajo en equipo y trabajo en grupo" y "Aplicar ejercicios de resolución de conflictos y de toma de decisiones".

Dividido en cuatro módulos, donde el primero de ellos es el reconocimiento de las competencias que se consideran fortalezas en cada participante y también aquellas que merecen ser fortalecidas, además de la construcción de los conceptos de competencias y liderazgo, la propuesta relaciona las competencias citadas anteriormente con temas que desarrollaran en ellos, sus habilidades de líderes y lideras estudiantiles y posteriormente, comunales.

Estos temas se especifican y relacionan a continuación:

Competencias	Temas relacionados
La comunicación en la lengua materna y competencia digital	La comunicación importancia y sus canales, verbal, escrita y digital, por otro lado
Competencias sociales, cívicas y sentido de la iniciativa	Toma de decisiones
La competencia de aprender a aprender	Trabajo en equipo y la técnica de resolución de conflictos Ganar – Ganar.

Esta propuesta expone un plan de capacitación bajo un enfoque constructivista, ya que los estudiantes a partir de actividades lúdicas mediadas por el tutor construyen sus conceptos de las temáticas abordadas, Barreto, Gutiérrez, Pinilla y Parra (S.f), mencionan que "el sujeto se acerca al objeto de conocimiento dotado de ciertas estructuras cognitivas previamente construidas, es decir, no innatas, mediante las cuales lo asimila" (p. 14), en consecuencia, la construcción del conocimiento del aprendiente es resultado de sus conocimientos previos, puesto en interacción con su medio ambiente lo que en consecuencia produce la construcción de nuevos conocimientos a partir de la construcción del propio sujeto.

Partiendo de un enfoque constructivista se hace necesario que la estrategia mantenga una coherencia pedagógica que permita un desarrollo que dé lugar a la construcción del conocimiento de modo que se elige como la estrategia ideal al taller, de acuerdo a Cano (2010) el taller es:

Un dispositivo de trabajo con grupos, que es limitado en el tiempo y se realiza con determinados objetivos particulares, permitiendo la activación de un proceso pedagógico sustentado en la integración de teoría y práctica, el protagonismo de los participantes, el diálogo de saberes, y la producción colectiva de aprendizajes, operando una transformación en las personas participantes y en la situación de partida. (p.10)

Es como se refleja claramente la intensión que trae consigo la totalidad del diseño de la propuestas, ya que se ha expuesto que el objetivo es que los participantes alcancen la construcción de su conocimiento a partir de la implementación de una serie de actividades de naturaleza lúdica, los jóvenes disfrutan del juego al tiempo que se permea de teoría, que se conjuga con sus conocimientos previos dando como resultado la construcción de nuevos conocimientos desde la perspectiva grupal e individual.

Como parte de esta interactividad se omite el uso del dictado de conceptos y se hace uso de recursos que resulten atractivos a los estudiantes, al mencionar actividades placenteras, hablamos de dinámicas que permiten la interacción grupal unido a la manifestación de su individualidad lo que permite que algunos demuestren sus habilidades de liderazgo, además del uso de recursos multimedia, llámese video o redes sociales, no se debe olvidar que se trabaja con jóvenes nacidos en la era de la información, de modo que cuando se habla de comunicación digital sería imposible dejar fuera de la ecuación los celulares o Facebook en este caso particularmente.

Desatanizar estos recursos para convertirlos en recursos didácticos es una obligación del ejercicio docente, y en esta propuesta no es la excepción, de modo que los jóvenes se sienten más incluidos cuando se les permite un comportamiento natural en la ejecución de las actividades. El uso de videos también es un valor agregado que permite la concentración y captar la atención de su curiosidad.

Para comprender la propuesta es necesario todo lo anterior pero, igual de necesario comprender en que consistió cada módulo por lo que a continuación se hace resumen de ellos uno a uno.

Modulo I: conociendo mi talento humano.

En este primer módulo las acciones principales están centradas en el conocimiento del grupo, es decir entre ellos y el tutor también, además se establecen puntos de partida. La primera de las actividades deja al descubierto dos competencias por participante, una que lo hace fuerte y una que debe de fortalecer, estas competencias son reconocidas por los mismos estudiantes, mientras el tutor procura un ambiente armonioso y respetuoso, además de que también alcanzan a construir el concepto de competencias.

Seguido a esto se desarrolla una actividad de cuerdas bajas que permite que con un trabajo colectivo vuelvan a reconocer sus fortalezas, pero esta vez como grupo, además de reconocer a las personas que asumen el liderazgo de forma natural, mientras se desarrolla la actividad, en está, es posible alcanzar conciencia de la capacidad de solidaridad y perseverancia al tiempo que se descubre quienes tienen las facilidades de ser los motivadores de los equipos, reconociendo de este modo que a partir de una interacción grupal es posible ser reconocido por su individualidad y que esta a su vez es una fortaleza en la colectividad, al finalizar los estudiantes construyen el concepto de liderazgo y con esto se llevan a plenaria ambos conceptos construidos.

Modulo II: hablando de comunicación

Hablando de comunicación, a decir verdad es más que solo hablar de comunicación, en este módulo, cada una de las actividades esta evocada en despertar y dar a entender a los estudiantes con conocimiento de causa la importancia de la comunicación no solo en las relaciones interpersonales presenciales sino, en aquellas en las que el interlocutor se encuentra al otro lado de un dispositivo electrónico, enfatizando en que una buena comunicación no solo es necesaria, también se enfatiza en que una buena comunicación es respetuosa, efectiva y asertiva.

Mediante diversas dinámicas se establece que la comunicación está siempre presente en las relaciones interpersonales aun y cuando no se articula palabra, se entiende que la gesticulación y voluntaria o involuntaria es también una forma de comunicar, deseos, o estados de ánimo.

En el proceso de dar la importancia requerida a la acción de la comunicación se lleva a cabo una sesión de chateo utilizando la red social Facebook, sitio en el que la mayoría tiene cuenta, mediante una pregunta generadora, se mantiene una conversación que posteriormente los estudiantes evalúan en plenaria, identificando la asertividad de las diferentes participaciones.

Modulo III: vivir con mis decisiones

Para el desarrollo de este módulo se hace uso de dinámicas grupales en las que los estudiantes se verán orillados a tomar decisiones bajo circunstancias de presión para alcanzar los objetivos propuestos, siendo influenciados por el grupo y dejan ver a los jóvenes que hacen suyo el liderazgo naturalmente mientras los otros les siguen sin discusión, con el fin de alcanzar las metas.

Además de ellos y de una manera más tranquila observan un corto de video llamado "El circo de la mariposas", posterior a ello, utilizando una guía se realiza una plenaria en donde los jóvenes analizan el corto y aportan sus puntos de vista; el tutor media la actividad con el objetivo de producir una discusión acerca de una serie de decisiones que el protagonista debe tomar, momento en el que se incluyen el a plenaria los estados de ánimo y como estas influyen en las decisiones que se toman en algunas ocasiones por frustración, enojo o felicidad sin medir la consecuencias que estas significarán.

Modulo IV: trabajando en equipo siempre es ganar

Mediante el análisis de un caso se pone a discusión como se resolverá sin que las partes se sientan aludidas, se agrupan a los estudiantes y su respuesta es demostrada mediante un socio-drama, de modo que la participación en la respuesta al caso se vea permeada de la creatividad e interactividad de los participantes, no obstante la actividad no termia allí sino que se agrega a la ecuación de la actividad los diferentes tipos de liderazgo, con el objetivo de que se pueda identificar y justificar de qué modo se llega a resolver el caso utilizando un trabajo en equipo y la técnica de ganar – ganar comentada por el tutor previamente.

Se realiza un cierre de los módulos en los que da especial importancia al papel de la comunicación en cada una de la aplicación de las diferentes competencias estudiadas, tanto que no es posible tomar una decisión o manejar un conflicto sin una comunicación asertiva.

Al finalizar cada uno de los módulos se realiza una evaluación de los mismos, además de que el tiempo disponible para su aplicación se estableciera en dos horas es decir 120 minutos.

El objetivo de la propuesta ha sido brindar herramientas a los jóvenes a partir de la promoción de competencias claves para lo que hace uso de las competencias para el aprendizaje continuo de acuerdo con la Unión Europea, y con ello incentivar las necesarias para un liderazgo comunal, que en sus primeras manifestaciones se espera sea un liderazgo estudiantil.

Conclusiones

La propuesta fue diseñada, con el objetivo de promover competencias para el liderazgo comunal, en vista justamente de que la comunidad requiere de personas de diferente perspectiva que promuevan un cambio en las estructuras sociales actuales.

En busca del objetivo mencionado utilizando una estrategia de mediación pedagógica tipo taller, se plantea: Construir el concepto de competencias para el liderazgo, reconocer el concepto de comunicación y sus canales, evidenciar la diferencia entre trabajo en equipo y trabajo en grupo y aplicar ejercicios de resolución de conflictos y de toma de decisiones, llegando a las siguientes conclusiones:

1. La metodología del taller es una forma acertada para mediar contenidos que usualmente son muy teóricos.

2. Utilizar un enfoque constructivista que permite que los actores sean quienes crean sus conocimientos, partiendo de las actividades lúdicas propuestas por el tutor, permite más libertad a los participantes.

3. El tutor funge, únicamente, como mediador de los contenidos, utilizando dinámicas atractivas y significativas.

4. Los estudiantes responden de forma diferente de acuerdo con la mediación pedagógica con las que se les aborde, ante una mediación tradicional, suelen tener comportamientos más hiperactivos y molestar a sus compañeros, en una mediación dinámica y constante el estudiante se encuentra ocupado y además le agrada su mismo desempeño, su participación es activa y significativa.

5. El estudiante no trabaja en equipo porque no sabe cómo hacerlo, usualmente trabajan en grupos donde las tareas se desarrollan de manera individual y luego se toman el tiempo de unirlo como un solo trabajo, no obstante, cuando corresponde la presentación de estos trabajos a falta de un integrante, la presentación no se puede hacer, al menos este es el argumento que utilizan los estudiantes, lo que no pasaría si el trabajo fuera en equipo donde todos saben de todo y la falta de un miembro no altera en nada el desarrollo de una presentación, lo que hace pensar que faltan habilidades para comunicarse y tomar decisiones, mismas que en este plan de capacitación han sido desarrolladas y de las que los estudiantes han aprendido, esto debido a que se evidencia en su desempeño y ellos mismos lo sienten y manifiestan.

6. Utilizan diferentes formas para resolver conflictos, creados para su práctica, evidencian una comprensión de las variables y comprendieron la importancia de manejar adecuadamente las emociones antes de decidirse por algo.

7. El tiempo establecido para cada sesión fue suficiente, pero podría trabajarse menos actividades en lapsos más cortos de tiempo, lo anterior implica más sesiones por módulo.

8. El plan de capacitación puede ser una alternativa de adaptación y establecimiento de una cultura institucional, ya que por medio de él se puede inculcar a los jóvenes la misión y visón de la institución, por supuesto es necesario hacer algunas modificaciones al contenido de la propuesta, pero no a la mediación.

9. La propuesta metodológica, valida la mediación pedagógica propuesta, ya que son los mismos estudiantes quienes manifiestan haber adquirido competencias para la comunicación y manejo de emociones que repercuten directamente en la toma de decisiones y resolución de conflictos.

10. Que para que esta propuesta sea efectiva, como un método para establecer una cultura de emprendedorismo institucional basada en competencias para el liderazgo se debe:

a. Realizar un trabajo de sensibilización con los docentes, acerca de: mediación pedagógica y liderazgo.

b. Un manifiesto de la forma en la que se deben conducir los estudiantes para lograr alcanzar el liderazgo estudiantil que después se pueda traducir en un liderazgo comunal.

c. Que dicho manifiesto debe darse a conocer con la visión, misión y modalidad de la institución.

d. Que los docentes procuren un cambio significativo en su mediación pedagógica, en busca de promover más actividades lúdicas en sus aulas.

e. Promover junto a esta propuesta una serie de actividades y reconocimientos para incentivar las actitudes propuestas por la gestión de la institución.

f. La senda que se ha trazado con el desarrollo de esta propuesta, en términos generales, ha sido enriquecedor en ambos lados del desarrollo del plan, es decir en alumnos y tutor, no obstante a estas alturas, luego de realizar una revisión, se hace necesario plantear una evaluación crítica acerca de qué tanto se obtuvo del objetivo planteado para iniciar este recorrido, siendo que este pretende promover la formación de líderes y lideresas entre los estudiantes del Liceo de Brasilia.

g. Bien, el diseño de la propuesta tiene sus bases en competencias, consideradas para el autor como necesarias para el desarrollo de las habilidades y destrezas de un líder, en este caso un líder estudiantil, en el desarrollo de cuatro módulos, de una sesión en promedio de dos horas cada uno, se realiza el desarrollo de los contenidos utilizando como método actividades lúdicas que captan el interés de los jóvenes, pero... ¿Fue esta la mejor manera para alcanzar los objetivos de la propuesta y con ello dar una respuesta positiva al objetivo general de este proyecto?, pues bien, la metodología propuesta cumplió su cometido, no obstante dentro de las conclusiones más importantes se rescata que lo mejor sería realizar más sesiones por módulo y al principio del año en lugar de al final, que realizarlo con el nivel de sétimo es acertado, en tanto se entienda como una manera de nivelación e introducción a la micro-cultura de la institución, dando a conocer visión y misión de la misma en el plan, apartado con el que aún no cuenta la propuesta, pero que sería importante incluir, en términos generales. Y por testimonio de los mismo estudiantes se logró despertar competencias de comunicación y toma de decisión, además de forma intrínseca, el reconocimiento de sus emociones y cómo afecta al momento de solucionar conflictos, por supuesto de manera muy básica por la extensión del plan, lo que genera una nueva conclusión que es un apoyo a la idea, de más sesiones por módulo; debe existir un seguimiento y continuidad de los contenidos de modo que estas actitudes y aptitudes se vuelvan naturales en el actuar de los jóvenes de la institución.

h. En algún momento de estas conclusiones se ha mencionado además que debe existir y persistir la iniciativa de crear un manifiesto con el perfil de estudiante y expectativas generales de la institución, en este, el tema del liderazgo debería ser la piedra angular en donde se articulan las iniciativas en pro de la proyección institucional que se espera dentro de la región, todo esto para que los estudiantes se identifiquen y participen de la dinámica del centro educativo, claro está, sin dejar de lado que el ejemplo es el mejor frente hacia la intencionalidad de cambio, es decir, los profesores y personal en general deben hacer suyo este manifiesto antes de lograr que los y las estudiantes lo hagan.

i. El director debe dejar de lado este apelativo e iniciar a actuar de modo que el personal se atreva a llamarlo gestor o líder, de modo que sus acciones motiven a los demás a realizar los cambios que se evidencian como necesarios dentro de las expectativas del centro educativo. Por tanto, la formación de líderes y lideresas en el Liceo de Brasilia requiere de un esfuerzo institucional, que se debe asumir con total responsabilidad y una línea de continuidad que represente la seriedad con la que se pretende abordar el tema del liderazgo en el liceo.

j. Lo que deja como resultado positivo de la propuesta un grupo de estudiantes satisfechos con los contenidos y metodologías utilizadas, pero una institución en la que no es común ninguna de las mencionadas, condenando a los estudiantes a la misma metodología de aula.

La modificaciones más representativas están en la ideología; desde el punto de vista del método, el aula debe experimentar un cambio en la forma de ver el mundo, la manera en que el conocimiento se construye parte de los actores de la educación, esta tarea no es rápida, sería imposible que en la extensión de un año, se alcance un cambio de esta magnitud, pero el inicio de éste, es la aplicación de esta propuesta metodológica la que demanda evolución, que se pueden entender con las siguientes recomendaciones.

Recomendaciones

En cada sendero siempre se encuentran huellas que cuentan una historia, no se puede pasar desapercibida la experiencia que ha llamado la atención del caminante, por lo que no tendría sentido recorrer un camino largo y extenuante, sin tomarse el tiempo de la recapitulación, encontrar aprendizajes y dar recomendaciones para que ese viaje sea más confortable la segunda vez que se realice.

Bajo estos preceptos se pasa a realizar una serie de recomendaciones con el fin de alcanzar mejores resultados, en una segunda oportunidad, las recomendaciones están realizadas de forma general pero en función de las conclusiones encontradas.

a. Desde el Liceo de Brasilia se pueden incentivar las ideas del emprendimiento y el liderazgo, además de procurar proyectos internos que puedan dar herramientas a los jóvenes para la vida, por ejemplo: aprender a escribir un proyecto o manejar un flujo de caja utilizando no solo las matemáticas sino además los medios tecnológicos disponibles.

b. La principal recomendación es para la Dirección de la institución para promover y facilitar la auto-capacitación de los docentes en mediación pedagógica, con el objetivo de contar con las herramientas para atrapar a los jóvenes en un mundo del aprendizaje que verdaderamente les llame la atención.

c. Promover la redacción de una carta de intenciones institucional, en donde se especifican cuáles son las expectativas de la institución dentro de la región, con la que los estudiantes puedan identificarse y a la cual se le guarde fidelidad en la práctica pedagógica, como una manera de formar una cultura propia en el liceo.

d. Es necesario que faciliten más tiempo a la aplicación de la propuesta para que los módulos puedan tener más sesiones por cada uno de ellos, con la finalidad de que las actividades no se recarguen dentro de la maya curricular del liceo.

e. Promover una capacitación del personal docente en cuanto a liderazgo, enfoques, concepto y resultados de la aplicación de diferentes tipos de liderazgo, creando alianzas con universidades estatales, colegios profesionales e instituciones públicas, regionales o nacionales, para tales efectos es necesario conformar un grupo de personas que se tomarán la tarea de investigar, y gestionar dichas capacitaciones.

f. Realizar las modificaciones a la propuesta con base en la carta de intenciones y procurar que el plan lo reciban todos los sétimos de cada año, como parte de la cultura que se espera instaurar en la institución.

g. Definitivamente como se mencionó páginas atrás la propuesta debe ser aplicada al inicio del año, pero es responsabilidad de las autoridades institucionales reconocer y validar el manifiesto institucional en el que se incluyan visión y misión, si se pretende que los estudiantes se identifiquen con la institución resulta innegable la necesidad de que los docentes lo hagan primero, sería muy difícil de convencer a un joven si no se está convencido primero.

h. Que la institución tome cartas en el asunto e instaure una micro-cultura donde todos por igual entiendan las pretensiones y trabajen de forma colegiada, donde el emprendedorismo, la investigación y el liderazgo, sean sus ejes en busca de una personalidad institucional.

i. Es una necesidad realizar este mismo plan con los docentes antes de ponerlo en práctica con los estudiantes, lo que puede ser parte de una sensibilización y capacitación de los docentes y personal en general, los ejes principales que regirán las practicas pedagógicas y extracurriculares de la institución.

j.   se ha descubierto que sería mejor que se aplique al inicio del año, con el objetivo de que tanto docentes como estudiantes inicien su año lectivo bajo los estándares que la dirección espera instaurar con el plan de capacitación, por otro lado, los tutores deben de ser diferentes miembros del personal, es decir no reducir la participación a docentes guías, deben incluirse docentes de materias básicas así como de las especiales, con el fin de que todos tengan la oportunidad de identificarse con la iniciativa de la institución.

Es de suma importancia lograr potenciar y promocionar en nuestras aulas las competencias necesarias para generar en nuestros estudiantes un liderazgo que trascienda, no solo en la comunidad sino en todo su entorno y contexto donde se ubique, y porque no, en el país, también es importante que nuestro trabajo genere un impacto educativo importante el cual consideramos pertinente compartir con otros pares para lograr un cambio en los procesos educativos actuales.

Referente bibliográfico

Cáceres, P. (2007). El Liderazgo Estudiantil en la Universidad de Granada desde una Perspectiva de Género. Tesis Doctoral. Universidad de Granada. Granada, España.

Cáceres, P., Lorenzo, M. y Sola, T. (2009) Liderazgo Estudiantil en la Universidad de granada desde una Dimensión Introspectiva. Bordón, 61 (1), 109-129 recuperado de   http://scholar.google.co.cr/scholar?hl=en&q=liderazgo+estudiantil&btn-G=&as_sdt=1%2C5&as_sdtp=

Chiavenato, I (2002). Gestión del talento Humano. Obtenido de http://scholar .google.co.cr/scholar?hl=en&q=conceptos+talento+humano&btnG=&as_sdt=1%2C5&as_sdtp=

Juárez, A. y Stevanovich. M. (2011). Módulos para potenciar el desarrollo del talento humano en el Liceo de Tarrazú, Región Educativa los Santos, Circuito 01, 2010-2011. Para optar al grado de Maestría en Gestión Educativa con Énfasis en Liderazgo. Universidad Nacional. Costa Rica.

Lorenzo, M., Cáceres, P., Aznar, I., Hinojo, J y Trujillo, J. (2011) Aportaciones actuales del liderazgo estudiantil en el contexto italiano: la Universidad de Bolonia. Educatio Siglo XXI, 29 (2), 313-332

Reyes, W. (2012). La Motivación en el proceso de Enseñanza Aprendizaje y su Influencia en el Desarrollo del Liderazgo Estudiantil de la Escuela John F. Kennedy del Cantón de la Maná en el Periodo 2011-2012. Tesis de Grado. Universidad Técnica de Cotopaxi. Ecuador.

Santamaría, C., Sánchez, M. (2011). Participación y liderazgo estudiantil: Una apuesta por la ciudadanía activa. Colombia Medica, 42 (2), 103-112 recuperado de http://bibliotecadigital.univalle.edu.co/bitstream/10893/3129/1/participacion.pdf

CAPÍTULO 4

El proyecto educativo como estrategia para enseñar y aprender

José Edier Yamá
Universidad Hispanoamericana Justo Sierra
joseyama2@gmail.com

Nota del autor:
El Dr. José Edier Yamá Uc es docente de la Universidad Hispanoamericana Justo Sierra, en el área de Doctorado en educación La correspondencia de este artículo puede ser enviada a José Edier-Yamá Uc, Universidad Hispanoamericana Justo Sierra, Prolongación Av. Del Duque S/N esquina con calle Jade, colonia Vicente Guerrero C. P. 24035, San Francisco de Campeche, Campeche. México
Correo electrónico: joseyama2@gmail.com

Referencia APA:

Yamá, J. E. (2016). El proyecto educativo como estrategia para enseñar y aprender. En B. Tobón, H. Parra-Acosta, C. Guzmán, S. Tobón, & L. G. Juárez-Hernández (Eds.), *Experiencias en la implementación de la gestión del talento humano desde el pensamiento complejo* (pp. 73-97). Lake Mary: Kresearch.

Resumen

Este artículo tiene como propósito, conocer el impacto del proyecto en la enseñanza y el aprendizaje, mediante el análisis de la teoría, el tratamiento en el aula y la propuesta metodológica. Este estudio se desarrolló bajo el enfoque cualitativo que comprende y socializa los conocimientos como resultado del diagnóstico, conceptualización y resolución de proyectos, donde participó un grupo de estudiantes universitarios y su profesor de asignatura. Existen datos porcentuales de impacto y aspectos subjetivos característicos de los sujetos participantes. Se encuentran ideas a seguir respecto a una metodología de la enseñanza de proyectos, así como el impacto que puede resultar en el aprendizaje. Se presentan análisis, a manera de experiencia y reflexión académica, respecto a los comportamientos de los estudiantes al trabajar con proyectos formativos, mismos que fortalecen sus aprendizajes y competencias. Algunos resultados encontrados, es que los estudiantes desarrollan habilidades de investigación y actitudes colaborativas. El trabajo docente a través de la formulación y aplicación de proyectos formativos, trae beneficios tanto a docentes, alumnos y sociedad en general.

Palabras clave: aprendizaje; competencias; enseñanza; proyecto; trabajo docente

Abstract

This article aims; meet the project's impact on teaching and learning through theory analysis, treatment in the classroom and methodological proposal. This study was conducted under the qualitative approach that understands and socializes knowledge as a result of the diagnosis, and resolution of project conceptualization, which involved a group of college students and their teacher subject. There percentages characteristic impact and subjective aspects of the subjects involved. Follow ideas regarding teaching methodology project, and the impact that learning can be found. Analysis is presented, as an experience and academic reflection, regarding the behavior of students working with educational projects, which strengthen their learning and skills. Some results are that students develop research skills and collaborative attitudes. Teaching work through the formulation and implementation of training projects, it brings benefits to teachers, students and society in general.

Keywords: learning; skills; teaching; project; teaching work

Introducción

Los maestros realizan esfuerzos de enseñanza en diferentes escenarios educativos donde las condiciones materiales a veces no favorecen del todo un aprendizaje de calidad para los estudiantes; sin embargo, estamos seguros que donde hay innovación, creatividad y deseos de que las cosas mejoren, también existen las formas que puedan contribuir a tener logros que enorgullezcan a los participantes. En este trabajo, damos las condiciones básicas para alcanzar metas productivas que pueden beneficiar tanto al docente como al alumno para desarrollar sus competencias que como sostiene Cázares y Cuevas (2012) se construyen en la práctica social, en procesos de diálogo, son flexibles y nos permiten recorrer caminos de desarrollo, desde el ámbito donde se actúa.

Este artículo tiene como propósito, conocer el impacto de los proyectos formativos en la enseñanza y el aprendizaje, mediante el análisis de la teoría, el tratamiento en el aula y la propuesta metodológica. Todo proyecto está vinculado con la práctica. Una práctica sin proyecto es caótica y sin sentido (Yurén, 2013, pág. 41) por ello este estudio se fundamenta desde la praxis educativa desarrollada entre el alumno y el maestro. Se encuentran ideas a seguir respecto a una metodología de la enseñanza de proyectos, así como el impacto que puede resultar en el aprendizaje y la sociedad. La investigación está desarrollada bajo el enfoque cualitativo en un nivel descriptivo porque propone la comprensión del trabajo con proyectos, diagnostica y conceptualiza las condiciones de la resolución de problemas a través de los proyectos, comprender las interacciones y significados entre los sujetos entre sí (Cook y Reichardt, 2005) y se exponen las conductas de los sujetos participantes. La construcción del conocimiento es producto del análisis de conceptos sistematizados de las fuentes bibliográficas, los hallazgos mediante un cuestionario y por otra parte, las experiencias, las ideas y las opiniones de los sujetos que compartieron la actividad.

La actividad mediadora que realiza el docente entre el conocimiento como fenómeno multidimensional en el sentido de que a la vez es, físico, biológico, cerebral, cultural y social (Morín, 2009) y el alumno, es útil para impulsar proyectos formativos para resolver problemas que los alumnos puedan plantear desde su contexto sociocultural. Este estudio propone demostrar que los proyectos formativos son útiles para que los estudiantes desarrollen habilidades de investigación, adquirir competencias de trabajo colaborativo y ser hábiles en la resolución de problemas en su proceso de aprendizaje. Al atender asuntos propios de su medio, se sentirán útiles a la sociedad al que pertenecen haciendo que su aprendizaje tenga un significado y una relevancia en su vida. En este caso, trabajar con proyectos a través de la modalidad de aprendizaje colaborativo donde los alumnos tienen una participación activa, propositiva y recurrente sobre los aspectos del proyecto, hace que sea una opción factible de desarrollar en el aula y fuera de ella a pesar de las condiciones materiales, tecnológicas o económicas que predominen en el espacio de acción.

Al desarrollar proyectos a través del trabajo colaborativo, Dillenbourg (1999) afirma en una cita de Díaz Barriga y Hernández (2010) que se contempla la posibilidad de trabajar en una situación educativa en la que aparecen interacciones simétricas entre los alumnos durante la clase cuando realizan una actividad escolar, por ello, es de nuestro interés exponer los pasos a seguir, desde el punto de vista propositivo y de ninguna manera como una receta a aplicar tal cual, pues las condiciones de espacio, cultura, sujetos y conocimiento, son diversos, lo que implica una atención diferente, aunque una guía que presenta los elementos básicos que oriente el trabajo no está de más. En este sentido, se presentan los pasos a seguir hasta su culminación.

Se mencionan los aspectos más importantes que ejemplifican los logros que se alcanzan cuando se trabaja con proyectos, desde las aportaciones del docente y el alumno para demostrar que los beneficios toca a ambos, los alcances sociales que puede abarcar esta estrategia así como las limitaciones que se pueden presentar en su diseño, ejecución y evaluación.

Damos paso final al documento con la discusión y las conclusiones que a nuestro juicio, son dignas de considerar y compartir para apoyar el trabajo de docentes que por un lado, apuestan a la innovación y se preocupan por desarrollar sus capacidades y competencias, y por otro lado, buscan apoyar a sus alumnos con aprendizajes de calidad.

Metodología

Este estudio es de tipo cualitativo, el cual busca comprender la manera en que responden los sujetos estudiados en el contexto de acción, conceptualizar los resultados de la investigación para aportar el conocimiento preciso encontrado, argumentar los motivos de las actuaciones de los sujetos, reconocer las percepciones que ellos asimilan, así como la consideración de los valores que demuestran durante el tratamiento del problema. Lo cualitativo, Tamayo (2012) establece que es subjetivo y proviene de la interioridad de los sujetos estudiados son fuente de conocimiento, lo que nos permite confiar en esta metodología adoptada. El tipo de estudio, está basado en la investigación aplicada porque fue llevado a cabo en un aula de clases durante algunas sesiones de trabajo mediante el tratamiento de elaboración de proyectos y los resultados son presentados en un nivel descriptivo.

El diseño de la investigación, está sustentado a través de la investigación acción, también llamado participativa, el cual a partir de una comunidad seleccionada para su estudio, se propicia la reflexión que permite el análisis de los hechos que se suscitan, con el propósito de producir una conciencia en los integrantes del grupo para que actúen ante los problemas que enfrentan.

De esta manera, los individuos juegan un rol relevante como investigadores activos en lugar de considerarlos como simples objetos de estudio.

Se ha desarrollado un proceso holístico que contempla: la selección de la comunidad de estudio, integrado por un grupo de alumnos del nivel de licenciatura pertenecientes a una universidad privada, ubicada en una ciudad pequeña. Con edades que oscilan entre los 25 y 40 años, todos ejerciendo actividades relacionados con la educación aunque no de manera directa con atención a alumnos en un aula.

El instrumento utilizado para recolectar la información fue un cuestionario, el cual planteó el objetivo de conocer los saberes, conductas y comportamientos de los estudiantes que han elaborado, aplicado y evaluado un proyecto. Se proponen 9 reactivos, de los cuales 6 eran preguntas con respuesta cerrada y 3 que implicaban respuestas abiertas. En un primer momento fue sometido a un piloteo en un grupo de alumnos y posteriormente definido para su aplicación en el grupo de estudio.

Durante la aplicación del instrumento se consideraron aspectos como el respeto a las decisiones ideológicas de los alumnos, el tiempo considerable para responder el cuestionario, la espontaneidad en que se dieron las respuestas y la confidencialidad de las respuestas.

Se sistematizó y analizó información encontrada en libros especializados, antes y durante el proceso de investigación, para sustentar, argumentar y consolidar el conocimiento, dando soporte teórico a la elaboración de los proyectos, así como para incrementar los saberes de los estudiantes. Se procuró que la información manejada fuera de lo más actual posible para estar a la vanguardia en la sociedad del conocimiento aunque en algunos casos se citan autores clásicos dado su relevancia histórica en materia teórica.

La construcción del conocimiento fué desarrollado mediante la aplicación de un proyecto formativo siguiendo una metodología planteada más adelante en este artículo, en el grupo se socializan los resultados obtenidos, se hacen las valoraciones pertinentes y se despierta la reflexión consensuando los logros y productos que impactaron tanto en el estudiante como en el profesor.

Los resultados se analizaron mediante los lineamientos que propone Taylor y Bogdan citados por Colombo y Villalonga (2006) quienes analizan los datos cualitativos en tres etapas: descubrimiento de temas, codificación de datos y comprensión de datos, se obtienen los porcentajes de participación en cada uno de los ítems propuestos, tomando en consideración que en una investigación cualitativa no se priorizan los temas matemáticos pero sí lo significados producidos. Se sistematiza la información en los apartados establecidos y se concretizan las conclusiones.

Finalmente, se socializa el conocimiento aportando las ideas como producto del trabajo desarrollado en el aula, la aplicación de los proyectos en ámbitos educativos o comunitarios, las reflexiones que demuestran las encuestas que los estudiantes respondieron y los saberes del maestro participante.

Resultados y discusión

Siempre había escuchado comentarios de mis compañeros maestros, con quienes a lo largo de años de trabajo docente, habíamos compartido labores en diferentes escuelas tanto de nivel básico, como en el nivel medio, que los alumnos no sabían lo que era un proyecto, que tenían grandes dificultades para diseñar un proyecto cuando se les pedía que elaboraran tal documento a pesar de las asesorías que tomaran, y más aún, presentan problemas para aplicarlo cuando finalmente logran terminar su redacción, bajo esas condiciones no cuesta pensar que también tienen dificultades para evaluar los resultados del mencionado proyecto, tal y como he recibido versiones de diferentes maestros.

Ante esta situación, al tener la oportunidad de estar frente a varios grupos de estudiantes en el nivel superior, desarrollé un trabajo docente utilizando los proyectos con la finalidad de contrastar las ideas recibidas de mis colegas y tener una visión más clara sobre las condiciones que presentan los estudiantes sobre el tema, particularmente con alumnos en la carrera de licenciatura en tecnología educativa, quienes presentan perfiles de personal encargado de control escolar, servicios generales en instituciones educativas, auxiliares de maestros en centros educativos, desempleados, bibliotecarios, actividades administrativas en dependencias del gobierno, taxistas, comerciantes, jefas de familia o padres, y que desean en el futuro realizar trabajo en el sector educativo. Los estudiantes cuentan con preparación mínima de carreras técnicas cursadas en instituciones de nivel medio superior y la mayoría de ellos se encuentran trabajando para su sustento personal o familiar pues algunos son padres o madres de familia. Es importante destacar que esta diversidad de perfiles de ingreso hacia esta carrera, hace que el desarrollo del trabajo docente sea con resultados muy nutridos en materia de análisis y discusión de los diferentes temas que se tratan en la clase lo que permite obtener conclusiones con argumentación, fundadas desde la realidad social, al venir de sujetos inmersos en actividades de distinta naturaleza.

El contexto social y cultural de estos estudiantes se configura en comunidades que van desde medios rurales hasta zonas semiurbanas, pero que cuentan con algunos adelantos tecnológicos como internet, teléfonos móviles, televisión por cable y algunas pequeñas bibliotecas públicas. Esto representa un apoyo como materiales educativos a usar en la aplicación de los proyectos, lo que viene a favorecer, sin duda, a obtener resultados satisfactorios. En cuanto al espacio físico donde se tomaron las clases, se diseñaron los proyectos y se recibieron las asesorías fueron aulas comunes que cuentan con lo mínimo indispensable para llevar a efecto sesiones de clase en un entorno más bien de austeridad que de abundancia, sillas, pizarras, energía eléctrica, proyector y computadora fueron utilizados para facilitar el trabajo.

Cuando notamos que personas interesadas en prepararse para ser útiles a la sociedad de donde provienen, demuestran con pasión sus deseos de aprender, se confirma el aprender a ser como centralidad en el desarrollo humano, pues ya no se trata de adquirir, aisladamente conocimientos definitivos, sino de prepararse para elaborar, a todo lo largo de la vida, un saber en constante evolución (Yurén, 2013), saberes que le servirán para resolver sus problemas con competencia en este mundo globalizado.

Actualmente, lo que importa cuando se desarrolla un trabajo docente, es que los alumnos aprendan e incrementen su conocimiento en todos los sentidos, saberes útiles para que resuelvan sus problemas con los que se enfrentan a diario. Desde esta perspectiva y tomando en cuenta lo que Bruer (2003) afirma, el aprendizaje es un proceso mediante el cual el alumno se va convirtiendo en experto al adquirir conocimientos y estrategias de orden cognitivo de alto nivel, afianzamos una postura de idoneidad para implementar sesiones de clase llevados a cabo con proyectos, en el nivel superior, con estudiantes que poseen perfiles de ingreso tan diversos pero que tienen un sustento académico susceptible de facilitarles su aprendizaje y experiencias previas provenientes de su contexto laboral. Siendo congruentes con Bruer, también proponemos una enseñanza que va más allá de la simple impartición de una clase llamada tradicional, con rasgos característicos de aprendizaje pasivo de parte del alumno y en cambio una enseñanza que despierte la conciencia metacognitiva, como aquella que permite que los estudiantes aprendan las habilidades de pensar en su pensamiento, cómo y cuándo utilizarlos, donde el rol crítico del profesor se transfiera al alumno a través de acciones de enseñanza y aprendizaje, un binomio aún vigente en esta propuesta, si se implementa siguiendo metas claras sobre lo que se quiere respecto al perfil de egreso del alumno. La enseñanza de la conciencia metacognitiva se ha de realizar gradualmente hasta que el alumno logre una conciencia autocrítica y se conduzca sin temor a equivocarse ante los desafíos del aprendizaje. En este sentido, el hecho de enseñar tiene tanta importancia en cómo lo hacemos y con qué lo hacemos, de ahí nuestro interés por enfatizar el trabajo docente como una de las bases fundamentales para que el estudiante desarrolle sus habilidades y capacidades de acuerdo a un enfoque basado en competencias, tal como se exige en los ámbitos del área educativa y laboral.

En este trabajo hemos apostado en la enseñanza por proyectos que a juicio de Kilpatrick citado por Abbagnano (2012, pág. 646) es un plan de trabajo libremente elegido con el objeto de realizar algo que nos interesa. En los proyectos formativos, Tobón (2014) afirma que los alumnos realizan actividades articuladas para resolver problemas del contexto que los conduce a desarrollar las competencias de su perfil de egreso. Es menester que los estudiantes aprendan a organizar sus actividades y posteriormente a aplicarlos de manera práctica, a estructurar la información al cual tienen acceso. Existen varios tipos de proyectos como el de adiestramiento, el del consumidor o el del productor, pero en esta ocasión, nos dirigimos a la enseñanza de proyectos formativos resolviendo problemas particularmente de tipo educativo, que propone básicamente satisfacer una curiosidad intelectual con todo lo que conlleva de fracasos, tropiezos pero también de triunfos para alumnos y maestros. Este tipo de enseñanza, encuentra sustento desde las ideas de John Dewey citado por Gadotti (2008) quien afirma que la educación que Dewey prioriza es de carácter pragmático, instrumentalista y va en busca de una sociedad democrática. Para tal efecto, el individuo al enfrentarse a los problemas, busca solucionarlos pensando que es una necesidad, analiza las dificultades por las que atraviesa, busca alternativas de solución, experimenta varias soluciones y soluciona accionando sobre el problema. Desde esta perspectiva la solución de problemas se hace a través de un proceso donde el individuo construye y reconstruye su conocimiento y experiencia en forma permanente desde su individualidad o colectividad.

Es importante tener claridad sobre el objetivo que se quiere lograr respecto al alumno, Cooper (2010) afirma que los maestros eficaces son diferentes a los otros porque logran resultados satisfactorios en sus alumnos y no tanto por cómo lo lograron priorizando sus estilos o técnicas que son donde usualmente se van los analistas. Por lo tanto, cuando se plantean objetivos de enseñanza acordes sobre lo que se quiere lograr en los estudiantes, existen más posibilidades de alcanzar aprendizajes esperados.

Desde nuestro análisis, una educación basada en competencias, justifica que el maestro desarrolle su trabajo docente donde considere enfoques como el constructivismo o el aprendizaje significativo para realizar acciones de enseñanza donde el objetivo principal, es desarrollar competencias en los alumnos, Ramírez y Rocha (2010) mencionan que las competencias son consideradas como la capacidad de aplicar en diferentes contextos, los conocimientos, habilidades y actitudes que las personas desarrollan en ambientes como el escolar o familiar, tanto que deben ser considerados los conocimientos previos de los alumnos, estructurando sus ideas con el material novedoso, para construir el conocimiento nuevo.

Otro de los enfoques que tomamos para responder sobre la manera en que un maestro puede ayudar a los alumnos a desarrollar sus competencias, es la que Schon (2002) explica, cuando el profesor y el alumno se encuentran frente al problema y juntos se apoyan para encontrar las soluciones más viables para resolverlo, ambos dialogan, reflexionan, interpretan y construyen la respuesta más acertada. La cualidad reflexiva e interpretativa del docente se manifestará en tanto tenga un acercamiento interpersonal con el estudiante para salir en su encuentro cuando sea necesario y solventar los escollos de investigación, redacción y análisis que el alumno va encontrando en su camino. El trabajo docente por competencias es afín a lo que Díaz Barriga y Hernández (2010) dicen que no bastan con la transmisión de conocimientos o los procedimientos mostrados a los alumnos a la manera de recetas inflexibles, sino que para enseñar competencias es necesario crear actividades que enfrenten a los estudiantes en el terreno real del problema que les genere tareas a realizar problematizando sus acciones de manera autorregulada y metacognitiva.

Hay una diferencia notoria en los actos de las personas que piensan que los problemas se resuelven de manera simple o aleatoria y los que piensan que es una tarea que hay que resolver porque representa un problema en sus vidas (Bruner, 2008), no está de más recordar que los niños se interesan más en los problemas cuando se dan cuenta que lo es y no cuando es una simulación o juego, entonces trasladamos esta postura en el nivel superior con los adultos para confirmar que a pesar de ser mayores, estos preceptos de aprendizaje aún siguen vigentes. La experiencia docente nos demuestra que muchas de las actitudes y comportamientos de los niños, se manifiestan inocentemente en la edad adulta, en los salones de clase, cuando se realizan dinámicas de grupo o por el simple hecho de poseer el rol de alumno en ese momento. De modo que la enseñanza donde se usan los problemas para hacer que el alumno aprenda, es una eficaz forma de desarrollar las competencias de los estudiantes en paralelo con la asimilación de conocimientos.

La elaboración, aplicación y evaluación de proyectos es una forma apropiada para desarrollar las competencias de los alumnos. Los proyectos como afirma Kilpatrick, citada por Díaz Barriga (2006, pág. 34) se refiere a cualquier tipo o variedad de experiencia de vida que se hace por un propósito dominante. Experiencia que permite al estudiante, la adquisición de conocimientos, resolver un problema, apropiarse de la experiencia y hacer algo para beneficio personal o colectivo. Los proyectos pueden ser vistas como instrumentos que llevan al alumno a desarrollarse hacia un modo de vida democrático porque mediante sus acciones pone en juego los valores de la tolerancia, la atención a la pluralidad, y el respeto hacia los otros, en este sentido encontramos ventajas dignas de considerar ara beneficio de un trabajo docente y un aprendizaje afines a una propuesta por competencias.

Trabajar a través de proyectos formativos, significa hacer que los alumnos se preparen a resolver un problema que tienen a su alrededor y al término poderlo utilizar en su vida futura. Promueve las relaciones con sus compañeros al interactuar mediante la investigación, el diseño de acciones en busca de una solución desarrollando actitudes de confianza, propositivas y de motivación. De esta manera, una enseñanza mediante proyectos también despierta la sensibilidad del docente para entender y comprender al estudiante a lo largo del proceso, cuando éste se encuentre en dificultades para resolver sus problemas, haciendo que los aprendizajes se vuelvan más o menos, apetecibles e interesantes y no situaciones complicadas y sin sentido.

Ante las bondades que aporta la enseñanza mediante proyectos y con el ánimo de apoyar a los docentes en el desarrollo de una estrategia de enseñanza que favorezca las competencias de alumnos y maestros, diseñamos un sencillo plan que permita realizar un trabajo docente, con ideas claras susceptibles de realizar sin complicaciones.

La estrategia de trabajo utilizado para este plan de conducción, es el trabajo colaborativo porque consideramos que favorece las condiciones necesarias para hacer una enseñanza y un aprendizaje dinámico que impulsa a desarrollar las habilidades, competencias, actitudes y destrezas de los actores educativos que intervienen en el proyecto. Para acercarnos a una concepción del aprendizaje colaborativo, solo diríamos que tiene que ver con la actividad del alumno en clase, en ningún momento espontánea, en todo instante orientada, guiada, intencionada, pero con una libertad responsable y comprometida de los aprendices (Ferreiro, 2010, pág. 53) lo que significa que de ninguna manera es un trabajo desordenado o caótico en el aula, sino bien planeado en cuanto a tiempos de realización de acciones, quiénes serán los responsables de ejecutar las acciones y la forma de evaluación propuesta. Esta misma idea lo reafirma Cooper quien menciona que el aprendizaje cooperativo es una estrategia con métodos organizados y con alto grado de estructuración, mismos que conduce a los alumnos a lograr éxito académico y social, mayor que en otras situaciones de aprendizaje.

Entre las acciones más relevantes que se ponen en práctica en una sesión de clase a través del aprendizaje colaborativo, se encuentran; la presentación del contenido, la discusión entre los estudiantes, la evaluación del dominio de los alumnos y el reconocimiento del trabajo individual y en equipo, de los participantes. Todas estas acciones se han de implementar con el propósito de cumplir con un ciclo que permita iniciar y terminar sin que falte uno de los apartados que vendría a ser un paso esencial en este proceso. El diseño de la clase sería el siguiente:

1. El primer paso se refiere a la sensibilización que el docente realiza para estimular a los alumnos a interesarse en la clase, para ello recurre a una serie de actividades enmarcadas en el plano de la motivación que consisten fundamentalmente en una presentación de las intenciones del docente respecto al trabajo de los alumnos. La motivación generalmente se define como un estado interno que activa, dirige y mantiene el comportamiento (Woolfolk, 2010, pág. 376), dicha motivación puede ser intrínseca cuando de forma natural el individuo tiende a buscar, enfrentar y resolver desafíos mientras está en un proceso de capacitación y persigue intereses personales y la llamada extrínseca cuando sus intereses están envueltas por la obtención de algo como un objeto y solo importa lo que nos reditúa y la actividad en sí pasa a segundo término. En esta etapa el maestro tiene un acercamiento hacia los estudiantes para conocer sus conocimientos previos hacia el trabajo por proyectos. En esta caso, en un cuestionario aplicado a los alumnos del grupo, demuestra que el 8 % de los alumnos en tratamiento no sabían lo que es un proyecto pues no tenían idea sobre su elaboración, qué utilidad tienen y cómo se aplica. El 58 % de los alumnos sabían poco sobre el tema de proyectos, porque mencionan haber participado en alguno de ellos, y el 34 % declaran saber suficiente pues lo han elaborado y aplicado en situaciones personales aunque no de manera estructurada. Estos resultados nos indican que los alumnos saben más en el tema de proyectos, que lo que piensan los maestros respecto a sus alumnos, quizá lo que hace falta es estructurar esos conocimientos y utilizarlos para la construcción de nuevos conocimientos. Otra de las actividades que el docente puede realizar, es utilizar diversos temas que sea del interés de los estudiantes para detectar problemas que requieran atención, problemas del medio donde se desenvuelven, como puede ser el de su ámbito familiar o laboral. Este momento de la clase será a través de un diálogo cercano, amable y propiciando que el alumno manifieste sus dudas, incertidumbre que entre los mismos alumnos han de resolver apoyándose unos a otros, el maestro monitorea e impulsa la participación, haciendo que surjan los problemas que a futuro han de resolver mediante el proyecto. La participación del docente es bajo

condiciones de mediación utilizando la escucha activa para que los alumnos se percaten de que el maestro se interesa por lo que dicen. Ante el cuestionamiento de si han participado en la elaboración de un proyecto, el dato curioso es que el 100 % manifiesta haberlo hecho lo que implica que de alguna manera lo han aplicado en su vida diaria aunque no a conciencia porque lo ligan con acciones de su vida cotidiana como experiencia, hecho que después confirmaron. Aquí es el momento para vincular la importancia de los proyectos con lo que le sucede a las personas en su vida.

Para la inducción del tema de proyectos hacia los estudiantes, el maestro se puede valer a través de diversas actividades además de las ya planteadas, por medio de la lectura de textos, una breve conferencia, una discusión guiada, una película entre otros. A los estudiantes les gusta que exista un ambiente de cordialidad en el aula, lo que los motiva a aprender, para tal efecto, los saludos, la conversación, llamar a cada alumno por su nombre, conocer los intereses de los alumnos, comprenderlos, elogiar sus cualidades y acercarse a ellos, son acciones importantes que el maestro debe realizar como estrategia para motivarlos en el tema que pretende desarrollar. También se pueden llevar a cabo, dinámicas de grupo con música, despertar una lluvia de ideas, preguntar y responder en un ambiente de confianza donde no solo se busque la verdad sino también discrepar. Lo que se pretende es crear un verdadero espacio de aprendizaje despertando las emociones y sentimientos tanto de los alumnos y el maestro. Finalmente, después de discutir ampliamente, establecer las condiciones en que se desarrollará la clase y lo que se busca lograr, se plantean de manera concreta los temas o problemas a investigar a través de equipos de trabajo formados con la mayor heterogeneidad posible tomando en cuenta el sexo, la edad y los perfiles académicos obtenidos, debido a que mientras los elementos que conforman un equipo sean más diversos, los equipos estarían más equilibrados tratándose así, que todos tengan las mismas oportunidades de participación en la solución del problema a resolver. El producto de este paso es un grupo sensibilizado para continuar aprendiendo mediante proyectos, equipos de trabajo con ganas de trabajar en forma colaborativa, competencias referidas al aprender a ser y temas concretos para investigar.

2. El siguiente paso, se refiere a la revisión de los temas investigados para determinar la viabilidad de su tratamiento y la revisión de los apartados que comprenderá el proyecto. Entre los temas que los alumnos trajeron al aula, se encuentran los de naturaleza educativa como la falta de atención hacia los hijos por los padres, el bajo rendimiento escolar, la deserción escolar, la deficiencia en la expresión oral en los niños del nivel preescolar, problemas disciplinarios entre alumnos, diferencias entre alumnos y maestros, y la mala ortografía de los estudiantes en secundaria. Por otra parte, los temas provenientes del ámbito familiar o contexto sociocultural; como la mala relación en la pareja, las diferencias entre hermanos, problemas entre vecinos, discrepancias entre amigos y problemas entre trabajadores y patrones. Como se puede notar, los problemas son distintos y en consecuencia un amplio temario a considerar en la consolidación de un caso a resolver en el planteamiento del problema. A

83

partir de este paso, se inicia el procesamiento de la información donde los alumnos toman apuntes, elaboran resúmenes de investigaciones relacionadas con el tema que es de su interés, elaboran fichas de trabajo, definen conceptos para ampliar su conocimiento, pueden realizar esquemas para estructurar sus ideas y hacen valoraciones críticas sobre los posibles resultados de su trabajo. Procesar la información compromete a los alumnos a investigar ya sea en forma individual o en equipo, escoger la información que sea de su interés y acorde al tema que tratan, en este sentido, el maestro funge como mediador para hacer que el alumno interactúe entre el conocimiento y sus compañeros. Las estrategias didácticas del maestro consisten en hacer preguntas, aclarar las dudas que surjan, recapitular y retroalimentar lo expuesto, hacer las observaciones pertinentes para mejorar el trabajo ayudando a los que se van rezagando con el apoyo de los mismos alumnos. El proyecto va tomando forma, iniciando con el planteamiento del problema que puede ser enunciado en forma de pregunta, necesidades y retos a lograr, sustentado con las investigaciones realizadas desde el espacio de la realidad y la teoría que aportan los especialistas. Una guía que es susceptible de seguir en el diseño del proyecto es ir respondiendo a las preguntas que plantea Frida Díaz Barriga, ¿qué se quiere hacer? ¿por qué se quiere hacer? ¿para qué se quiere hacer? ¿cuánto se quiere hacer? ¿dónde se quiere hacer? ¿cómo se va a hacer? ¿cuándo se va a hacer? ¿a quiénes se dirige? ¿quiénes lo van a hacer? y ¿con qué se va a hacer? preguntas que se van utilizando mientras se va redactando el documento.

Para plantear el problema, se deben realizar actividades básicas como delimitarlo mediante su conceptualización, establecer su ubicación, fijar los límites de tiempo, los elementos a estudiar y la contextualización en los aspectos social y cultural (Rojas, 2002). Solamente después de haber dado este paso y teniendo un producto concreto con todas las exigencias metodológicas científicas que se requieren se debe continuar. Esta exigencia obedece a que un buen planteamiento de problema, es considerado como un factor decisivo para tener éxito en el desarrollo del proyecto. En un principio los alumnos pueden demostrar ciertas dificultades en la redacción pero con la asesoría del maestro es posible superar este factor.

3. Corresponde ahora, formular los objetivos que han de inducir tanto el curso de las investigaciones como de la realización de actividades que lleven al logro de dichos objetivos. Primeramente, es necesario formular un objetivo general también llamado mediato, que encierre una búsqueda completa hacia la totalidad de las metas del proyecto y posteriormente la formulación de objetivos específicos denominados de otra manera, como inmediatos que recaen en el alcance de logros a corto plazo pero que finalmente al cumplirlos permite el logro del objetivo superior. Los objetivos del proyecto deben contribuir a resolver un problema mencionando lo que pretende, deben expresarse con claridad para evitar ideas confusas o ambigüedad, como también pueden ser modificados durante el proceso de la investigación, para ajustarse a los intereses del investigador o como las necesidades del proyecto lo requieran.

Como reconoce Rojas (2002, pág. 81), los objetivos del estudio, son los puntos de referencia o señalamientos que guían el desarrollo de una investigación y a cuyo logro se dirigen todos los esfuerzos. Al aceptar esta idea, entendemos que también deben ser congruentes con el tema y el planteamiento del problema plasmados con anterioridad. Los objetivos que se plantean deben ser factibles de realización dadas las condiciones del contexto donde se desarrollará el proyecto para no sufrir fracasos o desánimo al aplicar las actividades. En este sentido se orienta debidamente a los estudiantes para que formulen objetivos acordes a la solución del problema y que verdaderamente sean susceptibles de alcanzar.

Al elaborar los objetivos, los alumnos en su mayoría tuvieron dificultades para expresarlos, tanto desde el punto de vista semántico como respecto a la congruencia con el planteamiento del problema, por ello, es importante solventar este caso hasta que estén bien definidos y poder avanzar con el diseño. Con la experiencia obtenida con el grupo, nos damos cuenta que es posible brincar este paso con un poco de paciencia y no ir muy de prisa. Hay que recordar que los alumnos cuando escriben, plasman sus ideas e intereses desde el contexto social y cultural de donde provienen, mezclado con las expresiones políticas inclusive económicas y posturas intelectuales en el mejor de los casos, de manera explícita e implícita.

La enseñanza del profesor en este apartado consiste en orientar al alumno para que formule los objetivos de su proyecto desde la propuesta de Cooper siguiendo cuatro líneas de acción; que el objetivo describa el contenido del proyecto manteniendo una relación coherente entre tema y contenidos, escribir el objetivo general del proyecto determinando lo que se quiere lograr o resolver, descomponer el objetivo general en objetivos específicos considerando los diferentes temas del proyecto y finalmente realizar una verificación de los objetivos tomando en cuentas aspectos como si son factibles de realizar, mantienen una secuencia lógica entre ellos, congruencia con el objetivo general o si no transgreden valores institucionales o personales. Una opción puede ser entre uno o dos objetivos generales y dos o tres objetivos específicos para cada objetivo general. Este modelo permite un trabajo del maestro, más fluido y un aprendizaje del alumno con menos carga académica, que son factores que pueden influir en el desarrollo del proyecto por la angustia que los estudiantes puedan mostrar.

4. El siguiente paso, es la justificación, que corresponde a una expresión de los motivos que llevan al estudiante a resolver el problema que menciona en su proyecto, explicar las razones del porqué quiere realizar el proyecto, dar a conocer los fines que lo fundamentan para decidirse a desarrollar el proyecto. Todos los proyectos deben justificarse para exponer los beneficios, alcances y logros que traen consigo, porque de otro modo si no se encuentran estas motivaciones sería un trabajo poco interesante o de nulo beneficio, lo que vendría a ser una labor con escasos resultados desde cualquier punto de vista.

Entre los criterios que se pueden tomar en cuenta para justificar el trabajo, se encuentran, la conveniencia, la relevancia social, las implicaciones, el valor teórico y la utilidad metodológica, son aspectos que son útiles al considerarlos para consolidar la importancia del proyecto, sin embargo, también es importante reconocer que no siempre es posible o necesario abarcar todos estos criterios, pero sí, darles su lugar en la justificación.

Los estudiantes explicaron causas muy razonables desde el punto de vista social, cultural y educativo, los cuales representan las variables de mayor arraigo que tienen por las condiciones de contexto de la comunidad con gran tendencia tradicional por estar ubicada en una zona poco desarrollada. La escuela está posicionada en una pequeña ciudad urbana donde las costumbres y tradiciones de los ancestros aún se encuentran vigentes a pesar de la incursión de nuevas prácticas de la economía global. Esto trae implicaciones, sin duda, en el lenguaje, la educación y las prácticas sociales de los alumnos.

La participación del docente en este apartado, se centra en lo que Ferreiro afirma como elaboración conjunta, en este caso, de la justificación del proyecto. Alumno y maestro elaboran de manera conjunta, las ideas que se han de expresar, sustentadas por las investigaciones realizadas, las experiencias de los alumnos y la ayuda mutua en el grupo. De modo que entre todos van construyendo los conceptos hasta tener una información que impacte en los beneficiarios del proyecto. Hay que recordar que el tópico que dirige la discusión, básicamente, es el tema en concordancia con los objetivos y sin pasar por alto el planteamiento del problema; es decir, vuelven a entrar en el terreno del debate, todos los apartados anteriores. En un espacio de aprendizaje colaborativo, el maestro guía a sus alumnos a construir el conocimiento mediante la práctica de estrategias de enseñanza, en donde se procesa la información en forma práctica, independiente, grupal, creativa. Los alumnos pueden tomar notas, elaborar fichas de trabajo, redacción de resúmenes, hacer preguntas, responder a preguntas, inferir sobre posibles causas y efectos y elaborar mapas conceptuales o mentales. Perrenoud (2010) sostiene que una de las competencias del docente, es trabajar a partir de las representaciones de los alumnos pues no son mentes vacías, sino que hay que tratar de comprender lo que saben, lo que expresan, sus raíces y su forma de coherencia. El maestro que trabaja tomando en cuentas estos aspectos, se reencuentra con sus alumnos y se pone en el lugar de ellos asumiendo la empatía con la personalidad de los estudiantes. Para involucrar más a los alumnos en su aprendizaje, es necesario que el docente, impulse en ellos el deseo de aprender, sentar bien las bases del trabajo dentro y fuera del aula, desarrollar el sentido de la autoevaluación para que reconozcan sus propias limitaciones y favorecer en gran medida la elaboración de proyectos individuales o colectivos que incidan en beneficios sustanciales.

Siguiendo las pautas mencionadas en forma flexible y nunca de manera rígida, se pueden conseguir resultados que satisfacen tanto al docente como a los propios alumnos, una muestra de ellos es la variedad de textos que se lograron con los estudiantes en el grupo en tratamiento, contradiciendo en alguna medida los supuestos iniciales de falta de conocimiento sobre el tema de proyectos.

5. Después de haber justificado la razón de ser del proyecto, se plantea una breve hipótesis que contemple la posible solución del problema, una propuesta surgida de la observación donde los alumnos van aportando sus ideas sobre cómo ven a futuro sus posibles resultados. En este sentido, los alumnos piensan que los proyectos son útiles para la sociedad pues presentan soluciones a sus necesidades y problemáticas, los proyectos son necesarios hasta para la vida diaria de las personas, se llegan a conocer la existencia de problemas que la gente comúnmente no sabía, los proyectos aportan nueva información sobre la solución de los problemas existentes, abarcan muchos ámbitos de la vida en sociedad, como el económico, político, cultural y social, abre las puertas a los nuevos profesionistas en el medio laboral, ayudan a realizar un trabajo de calidad y sobre todo es útil para el aprender a aprender. Desde esta perspectiva las hipótesis que los alumnos sugieren pueden estar fundamentadas desde la práctica y la realidad.

Las hipótesis indican lo que estamos buscando o tratando de probar y pueden definirse como explicaciones tentativas del fenómeno investigado formuladas a manera de proposiciones (Hernández, Fernández y Baptista, 1999, pág. 74) de ahí que, éstas pueden ser verdaderas o no porque finalmente se comprobarán al término de la aplicación del proyecto, sin embargo, son necesarios para tener idea de los posibles resultados a obtener. Es importante destacar que la hipótesis debe tener una estrecha relación con el planteamiento del problema para evitar la desviación del rumbo de la investigación y en consecuencia de la culminación del proyecto, ambos temas surgen de las indagaciones de los estudiantes, de las observaciones realizadas y de las propias experiencias de la vida. Según la encuesta realizada a los alumnos, el 100 por ciento de ellos consideran que los proyectos son útiles para la sociedad donde los beneficios regresan tanto en la misma sociedad como en lo personal como ser humano. Desde un punto de vista cognitivo, como puntualizan Andler, Fagot-Largeault, y Saint-Sernin (2002) existe una relación entre las investigaciones que realizamos y la actividad anticipatoria del cerebro para predecir los precoces resultados de nuestro proyecto, entonces la presencia de una hipótesis en un proyecto es factible en tanto que aporta información que ayuda a seguir con la investigación.

6. Una estrategia eficaz para desarrollar las competencias del saber hacer en los estudiantes, es la realización de actividades específicas que ellos han planteado para llegar al logro de los objetivos marcados al inicio del proyecto. Formulan una serie de actividades que consideran necesarias para producir resultados concretos en el contexto social donde aplican su proyecto. Estas actividades deben ser factibles de realizar, usando materiales o recursos que tienen a su alcance, actividades que requieren el uso de equipo tecnológico para incrementar sus habilidades de manejo, aplicación y facilitar su trabajo. Las actividades vendrán acompañadas con los tiempos de realización y los sujetos responsables de realizarlo. La propuesta de actividades deberá ser producto de los alumnos integrados en equipos de trabajo, donde todos tengan las mismas oportunidades de expresar sus ideas con el propósito de aportar conceptos claros y realmente posibles de aplicar en el medio. Para la construcción de propuestas que

definan las actividades a realizar, Díaz Barriga (2008) menciona la afirmación de Hilda Taba, que las actividades de aprendizaje deben responder a una perspectiva estructurada, de tal manera que entre ellas se apoyen y permitan el desarrollo gradual y pausado de procesos de aprendizaje en los estudiantes. Si las actividades son sacadas del contexto social donde se aplica el proyecto, existen más posibilidades de éxito. Las actividades de aprendizaje sirven a los estudiantes para orientar el rumbo de su proyecto, concretar las acciones para el hacer, arrojan los resultados del proyecto y son prácticamente la parte más clara sobre las intenciones del proyecto, sirve muy poco la elaboración de actividades que no se realizan o se quedan en el papel como un sustento burocrático. Al maestro le permite conocer el avance de los alumnos en la concepción del proyecto, tener idea sobre los posibles logros, anticiparse al fracaso y tomar medidas que prevengan futuras frustraciones de sus alumnos. Considerar estos asuntos es construir el conocimiento desde lo social, lo cognitivo y lo científico, pautas de enseñanza y aprendizaje que conducen no solo el saber aprender y el saber hacer, sino también hacia el saber ser y convivir.

Como resultado del análisis que realizaron los alumnos del grupo, surgieron un sin número de actividades dignas de mencionar desde dos vertientes, algunas que son realizados por el docente como: realizar encuestas, enviar notas a los padres, participar en la construcción de nuevos espacios educativos, observar, motivar y evaluar a los alumnos, impartir pláticas a los padres de familia ,asesorar a los alumnos, analizar datos estadísticos, integrar consejos escolares, elaborar listados, realizar visitas al domicilio de los estudiantes, realizar reuniones académicas, festivales, etc. Por otra parte se encuentran las que corresponden a los estudiantes como; realizar ejercicios de concentración, leer y redactar textos, activación física, practicar cantos, ejercicios para fortalecer el uso correcto del lenguaje, actividades de estimulación, uso de redes sociales para aprender, entre otros. Ambos indicadores van en el sentido de realizar acciones tanto por maestros como por alumnos, para desarrollar competencias del saber hacer, pero también en la búsqueda por lograr los objetivos plasmados en el proyecto.

Es importante destacar que las actividades son realizadas partiendo de un cronograma de acciones que permiten la organización, sugerir una secuencia y una estructuración, para evitar confusiones en el desarrollo, aplicación y evaluación de las mismas. Así también, el responsable como encargado de realizarlas, supervisarlas o evaluarlas tendrá claro las acciones que llevará a efecto para cumplir con su compromiso.

7. Los recursos del proyecto, se refiere a la consideración de los elementos físicos como materiales educativos, libros, equipos tecnológicos, espacios para el trabajo, servicios requeridos, que en su conjunto deben plasmarse en el documento para notificar las necesidades tanto materiales y económicos, como de sujetos participantes. Dicha información es complementario para ampliar la información hacia las instancias que lo necesitan para programarse o considerar la autorización si se da el caso. En otras explicaciones, podemos referirnos a los recursos del proyecto si se trata de los materiales educativos, como auxiliares didácticos, los cuales son un apoyo para facilitar la aplicación del proyecto, representan un

andamio para sostenerse y solventar algunas contingencias de conducción durante el desarrollo, así representan una necesidad más que una simple exigencia. En la actualidad, los servicios de internet, uso de proyectores, pantallas, computadoras, equipo de audio, las redes sociales, el correo electrónico, y las plataformas en la Web, son muy utilizados por el profesor o por el estudiante, pues significan una opción digna de considerar para involucrar a los estudiantes y estar a la vanguardia tecnológica inmersos en un mundo globalizado.

8. El proyecto educativo como estrategia que utiliza el maestro para enseñar y el alumno para aprender, contiene un factor imprescindible como en todo conjunto de acciones educativas; la evaluación. Esta puede concebirse desde diferentes puntos de vista, pero la que nos proponemos utilizar, es la llamada evaluación por competencias. Partiendo de la idea de competencia, Cappelleti (2010) reconoce que se refiere a la capacidad de hacer algo desde el conocimiento o el marco de la normatividad existente, es el conjunto de atributos generales que una persona puede tener los cuales comprenden los conocimientos, actitudes, habilidades y valores, en este sentido añade la ética como parte de un desempeño competente y la eficacia en las acciones donde las conductas sean observables. Visto de esta manera, entendemos que corresponde a una visión holística e integral de la evaluación basada en competencias.

Este tipo de evaluación considera la utilización de instrumentos de medición con tendencia subjetiva o cualitativa como las escalas estimativas, el portafolio, los reportes, las producciones de trabajo en equipo, las rúbricas, las exposiciones la autoevaluación y las listas de cotejo. Lo que no hay que perder de vista, es que los sujetos deben ser evaluados con valoraciones tanto cualitativas como cuantitativas desde lo individual o grupal. Los estudiantes elaboraron sus instrumentos, evaluaron las actividades programadas recogieron los resultados, e interpretaron para informar a los sujetos involucrados; alumnos, maestros, autoridades, padres de familia y asesores educativos. Esta serie de acciones evaluativas corresponden a la evaluación de las actividades para la consecución de los objetivos del proyecto, pero también es necesario hablar sobre las formas de evaluar el desarrollo del proyecto como una parte importante, para conocer los hechos que lo favorecen, los aspectos que lo obstaculizan y las incidencias que se van presentando durante su aplicación.

Recordamos que evaluar es darle un valor a algo, es juzgarlo, y para poder hacerlo necesitamos de información que nos aporte datos para emitir un juicio, por lo tanto, si no nos formamos un juicio sobre ese algo, no hemos evaluado. Al convertirse en proceso, la evaluación, es la toma de información, el uso de la misma, la emisión de un juicio y la toma de decisiones. Siguiendo el proceso expuesto, evaluar el proyecto no solo implica evaluar las actividades para el logro de los objetivos, sino también, hacer una revisión de los avances de logro sobre cada una de las partes del proyecto, tanto en su diseño, elaboración, ejecución, la evaluación misma, los recursos para su aplicación y que cumpla con todos los requerimientos mínimos de formato que un documento de carácter científico debe tener. La tarea del profesor es acercarse a los equipos para saber cómo están avanzado en sus metas, qué problemas enfrentan, apoyarlos en sus necesidades de información, aclarar las dudas de los estudiantes, pronunciar valoraciones y estímulos a los equipos de trabajo, y tomar decisiones concretas sobre cómo resolver los problemas que van surgiendo, ya sea para que los alumnos resuelvan o el docente en su ámbito de competencia, participar en la solución. Como formato de trabajo docente y aprendizaje colaborativos, el profesor funge como mediador entre los contenidos del proyecto y las actividades que los alumnos van realizando para construir su conocimiento, de ahí que también va moldeando una serie de actitudes y comportamientos entre los estudiantes y su entorno.

Al término de la aplicación del proyecto, se analizan los datos obtenidos como producto de la evaluación realizada, interpretar los resultados, hacer las deducciones pertinentes y pre elaborar las recomendaciones y o conclusiones que posteriormente se registrarán en el apartado correspondiente de una manera más explícita, clara y concreta.

9. El impacto social es un apartado explicativo que los estudiantes deben expresar para mencionar las consecuencias benéficas que el proyecto aporta a la comunidad en su conjunto, los efectos que resultan de la aplicación del proyecto sobre las personas que han sido sometidos al estudio o tratamiento, los cambios de actitud, ideas, pensamientos o comportamientos que se pueden notar en los individuos. Mientras se tengan evidencias breves o suficientes sobre estas modificaciones en los sujetos, en esa medida, el proyecto ha sido útil a la sociedad, lo que significa que el impacto funciona como un parámetro a considerar respecto a la eficacia del trabajo realizado.

La proposición de un concepto que indica los beneficios obtenidos permite al estudiante comprender que el trabajo realizado tuvo un sentido, una razón para ser planteada y en el maestro produce un sentimiento de satisfacción de ver que los alumnos realizan su trabajo con independencia, autonomía y seguridad y que finalmente están siendo útiles a la sociedad, a sus familias y a su comunidad donde habitan. Dar sentido y significado sobre lo que uno hace, es encontrar las relaciones que existen entre el producto del trabajo y la utilidad que aporta en el medio donde se convive, es sentir que la actividad es trascendental. En este sentido, el futuro profesional tiene mucho que aprender partiendo de sus productos y sus efectos.

10. Las conclusiones representan las ideas finales que el estudiante quiere afirmar ya sea en forma positiva o negativa pero que tiene como fin cerrar un proceso de elaboración, ejecución, análisis y evaluación de un trabajo que le ha dejado grandes beneficios en materia de aprendizaje. También es posible utilizar este espacio para redactar las recomendaciones claras y precisas sobre lo que pueden realizar los sujetos que toman decisiones. Es el momento de reflexión que induce al alumno a pensar sobre las condiciones actuales que percibe del problema al que le dio tratamiento, a su vez, hacer propuestas de corrección, mejoras, cambios, felicitaciones, reconocimientos, hacia las personas que estuvieron involucrados en el proyecto o en todo caso, dirigido a cualquier persona. Otra visión de las conclusiones entendidas como consecuencia de algo, tiene que ver con la perspectiva comunicativa de Rogers, en Fernández y Galguera

(2008, pág. 309), al decir que son los cambios que ocurren en un individuo o sistema social como resultado de la adopción o rechazo de una innovación. Son las deducciones, inferencias y decisiones que se toman después de razonar sobre lo realizado, el análisis de los resultados obtenidos. Cuando usamos las ideas concluyentes que aportan los proyectos, podemos tomarlo como ejemplo para repetir o evitar dichas acciones según sea el caso. Estas aportaciones han de ser escritas desde una hermenéutica surgida desde lo profundo del individuo pues son producto de la reflexión, del aprendizaje metacognitiva, en otras palabras, de la experiencia vivida, compartida con otros,

11. Las referencias bibliográficas. En esta apartado, el estudiante anota todos los libros consultados, durante el proceso de investigación para documentarse sobre los conceptos relacionados con el tema de su proyecto, cualquier texto extraído de un libro, revista, página de internet, periódico, etc. Deberá ser citado, con el objeto de fundamentar teóricamente el contenido del documento, se recomienda que sea utilizado el estilo APA tanto dentro del cuerpo del documento como al relacionar los títulos al final del trabajo. Con este paso, se termina la construcción del proyecto y queda ahora exponer e informar los resultados hacia el usuario, beneficiario o institución, se dirigirá en la forma apropiada según sea el caso. Para ello, centraremos nuestra explicación en el párrafo siguiente.

Cuando el alumno haya terminado de desarrollar todo el proceso de elaboración, ejecución y evaluación del proyecto, resulta necesario establecer un sistema de exposición de los trabajos realizados, ante el grupo para impulsar el desarrollo de competencias y habilidades propias del saber convivir como por ejemplo el compartir los conocimientos adquiridos, reflexionar sobre lo aprendido y e desarrollo del pensamiento metacognitivo. Por otra parte, recordar que la propuesta que se está mostrando tiene como propósito implementar un trabajo colaborativo y conocer el impacto que el trabajo docente con proyectos aporta en la enseñanza y el aprendizaje. En este sentido, se dispone de un tiempo donde los equipos exponen los resultados de su trabajo, primero en forma individual utilizando materiales que les permita demostrar los alcances de sus logros y después de manera conjunta podrán ir resolviendo las dudas de sus compañeros, los cuestionamientos que surjan deberán ser respondidos por ellos y el maestro intervendrá solo si es necesario o para complementar las respuestas. Es sabido que los estudiantes tienen grandes posibilidades para ingeniarse estrategias dignas de considerar a fin de realizar un buen trabajo de demostración, quizá lo que hace falta es confiar en sus capacidades y dejar que florezca su creatividad. Para despertar la reflexión, el docente puede realizar preguntas sobre los sentimientos que tuvieron al participar en el trabajo, la forma en que resolvieron los problemas que se presentaron, los aprendizajes que quedaron, las dificultades que se presentaron entre ellos. En cuanto al desarrollo de la metacognición también es posible una interacción en el grupo mediante una comunicación primero interpersonal hasta llegar a la intrapersonal para saber y reconocer las formas de aprender, los intereses, las preferencias y las necesidades por la que atravesaron cuando estaban en su participación. El reconocimiento de estos aspectos permite al estudiante ubicarse de una manera más centrada respecto a su espacio o contexto social. Los ejercicios que se pueden realizar para desarrollar el pensamiento metacognitvo, se encuentran el parafraseo donde los estudiantes interpretan lo que comprendieron sobre el tema, utilizando palabras surgidas desde su concepción personal, las del docente o de otros autores. La recapitulación sobre lo realizado, donde dan explicaciones desde su percepción respecto a lo que hicieron. En este ejercicio el docente se da cuenta de cómo cada estudiante ve las cosas de una manera diferente en comparación con sus compañeros. Otra forma sería la proyección del pensamiento, cuando los alumnos externan sus consideraciones, ventajas, desventajas o posibles impactos del trabajo realizado hacia el futuro, pensando cómo sería el impacto en la sociedad. Al realizar estos pasos finales de demostración, explicación, interpretando, deduciendo y reflexionando, implícitamente se está transfiriendo el conocimiento, dando paso a la estrategia de transferencia que consiste en informar sobre lo aprendido, encontrando la utilidad que recae sobre la sociedad, los mismos estudiantes y tácitamente sobre el maestro. Por lo que, utilizar el proyecto formativo como estrategia para enseñar y aprender, sin duda, beneficia a ambos sujetos educativos, más allá de los beneficios sociales que trae consigo.

Hasta aquí hemos expuesto los detalles del diseño, planeación, elaboración, ejecución, evaluación y transferencia de los proyectos, donde su utilidad está más que demostrada en diferentes momentos pero que aún en distintos niveles educativos, persiste la falta de confianza sobre sus beneficios sociales, ante la constante queja de que solo se inician pero no se culminan y quedan inconclusos, a decir de algunos, son situaciones que ocasionan pérdidas económicas, de tiempo y de materiales.

Después de haber explicado los pormenores de una puesta en práctica de una enseñanza a través de los proyectos y en consecuencia un aprendizaje, damos a conocer algunas muestras de lo que se puede lograr por medio de esta estrategia, donde el maestro como el alumno tienen una participación igualmente relevante con el fin de alcanzar las metas que se plantean. Así mismo, mencionamos las limitaciones o problemas encontrados en el camino durante su realización.

Según la investigación realizada en el grupo en tratamiento, nos demuestra que el 100 % de los alumnos creen que el aprender mediante proyectos les ayuda a resolver problemas que se les presenta en la vida diaria, el 75 % de ellos dicen que el otro valor que encuentran en esta estrategia, es que fortalece sus habilidades de investigación no solo en la modalidad teórica sino también la de campo pues entran en contacto con el lugar de los hechos al visitar los centros escolares o personas a quienes van a investigar. Aunado a lo anterior, esta forma de trabajo también les favorece en el aprendizaje sobre el diseño de proyectos, ya que el 50 % de los estudiantes dijeron que este aspecto es otro resultado que encuentran al término de su aplicación. Si recordamos que antes de la aplicación de esta estrategia tan solo el 34 % de los alumnos sabían lo suficiente, ahora el porcentaje es mayor, por lo que se demuestra un avance en este indicador. En datos menores pero igualmente interesantes, encontramos que el 33 % de los alumnos dicen que se explican mejor ante el grupo y sus compañeros, mientras que el 25 % afirma que aprender juntos e interpretar textos también son mejoras que sienten en su proceso de aprendizaje. Con estos resultados observamos que los logros en materia de utilidad sobre el aprendizaje, son satisfactorios y de gran utilidad para los estudiantes. En congruencia con estos hallazgos, el docente fortalece sus conocimientos en cuanto a la diversidad de problemas que los alumnos pueden resolver, desarrolla sus competencias de respeto, confianza, seguridad hacia las posibilidades de aprendizaje de sus alumnos, igualmente se ve en la necesidad de investigar respecto a los temas que sus estudiantes le plantean, lo que viene a fortalecer sus habilidades de investigación e interpretación, confirma su estrategia de trabajo mediante proyectos al ir resolviendo las dudas de los estudiantes, trayendo consigo mejoras en su trato y explicación con ellos. Estos aprendizajes tanto en estudiantes como en el docente, sin duda, básicamente fortalecen el desarrollo de competencias relativas al aprender a conocer y al aprender a hacer. El aprendizaje mediante proyectos no solo contribuye al desarrollo de habilidades cognitivas como las ya mencionadas en el párrafo anterior, sino también las que se fortalecen desde la subjetividad del alumno. Los resultados de la investigación nos demuestran que el 83 % de los estudiantes, según, proyectan conductas más racionales como la comprensión y el apoyo hacia los demás. Casi el 60 % de los alumnos dicen que se sienten más sociables al relacionarse con sus compañeros, así como, con rasgos de mayor tolerancia ante la diferencia o diversidad de ideas. Es importante mencionar que este aspecto es uno de los problemas que más se presentan en los equipos de trabajo cuando se reúnen para trabajar. Sin duda, el desarrollo de competencias que tienen que ver con la convivencia, son un factor que mejora el producto de los equipos en beneficio de ellos mismos. Un rasgo sorprendente, pero de igual importancia, es el hecho de que el 42 % de los alumnos afirman que el haber trabajado bajo esta modalidad les hizo perder la timidez, lo que resulta un verdadero alcance para favorecer las competencias del estudiante respecto al aprender a convivir. El docente, demuestra mayor aceptación hacia sus alumnos, imprime mayor paciencia ante las debilidades, tropiezos y rezagos que pueden demostrar y aprende a compartir los contenidos de la asignatura con mayor flexibilidad. Muy útil es recordar que el maestro en lugar de imponer los conocimientos lo que se requiere es propiciar que los alumnos sean los artesanos de su propio conocimiento como bien dice Savater (2009) para desempeñarse en el futuro como adultos.

Haciendo comparaciones sobre los conocimientos adquiridos antes y después de la aplicación de esta estrategia de trabajo hacia los estudiantes, nos podemos dar cuenta que existe un avance en este sentido, inicialmente había una minoría que carecía de nociones elementales del trabajo con proyectos, después de la implementación el 100 % cuenta con conocimientos al respecto de una manera ordenada, estructurada y sistematizada. Después del tratamiento, el 83 % de los alumnos afirman que su dominio en cuanto a la elaboración, aplicación y evaluación, es amplio, en contraste con el 58 % que antes decía saberlo. Por otra parte, hay un 17 % que dicen dominarlo por completo manifestando una confianza sobre cómo plantearse los problemas a resolver, diseñar el proyecto, elaborarlo, aplicarlo y evaluarlo hasta llegar a la demostración de resultados. Estos conceptos que argumentan los estudiantes demuestran la solidez de los conocimientos que se pueden tener cuando existe no solo la voluntad de realizar una actividad que beneficia a los alumnos, sino también cuando el profesor enfrenta su trabajo docente con las exigencias que los propios alumnos solicitan, cuando el profesor confía que puede superar y mejorar el trabajo al que está acostumbrado. Cuando se observan resultados óptimos como las que se describen, alumnos y maestros sienten que su trabajo es útil a la sociedad, quien es finalmente el beneficiado por la considerable cantidad de proyectos que se aplican en ella, resolviendo muchos problemas de diferente naturaleza.

Cierto es que en la enseñanza y aprendizaje mediante proyectos no todo es placentero, también suelen presentarse inconveniencias durante su desarrollo, por esto consideramos oportuno mencionar algunas de ellas, de acuerdo a lo que los propios estudiantes manifiestan. Recordamos que en el trabajo colaborativo una necesidad apremiante es la formación de equipos, por lo que el primer problema que se presenta es precisamente la integración de los mismos pues los alumnos acostumbrados a dialogar con sus amigos no siempre se prestan a romper con estos esquemas ya establecidos entre ellos, lo que dificulta la integración, ya sea por la amistad existente, la lejanía entre los hogares o por las diferencias personales existentes, sin embargo con una buena asesoría por parte del docente se pueden obtener logros al respecto hasta la conformación más idónea como sería la heterogeneidad, tomando en cuenta el sexo, la edad y los contextos socioculturales o el avance académico notado.

Entre los problemas que se presentan, figuran la falta de fuentes de información bibliográfica sobre todo en las áreas rurales donde habitan los alumnos, lo que los obliga a trasladarse hacia centros urbanos hasta encontrar información teórica recomendable para sus investigaciones, trayendo consigo elevados costos económicos, recursos de los que muchas veces carecen. Ya obtenida la información, el problema que se presenta es saber qué hacer con ella, de ahí que el procesamiento de la información significa un reto para los estudiantes, pues muchos de ellos no tienen los conocimientos suficientes para seleccionar, estructurar organizar y analizar dicha información que tienen a la mano. Este momento de indagación, obtención y procesamiento como proceso, es mencionado por el 42 % de los alumnos como el problema principal al que se enfrentan. Lo que también representa un reto para el profesor para apoyar a los alumnos y plantear las estrategias más idóneas a seguir con el propósito de brincar este momento tan importante en todo trabajo colaborativo.

Al mencionar estos problemas que se presentan al inicio, podemos afirmar que gran parte de los problemas deben ser resueltos al principio con la acertada asesoría del docente, a fin de continuar con los menores riesgos de desánimo posible, pues de acuerdo a la investigación realizada en el grupo, el 67 % de los alumnos hacen referencia a que el proceso de integración de equipos, el proceso de investigación, el planteamiento y la delimitación del problema, son los casos que más se les dificulta en el trabajo mediante proyectos en la modalidad de trabajo colaborativo.

Resolviendo los detalles anteriores, aseguramos que existen grandes posibilidades de éxito para culminar el proyecto que se propone, sin embargo, esimportante mencionar que también el desarrollo mismo de aplicación y evaluación pueden representar un problema para el alumno si el docente ko abandona y no le da seguimiento al trabajo, por eso es necesario que el rofesor esté pendiente de los avances y rezagos que el alumno pueda presentar por causas como la apatía, distracción, falta de recursos, diferencias de criterio en el equipo, etc.

Finalmente, el tiempo es un factor muy importante para considerar en el proceso de desarrollo de proyectos formativos, pues aunque se haya planteado un cronograma de actividades a realizar, el cual comprende, un período de realización y los responsables de la ejecución, se pueden presentar inconvenientes relacionados con el tiempo en que han de cumplirse dichos eventos. Estas dificultades no siempre provienen de los responsables del proyecto sino que pueden ser por causas externas, lo que puede limitar el desarrollo de las acciones. Los imprevistos personales de los integrantes del equipo de trabajo suelen incidir en el desarrollo de las actividades o en el cumplimiento de las obligaciones pactadas.

Los alcances de la enseñanza y aprendizaje mediante proyectos formativos, desarrollado en la modalidad de trabajo colaborativo, son múltiples, bien definidos, útiles y notables tanto para el docente como para el alumno. Los estudiantes demuestran su interés en ello y denotan satisfacción cuando dan por concluido su trabajo. Afirman que les ayuda en su persona para resolver problemas académicos y profesionales en el futuro, mejora su aprendizaje, le dan sentido e importancia a la investigación al encontrar respuestas a sus dudas, aprenden a manejar diferentes tipos de documento científico, interpretarlos y explicarlos con propiedad, conocer las causas de problemas específicos y la forma de darles solución, profesionalizan su aprendizaje y conocimiento utilizándolo para el beneficio de la sociedad, trae consigo no solo el aprendizaje sobre la investigación de los problemas que aquejan a la sociedad sino a participar en su solución sintiéndose útiles, a organizar su tiempo para convertirlo en espacio importante hacia una vida organizada utilizándolo de manera ordenada, los proyectos tienen una utilidad primordial en el trabajo de aula con los estudiantes, en las escuelas, que es de donde se dan los pasos iniciales para desarrollar proyectos de vida que han de trascender en la vida de los alumnos, los alumnos sienten seguridad en su persona al contribuir en su sociabilidad, a comunicarse con eficacia en diversos escenarios, aporta mejor trato hacia las personas y se pierde el miedo a preguntar.

Con estas aseveraciones se demuestra enfáticamente que el trabajo docente mediante proyectos, que va dirigido a poyar el aprendizaje de los estudiantes, a contribuir en la solución de problemas educativos y comunitarios, que tienen un impacto en la sociedad, es verdaderamente útil desde diferentes perspectivas, lo que puede mejorar las competencias tanto del maestro como de los alumnos fortaleciendo los conocimientos, habilidades, destrezas y actitudes de los sujetos educativos.

La educación formal que se imparte en las escuelas donde participan alumnos y maestros en la búsqueda de construir un conocimiento integral, desarrollando competencias expresadas en conocimientos, habilidades, destrezas y actitudes, pueden ser de formas muy variadas, sin embargo, la que se practique anteponiendo la resolución de problemas, intervenidos a través de un trabajo docente mediante la formulación de proyectos, es totalmente útil, que trae beneficios no solo a los participantes, sino también a la sociedad donde se desarrollan. De modo que para el docente, esta estrategia de trabajo se vuelve productiva porque se convierte en un profesor con mayor sensibilidad hacia los estudiantes, sensibilidad que se expresa en tolerancia, respeto, convivencia, entendimiento, y comprensión como características necesarias para procurar un aprendizaje en un ambiente de colaboración. El alumno se convierte en un sujeto con rasgos de investigador por su deseo de indagar sobre los problemas a los que se enfrenta en su vida y posteriormente al intervenir en la resolución de otros problemas, en otros espacios más amplios como podrían ser los de tipo económico, político y culturales.

Es recomendable la aplicación de proyectos formativos para incrementar las competencias tanto de alumnos como maestros particularmente bajo el esquema de un trabajo colaborativo, aunque los conocimientos previos sobre el mismo, sean bajos. Si existe el interés mutuo para realizarlo, seguramente se encontrarán los caminos adecuados hasta llegar a resultados que agraden por el trabajo realizado. Es de esperarse, que cuando existe el deseo de innovar en el trabajo docente, hay que dar los primeros pasos para lograr mejoras y cambios que incidan en mejores resultados y si no se lograron cuando menos se sabe lo que no hay que hacer y no repetirlo en otros escenarios.

Referencias

Abbagnano, A., Visalberghi. A. (2012). Historia de la pedagogía. México: Fondo de cultura económica.

Andler, D., Fagot-Largeault, A., Saint-Sernin, B. (2002). Filosofía de las ciencias. México: Fondo de cultura económica.

Bruer, J. T. (2003). Escuelas para pensar, una ciencia del aprendizaje en el aula. España: Centro de publicaciones del ministerio de educación y ciencia. Paidós.

Bruner, J. S. (2008). Desarrollo cognitivo y educación. España: Ediciones Morata, S. L.

Capelleti, G. (2010). La evaluación por competencias. En R. Anijovich et al (Ed.). La evaluación significativa. (pp. 177-201). Buenos Aires: Paidós.

Cázares, A. L., Cuevas de la Garza, J. F. (2012). Planeación y evaluación basada en competencias. México: Trillas.

Colombo, L., Villalonga, P. (2006). Metodología de análisis de un cuestionario de un curso multitudinario de cálculo. Revista Electrónica de la Red de Investigación Educativa. Vol. 1 No. 4

Cook, T. D., Reichardt, Ch. S. (2005). Métodos cualitativos y cuantitativos en investigación evaluativa. 5ª. Edición. España. Ediciones Morata, S. L.

Cooper, J. M. (2010). Estrategias de enseñanza, guía para una mejor instrucción. México: Limusa, S. A. de C. V.

Díaz, B. A. (2008). Didáctica y currículum. México: Paidós.

Díaz, B. A. F. (2006). Enseñanza situada: vínculo entre la escuela y la vida. México: Mc Graw Hill.

Díaz, B. A. F., Hernández, R. G. (2010). Estrategias docentes para un aprendizaje significativo: una interpretación constructivista. México: Mc. Graw Hill.

Fernández, C. C., Galguera, G. L. (2008). La comunicación humana en el mundo contemporáneo. México: Mc. Graw Hill.

Ferreiro, G. R. (2010). Estrategias didácticas del aprendizaje cooperativo. México: Trillas.

Gadotti, M. (2008). Historia de las ideas pedagógicas. México: Siglo XXI editores, S. A. de C. V.

Hernández, S. R., Fernández, C. C., Baptista, L. P. (1999). Metodología de la investigación. México: Mc. Graw Hill.

Morín, E. (2009). El conocimiento del conocimiento. Madrid. Cátedra.

Perrenoud, P. (2010). Diez nuevas competencias para enseñar. México: Colofón S. A. de C. V.

Ramírez, A. M., Rocha, J. M.P. (2010). Guía para el desarrollo de competencias docentes. México: Trillas.

Rojas, S. R. (2002). Guía para realizar investigaciones sociales. México: Plaza y Valdés S. A. de C. V.

Savater, F. (2009). La aventura de pensar. México: Random House Mondadori, S. A. De C. V.

Schon, D. A. (2002. La formación de profesionales reflexivos: hacia un nuevo diseño de la enseñanza y el aprendizaje en los profesionales. España: Centro de publicaciones del ministerio de educación y ciencia, Paidós.

Tamayo, M. (2012). El proceso de la investigación científica. 5ª. Edición. México: Limusa.

Tobón, S. (2014). Proyectos formativos: teoría y metodología. México: Pearson educación.

Woolfolk, A. (2010). Psicología educativa. México: Pearson educación.

Yurén, C. M. T. (2013). La filosofía de la educación en México: principios fines y valores. México: Trillas.

CAPÍTULO 5

Socioformación y competencias: aprendizaje autónomo, TIC y la investigación formativa en estudiantes universitarios

Nemecio Núñez-Rojas
Lino Jorge Llatas-Altamirano
Santiago Octavio Bobadilla-Ocaña
Gerardo Raul Chunga-Chinguel
Universidad Católica Santo Toribio de Mogrovejo (USAT),
Chiclayo — Perú
Departamento de Humanidades
http://www.usat.edu.pe/

Referencia APA:

Núñez-Rojas, N., Llatas-Altamirano, L., Bobadilla-Ocaña, S., & Chunga-Chinguel, G. (2016). *Socioformación y competencias: aprendizaje autónomo, TIC y la investigación formativa en estudiantes universitarios.* En B. Tobón, H. Parra-Acosta, C. Guzmán, S. Tobón, & L. G. Juárez-Hernández (Eds.), Experiencias en la implementación de la gestión del talento humano desde el pensamiento complejo (pp. 99-115). Lake Mary: Kresearch

Resumen

El objetivo de esta investigación fue, identificar y analizar las estrategias didácticas que utilizan los docentes para contribuir al aprendizaje autónomo en los estudiantes universitarios del primer semestre académico. Se empleó el método de la encuesta, por tanto, se aplicó un cuestionario a 416 estudiantes y otro a 56 profesores universitarios. Estos instrumentos contienen ítems de cuatro dimensiones de estudio: las metas personales, académicas y laborales; las competencias para el aprendizaje autónomo, las estrategias para la investigación formativa y el dominio de las Tecnologías de la Información y Comunicación (TIC). Los resultados obtenidos evidencian las deficiencias que tienen los estudiantes sobre su autoaprendizaje, la escasa claridad en sus proyecciones y metas, el bajo dominio de estrategias de aprendizaje para la investigación formativa y un aceptable conocimiento de las TIC.

Palabras clave: Socioformación; Competencias; Aprendizaje Autónomo; Investigación Formativa; Tecnologías de Información y Comunicación.

Abstract

The objective of this research was to identify and analyze the teaching strategies used by teachers to contribute to the self-learning in university students of the first semester. It was used the method of the survey, applied to 416 students and 56 university professors. These instruments contain items organized in four dimensions: personal goals, academic goals, and labor objective; competences to self-learning, strategies for formative research and domain about the information technology and communication (ICT). The results obtained, show deficiencies in students about their self-learning, low projections and goals, low domain about learning strategies for formative research and an acceptable knowledge of ICT.

Key words: Socioformation; competences; self-learning; Formative Research; Information Technology and Communication.

Introducción

La gestión del conocimiento es una estrategia clave a ser aplicada en cualquier institución a fin de dinamizar el desarrollo de competencias básicas, genéricas y específicas en las organizaciones. La universidad, asumiendo su rol protagónico como institución que vela por el desarrollo natural de la sociedad, no puede eximir la transformación de la práctica docente, de la investigación y de la extensión; que permita su contribución a a solución de los problemas del contexto a diferente escala: local, regional y mundial.

En la Educación, la socioformación es un modelo formativo emergente que se va consolidando por su enfoque holístico sustentado en el paradigma complejo (Morín, 2007); éste contribuye a comprender que el ejercicio profesional en el contexto de la universidad debe estar orientado a generar aprendizaje autónomo en los estudiante y de esta manera asumir, que la formación por competencias implica fundamentalmente: una visión holística de la formación, la movilización de saberes integrados –no lineales –para resolver problemas del contexto, la evaluación por desempeños con base en evidencias, la mejora continua, la vinculación entre saberes, disciplinas y áreas, la investigación como estrategia didáctica en estudios de grado y de post grado, entre otras características claves.

Existe la necesidad de cambiar el paradigma de enseñanza por uno de aprendizaje, donde el estudiante sea el que desarrolla las actividades orientadas a los desempeños y a las competencias. Biggs (2005, p. 37) afirma que "el estudiante aprende de lo que él hace y no de lo que el profesor dice o hace", por tanto, las estrategias didácticas deben centradas en el desarrollo de la autonomía, la investigación formativa, la incorporación de las tecnologías de la información y comunicación, entre otras. El propósito es direccionar procesos en los estudiantes para que tengan claro sus metas personales, académicas y profesionales, y se eduquen gestionando el tiempo, así como tener la capacidad para gestionar su propio conocimiento, basándose en estrategias didácticas que le permitan lograr un empoderamiento cognitivo con o sin el profesor.

Este estudio se desarrolló con 416 estudiantes que iniciaban la formación universitaria en diversas titulaciones y, las percepciones de 56 profesores que desarrollaban alguna de las materias. Los cuestionarios fueron validados por juicio de expertos y procedimientos estadísticos, por lo que los resultados obtenidos incrementan su relevancia. La muestra de estudiantes evidencia que la competencia del aprendizaje autónomo es una de las más débiles en la mayoría de alumnos que inician los estudios universitarios, pues sus metas personales y académicas son poco claras, por el contrario, son varios los estereotipos que persisten, varios de éstos adquiridos en la educación básica.

Referentes teóricos

Formación Universitaria Basada en Competencias

El Modelo de la formación por competencias en la Educación Superior surge como respuesta a los retos de la sociedad del conocimiento, expresados en la modificación de los perfiles profesionales que las empresas y la sociedad requieren en este mundo globalizado (OECD, 2012). En efecto, las políticas educativas formuladas por la UNESCO en la década de los noventa, el acuerdo de Bolonia y el Proyecto Tuning, son los referentes principales que han seguido las universidades para implementar este modelo formativo.

En el contexto europeo existen experiencias consolidadas donde se está aplicando con éxito la formación profesional por competencias, como es el caso de la Universidad de Deusto, una de las pioneras del Proyecto Tuning Europa (Gonzales, Wagenar, y Beneitone, 2004; Beneitone, Esqueteni, Gonzales, Marty, Gabriela, y Wagenar, 2007). El proceso seguido por esta Universidad, ha sido el referente para varias universidades europeas y latinoamericanas, existiendo de ello publicaciones que documentan las metodologías que permitieron concretar el modelo formativo por competencias a través de planes curriculares, creación de sistemas administrativos, capacitación de profesores, entre otros componentes.

En Norteamérica las universidades están implementando este modelo, especialmente en las titulaciones de las ingenierías como es el caso de la Escuela Politécnica de Montreal (Canadá), de la cual recibimos la experiencia de su aplicación a través de capacitaciones y pasantías de los especialistas directamente involucrados en este proceso. El enfoque programa es el que siguieron para el diseño de los currículos para las titulaciones en este centro de formación, el mismo que tiene coherencia con la metodología CDIO (Concebir, Diseñar, Implementar, Operar) que se aplican en varias universidades del mundo.

En América Latina, existen numerosas Universidades que están implementando el modelo de la formación por competencias, de las cuales hemos recibido influencia positiva para concretar los diseños curriculares, las metodologías y estrategias de evaluación. La Universidad de la Sabana en Colombia y el Centro Universitario CIFE (Ciencia e Innovación para la Formación y el Emprendimiento) en México, son los principales referentes de esta experiencia que publicamos especialmente en el Modelos Socioformativo de las Competencias (Tobón, Guzmán, Hernández y Cardona 2015). A continuación, revisamos los principales aportes de estas buenas prácticas que han servido como soporte para implementar el Modelo de la Formación por Competencias.

El Modelo Educativo USAT y la Formación por Competencias

En el Modelo Educativo de la Universidad Católica Santo Toribio de Mogrovejo (USAT) se asume que la competencia es "un saber integrado derivado de los conocimientos, habilidades y valores que la persona va desarrollando continuamente en su vida, para ser utilizados en su desempeño personal y profesional en los escenarios laborales y sociales en los cuales se desenvuelve" (Universidad Católica santo Toribio de Mogrovejo, 2011, p. 28)

a. Los saberes integrados (conocer, hacer, ser y convivir juntos) sistematizan la cultura humana que precede al estudiante o al profesional y que son necesarios para movilizarlos en desempeños específicos y concretos en lo personal, profesional y laboral. Son e tendidos como contenidos conceptuales, procedimentales y actitudinales (Coll, Pozo, Sarabia y Valls, 1994; Tobón, 2013a), o también como conocimientos, habilidades y valores.

b. Desarrollo continuo. Las competencias se desarrollan durante toda la vida en el contexto del mejoramiento continuo conforme lo sostiene Tobón (2013a, 2013b) al caracterizar la competencia desde el enfoque socioformativo. Esto significa que la persona tiene metas que alcanzar en su proyecto ético de vida, con las cuales está comprometido. El mejoramiento continuo permite la reflexión para prevenir, reconocer y corregir los errores a tiempo, y sobre todo, fortalecer nuestras virtudes para ser personas de éxito con profundo sentido humano (Tobón, Gonzalez, Nambo y Vázquez (2015).

c. Desempeños. Las competencias se expresan en desempeños personales, profesionales y laborales. Los desempeños son integrales y se demuestran al resolver problemas del contexto, por tanto, requieren de actuaciones concretas que se constatan a través de evidencias. Tales desempeños requieren de procesos metacognitivos, lo que significa que el sujeto al actuar desarrolla un proceso consciente de mejora continua según metas establecidas y con sentido ético.

Aprendizaje Autónomo

Los estudiantes como principales agentes en el desarrollo de conocimientos, deben dirigir su aprendizaje teniendo mayor conciencia en su forma de aprender, para lograr mejores estrategias, así como una mejor organización en la adquisición de saberes. Cuando el estudiante es capaz de pensar por si solo y en sentido crítico se está dando un aprendizaje autónomo, también cuando es él quien construye su propio aprendizaje, y cuando tiene conciencia de sus procesos mentales, logra así mismo una autonomía intelectual. Por tanto, "la autonomía se relaciona con la capacidad que tiene una persona para elegir lo que es valioso para ella, es decir, para realizar elecciones en sintonía con su autorrealización" (Mora, Sandoval y Acosta, 2015, p. 9).

El aprendizaje autónomo es un proceso educativo que busca estimular al individuo para que sea el autor de su propio conocimiento a través de la experiencia. Así, es necesario que se pongan en práctica de manera independiente las teorías aprendidas de tal forma que se logren evidenciar ciertos desempeños de comprensión en una materia específica del conocimiento.

En la búsqueda de lograr un aprendizaje autónomo en necesario trabajar habilidades comunicativas como tomar notas y leer comprensivamente; de observación y de análisis de la experiencia para evaluar los procesos que se llevan a cabo en la construcción del conocimiento. En los estudiantes universitarios, la investigación es una estrategia imprescindible, esta permite, búsqueda, procesamiento y aplicación de la información hasta transformarla en conocimiento científico.

El aprendizaje autónomo comprende el desarrollo de tres áreas principales: el área cognitiva, en la cual se manejan los procesos y estrategias; el área socio afectiva, como la expresión de los afectos, actitudes y rasgos de personalidad que permiten al individuo adaptarse a un grupo; y el área motora o de ejecución de habilidades.

En este marco, la educación en tecnología, procura enfrentar a las personas con situaciones basadas en la realidad y desarrolladas tomando como referente el contexto inmediato (referido a escenarios que se encuentran en el barrio, la localidad, o la ciudad), a través de las cuales es posible generar una serie de actitudes y comportamientos, ligados a la formación de ciudadanos que participen y aporten al desarrollo de la sociedad con base en la discusión y toma de decisiones sustentadas en criterios de tipo científico y tecnológico (Hernández, 2009).

Investigación Formativa

La investigación formativa es considerada como un proceso de investigación contextualizada y aplicada a una problemática real, que prepara para la investigación propiamente dicha. Es un ejercicio de formación de habilidades y destrezas que no pretende la construcción de nuevos conocimientos universalmente válidos,pero sí la reconstrucción de otros subjetivamente significativos (Cerda, 2007). Además, señala: es importante puntualizar que fue escasa la existencia de documentos sobre publicados e indexados Investigación formativa. La mayoría de registros hallados se ubicaron como documentos institucionales existentes en sus bibliotecas generales, de departamentos o centros de investigación, o ubicados en sus páginas Web institucionales.

Stenhouse (1998) creía que la investigación fortalecía el juicio del docente y la mejora autodirigida de la práctica. También que el centro de interés más importante para la investigación radica en el currículo, en la medida en que es el medio a través del cual se comunica el conocimiento. En suma el profesor como investigador, de amplia aplicación en la universidad.

Los procesos de investigación formativa se refieren a la formación en y para la investigación, dando la posibilidad a los estudiantes, mediante un ambiente y una cultura de la investigación, de asumir actitudes favorables hace ella y fomentar el desarrollo de habilidades requeridas para desenvolverse en estos tipos de trabajos (Restrepo, 2004).

Además señala, la investigación formativa debe comprender aspectos tales como: la forma en que los y las estudiantes son preparados, hacen sus preguntas y procesos de indagación para comprender y adelantar investigación, el diseño, la construcción y ejecución de proyectos de investigación y la transformación de programas durante su realización a partir de una investigación que sirve a los interesados como medio de reflexión y aprendizaje.

Daikin y Griffiths (1997, p. 37) definen claramente el término investigación formativa como "un término general que describe investigaciones que se llevan a cabo para diseñar y planear programas". Los pasos de esta modalidad investigativa son cuatro: comienza con una reflexión sobre la propia práctica pedagógica, en relación con un problema identificado; a partir de esta reflexión se reconstruye la práctica mediante retrospección, observación, consignación detallada en un diario de campo. A lo largo de esta deconstrucción se intenta encontrar la estructura de la práctica, sus componentes básicos y las teorías implícitas u operativas de la misma práctica, porque todos los docentes tenemos amarrada nuestra práctica a ejes teóricos, casi siempre inconscientemente. Develarlos es el primer paso para cambiar, para progresar.

Tecnologías de la Información y Comunicación

Las Tecnologías de la Información y la Comunicación (TIC) están transformando la manera como interactuamos y nos relacionamos con el mundo, estamos llamados a enfrentar este nuevo reto y es necesario prepararnos, así como aprender a vivir en este nuevo entorno que evoluciona cada vez más, está en constante cambio y alcanza todos los aspectos fundamentales de socialización, las ciencias, la comunicación y la tecnología.

Las TIC, y concretamente las redes telemáticas, han revolucionado el mundo del saber, formando una parte ineludible de la nueva era del conocimiento, ofreciendo nuevas formas de enseñanza y aprendizaje adaptadas a las necesidades y características de la nueva generación, los llamados nativos digitales. El uso de internet, la globalización y el acceso a la tecnología en condiciones más favorables demandan docentes más activos, lo cual no significa reemplazarlos, capaces de incorporar las nuevas herramientas a su ambiente profesional, con capacidad para seleccionar los contenidos relevantes y pertinentes que sean propicios y afines con su plan escolar. Sus propósitos pedagógicos deberán estar centrados en el estudiante, en ambientes colaborativos, generando espacios para la discusión e investigación que fomenten el desarrollo del pensamiento crítico en cada uno de ellos. Es necesario adecuar los actuales procesos de evaluación y ajustar los mecanismos de calificación tradicionales a los nuevos entornos digitales (Pulfer, Dusell y Toscano, 2014).)

Y por lo tanto, las herramientas 2.0 adaptadas a esta filosofía de la Web 2.0, presentan las siguientes características: accesibilidad generalizada a todo tipo de usuarios que posea unos conocimientos básicos de informática e Internet; facilidad de uso por su carácter intuitivo y multimedial; están centradas en el usuario; ofrecen la comodidad, variedad y facilidad en los distintos servicios y aplicaciones; posibilitan relaciones de tipo multidireccional; favorecen la interactividad y la instantaneidad en la comunicación, bien sincrónica o asincrónica; incorporan la posibilidad de compartir recursos; son gratuitas o se encuentran bajo licencias creative commons con un carácter de software libre; y están orientadas a la gestión del conocimiento. Esto hace posible que el alumnado, en función de su edad y de su nivel de aprendizaje, disponga de herramientas que desarrollen su capacidad para tomar iniciativas propias de búsqueda, selección y clasificación de información, servicios y aplicaciones bajo un criterio reflexivo y crítico. La integración de las TIC en la formación universitaria está marcando una clara tendencia favorable para el acceso de los jóvenes a la educación superior y, formarse como profesionales en modalidades que combinan los estudios presenciales con aquellos que son a distancia, éstos mediados por entornos virtuales de enseñanza aprendizaje.

Metodología

Tipo de Estudio

El estudio se realizó en el marco de la investigación-acción participante, dado que los implicados, profesores, estudiantes estuvieron comprometidos con el objeto de estudio. El primer momento fue diagnosticar la problemática de los estudiantes, del cual damos cuenta en este documento; el segundo momento, se elaboró un plan que consistió en la elaboración de un programa educativo para el desarrollo de la competencia del aprendizaje autónomo; el tercer momento, fue la aplicación del programa con la participación de 14 profesores que desarrollan la asignatura de Metodología del Trabajo Intelectual y, el cuarto momento, contiene el análisis y reflexión de los resultados. En esta investigación, solo damos cuenta de la primera fase.

Participantes

La población estuvo conformada por todos 1404 estudiantes del primer ciclo (2014-I) de la Universidad Católica Santo Torito de Mogrovejo, matriculados en la asignatura de Metodología del trabajo Intelectual, la muestra fue de 416 estudiantes que representa el 30% de la población y, el muestreo fue intencionado, es decir se contó con el apoyo de los profesores de la asignatura quienes brindaron el acceso a los estudiantes para la aplicación de los instrumentos.

Además, forman parte de la muestra 56 profesores que desarrollaron alguna asignatura del plan de estudios del I Ciclo, es decir que enseñaron a los mismos estudiantes de la muestra de estudio.

Instrumentos

Se aplicó el método de la encuesta, asumiendo como instrumento para el recojo de información, dos cuestionarios, uno aplicado a los estudiantes y el otro a los profesores. Ambos cuestionarios, fueron diseñados teniendo en cuenta cuatro dimensiones que comprende el objeto de estudio: 1) metas personales, académicas y laborales; 2) competencia del aprendizaje autónomo; 3) estrategias de aprendizaje para la investigación formativa, y 4) aplicación de las TIC para el aprendizaje autónomo.

Resultados y Discusión

Los resultados de este estudio se presentan en función a las cuatro dimensiones del objeto de estudio: Metas, aprendizaje autónomo, investigación formativa y TIC.

Metas Personales, Académicas y Laborales

Las metas personales tienen relación directa con sus motivaciones, sus valores y actitudes hacia los estudios universitarios; las metas académicas, se refiere al desempeño en las diferentes materias, como por ejemplo, aprobar una asignatura, obtener una beca y, las metas laborales, tienen que ver con las proyecciones de trabajo dependiente o independiente al concluir la carrera.

En la Tabla 1, es posible determinar que, haciendo uso de la escala valorativa del 1 al 5, según el valor de la "Media", la prioridad de los estudiantes es una meta personal, ser buenos ciudadanos (3.83), seguido de una meta académica: aprobar todas las asignaturas en el ciclo o semestre académico (3.82). La generación de su propio empleo es otra de las metas priorizadas, con un valor de 3.49, pero aparece en la mitad de la tabla.

Con los menores valores de esta dimensión, encontramos que, los estudiantes aspiran liderar el grupo de trabajo o el grupo de clase (3.12), hacer una pasantía internacional (3.14) o quisiera obtener una beca de estudios (3.14)

Tabla 1. Metas personales, académicas y laborales, ordenadas según el valor de la Media.

Metas personales, académicas y laborales	Media	Desviación	CV
Su máxima aspiración es ser un buen ciudadano	3.83	0.89	23.40%
Su meta este ciclo es aprobar todas las asignaturas	3.82	0.9	23.50%
Su máxima aspiración es ser un buen estudiante	3.63	0.9	24.80%
Su máxima aspiración es ser un buen profesional	3.6	1.08	30.10%
Su meta es generar su propio empleo	3.49	1.2	34.40%
Su meta es obtener el título en 5 años (6 años para Derecho y 7 años para Medicina)	3.48	1.2	34.50%
Cuando sea profesional aspira tener un empleo en una institución pública o privada	3.42	1.16	33.90%
Su meta es involucrarse en algún grupo de estudio organizado	3.25	1.05	32.20%
Aspira obtener una Beca o Semibeca de estudios	3.14	1.17	37.30%
Aspira calificar para hacer una pasantía internacional	3.14	1.14	36.30%
Su meta personal es liderar el grupo de trabajo o el grupo de clase	3.12	0.99	31.60%

Fuente: Cuestionario aplicado a los estudiantes del I Ciclo - USAT: 2014-I

Competencia del Aprendizaje Autónomo

La competencia del aprendizaje autónomo es la variable principal de esta investigación. Las deficiencias que se observan en los estudiantes que ingresan a la universidad se evidencian en los estereotipos que traen de la educación básica y que es complejo superarlos, por actitudes que comprometan de manera responsable con el desempeño académico universitario. En la Tabla 2, se puede comprobar que la principal fortaleza para promover el aprendizaje autónomo en los estudiantes, es el nivel de motivación que tienen respecto a la carrera que están estudiando (4.05), seguido de la participación que tienen en el trabajo en equipo (3.95), el grado de involucramiento al asumir el trabajo en equipo (3.89) y el grado de compromiso con sus estudios (3.88). Por tanto, la motivación, el trabajo en equipo y el compromiso o responsabilidad con los estudios son las principales fortalezas de los estudiantes que deben ser aprovechados para promover el aprendizaje autónomo.

En el otro extremo de los valores, se observa que las deficiencias en los estudiantes están relacionadas con la gestión del tiempo, dado que no es una fortaleza contar con un horario personal, tampoco tienen el hábito de priorizar las tareas y consecuentemente, las incumplen con frecuencia.

Tabla 2. Competencia del Aprendizaje Autónomo, según el valor de la media

Competencias para el aprendizaje autónomo	Media	Desviación	CV
Nivel de motivación con la carrera que estudias (agrado por la carrera que estudias)	4.05	0.89	22.10%
Grado de participación como integrante en el trabajo en equipo	3.95	0.68	17.10%
Grado de involucramiento al asumir algún rol del trabajo en equipo	3.89	0.71	18.30%
Grado de compromiso en mis estudios (Asistencia a clases, investigaciones, participaciones, trabajo de equipo)	3.88	0.72	18.60%
Nivel de motivación en mis estudios o en mi aprendizaje	3.84	0.75	19.60%
Nivel de creatividad en la solución de problemas (personales, académicos)	3.82	0.72	18.70%
Nivel de autoreconocimiento de sus propios logros	3.82	0.79	20.70%
Nivel de autonomía en su aprendizaje o sus estudios	3.81	0.71	18.70%
Nivel de motivación cuando otros reconocen sus logros (premios, distinciones)	3.79	0.78	20.50%

Nivel de reconocimiento de los logros que alcanzan mis compañeros	3.79	0.71	18.70%
Grado de compromiso al liderar el trabajo en equipo	3.74	0.78	21.00%
Grado de responsabilidad en las tareas o deberes asignadas por los profesores	3.73	0.7	18.80%

Fuente: Cuestionario aplicado a los estudiantes del I Ciclo - USAT: 2014-I

Estrategias Didácticas para la Investigación Formativa

Las estrategias didácticas comprenden los métodos, procedimientos, técnicas, formas y medio que se utilizan con la finalidad de optimizar el proceso de enseñanza aprendizaje y desarrollar las competencias previstas en un programa educativo (Núñez, Vigo, Palacios y Arnao, 2014). Una de las estrategias en el contexto de la sociedad del conocimiento, indudablemente es la investigación formativa, especialmente en el ámbito universitario, en la perspectiva de desarrollar la competencia científica en estudios de postgrado.

El análisis que realizamos en este estudio, comprende indicadores basados en las estrategias de aprendizaje que utilizan los estudiantes universitarios de las diferentes carreras o programas profesionales que hay en la universidad, y se realiza según los estilos de aprendizaje de los alumnos.

En la Tabla 3, se observa que la estrategia de toma de apuntes, es una de las priorizadas por la mayoría de estudiantes de los tres estilos de aprendizaje en estudio: auditivo (4.11), kinestésico (4.11) y visual (4.16). Para los auditivos, el subrayado también es una estrategia que la aplica con frecuencia en sus estudios.

Para los estudiantes de los tres estilos de aprendizaje, la elaboración de videos es la estrategia que menos utilizan, aunque los visuales consideran que sí les gusta aprender observando videos.

Cabe destacar que los estudiantes con estilo visual, manifiestan investigar los temas de clases en otras fuentes de información que no sea el profesor o los materiales educativos que éste les proporciona, este es un indicador importante para el aprendizaje autónomo.

Tabla 3. Estrategias Didácticas para la Investigación Formativa, según el valor de la media

Estrategias didácticas relacionadas con la investigación formativa	Estilo de aprendizaje							
	Auditivo		Kinestésico		Visual		Desconozco	
	Media	Típica	Media	Típica	Media	Típica	Media	Típica
Planifico la realización de las tareas de las asignaturas que estudio	3.55	0.72	3.70	0.80	3.79	0.75	3.89	0.85
Elaboro planes o proyectos de investigación	3.37	0.63	3.57	0.86	3.46	0.79	3.48	0.80
Estudio o investigo con anticipación el tema de clase	3.32	0.70	3.34	0.88	3.40	0.84	3.19	0.68

Estudio con anticipación para los exámenes	3.68	0.72	3.79	0.84	3.75	0.79	3.78	0.80
Utilizo la toma de apuntes en clase	4.11	0.85	4.11	0.83	4.16	0.81	4.11	0.85
Utilizo el subrayado u otras técnicas para la lectura de diversos contenidos temáticos	4.02	0.71	3.88	0.90	3.99	0.86	3.89	0.70
Utilizo mapas conceptuales, mentales, esquemas, mapas semánticos y otros en mis estudios.	3.61	0.80	3.65	0.95	3.66	0.90	3.56	0.80
Participo en los debates, plenarias, talleres que se realizan en clase	3.61	0.78	3.55	0.87	3.50	0.80	3.78	0.93
Argumento mi participación en clase citando fuentes, autores y otros.	3.24	0.82	3.29	0.83	3.23	0.95	3.37	0.84
Comparto fuentes impresas como libros, revistas u otros similares con mis compañeros.	3.35	0.85	3.39	0.94	3.38	0.90	3.41	0.93
Realizo la evaluación de de mis resultados de aprendizaje	3.31	0.69	3.48	0.86	3.51	0.76	3.63	0.93
Realizo la evaluación del trabajo realizado antes de ser presentados al profesor del curso	3.79	0.77	3.84	0.87	3.92	0.76	3.81	0.74
Estudio teniendo en cuenta mi estilo de aprendizaje	3.82	0.78	3.87	0.86	3.92	0.74	3.70	0.87
Utilizo estrategias de aprendizaje para desarrollar otros estilos de aprendizaje	3.56	0.78	3.62	0.87	3.67	0.83	3.74	0.81
Consulto otras fuentes de información con la finalidad de ampliar y profundizar los temas de clase en las diversas asignaturas.	3.60	0.78	3.63	0.82	3.73	0.77	3.63	0.97
Consulto otras fuentes de información con la finalidad de ampliar y profundizar los temas de clase en las diversas asignaturas.	3.26	0.90	3.41	0.83	3.49	0.83	3.33	0.78
Utilizo el portafolio para evidenciar mis aprendizajes en las asignaturas	3.44	0.86	3.38	0.94	3.55	0.84	3.41	1.12
Elaboro monografías para evidenciar mis aprendizajes en las asignaturas	3.18	0.98	3.21	1.08	3.23	1.01	3.22	1.09
Elaboro ensayos para evidenciar mis aprendizajes en las asignaturas	2.92	0.98	2.97	1.05	3.06	1.00	2.74	1.10
Elaboro videos para evidenciar mis aprendizajes en las asignaturas	2.68	0.95	2.85	1.07	2.83	1.04	2.52	1.19
Elaboro presentaciones (ppt, prezi, mindomo) para evidenciar mis aprendizajes en las asignaturas	3.26	1.02	3.23	1.14	3.32	1.02	2.85	1.10

Uso de las TIC y el Aprendizaje Autónomo

Las Tecnologías de Información y Comunicación (TIC) son utilizadas con mayor frecuencia por los estudiantes universitarios, indudablemente, que su uso depende de varios factores, entre éstos como uno de los más relevantes, son las estrategias que utilicen los profesores para promover su aplicación efectiva, como veremos en los resultados que presentamos en la Tabla 4.

Los estudiantes manifiestan que lo más frecuente que hacen con las TIC, es utilizar la Internet para buscar información en la web (4.31), gestionar la información en carpetas y dispositivos como USB (4.14) y el uso de los buscadores como Google, Bing, Yahoo (4.07).

Las debilidades que manifiestan los estudiantes respecto al uso de las TIC en cuanto al manejo de gestores de información como Zotero, Mendeley, la publicación y difusión de las investigaciones que realizan. Este es un aspecto importante a trabajar en lo académico, consideramos que las limitaciones son de investigación y no tanto los aspectos técnicos o procesos del uso de las tecnologías por parte de los estudiantes.

Tabla 4. Uso de las TIC, según el valor de la media

Estrategias didácticas con el uso de las TIC	Media	Desviación	CV
Utilizo Internet o la web como fuente para buscar información	4.31	0.75	17.30%
Descargo y guardo la información que encuentro mi computadora o dispositivos USB, organizándolo en carpetas.	4.14	0.83	20.10%
Utilizo buscadores generales de Internet como Google, Bing, Yahoo, etc. para buscar información	4.07	0.86	21.00%
Utilizo la biblioteca de la universidad como fuente para buscar información	3.96	0.85	21.50%
Utilizo sin problema las opciones básicas de Microsoft Word para redactar un trabajo de investigación como: formatos, párrafos, sangrías, tablas, etc.	3.96	0.86	21.70%
Comparto con los integrantes de mi grupo, los avances de mi trabajo de investigación utilizando Facebook	3.88	0.95	24.50%
Utilizo buscadores académicos como Google Académico (scholar) para buscar información	3.82	0.97	25.30%
Prefiero buscar información con palabras clave, similares o relacionadas al tema que buscas	3.8	0.76	20.10%
Confío en la información que encuentro en Internet sólo si procede de revistas virtuales, libros electrónicos u otros.	3.66	0.88	24.00%

Utilizo artículos en revistas virtuales o bases de datos para buscar información	3.63	0.94	25.80%
Prefiero buscar información con las palabras iguales al tema que buscas	3.58	0.81	22.60%
Selecciono la información que encuentro teniendo en cuenta la fecha de publicación o prestigio del autor	3.58	0.9	25.00%
Elaboro fichas físicas o virtuales (resúmenes, paráfrasis) con la información encontrada	3.56	0.89	25.10%
Comparto con los integrantes de mi grupo, los avances de mi trabajo de investigación utilizando correo electrónico	3.47	0.96	27.60%
Genero mi índice automático en un trabajo de investigación, utilizando las opciones "Estilos" y "Tabla de contenidos" de Microsoft Word.	3.43	0.95	27.70%
Utilizo la opción "Referencias" de Microsoft Word 2007 o superior para guardar las fuentes de información que he consultado.	3.38	1.08	32.00%
Inserto citas y referencias bibliográficas de manera manual (sin usar software) en un trabajo de investigación.	3.38	0.93	27.60%
Utilizo la opción "Referencias" de Microsoft Word para insertar citas y generar referencias bibliográficas en mis trabajos de investigación	3.35	0.99	29.70%
La información que voy encontrando la voy pegando directamente en el trabajo de investigación y luego hago las modificaciones respectivas.	3.32	0.97	29.10%
Utilizo un herramienta web (Dropbox, onedrive, google drive) para guardar mis trabajos de investigación que realizo en forma individual o grupal	3.25	1.07	33.00%
Confío en cualquier página web publicada en Internet como PDF, Wikipedia, blogs	3.19	0.93	29.30%
Utilizo un software para guardar la información que encuentro en forma física o virtual como Zotero, Medeley, Endnote	3.16	1.12	35.50%
Comparto con los integrantes de mi grupo, los avances de mi trabajo de investigación utilizando una herramienta web como Dropbox, onedrive, google drive	3.07	1.08	35.30%
Utilizo software (Zotero, Mendeley, Endnote) para insertar citas y generar referencias bibliográficas en mis trabajos de investigación	2.88	1.03	35.80%
Difundo o comparto mis trabajos de investigación finales, a través de mis redes sociales como Facebook, Google+, Twitter, etc.	2.74	1.14	41.50%
Publico mis trabajos de investigación en servicios web 2.0 como Scribd, Issuu, Blogs, Wikis, etc.	2.52	1.02	40.60%

Conclusiones

Los resultados de este estudio sobre la competencia del aprendizaje autónomo en los estudiantes universitarios, indican que, al ingresar a la universidad, las metas personales, académicas y laborales son poco claras, por cuanto atienden prioritariamente a lo inmediato, el aprobar las asignaturas, sin la necesidad de trascender con éxito de cara al futuro desarrollo profesional. La socioformación propone como una de las competencias claves para el futuro, el proyecto ético de vida, por tanto, en la formación universitaria debe ser prioritaria en los programas curriculares y en el proceso enseñanza aprendizaje.

La competencia del aprendizaje autónomo en los estudiantes universitarios tiene como principal soporte la motivación y el trabajo en equipo, componentes a tener en cuenta por los profesores y directivos de las carreras profesionales; también es relevante, alinear a estos dos factores, el uso de estrategias didácticas que promuevan la investigación formativa potenciando la lectura, el procesamiento de la información y el uso adecuado de las tecnologías de información y comunicación.

Referencias

Beneitone, P., Esqueteni, C., Gonzales, J., Marty, M., Gabriela, S., & Robert, W. (2007). Reflexiones y perspectivas de la Educación Superior en América Latina. España: Proyecto Tuning América Latina.

Biggs, J. (2005). Calidad del aprendizaje universitario. Madrid: Narcea S.A.

Cerda, H. (2007). La investigación formativa en el aula: la pedagogía como investigación. Colombia: Magisterio.

Coll,C., Pozo, J. I., Sarabia, B.,& Valls, E. (1994). Los Contenidos de la Reforma: Enseñanza y Aprendizaje de Conceptos, Procedimientos y Actitudes. España: Santillana.

Dikin, K. and Griffiths, M. (1997). Desining by Dialogue. Academy for Educational Development. Washington.

Gonzales, J., Wagenar, R. y Beneitone, P. (2004). Tuning- América Latina: Un proyecto de las universidades. Revista Iberoamericana de Educación, (35), 151 – 164. Recuperado de http://www.rieoei.org/rie35a08.pdf. (20-10-2014)

Hernández, J. (2009). Propuesta de orientaciones para el desarrollo curricular del área de tecnología e informática en colegios distritales -. Línea: Educación en tecnología . Bogotá, Colombia: Dirección de Ciencias, Tecnologías y Medios Educativos.

Mora, M. C. G., Sandoval, Y. G., & Acosta, M. B. (2015). Estrategias pedagógicas y didácticas para el desarrollo de las inteligencias múltiples y el aprendizaje autónomo. Revista de Investigaciones UNAD, 12(1), 101-128.

Morín, E. (2007). Los Siete Saberes para la educación del futuro. París – Francia: Organización de las Naciones Unidas para la Educación, la Ciencia y la Cultura – UNESCO

Núñez, N. Vigo, O., Palacios, P., y Arnao, M. (2014). Formación Universitaria Basada en Competencias. Currículo, Estrategias Didácticas y Evaluación. Chiclayo – Perú: Ediciones USAT.

Pulfer, D., Dusell, I., & Toscano, J. C. (2014). Formación docente continua y nuevas tecnologías. El desafío de cambiar mientras se enseña. Revista Iberoamericana, 65.

Restrepo, B. (2004). Maestro Investigador, Escuela Investigadora e Investigación de Aula. En Cuadernos Pedagógicos No. 14, Universidad de Antioquia: Medellín.

Stenhouse, L. (1998). La investigación como base de la enseñanza. Madrid: Morata.

Tobón, S. (2013a). Formación integral y competencias. Pensamiento complejo, currículo, didáctica y evaluación. Bogotá: ECOE.

Tobón, S. (2013b). Metodología de gestión curricular. Una perspectiva socioformativa. México: Trillas.

Tobón, S., Gonzalez, L., Nambo, J. S., y Vazquez Antonio, J. M. (2015). La socioformación: un estudio conceptual. Paradigma, 36(1), 7-29.

Tobón, S., Guzmán, C., Hernández, J. S. y Cardona, S. (2015). La sociedad del conocimiento: estudio documental desde una perspectiva humanista y compleja. Revista Paradigma, 36 (2), 7-36

Universidad Católica Santo Toribio de Mogrovejo (2011). Modelo Educativo USAT. Chiclayo, Perú: USAT.

CAPÍTULO 6

Aportes del e-portafolio para la evaluación de competencias en la educación superior

Rosita Romero-Alonso
Centro De Innovación en Educación CIEDU,
Universidad Tecnológica de Chile INACAP
reromero@inacap.cl

Carol Halal-Orfali
Centro de Innovación en Educación CIEDU,
Universidad Tecnológica de Chile INACAP
chalal@inacap.cl

Referencia APA:

Romero-Alonso, R., & Halal-Orlafi, C. (2016). Aportes del e-portafolio para la evaluación de competencias en la educación szzzuperior. En B. Tobón, H. Parra-Acosta, C. Guzmán, S. Tobón, & L. G. Juárez-Hernández (Eds.), *Experiencias en la implementación de la gestión del talento humano desde el pensamiento complejo* (pp. 117-129). Lake Mary: Kresearch.

Resumen

Este trabajo muestra la fundamentación, diseño y los principales avances del proyecto "E-Portafolio en procesos de enseñanza y aprendizaje para la educación técnica y profesional" desarrollado por el Centro de Innovación en Educación de la Universidad Tecnológica de Chile INACAP, financiado en 2014 por el Fondo de Desarrollo Institucional de MINEDUC de Chile. Esta experiencia consiste en la implementación de un sistema (plataforma e-learning) de gestión de la evaluación por competencias, conjugando las potencialidades de implementar una herramienta extendida en la formación por competencias como el portafolio electrónico, bajo una mirada que fomente en nuestra institución la implementación de la evaluación basada en competencias, un espacio donde los docentes y estudiantes vivencian un proceso de enseñanza-aprendizaje centrado, realmente, en evidencias de desempeño y se documentan los logros del estudiante y su progresión. La herramienta ideada visibiliza el cúmulo de evidencias evaluadas con sus respectivos instrumentos dando cuenta del progreso en el desarrollo de las competencias definidas en el plan de estudio de un estudiante. Así, este portafolio puede ser utilizado, además, como una vitrina de las competencias que ha desarrollado un estudiante, visibilizando los productos que ha generado en su proceso formativo y que son parte de las exigencias del contexto laboral en el que deberá lograr insertarse a su egreso.

Palabras clave: e-portafolio, educación superior, evaluación, evaluación de competencias

Abstract

This work show the basis, design and principal advances of the Project "E- portfolio in the process of teaching and learning for technical and professional education" developed by the Center of Innovation in Education of Chile's technologic university INACAP, financed in 2014 by the institutional development fund of MINEDUC Chile. This experience consists in the implementation (e-learning platform)of a management skill based evaluation system, using the potentiality of implementing an extended tool in the formation by skills like an Electronic-portfolio, under a look that encourages in our institution the implementation of the skills based evaluation, a space where the teachers and students live a centered teaching – learning process, indeed, in performance evidences and documents the achievements of the students and their progress. The contrived tool will show a series of evidence evaluated with their respective instruments noticing the progress in the development of the skills defined in the curriculum of a student. Therefore, this portfolio is going to be used, also as a showcase of the skills that a student has developed, making visible the products that has generated in their formative process and that take part in the requirements in the working context that they should be inserted in after their graduation.

Keywords: E-Portfolio; higher education; assessment; assessment of competencies

Introducción

La Universidad Tecnológica de Chile INACAP, a través del Centro de Innovación en Educación CIEDU, desarrolla y promueve la innovación en la docencia para la mejora permanente de la calidad de la experiencia de aprendizaje de sus alumnos. Con la finalidad de aportar al enfoque basado en competencias de la institución, se presentó en octubre de 2014 el proyecto "E-Portafolio en procesos de enseñanza y aprendizaje para la educación técnico profesional" al Fondo de Desarrollo Institucional financiado por el Ministerio de Educación Chileno.

Es una necesidad en el contexto chileno, tanto en el sistema escolar de educación media como en el de educación superior técnico y profesional, el ampliar opciones para asegurar calidad de la formación (OCDE, 2013), actualizar conocimientos en los docentes y proveer a los estudiantes de espacios académicos diversificados pertinentes a los ámbitos de conocimiento de las formaciones impartidas. Ya se ha señalado como una de las miradas que van en el sentido de garantizar pertinencia en la formación con el contexto profesional de los egresados, a la implementación de sistemas de formación basada en competencias (Fernández, 2006). De esta forma, avanzar en la implementación de currículos y sistemas de enseñanza basadas en el modelo de formación por competencias, se convierte en un deseable que apunta a subsanar algunas de las debilidades identificadas por la OCDE en los estudios aplicados a la realidad educativa chilena.

Nuestra institución lleva varios años implementando en su modelo formativo y curricular un enfoque basado en competencias que lo acerca en sus prácticas de enseñanza a las necesidades del mundo laboral. Lo que se ha traducido en la renovación curricular de los programas de formación casi en un 90% en los últimos tres años. Además de hacer esfuerzos sostenidos por formar a los docentes en la aplicación de estrategias metodológicas acorde a este modelo. Avanzar un paso más en la evaluación de los aprendizajes convirtiéndolo en un proceso sustentado en evidencias de los desempeños de los alumnos es el principal desafío de este proyecto, el que, a través de la implementación de un portafolio electrónico para sus procesos formativos, se promueve acciones en la labor docente que la enfocan hacia un modelo de proceso de enseñanza-aprendizaje centrado en logros y evidencias.

La convergencia hacia el desarrollo de modelos formativos basados en competencias en los distintos niveles de enseñanza, y su énfasis en los procesos de evaluación (Cano, 2012), hace cada vez más necesario el enfatizar la revisión de la coherencia formativa y la identificación de evidencias que permitan el monitoreo de la progresión formativa. , entregando información relevante para gestionar el desarrollo académico a partir del logro de los aprendizajes definidos en los planes de estudio (Romero y Halal. 2014).

La formación basada en competencias enfatiza el papel del aprendizaje contextualizado, en el que se ponen en juego conocimientos, procedimientos (para el desarrollo de habilidades) y actitudes, aprendizaje que se afianzan a través de experiencias que permitan reconocer contextos de aplicabilidad (Perrenoud, 2001). El conocimiento especializado está en la base de cualquier acción competente (Coll, 2007), pero su contextualización para "saber hacer" y el desarrollo de actitudes para "saber ser" deben ser integradas y explicitarse claramente como parte del proceso de formación y evaluación del plan de estudios (Zabala, 2007).

Si bien, las investigaciones y proyectos relacionados con el uso de portafolios electrónicos, especialmente en EEUU y Europa, llevan más de veinte años, en Chile se ha documentado muy poca experiencia al respecto, aun cuando existe consenso en la necesidad de generar procesos formativos más cercanos a nuevos conceptos sobre la naturaleza del conocimiento como lo es el paradigma de las competencias, y la oportunidad que estas herramientas entregan para verificar el logro de aprendizajes (Barberá y otros, 2009).

Un portafolio de evaluación puede ser entendido como… "una colección de documentos que pueden ser mostrados como evidencias del proceso de aprendizaje y los logros de un sujeto. En ese contexto tiene la doble función de: o recoger y reflejar las experiencias de aprendizaje y logros más significativas de una persona (estudiante, profesional, trabajador…) de forma continuada; o Informar de forma clara sobre el nivel de competencia y de otras experiencias importantes a lo largo de su aprendizaje o de su carrera" (Barberá y otros. 2009. p. 5). El desafío de contar con una herramienta virtual como esta que cumpla el doble propósito mencionado se debe a la necesidad de reflejar en un espacio centralizado el avance en el proceso personal de aprendizaje de nuestros estudiantes.

Desde la concepción tradicional de la gestión académica se establecen registros y seguimientos a variables cuantitativas de los procesos formativos a partir de las evaluaciones realizadas en el aula, sin dar cuenta de elementos que permitan identificar, ni menos, monitorear el seguimiento a los aprendizajes desarrollados por los estudiantes. Un currículo basado en competencias focaliza su accionar en experiencias de aprendizaje que visibilicen en la acción práctica el desarrollo de las mismas, ya que se puede tener una serie de conocimientos pero no desarrollar competencias relacionadas con la puesta en ejercicio práctico de éstos (Cano, 2006; Tejada, 2005). Desvinculación que, en sistemas más tradicionales de gestión académica queda encubierto por el seguimiento a las calificaciones de los alumnos y no necesariamente a sus aprendizajes.

Al respecto, nuestra institución ha sostenido en su modelo formativo y curricular un enfoque basado en competencias, cuidando la alineación y actualización de los programas estudio a las necesidades reales de formación del capital humano requerido por los sectores productivos del país. Para ello mantiene procesos de levantamiento de información permanente y cuidadosas miradas a su concreción en los distintos instrumentos curriculares que guían el proceso formativo de los estudiantes. En esta investigación, la implementación de un portafolio electrónico se convierte en un medio para transferir y formalizar en los docentes un modelo centrado en el proceso de enseñanza y aprendizaje cuyo foco evaluativo son las evidencias de desempeño que visibilizan las competencias adquiridas, a la vez de transferir a los estudiantes estrategias de autogestión de sus aprendizajes, la observación de evidencias propias, de otros y acciones de colaboración recíproca por la interacción y mejora permanente, lo que le permite, a través de la observación de sus propios desempeños, evidenciar no sólo aprendizajes de su especialidad, sino competencias que incorporan habilidades transversalmente al desempeño académico, y que le serán requeridas en el mundo laboral . A su vez la construcción de evidencias de los logros y aprendizajes desarrollados por los estudiantes, permitirá a la institución contar con antecedentes confiables y oportunos, facilitando el seguimiento del desarrollo de competencias y su progresión a lo largo del plan de estudios, focalizando la gestión académica en el avance de cada estudiante, la acreditación de aprendizajes y experiencias previas, y, eventualmente, la certificación de competencias.

Metodología

La propuesta de implementación de este proyecto aprobada por el Ministerio de Educación de Chile, buscó como objetivo general el integrar a los procesos de enseñanza y aprendizaje de las carreras técnicas y profesionales en un modelo basado en la utilización del portafolio electrónico, para el desarrollo de nuevas prácticas de evaluación, seguimiento de aprendizajes y desarrollo de las competencias. Este se materializa en el diseño de una intervención focalizada específicamente en asignaturas con un fuerte énfasis en los procesos de evaluación, las asignaturas hitos evaluativos definidas institucionalmente como actividades curriculares regulares (asignaturas-cursos), que evalúan los aprendizajes esperados integrados en las asignaturas del plan de estudios del semestre anterior.

Los objetivos específicos definidos para el proyecto fueron:

- Diseñar e implementar un sistema de seguimiento de aprendizajes y desarrollo de competencias bajo el enfoque de portafolio electrónico en carreras técnicas y profesionales de INACAP.

- Instalar nuevas prácticas de evaluación en docentes y alumnos acordes a un modelo de formación por competencias.

Esta investigación puede ser definida como un estudio de caso, basada en la aplicación de una herramienta digital en las prácticas de evaluación de docentes y alumnos de la Universidad Tecnológica de Chile INACAP. Se ha elegido el diseño de Estudio de casos como la estrategia más adecuada a las características del problema de investigación. Las principales técnicas utilizadas para la obtención de los datos son el análisis de documentos, el análisis de encuestas, entrevistas en profundidad y grupos de discusión. El procedimiento general de análisis corresponde al análisis de contenido cualitativo en complemento con un análisis descriptivo estadístico aplicado a las encuestas.

Al entender la realidad social como una construcción e interpretación de los sujetos (Baeza, 2000; Schutz, 1972), y de cómo la innovación está en manos de los distintos actores educativos, quienes interpretan de modo subjetivo su actuar en este sentido, se ha considerado necesario indagar en el fenómeno educativo principalmente desde una perspectiva construccionista o cualitativa.

Entendiendo que los fenómenos asociados al cambio educativo y la integración de tecnología, responden a imaginarios personales y colectivos es necesario acercarse a éste desde un conocimiento lo más profundo posible y con el sentido de describir las construcciones e interpretaciones que dan los propios sujetos, y las consecuencias de este cambio en las prácticas educativas, considerándolas a la base de cualquier estrategia de mejora a implementar.

El diseño metodológico tipo Estudio de Casos, se considera de carácter particularista como método de investigación, lo que lo lleva a centrarse en un evento, programa o fenómeno particular (Neiman y Quaranta, 2006; Rodríguez y García, 1999). En este caso específico la implementación del e-portafolio como apoyo a la gestión de la evaluación por competencias y el resguardo de las evidencias de desempeño de los alumnos de la Universidad Tecnológica de Chile INACAP. Para este tipo de estudios tiene gran importancia desarrollar una comprensión de los significados desde los sujetos involucrados, en este caso los docentes, alumnos y encargados de implementar el cambio pedagógico en las sedes, resaltando el carácter subjetivo de su construcción como el elemento teórico que fundamenta este caso en particular (Pérez Serrano, 2001).

Por otro lado, el Estudio de Casos permite la utilización de una variada gama de técnicas de aproximación a la realidad de estudio (Sabariego y otros, 2004). Esta condición permite abordar distintos tipos de datos como fuente de análisis para esta investigación de tipo cualitativo y cuantitativo.

Ya identificado el método general, el diseño consideró la selección de unidades de análisis o contextos relevantes (Valles, 1999) que permitieran acceder a información relevante para la investigación. De esta forma se integraron al estudio 3 de las 26 sedes de UTC INACAP. Para la selección de estas sedes, fue necesario aplicar una serie de criterios que nos permitieran dar con unidades de análisis diversas, representantes de distintas realidades contextuales y que, a su vez, reportaran información valiosa para el estudio.

Los criterios de selección de las sedes y asignaturas fueron las siguientes:

- Ubicación geográfica de las sedes: cubrir diversidad de regiones y en ciudades de distinto tamaño y características sociodemográficas;

- Sedes de tamaño diverso: abarcar sedes que atienden un gran número de alumnos y otras pequeñas, que por su diferente tamaño reflejan también dinámicas internas diversas;

- Asignaturas correspondientes al nuevo plan de estudios;

- Asignaturas de énfasis evaluativo;

- Asignaturas de diversidad de áreas y carreras;

- Asignaturas que ya hubiesen sido implementadas con anterioridad;

Como es posible apreciar, algunos de estos criterios lograron resguardar la accesibilidad a la información requerida y además permitir un amplio margen de heterogeneidad de la información a recabar.

Cuadro N°1. Caracterización de las sedes estudiadas

Sede	Región	Tamaño ciudad	Tamaño sede (número de alumnos 2013)
1. Valparaíso	V Región Valparaíso	Gran área urbana	7425
2. Temuco	IX Región de Araucanía	Ciudad mayor	3087
3. Renca	Región Metropolitana de Santiago	Metrópolis	7376

La implementación de este proyecto en su totalidad considera tres etapas de desarrollo: el levantamiento de necesidades, desarrollo de la herramienta digital y la integración de sistemas. Como es posible de apreciar en el diagrama N°1, cada una de estas etapas a su vez están desagregadas en diversas actividades clave que permiten su logro.

Diagrama N°1. Etapas del Proyecto

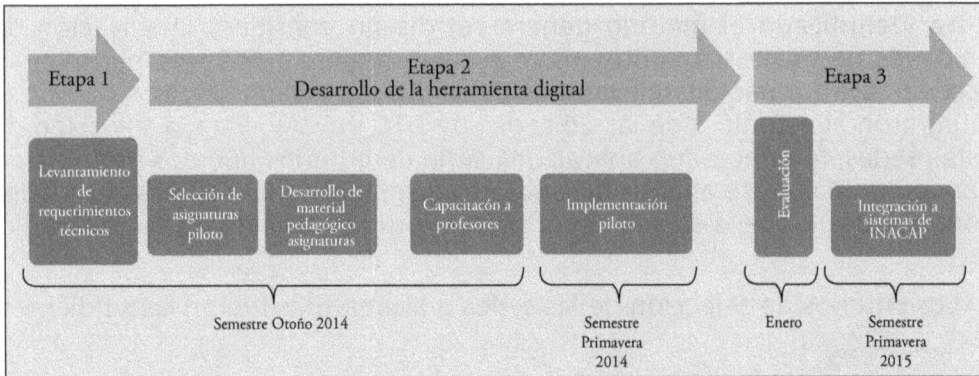

La fase clave en este proyecto es la implementación de los dos pilotos, con la participación de 1448 estudiantes y de 31 docentes en esta primera fase.

Dada la cobertura nacional (26 sedes con presencia en las 15 regiones del país), la gran cantidad de planes formativos que articulan formación técnica y profesional, y la heterogeneidad de los perfiles de los estudiantes, este sistema de portafolio electrónico facilita la gestión de información para el seguimiento al desarrollo y progresión de las competencias. En la fase piloto 1 se seleccionaron las asignaturas "Infraestructura de redes y Planta externa", "Electricidad Automotriz" y "Presupuesto y partida de obras". Todas asignaturas de los nuevos planes curriculares que ya han sido implementadas en 2013, por lo que este proyecto que integra la herramienta digital viene a reforzar prácticas de evaluación ya instaladas.

La herramienta ideada complementaria a Moodle, lee y reporta la información proporcionada por la herramienta rúbricas al momento en que el profesor califica a los alumnos, los indicares de logro relacionados a los criterios definidos en cada competencia dan cuenta del progreso en el desarrollo de las competencias definidas en el plan de estudio de un estudiante.

Tanto alumnos como profesores pueden acceder a un espacio virtual en donde se documenta la formación que ha recibido el estudiante y sus logros, al contar con las evidencias evaluadas en estas asignaturas y las rúbricas que los profesores completaron, material que puede ser presentado a eventuales futuros empleadores o instituciones de educación superior. Esta función convierte al portafolio en una vitrina de las competencias que ha desarrollado un estudiante, visibilizando el manejo de la especialidad, las habilidades específicas requeridas por el mundo laboral, los elementos para conocer su manejo en la comunicación efectiva y competencias genéricas como resolución de problemas, trabajo colaborativo, entre otros.

La evaluación de la fase piloto 1, considerada en este estudio de casos, consideró valorar:

- El uso de la plataforma por parte de los docentes a partir de una encuesta de satisfacción y entrevistas en profundidad a profesores seleccionados por sede (mayor, menor uso de la herramienta por asignatura y sede).

- El uso de plataforma por parte de los alumnos a partir de una encuesta de satisfacción y el desarrollo de grupos de discusión en cada sede con alumnos de asignaturas participantes.

- La generación de reportes con información relevante para la toma de decisiones académicas a partir de entrevistas en profundidad a los equipos directivos de las tres sedes participantes y con entrevista en profundidad a representantes áreas académicas participantes (Áreas Curricular y de Evaluación).

Resultados

En resumen, los resultados esperados de esta implementación son el contar con una herramienta digital que funciona como sistema de portafolio electrónico basado en evidencias de desempeño; su uso por parte de los profesores como apoyo a sus procesos de evaluación; la utilización de esta herramienta por parte de los alumnos para monitorear el avance de sus aprendizajes; su utilización por parte de directivos académicos para observar el avance de los aprendizajes de los alumnos; una estrategia de difusión de buenas prácticas de evaluación en los distintos actores educativos y un modelo de escalamiento institucional.

En lo que se ha avanzado del proyecto son varios los aprendizajes institucionales que nos llevan a visibilizar las posibilidades de un esfuerzo como este, por un lado está la experiencia de implementar un proyecto de estas características y alcance. El aunar esfuerzos de áreas centradas en procesos diversos como lo son los sistemas tecnológicos, los procesos de evaluación, la innovación pedagógica y el diseño curricular bajo una mirada que tenga presente en primer lugar lo que alumnos y profesores vivencian día a día en las aulas y aportar a mejorar la calidad de la información que podemos recabar del proceso de formación que vivencian nuestros estudiantes.

Cuadro N° 2. Detalle de actividad en la plataforma

Sede	Renca			Temuco			Valparaíso		
Asignaturas	1	2	3	1	2	3	1	2	3
Número de alumnos matriculados	383	73	205	150	48	222	176	76	115
Número de docentes participantes	5	2	3	4	1	4	4	4	1
Número de alumnos capacitados	300	53	148	117	45	158	140	76	93
Número de docentes capacitados	5	2	3	4	1	4	4	4	1
Número de alumnos que subieron evidencias	202	53	72	0	47	214	171	70	141

También cómo es posible de observar en el cuadro N° 2, hubo una participación activa de los alumnos y docentes en cada sede y asignatura. Con mayor intensidad en aquellas que desarrollan actividades más cercanas a lo solicitado en la plataforma (trabajos en formato digital), en la carrera de construcción y la de electricidad (identificadas en el cuadro con 2 y 3), siendo más difícil la adaptación de actividades para la carrera de mecánica automotriz (identificada en el cuadro con el número 1).

Además, los primeros reportes indican:

- Facilidad de uso. El 100% (31) de los profesores fueron capacitados para uso de la herramienta, un 72 % de ellos indica que le fue fácil utilizar la plataforma y un 64% consideró que el e-portafolios facilita los procesos de evaluación que él desarrolla (encuesta aplicada en diciembre de 2015). Sólo un 10% de profesores ha recibido ayuda para hacer uso de la herramienta luego del proceso formativo.

- Favorable recepción de los alumnos. 90,2 % de los alumnos fue capacitado para el uso del E-Portafolios. Los alumnos reconocen cambio en el proceso de evaluación utilizando el e-portafolio, identifican un mayor protagonismo en este proceso (58%), y mayor autonomía del aprendizaje (51%) según reportan en la encuesta aplicada en diciembre de 2015.

Discusión y conclusiones

Estos primeros antecedentes nos llevan a proyectar un alto índice de participación por parte de los profesores y alumnos, una adopción de la herramienta digital dentro de los índices normales a cualquier cambio en las prácticas educativas, donde siempre se dan diferencias en función de las competencias de los docentes para la integración de las TIC a su quehacer, así como la disposición y creencias que se tenga respecto a la utilidad de este cambio (Boza y otros, 2010; Sigalés, 2007; Tondeur y otros, 2008).

Para ayudar a este proceso de adopción se ha integrado una estrategia de apoyo discrecional (en función de las necesidades del profesor y grupo de alumnos), cuidando la generación de espacios de libertad de decisión y con un fuerte componente en proporcionar la formación necesaria que permitan al profesor sentirse cómodo ante el desafío propuesto y sin temor a utilizar la herramienta digital. A pesar de ello hay un número de profesores a quienes les es complejo integrar esta nueva práctica a su quehacer educativo, considerándola aún muy alejada de sus prácticas tradicionales. Generar nuevas estrategias para apoyar esta integración es un desafío que el equipo investigador asume con mucho entusiasmo y responsabilidad.

Referencias

Baeza, M. (2000). Los caminos invisibles de la realidad social. Santiago: Ril Editores.

Barberá, E., Guardia L. y Guasch T. (2009). Prácticas del portafolio electrónico en el ámbito   universitario del Estado Español. Revista de Educación a Distancia 8, 1-11. Revisado el 01 de junio de 2014. Disponible en   http://www.um.es/ead/red/M8

Cano, E. (2006). Las competencias docentes en TIC. Documento presentado en Quinto Congreso Regional de Tecnologías de la Información y de la Comunicación. Junta de Castilla y León.

Coll, C. (2007). Las competencias en la educación escolar: algo más que una moda y mucho menos que un remedio. Aula de Innovación Educativa, 161, 34 - 39.

Boza, A., Tirado, R. y Guzmán-Franco, M. (2010). Creencias del profesorado sobre el significado de la tecnología en la enseñanza: influencia para su inserción en los centros docentes andaluces [Versión electrónica]. RELIEVE, v 16, n. 1, 1-24. Revisado el 16 de enero de 2011 disponible en http://www.uv.es/RELIEVE/v16n1/RELIEVEv16n1_5.pdf.

Neiman, G. y Quaranta, G. (2006). Los estudios de caso en la investigación sociológica. En Vasilachis, I. (Ed.), Estrategias de investigación cualitativa. Barcelona: Gedisa.

OCDE. (2013). El Aseguramiento de la Calidad en la Educación Superior en Chile 2013. Santiago de Chile: OCDE. Revisada el 10 de julio de 2014, disponible en http://www.mineduc.cl/usuarios/1234/doc/201310151024490.2012%20 OCDEAseguramiento%20Calidad.pdf

Pérez Serrano, G. (2001). Investigación cualitativa. Retos e interrogantes. (Vol. I. Métodos). Madrid: La Muralla.

Perrenoud, P. (2001). La formación de los docentes en el siglo XXI [Versión electrónica]. Revista de Tecnología Educativa (Santiago-Chile), XIV, 3, 503-523. Revisado el 01 de junio de 2014. Disponible en http://www.unige.ch/fapse/SSE/teachers/perrenoud/php_main/php_2001/2001_36.html

Rodríguez, G. y García, E. (1999). Metodología de la investigación cualitativa. Málaga: Aljibe.

Romero, R. y Halal, C. (2014). Rediseño de un programa de formación de posgrado bajo un modelo basado en competencias. Desarrollo del perfil de egreso. En Aplicación de las competencias en la docencia, la sociedad y las organizaciones. Pp. 443-464. Florida: CIFE Corp.

Sabariego, M., Massot, I. y Dorio, I. (2004). Métodos de Investigación Cualitativa. En Bisquerra, R. (Ed.), Metodología de la investigación educativa. Madrid: La Muralla Sancho, J. M. y Alonso, C. (2011). Cuatro casos, cuatro historias de uso educativo de las TIC. Revisado el 10 de diciembre de 2012, disponible en http://hdl.handle.net/2445/17122.

Sandín, M. P. (2003). Investigación cualitativa en Educación. Fundamentos y tradiciones. Madrid: Mc Graw Hill.

Schutz, A. (1972). El problema de la realidad social. Buenos Aires: Amorrortu Editores.

Sigalés, C., Mominó, J. y Meneses, J. (2007). L'Escola a la Societat de la Xarxa. Internet a l'educació primària i secundaria. Informe final de recerca. Revisado el 10 marzo 2011, disponible en http://www.uoc.edu/in3/pic/cat/pdf/pic_escola_conclusions.pdf.

Tejada, J. (2005). El trabajo por competencias en el prácticum: cómo organizarlo y cómo evaluarlo [Versión electrónica]. Revista Electrónica de Investigación Educativa, 7. Revisado el 01 de junio de 2014. Disponible en http://www.redalyc.org/articulo.oa?id=15507211

Tobón, S. (2013a). Formación integral y competencias. Pensamiento complejo, currículo, didáctica y evaluación (4ta. Ed.). Bogotá: Ecoe.

Tobón, S. (2013b). Metodología de gestión curricular. Una perspectiva socioformativa. México: Trillas.

Tobón, S. (2016). Metodología de redacción de artículos científicos. Orlando (Estados Unidos): Create-Space-Amazon.

Tondeur, J., Hermans, R., Valcke, M. y otros (2008). Exploring the link between teachers' educational belief profiles and different types of computer use in the classroom [Versión electrónica]. Computers in Human Behavior, 24, 2541–2553. Revisado el 04 de noviembre de 20011 disponible en http://biblio.ugent.be/input/download?func=downloadFile&fileOId=450303&recordOld=444942.

Valles, M. (1999). Técnicas Cualitativas de Investigación Social. Reflexión metodológica y práctica. Madrid: Síntesis.

Zabala, A. L., y Arnau. (2007). La enseñanza de las competencias. Aula de Innovación Educativa, 161, 40-46.Berger, P. y Luckmann, T. (1968/2006). La construcción social de la realidad. Buenos Aires: Amorrortu Editores.

CAPÍTULO 7

Estudio del proceso metacognitivo aplicando el enfoque socioformativo

Juan Pablo Moreno-Muro
Universidad de Lambayeque
jp.moreno@udl.edu.pe

Nota del autor

Vicente Panta-Samillán
Vice-Rector Académico de la Universidad de Lambayeque.

La correspondencia con relación a esta ponencia debe dirigirse a Vicente
Panta Samillán, Vice-Rectorado Académico, Universidad de Lambayeque,
Calle Tacna 065, Chiclayo, Perú.E-mail: v.panta@udl.edu.pe

Referencia APA:

Moreno-Muro, J., & Panta-Samillán, V. (2016). Estudio del proceso metacognitivo aplicando
el enfoque socioformativo. En B. Tobón, H. Parra-Acosta, C. Guzmán, S. Tobón, & L. G. Juárez-
Hernández (Eds.), *Experiencias en la implementación de la gestión del talento humano desde el
pensamiento complejo* (pp. 131-149). Lake Mary: Kresearch.

Introducción

Propósito: proponer estrategias didácticas para la gestión curricular del proceso formativo aplicando el enfoque socioformativo. Metodología: se sostuvieron entrevistas en profundidad individuales y con grupos de estudiantes de asignaturas diseñadas con el enfoque socioformativo, para estudiar el proceso formativo asumiéndose como ejes del análisis el desarrollo personal y las motivaciones que determinan los hábitos presentes en el proceso socioformativo. Para la elaboración de la propuesta, se aplicó el análisis documental para evaluar el tratamiento dado a las categorías identificadas en el Diseño Curricular Nacional para la educación básica regular y en los diseños curriculares de asignaturas aplicados en la Universidad de Lambayeque. Resultados: es mayor el número de estudiantes con nivel bajo de comprensión y gestión de los procesos gravitantes en el desarrollo de competencias, sobresaliendo inteligencia, imaginación, aprendizaje y memoria. La docencia en la universidad se sigue ejerciendo, predominantemente, según paradigmas tradicionales. Conclusión: la aplicación del enfoque socioformativo es altamente eficaz en la definición de estilos de aprendizaje y en el desarrollo de la metacognición como base para el desarrollo de competencias, siendo ambos el punto de partida de la evaluación como componente del proceso de enseñanza-aprendizaje.

Palabras clave: Aprendizaje, didáctica, metacognición, socioformación

Abstract

Purpose: propose didactical strategies for the curricular management of the formative process, applying the socioformative focus. Methodology: in-depth interviews with students taking subjects designed with the socioformative focus in order to study the formative process assuming, as basic axes of the analysis, the personal development and the motivations that determine the habits involved in the construction of competences. For the elaboration of the proposal, documental analysis was applied to evaluate the treatment given to the identified categories in the National Curricular Design for Regular Basic Education and in the curricular subject designs applied at Universidad de Lambayeque. Results: a higher number of students was identified with a low level of comprehension and management of the processes that are key in the development of competences; intelligence, imagination, learning and memory being the outstanding processes. Teaching at the university is still practiced under traditional paradigms. Conclusion: the application of the socioformative focus is highly effective in the definition of learning styles and in the development of metacognition as a basis for the development of competences, both being the departure point of evaluation as a component of the teaching-learning process.

Keywords: Learning, didactics, metacognition, socioformation

Introducción

Todo sistema de procedimientos, técnicas o métodos orientados al logro de la calidad del proceso formativo en cualquiera de sus niveles, corresponde a una concepción teórica de la educación y responde a un perfil del egresado del sub-sistema. Es evidente que ninguna teoría de la educación que pretenda sustentar el fin de la educación, restringe o limita el rol que le atañe en términos de desarrollo humano. Es altamente probable alcanzar un consenso en cuanto a que el contenido verdadero del desarrollo, como sostiene Prieto (1988), es el mejoramiento integral de cada hombre, de todo hombre. "se trata de que cada persona tenga todo lo que requiere para vivir dignamente y que la sociedad le facilite el clima que requiere para perfeccionarse gradualmente, desde que nace hasta que muere, para ser más y para tener más" (Prieto, 2008, pag. 47).

En el caso de Perú, la Ley General de Educación define a la educación como "un proceso de aprendizaje y enseñanza que se desarrolla a lo largo de toda la vida y que contribuye a la formación integral de las personas, al pleno desarrollo de sus potencialidades, a la creación de cultura, y al desarrollo de la familia y de la comunidad nacional, latinoamericana y mundial" (Ley General de Educación N° 28044, art. 2°, 2003, p. 2). Sobre la base de la concepción convencional de la educación como un proceso vital, para la vida y a lo largo de toda la vida, es inadmisible interpretar ese fin de la educación como el desarrollo integral al máximo nivel, porque de ser así se estaría limitando el proceso educativo a la educación formal, dejando un enorme vacío respecto al proceso que se inicia en la familia y a aquel que se desarrolla –y eventualmente se completa- después del último nivel de la educación formal; para ser más preciso, del nivel universitario.

En esa línea de razonamiento, tendría que admitirse que quien egresa del nivel superior universitario ha logrado su desarrollo integral al cien por ciento: es decir, ha logrado la perfección, lo cual es evidentemente inconsistente. Conviene destacar que, inscrita en el enfoque socioformativo (Tobón, Gonzalez, Nambo y Vazquez, 2015), el núcleo de esta conceptualización es el desarrollo integral de la persona, lo que implica tener en cuenta la totalidad de su complejidad. Esto se complementa con la perspectiva del proceso formativo como desarrollo de competencias, en lo referente a la integración dinámica de saberes, habilidades, capacidades y destrezas, actitudes y valores, como la concibe Coronado (2009).

Con base en el enfoque socioformativo puede anotarse, entonces, una primera precisión: el desarrollo integral de la persona se basa en el desarrollo de competencias. Complementariamente, es pertinente considerar lo anotado por Mertens (1998, citado por Núñez, Vigo, Palacios y Arnao, 2014) en cuanto a que el desarrollo de competencias resulta condicionado por dos factores; en primer lugar la asunción de responsabilidad sobre el propio aprendizaje, sobre el desempeño y los resultados; y, en segundo lugar, el ejercicio de la reflexión sistemática en y ante el trabajo.

En segundo lugar, a fin de aproximarnos a la pertinencia del conocimiento que reclama Morin (1999), debe precisarse que ambos factores no agotan la condición sine qua non de la reflexión sistemática sobre la totalidad del proceso, en toda su complejidad, desde el inicio hasta el final, debiendo tenerse en cuenta, además, lo multidimensional, lo global y el contexto; es decir, el desarrollo de competencias demanda reflexión no solamente sobre la dimensión laboral, sino sobre todos los componentes que la configuran mediante su integración global en un contexto determinado.

De otro lado, en el contexto de lo planteado por Delors (1996), circunscribir la reflexión al trabajo significa limitarla al aprender a hacer; dejando de lado los otros tipos esenciales de aprendizaje, "aprender a ser" y "aprender a vivir juntos". Lo que sí es irrefutable es el carácter esencial de la responsabilidad sobre el propio aprendizaje como factor fundamental del desarrollo de competencias y, por ende, del desarrollo personal.

Aplicando el enfoque socioformativo (Tobón, 2015), es precisamente con relación a este punto que se constató en la población estudiada una gran debilidad en este aspecto del desarrollo de las competencias, pues la asunción de responsabilidad sobre un proceso tan complejo solo puede concretarse en base al pleno conocimiento del mismo; es decir, en base a una total claridad de conciencia sobre sus motivaciones, sobre su dinámica, sobre su impacto en la totalidad del ser, expresado en el desempeño en la solución de los conflictos cognitivos, afectivos, volitivos, que desencadenan la dinámica de la vida anímica y del comportamiento humano. Evaluar el grado de claridad de conciencia sobre cualquier proceso es ingresar en el plano del aprender a ser.

En algunos casos, los estudiantes logran identificar los motivos que subyacen en su interés por el desarrollo de competencias, pero no llegan a comprenderlos a cabalidad; igualmente identifican algunos de los principios y valores que determinan los hábitos presentes en la construcción de las competencias, pero no logran comprender cómo se origina y desarrolla su dinámica; en fin, son conscientes del proceso de aprendizaje, pero no pueden caracterizarlo ni valorarlo en el marco de su formación como personas humanas.

En la situación descrita se identificó el problema como la necesidad de un estudio específico de las bases esenciales para la construcción y desarrollo de las competencias, las mismas que subyacen a cualquier evidencia de desempeño. Consecuentemente, de manera lógica, esta necesidad generó el reto que se asumió como problema de estudio para la presente investigación: cómo elevar el nivel de comprensión y gestión de los factores que, en base a principios y valores aprendidos socialmente, determinan y direccionan los hábitos presentes en la construcción y desarrollo de competencias.

En base al análisis epistemológico de los conceptos que describen la metacognición en el proceso socioformativo, en congruencia con el problema, el objetivo fue diseñar y proponer estrategias metodológicas para cada una de las fases de la gestión curricular en el proceso formativo, articuladas en una disciplina integradora denominada Desarrollo personal.

El estudio se abordó con una metodología cualitativa, usando como método la entrevista en profundidad para estudiar el proceso formativo en base al enfoque socioformativo. Se asumieron como ejes clave del análisis el desarrollo personal como finalidad de tal proceso y las motivaciones que determinan y direccionan los hábitos presentes en la construcción y desarrollo de competencias.

El análisis del marco teórico, particularmente el correspondiente al enfoque socioformativo (Tobón, 2013a) y de lo planteado por Álvarez (2004) condujo a evaluar el efecto que podría conseguirse por la inclusión de una disciplina integradora en el desarrollo de la comprensión y gestión de los factores que determinan los hábitos presentes en la construcción y desarrollo de las competencias, garantizando, por ende, el desarrollo personal a través de los diferentes niveles educativos del proceso formativo. En este contexto, resultó pertinente tomar posición, en primer lugar, respecto del proceso de desarrollo humano como fin de la educación; y, en segundo lugar, sobre el rol que corresponde a la gestión curricular en dicho proceso.

Como resultado del trabajo se logró elaborar una propuesta metodológica para la creación de una disciplina integradora basada en la necesidad de garantizar el desarrollo de la persona como fin del proceso formativo escolar.

Marco teórico

El Enfoque Socioformativo

La perspectiva asumida encuentra sustento teórico en el enfoque socioformativo en cuanto éste se orienta al desarrollo del talento y a la realización plena de los estudiantes mediante la solución de problemas concretos de la sociedad, sustentado en sus propias vivencias (Tobón, Gonzalez, Nambo & Vazquez, 2015). Desde esa perspectiva, el enfoque ha enriquecido los aportes de la psicología humanista, del socioconstructivismo, de la ética, integrándolos en consideración a las demandas de la sociedad del conocimiento.

Lo analizado conduce a profundizar la reflexión inicial sobre el proceso formativo desde la perspectiva del desarrollo humano. En ese sentido, es pertinente subrayar que el mejoramiento integral del ser humano no significa su desarrollo pleno, puesto que éste implica la actualización de todas las potencialidades como unidad bio-psico-espiritual. Tómese, por ejemplo, en la dimensión biológica, la inmensa potencialidad en el campo de las sensaciones. Es lugar común referirse a la conducta humana considerando solamente cinco "sentidos", sin embargo, está comprobada la existencia de otros sentidos.

Para tomar un solo ejemplo, la mala posición de un brazo, una pierna o, en general, del cuerpo mientras se duerme; es decir, cuando no se está plenamente consciente, hace reaccionar al sujeto cambiando de posición: Eso se hace inconscientemente; sin embargo, el hecho es que aun en ese estado de sueño, hay un sentido por el que nos enteramos de la mala posición del órgano, lo que nos lleva a reaccionar como lo hacemos: el sentido quinestésico. De modo similar, podría analizarse el funcionamiento de la cenestesia, con lo que se habría agregado dos a los cinco sentidos a los que convencionalmente nos referimos. Por ese camino, podría analizarse la existencia y funcionamiento de muchos más sentidos.

Se puede entender, entonces, en base al breve análisis precedente, que aún cuando llega el término de su existencia, el ser humano no ha logrado actualizar todas sus potencialidades; es decir, no ha logrado desarrollarse a plenitud o, en términos de Fromm, no ha terminado de nacer; por tanto, resulta impropio establecer como fin de la educación el desarrollo integral pleno del ser humano. Por supuesto que no es así cómo puede interpretarse la declaración del fin de la educación, pero entonces resulta inevitable y fundamental demandar la precisión sobre el grado o nivel de desarrollo que corresponde a la educación garantizar.

¿Qué se quiere expresar con esta pregunta? Simplemente demandar que se precise lo que el individuo y la sociedad deben esperar de la educación. En efecto, la educación es un proceso por el cual, como demuestra Álvarez (2004), no sólo se concreta una dimensión instructiva, sino además, una educativa y otra desarrolladora, sin embargo, el término del último nivel educativo, en la práctica, no significa que los sub-procesos correspondientes a estas dimensiones hayan concluido. Significa, simplemente, que la escuela, como ente formal, pierde jurisdicción o influencia directa, efectiva, sobre el sujeto en los procesos instructivo -que puede pasar a ser auto-instructivo-, educativo -que bien puede convertirse en auto-educativo- y desarrollador -que puede ser desde entonces auto-dirigido, o que bien pudiera haberse detenido en el nivel logrado-.

Puede entenderse claramente, entonces, que la educación garantiza sólo cierto grado de desarrollo, el mismo que debe incluir el de capacidades, habilidades, actitudes; en fin, el adecuado desarrollo de competencias, que permitan al sujeto asumir con éxito la gestión de su propio desarrollo en todas las dimensiones, lo que Robertson (1988) denominó "self-directed growth". Se asume, así, el enfoque socioformativo, trascendiendo los paradigmas que le antecedieron. Al hacerlo, resulta fundamental seguir a Tobón (2013b) y entender que el desarrollo de competencias se da en el marco de la formación integral.

Sin embargo, es pertinente anotar que el concepto de competencia, tal como lo concluye De Zubiría (2013) en su análisis de las posiciones de Chomsky, Piaget, Levi-Strauss y Althusser, expresa las estructuras profundas en el lenguaje, si se trata de la competencia lingüística; en la inteligencia, si se trata de la competencia cognitiva; en las culturas, la economía y la sociedad, si se trata de competencias culturales, económicas, o sociales. Por lo que, asumiendo este enfoque para el análisis del proceso formativo, en el que el actor principal es el estudiante, debe aceptarse que si se quiere garantizar un adecuado desarrollo de las competencias, es necesario promover en los estudiantes la comprensión y gestión de los factores intra-subjetivos que determinan la construcción y desarrollo de las competencias en interacción con un determinado contexto.

Esta precisión es crucial para el presente estudio, cuyo objeto trasciende los aspectos facto-perceptibles comprendidos en los desempeños aludidos -expresa o tácitamente- en muchas definiciones de competencias y se orienta, directamente, al análisis esencial de las estructuras subjetivas que configuran los saberes, las capacidades, habilidades, destrezas y actitudes que se integran en la toma de decisiones y en la actuación de los seres humanos –como se considera en otras acepciones.

En efecto, no son pocas las definiciones de competencia que enfatizan la dimensión procedimental, la capacidad para el desempeño de tareas nuevas, en el ámbito profesional, laboral, como lo sugiere Coronado (2009) o, como propone Ruiz (2010), la capacidad de utilizar conocimientos para solucionar problemas del mundo real. Sin embargo, es pertinente destacar que Bruner (1988) reclama que debieran desarrollarse habilidades inferenciales para ir más allá de la información, aspecto que consideramos una expresión del proceso metacognitivo.

En esta dirección, siguiendo a Tobón (2008), metacognición y ética son dos de las seis dimensiones esenciales comprendidas en el concepto de socioformación que concentran la atención en el presente estudio, particularmente porque se refieren específicamente a los vacíos encontrados tanto por la población de estudio cuanto por el investigador mismo. Estos dos conceptos conforman un binomio que expresa el nivel de autoconciencia y dominio de los procesos que configuran la competencia y cuya dinámica determina su desarrollo.

Si bien la vida psíquica constituye una unidad que no puede dividirse, en el intento metodológico de identificar la arquitectura interna de tales procesos, se investigó cómo los estudiantes viven, comprenden y gestionan la motivación, la voluntad, la inteligencia, la memoria, la imaginación, el aprendizaje propiamente dicho, la socialización, el desempeño, la gratificación, la realización personal, sin pretender, por cierto, que la enumeración de estas diez categorías implique un orden secuencial o una lógica de causalidad, sino mas bien, con una visión holística que reconoce la inter-relación dinámica entre ellos.

El comportamiento humano puede ser explicable a partir de los motivos que activan la voluntad para iniciar la dinámica intra-subjetiva de todo proceso de aprendizaje –y de toda acción- sin embargo, muchos de los actos humanos se realizan de manera sub-consciente; es decir, sin una clara conciencia de los motivos que los desencadenan ni de las capacidades que interactúan, lo cual puede resultar limitante para su auto-gestión; de ahí que motivación y voluntad deban entenderse en su innegable relación dialéctica.

Se integra, a los procesos anteriores, la inteligencia, para ordenar, dirigir y evaluar la actuación de la memoria y la imaginación en el proceso de socialización en que se concreta el aprendizaje propiamente dicho; vale decir, la construcción de las competencias. Los desempeños basados en esos aprendizajes, en tanto significativos, realimentan y gratifican al ser, sentando las bases de la realización personal, entendida, en todo caso, como un estado de bienestar y satisfacción.

En el presente estudio se postula la necesidad de subrayar como esencial la dimensión metacognitiva en el desarrollo socioformativo de los estudiantes, lo que se logrará con éxito en tanto los estudiantes comprendan y dirijan los diez procesos descritos aplicando una visión holística, distinguiendo cada uno de ellos en su relación con los demás y en la inter-relación entre ellos que conduce a la configuración de la competencia. Lo expresado implica, a la vez, la necesidad de replantear la gestión del currículo desde la dimensión teleológica de la concepción de educación que se pretende concretar a través de del currículo.

La Gestión del Currículo Aplicando el Enfoque Socioformativo

La asunción de una nuevo paradigma educativo a partir del enfoque socioformativo no puede concretarse si se mantienen "los mismos currículos, los mismos fines, contenidos, secuencias y textos, y guiadas por los mismos maestros de antes"; es decir, el punto de partida para una revolución educativa es el cambio curricular. Para ello, partiendo de comprender la transformación de la estructura de los estudiantes, se propone los siguientes principios a considerar en el diseño curricular por competencias: Privilegiar el desarrollo frente al aprendizaje, garantizar la integralidad, enfatizar lo general frente a lo particular, hacer lo posible para que los aprendizajes logrados sean contextualizados y flexibles, privilegiar la profundidad frente a la extensión (De Zubiría, 2013, p. 185).

Con este marco, debe establecerse con claridad que el currículo comprende la previsión de la organización e inter-relación entre todos los componentes del proceso de aprendizaje, teniendo como base la concepción y finalidad de la educación y orientado a la concreción de un perfil del egresado de cada uno de los niveles educativos. De ahí se formulan las competencias, los contenidos, metodologías de trabajo, medios y materiales a emplear y modelo de evaluación.

Uno de los mayores obstáculos en la metacognición de los procesos determinantes de la construcción y desarrollo de las competencias es el escaso -o más bien nulo- involucramiento de los estudiantes en el diseño del currículo. Esto podría justificarse a nivel de macro currículo, pero debiera convertirse en una práctica permanente a nivel de micro currículo. Para los docentes anclados en paradigmas superados es inconcebible que pueda lograrse la participación de los estudiantes, particularmente de los niveles inicial y básico. Por supuesto, no se trata de aportes de índole teórica, sino más bien vivencial, experiencial, práctica.

Metodología

Tipo de Estudio

El estudio se abordó con una metodología cualitativa, usando como método la entrevista en profundidad para estudiar el proceso formativo en base al enfoque por competencias. Se asumieron como ejes clave del análisis el desarrollo personal como finalidad de tal proceso y las motivaciones que determinan y direccionan los hábitos presentes en la construcción y desarrollo de competencias.

En la fase diagnóstica de la investigación se cumplieron los siguientes procedimientos:

Elaborar la estructura, categorías y cuestionario básico para la entrevista en profundidad en discusiones con docentes de las diferentes carreras profesionales solicitando la validación a los Directores de cada una de ellas.

1. Seleccionar los participantes en número de 25 estudiantes y cinco grupos de 5 estudiantes representativos de los niveles académicos intermedio y avanzado de las 5 carreras profesionales que oferta la universidad.

2. Coordinar la investigación con los Responsables de las Carreras Profesionales.

3. Realizar las entrevistas y discusiones de los grupos focales.

4. Sistematizar la información obtenida para un mayor análisis frente a las metas de los diseños curriculares utilizados en la Universidad.

5. Para la fase de elaboración de la propuesta, se aplicaron los siguientes procedimientos:

6. Revisión del marco teórico, básicamente sobre desarrollo humano, enfoque socioformativo y gestión del currículo.

7. Análisis del Diseño Curricular Nacional (DCN) vigente en Perú para la educación básica, a fin de identificar los rasgos esenciales del perfil de ingreso de la población de estudio.

8. Análisis de los diseños curriculares de carreras profesionales y de asignaturas aplicados en la Universidad de Lambayeque.

Elaboración de la propuesta.

Participantes

En congruencia con la metodología asumida, los grupos fueron conformados por estudiantes seleccionados con criterio no probabilístico, entre aquellos registrados en asignaturas diseñadas con el enfoque por competencias de los ciclos académicos intermedios y altos, de cinco carreras profesionales, de la Universidad de Lambayeque, en la ciudad de Chiclayo, Perú. El tamaño fue de 50 estudiantes distribuidos de la siguiente manera: 5 estudiantes de cada carrera profesional, para las entrevistas individuales; y 5 grupos -de 5 estudiantes cada uno- representativos de los niveles académicos intermedio y avanzado de las 5 carreras profesionales que oferta la universidad.

Instrumentos

En la fase diagnóstica se aplicaron entrevistas en profundidad, individuales y en grupos focales, orientadas a la autoevaluación de la metacognición del proceso de construcción y desarrollo de competencias. Las categorías definidas para el análisis fueron: motivación, voluntad, inteligencia, memoria, imaginación, aprendizaje propiamente dicho, socialización, desempeño, gratificación y realización personal. Se establecieron los indicadores para cada categoría considerando tres niveles de desarrollo posibles para cada uno. Tratándose de una investigación cualitativa, la validez de los instrumentos fue consensuada en discusiones con docentes de los estudiantes que conformaron la muestra de estudio.

En la fase de elaboración de la propuesta, se aplicó el análisis documental para evaluar el tratamiento dado a las categorías identificadas. En base del marco teórico revisado, se analizaron el Diseño Curricular Nacional para la educación básica regular y los planes de estudios y diseños curriculares de asignaturas aplicados en la Universidad de Lambayeque.

Resultados

En la fase de investigación diagnóstica, se comprobó que el número de estudiantes que se ubica en el nivel bajo de comprensión y gestión de los procesos es mayor para aquellos que resultan más gravitantes en la construcción y desarrollo de las competencias, siendo inteligencia, imaginación, aprendizaje y memoria los que sobresalen (Tabla 1).

Tabla 1. Ubicación de los participantes (individuales) por nivel de desarrollo de la metacognición

Categorías	Indicadores	Nivel alto	Nivel medio	Nivel bajo
Motivación	Precisa los motivos que activan su aprendizaje	1	9	15
Voluntad	Ejerce control de la atención	0	4	21
Inteligencia	Tiene un claro concepto de su capacidad intelectual y su dinámica	1	6	18
Memoria	Describe con precisión las funciones de la memoria	5	7	13
Imaginación	Puede dirigir sus procesos imaginativos	4	9	12
Aprendizaje	Describen con claridad su proceso de aprendizaje	5	10	10
Socialización	Reconocen la importancia de la socialización en el aprendizaje	6	9	10
Desempeño	Saben evaluar los niveles de aplicación de sus aprendizajes	4	8	13
Gratificación	Identifican eventos gratificantes en el proceso de aprendizaje	5	9	11
Realización personal	Valoran los niveles de desarrollo experimentado	0	5	20

Fuente: Elaboración del autor.

Al evaluar el nivel de comprensión y gestión de los procesos por grupos, los resultados son similares a los obtenidos mediante las entrevistas individuales (Tabla 2), con cierta tendencia a incremento del número de grupos en el nivel medio para la mayoría de procesos. Se corrobora, así, la necesidad de los estudiantes de desarrollar la metacognición desde la perspectiva socioformativa (Tobón, 2015).

Tabla 2. Ubicación de los grupos participantes por nivel de desarrollo de la metacognición

Categorías	Indicadores	Nivel alto	Nivel medio	Nivel bajo
Motivación	Precisa los motivos que activan su aprendizaje	1	1	3
Voluntad	Ejerce control de la atención	0	1	4
Inteligencia	Tiene un claro concepto de su capacidad intelectual y su dinámica	1	1	4
Memoria	Describe con precisión las funciones de la memoria	1	1	3
Imaginación	Puede dirigir sus procesos imaginativos	1	2	2
Aprendizaje	Describen con claridad su proceso de aprendizaje	1	2	2
Socialización	Reconocen la importancia de la socialización en el aprendizaje	1	2	2
Desempeño	Saben evaluar los niveles de aplicación de sus aprendizajes	1	2	2
Gratificación	Identifican eventos gratificantes en el proceso de aprendizaje	1	2	2
Realización personal	Valoran los niveles de desarrollo experimentado	0	1	4

Fuente: Elaboración del autor.

¿Qué refieren los sujetos investigados como posibles causas? En síntesis, que la docencia en la universidad se sigue ejerciendo, predominantemente, según los paradigmas tradicionales; es decir, los docentes se preocupan más por lo que podría entenderse como la calidad de su desempeño en la transmisión de conocimientos o, en el mejor de los casos, se preocupan por conducir a un aprendizaje basado en el desarrollo de la memoria que les permite fijar información y evocarla para una aplicación práctica en la solución de sus problemas. Todo lo contrario a lo planteado en el enfoque socioformativo referido con anterioridad.

El análisis del Diseño Curricular Nacional de la educación básica en el Perú demuestra que los procesos privilegiados, según las categorías del estudio, siguen siendo presididos por la memoria y, aun cuando se busca desarrollar todas las capacidades del estudiante, se obvia el desarrollo de la metacognición.

Esta perspectiva sesga el sentido del aprender a conocer y del aprender a hacer que supone comprender el proceso de conocer y comprender el proceso de aprendizaje de habilidades y destrezas; es decir, lo que se ha denominado en este trabajo como competencia metacognitiva; vale decir, se constata la necesidad de aplicar el enfoque socioformativo para garantizar el pleno desarrollo de los estudiantes, expresado en el desempeño en la solución de problemas reales.

Con carácter secundario, expresan los mismos estudiantes, se aprecia al menos interés por los aspectos actitudinales y práctica de valores en su desempeño escolar, pero no la previsión y ejecución de eventos didácticos con esa dirección.

Discusión

Mediante la revisión de los planes de estudios y de los diseños curriculares de asignatura se constató que, en efecto, los docentes no han considerado estrategias para el desarrollo de esta dimensión cognitiva. Esta carencia expresa un vacío epistemológico en las bases teóricas que aplican los docentes en el ejercicio de la docencia, pues como toda ciencia, la Pedagogía y la Didáctica, como ciencias fundamentales de la educación, no pueden avanzar sin incluir en su metodología el examen filosófico del sentido teleológico de su naturaleza, de sus objetos de estudio, de la estructura lógica de sus contenidos, de la consistencia lógica de su metodología, de su relevancia social, de su utilidad práctica, de la efectividad de sus planteamientos para la solución no sólo de problemas gnoseológicos, sino también los referidos a la multidimensional actividad práctica del ser humano.

Desde el enfoque socioformativo, debe enfatizarse el carácter permanente del proceso formativo del ser humano, desde el nacimiento hasta el término de su existencia, correspondiendo a la escuela solo el proceso formal, en sus diferentes niveles educativos. Con esta perspectiva puede establecerse una relación más clara entre el proceso socioformativo, la educación y el desarrollo humano, tal como se ilustra en el gráfico 1.

Gráfico 1. Relación entre proceso socioformativo,
educación y desarrollo humano

Ciclo Vital

Proceso Socioformativo

Desarrollo Humano

Ed. Inicial

Ed. Superior

Nacimiento

Ed. Formal

Muerte

E d u c a c i ó n

Fuente: Elaboración propia

De lado quedan, entonces, los aportes que históricamente se han ido elaborando para asegurar una auténtica pertinencia del proceso formativo, frente al paradigma tradicional de la educación. Desde Rogers (1980), que reconoce en el estudiante la capacidad, latente o manifiesta, de comprenderse a sí mismo y de resolver sus problemas de modo suficiente para lograr la satisfacción y la eficacia necesaria a un funcionamiento adecuado, hasta Alvarez (2004), se han desarrollado tendencias interesantes en el mismo sentido.

Así, por ejemplo, con la misma inspiración psicológica de Rogers, Freire (1979) elabora su propuesta conocida como la Pedagogía Liberadora, inspirado en las transformaciones económicas de su país. Propugna la transformación de las estructuras mentales; es decir, hacer que la conciencia se vuelva una estructura dinámica, ágil y dialéctica que posibilite una acción transformadora, un trabajo político sobre la sociedad y sobre sí mismo. Es importante anotar, también, el desarrollo de los modelos de Bruner (1962) y de Piaget (1974), que constituyen dos de los pilares del enfoque constructivista, tanto más que los conceptos de Bruner resultan congruentes con los de Vigotski et al (1979), autor de la perspectiva histórico-cultural.

A excepción de Vigotski, Bruner y Piaget no trascienden con claridad los límites del campo de la instrucción en el proceso de enseñanza-aprendizaje. Debe tenerse en cuenta que la psicología cognoscitiva surge como un cambio en los intereses y aproximaciones teóricas de la psicología experimental debido, básicamente, al impacto de la revolución cibernética sobre las ciencias humanas y a la maduración de la crisis de los modelos conductistas. Conviene recordar que es en el marco del desarrollo de esta tendencia que aparece el énfasis a las competencias, entendidas como estructuras de conocimientos y procedimientos que permiten la ejecución exitosa en tareas específicas de un dominio dado.

A partir de esta configuración de una percepción constructivista del aprendizaje han seguido planteándose nuevos modelos, como el de Investigación, defendido, entre otros, por Stenhouse (1987), con una marcada orientación cognitiva del proceso educativo, interesándose por las nociones de comprensión, significado y acción. No puede dejar de mencionarse el modelo elaborado por Alvarez (2004), que enfoca el proceso formativo en tres dimensiones, como ya se ha hecho referencia anteriormente: la instructiva, la educativa, la desarrolladora, en cada una de las cuáles se manifiestan procesos con funciones diferentes.

La revisión realizada demanda la necesidad de tener muy en cuenta los sustratos esenciales del proceso de construcción de competencias; y plantea, asimismo, el reto de asumir un diseño curricular basado y orientado en ese sentido, con un enfoque de integración de las competencias desarrolladas en las diferentes áreas curriculares bajo el sustento del desarrollo de una competencia metacognitiva que se exprese en la comprensión y posibilidad de gestión eficaz de los factores intra-subjetivos que determinan la construcción y el desarrollo de las competencias.

Propuesta

El punto de partida para elaborar el diseño curricular es el reconocimiento de la persona como centro y agente fundamental del proceso educativo, en el marco de lo establecido por la Ley General de Educación. Debe formularse en base a la aplicación irrestricta de los siguientes principios, de entre los planteados por de Zubiría (2014):

1. Privilegiar el desarrollo humano frente al aprendizaje.

2. Garantizar la integralidad.

3. Privilegiar la profundidad frente a la extensión.

El eje transversal del diseño, en todos los niveles educativos, es el desarrollo de la metacognición, como base para el desarrollo de la identidad personal, de la autonomía y de la interacción social eficaz, expresadas en el incremento de claridad del autoconcepto, en una toma de decisiones oportuna y pertinente y en una adaptación positiva en los grupos con los que interactúa.

Las metodologías didácticas incluyen la autoevaluación del proceso de aprendizaje antes, durante y después del mismo, particularmente de su dinámica peculiar y compleja. Para ello, se elaborará una disciplina denominada Desarrollo personal, cuya gestión es responsabilidad del sistema de tutoría de la respectiva institución educativa.

La disciplina está conformada por un conjunto de proyectos de autoevaluación desarrollados al inicio y al término de cada grado, en los tres niveles de la educación básica regular, como actividad fundamental de la tutoría que organiza cada institución educativa. El objeto de evaluación de cada proyecto es la comprensión y gestión de los factores que, en base a principios y valores aprendidos socialmente, determinan y direccionan los hábitos presentes en la construcción y desarrollo de competencias previstas en el perfil de egresado correspondiente al grado de estudios.

En el nivel superior los proyectos de autoevaluación se desarrollan al inicio y término de cada semestre académico, igualmente como actividad fundamental del sistema de tutoría, en la dimensión personal. Con fines operativos, se propone considerar, en todos los niveles educativos, las categorías e indicadores básicos que se presentan en la siguiente matriz:

Matriz de evaluación del desarrollo de la metacognición

Categorías	Indicadores	Nivel alto	Nivel medio	Nivel bajo
Motivación	Precisa los motivos que activan su aprendizaje			
Voluntad	Ejerce control de la atención			
Inteligencia	Tiene un claro concepto de su capacidad intelectual y su dinámica			
Memoria	Describe con precisión las funciones de la memoria			
Imaginación	Puede dirigir sus procesos imaginativos			
Aprendizaje	Describen con claridad su proceso de aprendizaje			
Socialización	Reconocen la importancia de la socialización en el aprendizaje			
Desempeño	Saben evaluar los niveles de aplicación de sus aprendizajes			
Gratificación	Identifican eventos gratificantes en el proceso de aprendizaje			
Realización personal	Valoran los niveles de desarrollo experimentado			

Fuente: Elaboración del autor.

Los resultados son socializados, en primer lugar, en los equipos de tutoría e informados a las instancias jerárquicas académicas correspondientes para su discusión con los docentes a fin de que sean considerados como uno de los elementos básicos en la elaboración de los diseños curriculares de sus asignaturas, en lo que la autorizada diversificación lo permite.

El sistema de tutoría deberá considerar la definición de los estilos de aprendizaje de cada uno de los estudiantes como premisa esencial para el inicio del desarrollo de la disciplina integradora. Asimismo, promoverá el involucramiento de los estudiantes en el diseño curricular de las asignaturas que corresponden a sus correspondientes planes de estudios, respetando los perfiles de egreso previstos en el Diseño Curricular Nacional para los niveles de la educación básica regular.

Los perfiles de egresados en el nivel superior deberán incluir el desarrollo de la competencia metacognitiva en la dimensión personal.

Para garantizar la eficacia de la estrategia, es necesario que la institución educativa la asuma como colectivo de autoridades, docentes y personal administrativo, bajo el liderazgo de los responsables del Sistema de Tutoría.

Conclusiones

1. La relación indisoluble entre la Pedagogía y la Didáctica implica que cualquier modelo o método didáctico debe orientarse a la concreción de la concepción pedagógica; es decir de la finalidad de la educación.

2. Siendo el desarrollo humano la finalidad de la educación, el diseño, ejecución y evaluación del currículo en todos los niveles de los sistemas educativos, debe garantizar su concreción, siendo el enfoque socioformativo la opción más eficaz.

3. La preparación de los estudiantes para la vida consiste en el desarrollo de diversas competencias, teniendo como base la competencia metacognitiva, que les permite comprender y gestionar los factores intra-subjetivos que determinan el desarrollo de las competencias.

4. Respetando el principio de la integralidad, la evaluación, como componente del proceso de enseñanza-aprendizaje, parte de valorar el desarrollo de la competencia metacognitiva como eje del desarrollo de todas las demás competencias.

5. Resulta razonablemente recomendable que los estudios sobre desarrollo de competencias y gestión del talento humano enfoquen las condiciones intra-subjetivas y los estilos de aprendizaje como centro de su atención y análisis.

Referencias

Alvarez, C. (2004). Pedagogía como Ciencia o Epistemología de la Educación. La Habana: Ediciones Félix Varela.

Bruner, J. (1988). Desarrollo cognitivo y educación.

(1962).Hacia una teoría de la instrucción. México: Editorial UTHEA.

Coronado, M. (2009). Competencias docentes. Ampliación, enriquecimiento y consolidación de la práctica profesional. Primera edición. Buenos Aires: Noveduc.

Delors, J. (1996). La educación encierra un tesoro. Madrid: UNESCO.

De Zubiría, J. (2013). Cómo diseñar un currículo por competencias. Bogotá: Editorial Magisterio: Instituto Alberto Merani.

Ministerio de Educación (2009). Diseño Curricular Nacional de Educación Básica Regular. Lima, Perú: Ministerio de Educación.

Morin, E. (1999). Los siete saberes necesarios para la educación del futuro. París: UNESCO.

Núñez, N., Vigo, O., Palacios, P. y Arnao, M. (2014). Formación universitaria basada en competencias. Chiclayo: USAT.

Piaget, J. (1974). Seis estudios de psicología. Barral editores.

Prieto, F. (1988). El Desarrollo Invisible. Ensayo sobre el Perú. Lima: Acción y Pensamiento Democrático.

Robertson, D. (1988). Self-directed Growth. Muncie, Indiana: Accelerated Development Inc.

Rogers, C. (1980). Libertad y Creatividad en la educación. Buenos Aires: Editorial Paidós.

Ruiz, M. (2010). EL concepto de competencias desde la complejidad. Hacia la construcción de competencias educativas. México: Trilllas.

Tobón, S. (2008). La formación basada en competencias en la educación superior: el enfoque complejo. Guadalajara, México: Universidad Autónoma de Guadalajara. Recuperado de http://www.eventos.cife.ipnn.mx/reuniones_academicas/dialogos/pdf/dfle1.pdf.

Tobón, S. (2013a). Metodología de gestión curricular. Una perspectiva socioformativa. México: Trillas.

Tobón, S. (2013b). Formación integral y competencias. Pensamiento complejo, currículo, didáctica y evaluación. 4ta. Ed. Bogotá: ECOE

Tobón, S. (2015). Socioformación: hacia la gestión del talento humano acorde con la sociedad del conocimiento. México: CIFE

Tobón, S., Gonzalez, L., Nambo, J. S., y Vazquez Antonio, J. M. (2015). La socioformación: un estudio conceptual. Paradigma, 36(1), 7-29.

Vigotski, L. (1979). Psicología y Pedagogía. Madrid: Akal.

Villarini (1996). El currículo orientado al desarrollo humano integral. Puerto Rico: Organización para el desarrollo del pensamiento.

CAPÍTULO 8

Análisis del pensamiento divergente en el trabajo con proyectos formativos de carácter interdisciplinario

Adris Díaz-Fernández,
Departamento de Humanidades,
Universidad de Monterrey
adris.diaz@udem.edu

Referencia APA:

Díaz Fernández, A. (2016). Análisis del pensamiento divergente en el trabajo con proyectos formativos de carácter interdisciplinario. En B. Tobón, H. Parra-Acosta, C. Guzmán, S. Tobón, & L. G. Juárez-Hernández (Eds.), *Experiencias en la implementación de la gestión del talento humano desde el pensamiento complejo* (pp. 151-211). Lake Mary: Kresearch.

Adris Díaz Fernández

Resumen

La creatividad es en los momentos actuales una necesidad de trascendental importancia para enfrentar los desafíos cada vez más complejos y los cambios inmediatos producidos por la urgencia de los tiempos. Ante esta afirmación, el propósito fue desarrollar una investigación acción formativa que permitiera valorar los niveles de creatividad en los estudiantes a partir de la aplicabilidad de proyectos formativos con una orientación interdisciplinaria; considerando el factor motivacional, los rasgos de personalidad y las técnicas de aprendizaje como elementos cruciales. El universo estuvo constituido por 140 alumnos del curso Contextos Internacionales Comparados, a partir del estudio paralelo de dos grupos pilotos, en función de una variable dependiente diferenciadora: proyectos formativos con orientación interdisciplinaria. Se observó que el trabajo colaborativo, la motivación, la mezcla de varias técnicas didácticas, el estilo aprendizaje y el estudio de contingencias creativas puede ayudar a conformar lazos de colaboración interdisciplinaria e implicando de esta manera una mayor responsabilidad y compromiso en la búsqueda del resultado final, así como el hecho de que al finalizar la intervención se logró elevar los niveles de creatividad de los estudiantes.

Palabras claves: creatividad, interdisciplinariedad, pensamiento divergente, proyectos formativos y socio formación.

Abstract

Creativity is at the present time a need of paramount importance to address the increasingly complex challenges and immediate changes brought about by the urgency of the times. Given this fact, the purpose was to develop a training that would assess levels of creativity in students from the applicability of formative projects with an interdisciplinary research orientation; considering the motivational factor, personality traits and learning techniques as crucial elements. The universe consisted of 140 students International Contexts Compared course, from parallel study of two pilots, according to a differentiating dependent variable: formative projects with interdisciplinary orientation. It was noted that collaborative work, motivation, the mixture of various teaching techniques, style learning and studying creative contingencies can help shape ties interdisciplinary collaboration and thereby involving greater responsibility and commitment to the pursuit of the final result as well as the fact that it was achieved at the end of the intervention raise levels of student creativity.

Keywords: creativity, interdisciplinarity, divergent thinking, formative projects, socio-formation

Introducción

El curso Contextos Internacionales Comparados se incluye dentro de la modalidad del modelo pedagógico de la UDEM (Universidad de Monterrey) cuya finalidad va encaminada a modificar el contexto de enseñanza- aprendizaje logrando alejarse cada vez más de la enseñanza tradicional. Habitualmente los cursos impartidos en la universidad apuestan por un mayor énfasis en el aprendizaje por experiencia, con significado, por hallazgo donde el alumno se identifica por poseer una participación activa en todo el proceso, donde el aprender representa hacer. El aprendizaje activo en definitiva busca involucrar activamente al estudiante en su aprendizaje siendo ellos el eslabón decisivo en todo este engranaje.

Paralelamente se observa en los alumnos disímiles características personales y estilos de aprendizaje, aunado con el estilo de enseñanza del docente que en ocasiones entra en conflicto, imposibilitando el detectar o percatarnos de la situación porque no profundizamos en ello. El conocer los beneficios de la aplicación de la metodología aprendizaje mediante proyectos formativos con orientación interdisciplinaria y su relación con el estilo aprendizaje de los alumnos, la combinación de varias estrategias didácticas, el factor motivacional y el estímulo a un pensamiento creativo es la razón de ser de este estudio.

Barrera (2009) menciona que:

La Metodología de diseño de proyectos formativos está encaminada a establecer los métodos para llevar a cabo un plan de aprendizaje enseñanza. Es algo anticipado, proyectado, teniendo en cuenta variables del entorno a partir del estudiante con sus intereses, fortalezas, debilidades y expectativas y con el fin de promover y desarrollar en tal sentido las competencias para que se pueda desempeñar y transformar la realidad económica, social, cultural; es decir, un entorno problémico por medio de un currículo problémico. (p. 150)

Según Tobón (2014), los proyectos formativos tienen las siguientes características:

1. El objeto central no es la información verbal ni memorizada, sino la aplicación del raciocinio y la búsqueda de soluciones a las realidades (problemas o necesidades).

2. La información no se aprende ni transmite a sí misma, sino que es buscada con el fin de poder actuar y solucionar los problemas encontrados en la realidad.

3. La formación se lleva a cabo en el entorno real e involucra la vida de los estudiantes como futuros actores de esa realidad.

4. La enseñanza se fundamenta en problemas del contexto, por lo cual, éstos están primero que los principios, las leyes y las teorías. (p. 127)

Barrera (2009) explica que se trata de abordar los problemas desde el pensamiento complejo, en un entorno contextualizado, articulando estrategias sistematizadas y orientadas a la obtención de determinados productos que sean valiosos para el contexto en los aspectos social, cultural, económico, pero flexibles y modificables en el transcurso de la acción (p. 153).

La sociedad constantemente está transformándose y con ella cambian los conocimientos y surgen nuevas necesidades y/o problemáticas que necesitan ser solucionadas con urgencias desde una visión compleja e interdisciplinaria; éstas son razones poderosas para que la educación sienta las bases para preparar a los individuos a desarrollar no sólo el pensamiento convergente (lógico-matemático), sino también al pensamiento divergente o creativo, considerando la creatividad como un fenómeno complejo en el que todos estamos involucrados, uno más que otros, concibiendo soluciones nuevas, no sólo imaginarlas, sino también crearlas.

La creatividad es la capacidad que posee todo ser humano, según nos explica de Bono en su libro El poder del pensamiento lateral para la creación de nuevas ideas (1994), es en definitiva confeccionar algo que antes no existía y éste es uno de los objetivos que pretende asumir el curso, es decir crear diseños completamente originales que se rompan reglas y se produzca una lluvia espontánea de ideas originales, que se respete la idea del otro, que se aprenda a combinar e interrelacionar las disciplinas, tratándose a su vez que se trabaje sobre la base de un sustento teórico para la solución de una problemática real y objetiva. En todo este proceso de enseñanza-aprendizaje incide de manera directa el conocimiento que posea el estudiante, rasgos de su personalidad, el estilo de aprendizaje y la motivación.

Existen muchas propuestas y definiciones acerca de la creatividad. Para nuestro trabajo nos centramos en lo descripto por Guilfort (1950) por considerar que la creatividad es la base de la educación y la solución a los problemas de la humanidad, fue además el primero en incursionar en el tema y es en la actualidad una de las figuras más emblemáticas. El estudio se apoya en su test donde se mide la creatividad a partir de la fluidez, la flexibilidad, la originalidad, la elaboración y la libertad que para el autor son las causantes directas del triunfo del pensamiento creativo. Guilfort asume además que la producción creativa obedece asimismo a factores temperamentales y motivacionales incluyendo además los estilos de aprendizaje, y que para contribuir a desarrollar el pensamiento creativo es preciso suscitar un ambiente que ayude e incite la creatividad y al mismo tiempo se precisa trabajar en eliminar aquellas barreras que impida su expresión. El fomentar y fortalecer las habilidades de los alumnos, el motivarlos a incursionar en la metodología del aprendizaje mediante proyectos formativos, con un enfoque complejo e interdisciplinario facilita el activar las fases del proceso creativo detallado por Guilfort.

Las fases del proceso creativo de Guilfort se describen a través de las siguientes etapas.

- Input de información: Empieza cuando el input entra en el sistema de comunicación procedente del medio o del interior de la persona. Podría incluir sentimientos y emociones.
- Filtro de la información (Activación y dirección de la atención): la información procedente del medio pasa a través de un filtro.

- Cognición (Percepción de respuestas): la información llega a la cognición. Este paso incluye dos hechos: conocimiento de que el problema existe y conocimiento de su naturaleza.

- Producción (generación de respuestas): consiste en encontrar la solución al problema, que puede ser de tipo convergente o divergente. En el pensamiento convergente, la conclusión viene determinada por la información previa y en el divergente cabe una diversidad de soluciones todas ellas viables según la información de la que se dispone.

- Verificación: Implica evaluación de la respuesta final. Si la respuesta resuelve el problema, el proceso termina. Si no resuelve el problema se empieza desde el principio (Anónimo, 2013, p. 6)

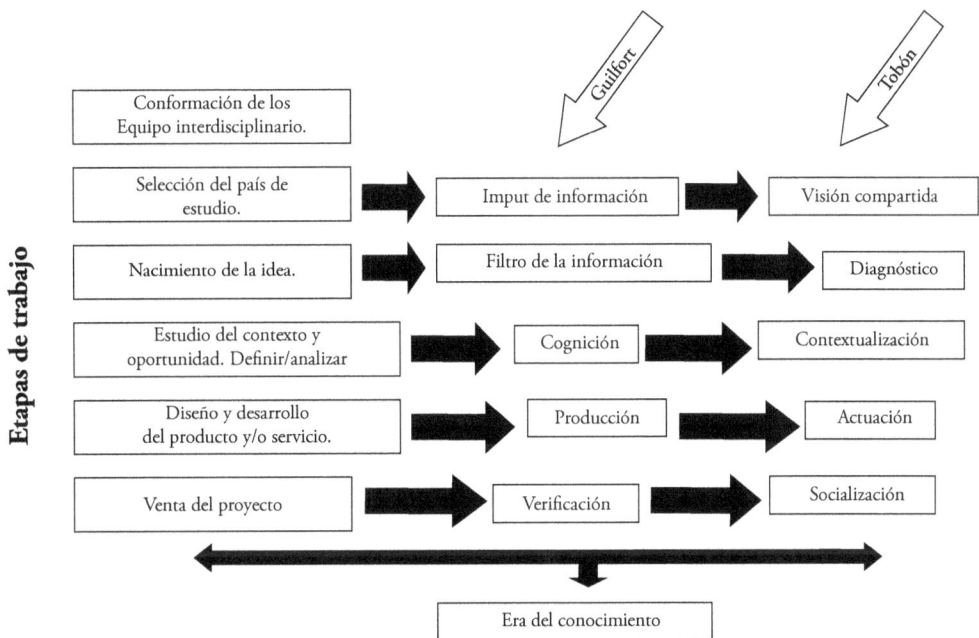

Estas etapas de una forma u otra van dirigidas a generar meta-aprendizaje, ayudan a la compresión, al desarrollo de habilidades, a la resolución de problemas, a la capacidad de actuar sobre un contexto real y al "aprender haciendo"; a partir del descubrimiento de un problema, de su diagnóstico, y la exploración de soluciones creativas e innovadoras interdisciplinarias, en fin va enfocado a la sociedad del conocimiento, que como bien explica Aguerrondo (2009) se basa en otro conocimiento, uno que no entiende el cambio como disrupción del orden sino como innovación prometedora. Uno en el que la ciencia no es solo descripción de las 'leyes naturales' y explicación de los fenómenos sino que conlleva la creación, la modificación de la naturaleza, y por lo tanto da un nuevo lugar al protagonismo humano. Uno en el cual la producción de conocimiento no es una cosa y la ética otra". (p.6). Por lo tanto un elemento clave de este proceso enseñanza-aprendizaje en la era del conocimiento se encuentra la creatividad, (...) y no solo la capacidad, expresada mediante los conocimientos, las habilidades y las actitudes, que se requiere para ejecutar una tarea de manera inteligente, en un entorno real o en otro contexto (Aguerrondo 2009, p .7).

Álvarez (2010) señaló que los ejercicios para estimular la creatividad se basan en propuestas de carácter abierto, permitiendo multiplicidad de respuestas, aceptando y adaptando hacia preguntas divergentes y curiosas, y admitiendo nuevas ideas (p. 18).

Las etapas de trabajo empleados en la intervención educativa (Figura 1)

1. Conformación de los equipos interdisciplinario: la selección de manera aleatoria de los equipos de trabajo, una selección interdisciplinaria donde no importa el semestre en el que cursa los estudiantes.

2. Selección del país de estudio: La selección de un país x en el cual tengan interés de manera colaborativa de estudiar y comparar con México.

3. Nacimiento de la idea: Estudio preliminar del país con la intención de detectar alguna problemática y/o necesidad.

4. Estudio del contextos y oportunidad. Definir /analizar:

5. Deliberación del problema x a resolver, se comienza a estudiar a profundidad las causas que lo originan y las posibles soluciones.

6. Se valora al país en el orden social, cultural, político y económico y como estos ámbitos inciden en la problemática y en la posible solución, las respuestas pueden ser muchas, no obstante se parte de la idea de que sean únicas, innovadora e interdisciplinaria.

7. Para la búsqueda de la solución se realiza estudios de benchmarking (proceso sistemático y continuo para evaluar comparativamente los productos, servicios y procesos de trabajo) con la finalidad de no repetir ideas o sobre la ya existente cambiar y/o mejorar la solución y conocer propuestas de éxitos, todos desde una visión integradora.

8. Diseño y desarrollo del producto y/o servicio:

9. Si se comprueba que la idea puede resolver o minimizar la problemática a solucionar se diseña la propuesta del producto y/o servicio. En este momento es importante la ayuda de maestros, asesores o estudiantes de niveles superiores para la toma de la decisión.

10. Se hace entrega de un proyecto con cada una de las partes que las conforma. Diseño Estratégico, de Concepto, de Detalle, de Venta y Fuentes de referencias. Anexo 1.

11. Venta del proyecto: Por último, a partir de una simulación de negocio se realizan las presentaciones y la compra/venta de los proyectos. Se vende la propuesta de proyecto ante la presencia de un estricto jurado que fungen como agente-comprador. En la generalidad de los casos son más de seis especialistas en las diversas temáticas en la que se desarrollan los proyectos, logrando evaluar de una manera interdisciplinaria cada proyecto (Figura 2).

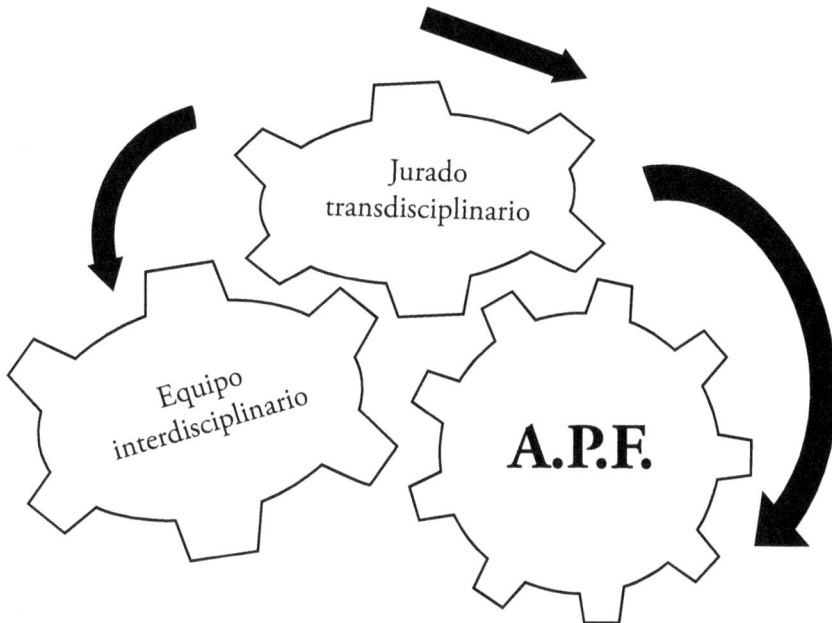

Figura 2

12. A finalizar se realiza una evaluación tanto por parte del jurado como de los propios alumnos de manera individual y grupal. (Díaz, 2014)

El proceso anteriormente descripto está enfocado a fomentar en el alumno ciertas destrezas como la indagación, el trabajo colaborativo, la evaluación, la crítica, la innovación, el diseño de proyectos, la venta, entre otros, logrando que el estudiante aprenda nuevas ideas, sepa buscar soluciones creativas, conocer cómo aprende y que puedan expresar abiertamente su talento de manera tal que pueda combinarlo de una manera eficiente con su equipo interdisciplinario.

Para cumplir con nuestro cometido trazamos los siguientes objetivos:

Objetivo general

Sistematizar una experiencia de cambio de las prácticas docentes de aprendizaje buscando el desarrollo de habilidades de pensamiento creativo en el trabajo con proyectos formativos.

Objetivos específicos

1. Examinar si los proyectos formativos con carácter interdisciplinario ayuda a aumentar los niveles de creatividad en los alumnos universitarios.

2. Evaluar en qué medida el estilo de aprendizaje influye en los niveles de creatividad de los estudiantes.

3. Determinar si existe una relación evidente entre la motivación y el trabajo colaborativo e interdisciplinario en relación a la creatividad.

4. Comprobar si el empleo de otras técnicas didácticas ayudan a estimular la creatividad en los estudiantes.

Metodología

Tipo de estudio

Considerando que la meta del estudio fue sistematizar un proceso de cambio en las prácticas docentes de aprendizaje buscando el desarrollo de habilidades de pensamiento creativo, el tipo de investigación que se implementó fue la investigación acción formativa, definida como el espacio para la formación en investigación y la promoción del talento estudiantil, por medio de un proceso de motivación, participación y aprendizaje continuo que le permita a los estudiantes, participar en actividades para reflexionar y discernir sobre temas científicos de trascendencia en el campo disciplinar específico.

La investigación acción formativa, según Restrepo Gómez, coordinador del Consejo Nacional de Acreditación CNA, Colombia (s.f) aborda, en efecto, el problema de la relación docencia-investigación o el papel que puede cumplir la investigación en el aprendizaje de la misma investigación y del conocimiento, problema que nos sitúa en el campo de las estrategias de enseñanza y evoca concretamente la de la docencia investigativa o inductiva o también el denominado aprendizaje por descubrimiento. (p.5)

Walker (1992) (citado por Restrepo, s.f) manifiesta que es el término de investigación formativa referido a la investigación-acción o a aquella investigación realizada para aplicar sus hallazgos sobre la marcha, para afinar y mejorar los programas mientras están siendo desarrollados, para servir a los interesados como medio de reflexión y aprendizaje sobre sus programas y sus usuarios.

En el mismo sentido, Sell (1996), refiriéndose a investigación formativa en la educación a distancia, afirma que (...) la investigación formativa puede concentrarse en las fortalezas y debilidades de un programa o curso buscando hacer un diagnóstico de lo que puede cambiarse en estos para mejorar y si los cambios que se introducen realmente producen mejoramientos. Podemos referirnos a tal investigación formativa como investigación centrada en la práctica que va desde el enfoque del practicante reflexivo de Schon (1983, 1987, 1995) y la metodología de la ciencia-acción de Argyris, Putnam y Smith (1985), a los estudios de evaluación iniciados en la Universidad de Harvard (Light, Singer y Willet, 1990) y a la investigación de aula de Angelo y Cross (1993). (p.9)

Participantes

La muestra del estudio estuvo conformada por 140 alumnos, la distribución de la muestra se ha realizado en función de una variable dependiente diferenciadora, el aprendizaje mediante proyectos formativos con orientación interdisciplinaria.

82 estudiantes, trabajo con la metodología del aprendizaje mediante proyectos formativos con orientación interdisciplinaria durante todo el semestre. (Grupo piloto # 1)

58 estudiantes que no trabajo con la metodología aprendizaje por proyectos formativos con orientación interdisciplinaria, no obstante en sus clases se combinaron varias estrategias didácticas como el estudio de caso, ensayo, conferencias, presentaciones, mapas mentales, etc., Sólo finalizado el semestre hicieron un proyecto final. (Grupo base # 2)

Procedimiento

El procedimiento de trabajo seguido fue como se explica a continuación:

- En primer lugar:
1. Análisis del modelo de aprendizaje del curso Contextos Internacionales Comparados según el modelo pedagógico Udem.
2. Evaluación y análisis de las experiencias de la aplicación de la técnica aprendizaje por proyectos formativos con orientación interdisciplinaria en el curso Contextos Internacionales Comparados en semestre anteriores.
3. Recopilación de artículos y bibliografías más notables con relación al tema.

- En segundo lugar:
1. Selección de la muestra, clasificación y estrategias de trabajo a seguir en cada grupo (1 y 2).
2. Definición de los instrumentos aplicar para la recogida de la información.
3. Definición de las variables a examinar.
   - Estilo de aprendizaje.
   - Proyecto formativo interdisciplinario.
   - Técnicas didácticas.

- Motivación.
- Creatividad.

4. Elección de los test según los objetivos propuestos.

5. Definición y descripción de cada una de las etapas de la investigación acción formativa.

- En tercer lugar:

1. Diálogo con los estudiantes de ambos grupos (1 y 2) para comunicar la estrategia de trabajo y recabar su compromiso con el proceso, así como conocer las expectativas con respeto al curso.

2. Identificar el conocimiento que los estudiantes poseen acerca del trabajo con proyectos.

- En cuarto lugar:

1. A lo largo de todo el semestre se aplicaron los diferentes test.

- Test estilo de aprendizaje de Grasha-Reichman se ejecutó al inicio del semestre.
- Test de creatividad de Joy Paul Guilfort aplicado al principio y al final del curso.
- Test información básica del estudiante en cuanto a su conocimiento con el trabajo con proyecto, sus expectativas del curso, el trabajo colaborativo, el cual se realizó al inicio del semestre.
- Test de evaluación final del curso para conocer el aprendizaje, diseño de actividades, contenido, trabajo colaborativo, medios de comunicación a partir de la Técnica del PNI Positivo / Negativo / Interesante de Edward de Bono conocido como "beneficios y pérdidas", se efectuó a final del semestre.

2. A lo largo de todo el curso se hizo un intensivo proceso de observación de cada una de los indicadores y variables a observar, así como entrevistas a los estudiantes y jurado de las presentaciones de los proyectos; ambos instrumentos ayudaron a disponer de momentos de reflexión que ayudaron a cambiar alguna de las acciones ya planificadas y crear otras que favorecieran al mejor desempeño de los objetivos.

3. Constantemente se estuvieron haciendo anotaciones al cuaderno de campo.

4. La evaluación y coevaluación de los estudiantes y equipos contribuyeron a darnos una fotografía constante de lo que estaba aconteciendo durante el semestre.

Instrumentos

Como parte de la exhibición del proceso de investigación se muestra y pondera el trabajo de campo y las estrategias de investigación, primeramente se hizo gala de la observación no participante de los trabajos realizados en el salón de clases y luego en el accionar colaborativo para la elaboración y diseño de cada uno de los proyectos tanto dentro como fuera del salón de clase. La reflexión con base a conocer los niveles de creatividad toma como modelo lo expuesto por Joy Paul Guilfort y para comprender el estilo aprendizaje se emplea el test de Grasha- Reichman, ambos tomado ex profeso para el análisis, porque permite examinar y pensar en torno a lo que acontecía con la aplicación de esta modalidad de trabajo.

Se aplicaron varios instrumentos de recogida de información a lo largo de todo el semestre que se explica a lo largo del trabajo.

- Observación no participante: se empleó fundamentalmente en el salón de clase, iba encaminada a tomar nota de lo acontecido con respeto al trabajo colaborativo y a la toma de decisiones acerca del proyecto a realizar, la observación estuvo restringida a aclarar alguna indicación de la actividad.

- Entrevistas en profundidad: gracias a estas entrevistas se ha podido penetrar en las dificultades, argumentaciones, ambigüedades y alternativas de solución encontradas con relación a la aplicabilidad del Aprendizaje mediante Proyecto Formativo con orientación interdisciplinaria y la creatividad.

- Cuestionarios y test.

- Listas de cotejo para la evaluación: Listado de aspectos a evaluar (contenidos, capacidades, habilidades, conductas, etc.

Toda la información obtenida se agrupó y permitió conseguir unas conclusiones reflexivas y contrastantes con estudios anteriores realizados al propio curso. La codificación de la información se ejecutó en base a las variables concretadas en bloques de reflexión.

- Bloque I: Aprendizaje por proyecto formativo interdisciplinario – pensamiento creativo.

- Bloque II: El estilo de aprendizaje – pensamiento creativo.

- Bloque III: Motivación, técnica y estrategias de aprendizaje - pensamiento creativo.

Resultados

Bloque I: Aprendizaje por proyecto formativo interdisciplinario – pensamiento creativo.

Con el fin de proveer una interpretación de los resultados hallados a partir del análisis de la información, exponemos primeramente los gráficos obtenidos de la tabulación de las contestaciones de los alumnos de la muestra del grupo piloto a1 referido al aprendizaje por proyecto formativo Interdisciplinario. La encuesta fue realizada a finales del mes de febrero y principio de marzo de 2015. La población a analizar fue el grupo de alumnos universitarios del curso Contextos Internacionales Comparados en la modalidad semipresencial, es un curso de tronco común, obligatorio para todas las carreras. La muestra es de 82 alumnos.

En los siguientes gráficos presentamos los resultados del test aplicado para conocer en los estudiantes del grupo 1 su opinión acerca del trabajo en equipo, sobre el diseño de proyectos, sus expectativas en cuanto a una idea novedosa y la venta de su producto y/o servicio diseñado. Los resultados quedaron como sigue. Anexo 2

De los 82 alumnos encuestados, el 62% son mujeres y el 37% son hombres.

sexo

Mujer

Hombre

Gráfico 1

Las edades promedio de los estudiantes giran entre los 17 y 26 años de edad, sobresaliendo las edades de 20 años con un 24 %, 22 con 17% y 21 con un 16%. El 57 % están por encima de los 20 años de edad, este indicador está acorde con las características de la población encuestada, ya que este curso estaba dirigido en especial a estudiantes de semestres avanzados.

Años

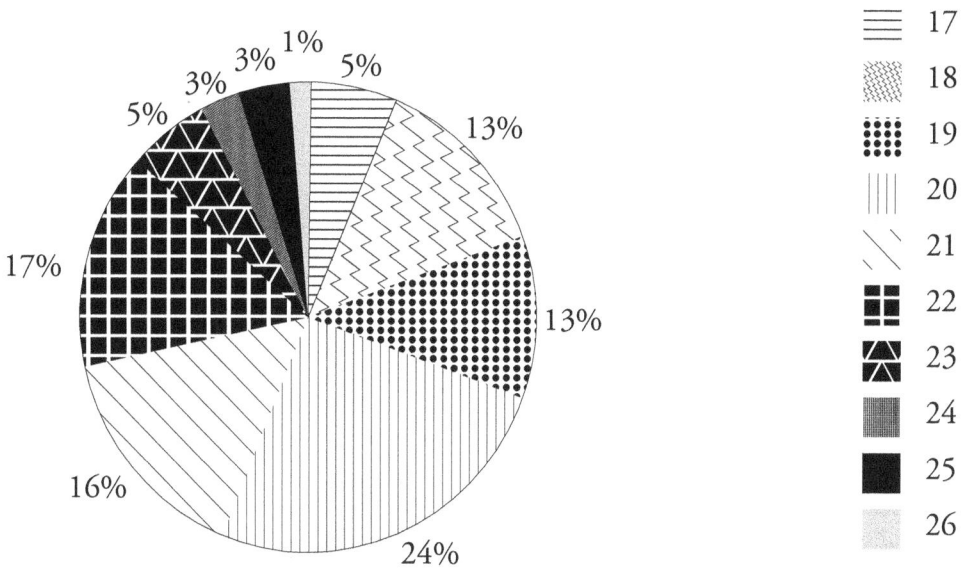

≡	17
▓	18
⁞⁞	19
‖‖‖	20
╲	21
▦	22
◩	23
▦	24
■	25
░	26

Gráfico 2

El 73% de los alumnos del grupo piloto 1 no habían trabajado por proyectos en ningún momento de su vida, tan sólo el 27% sí, (Gráfico 3), por lo que era una cifra bastante alta, y en la que se debía trabajar en dos aristas esencialmente:

1. Explicando en detalle las fases de los proyectos, sus beneficios y limitaciones.

2. Y por el otro lado trabajar directamente en la motivación. Ya que el trabajo por proyecto emana mucho compromiso y cuando es diseñado por un equipo interdisciplinario mucho más, pues en él es sustancial una coordinación muy eficiente para poder lograr los objetivos deseados y planteados en el curso.

▓ Si ■ No

27%

Gráfico 3

De los proyectos trabajados o en los cuales se estuvo involucrado, de una forma u otra, giraban en torno a los siguientes temas.

Proyectos sociales, en asilos (1), escuelas (2), apoyo social a personas de escasos recursos (1), de motivación a la caridad y al cambio positivo en el mundo (1), conductor designado (1), de intervención y prevención psicológica (1).
Proyectos educativos, manual de estimulación temprana (1), dirigidos a niños con capacidades diferentes (1), proyecto de investigación en un kínder que trataba sobre mejorar al comportamiento y habilidades de niños de 3 a 4 años (1), un libro de inglés para niños (1)
Proyectos de diseño, arquitectónico (4), diseño sostenible (1), de interiores (1), orientación sobre la construcción de vivienda a personas de bajos recursos (1), mueblería (1), creación de un nuevo producto (2), sistema de gestión para una institución no lucrativa (1)
Proyectos de servicios e investigación (interdisciplinario), implementación de Manufactura Esbelta en una línea de producción de Motores (1)
Proyectos tecnológicos (1)
Proyectos para la clase de emprendedurismo social (3)
Trabajos finales para ciertas materias (2)
Clínicos y comunitarios (2)
Cortometrajes (1)

Tabla 1

El interés puntual en este test era conocer los criterios que los alumnos tenían acerca del trabajo en equipo y sobre todo cómo percibían el trabajar con un equipo interdisciplinario. La selección de los equipos de trabajo fue aleatoria, se buscaba que en cada caso existiera una representatividad de algunas de las carreras presente en el grupo 1. Como la gráfica 4 nos ilustra el 49% de los alumnos consideran que esta forma de trabajo es muy buena, el 33 % que es excelente y tan solo el 15 % piensan que es bueno y el 3% que es regular.

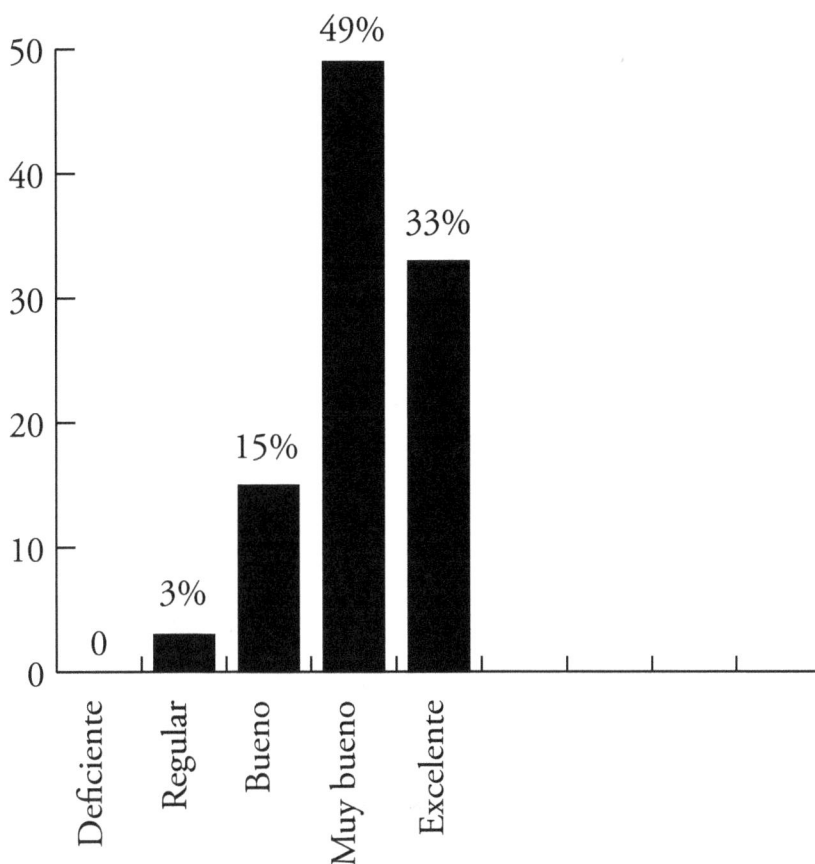

Los criterios seleccionados para identificar sus razones aparecen en la Tabla 2, para una mayor comprensión se dividió en aspectos positivos y negativos. Atendiendo los diferentes comentarios relacionados con este acápite se notó una valoración positiva, destacándose las ventajas y oportunidades que puede lograr un trabajo colaborativo con un sentido interdisciplinario, en general podemos observar, atendiendo a la Tabla 2 y los respectivos gráfico 3 y 4, que a pesar de que el 73 % de los alumnos encuestados nunca habían trabajado por proyecto y muchos menos con un equipo interdisciplinario consideran que esta modalidad de trabajo es una buena opción de aprendizaje, un campo abierto al dialogo, a nuevas ideas, a la innovación, a la colaboración y a la búsqueda de nuevas soluciones desde una visión compleja e interdisciplinaria.

Con base a estos resultados se denota que existe una inclinación al nivel de satisfacción del trabajo bajo esta modalidad, no obstante este resultado contrasta con tan solo un 3% con una valoración de regular, esta dimensión hace referencia a su gusto por el trabajo individual, el 12 % que lo consideraron bueno advierten que no lograron alcanzar un nivel de comunicación eficiente entre los miembros del equipo, una organización optima, que no hubo una participación equitativa entre todos los miembros del equipo y que no supieron involucrase desde sus carreras al proyecto de una manera eficaz.

¿Cómo consideras el diseñar un proyecto en otro país?, era otras de las preguntas realizadas. Se debe recordar que los estudiantes debían diseñar un proyecto para otro país, para el cual apremiaba estudiar en detalle el aspecto sociodemográfico, económico, político y cultural, por lo que era mucho más difícil su diseño, porque partían de una realidad que desconocían totalmente, y para lograr un diseño real y objetivo se hacía necesario estudiar en detalle cada una de los aspectos antes mencionadas.

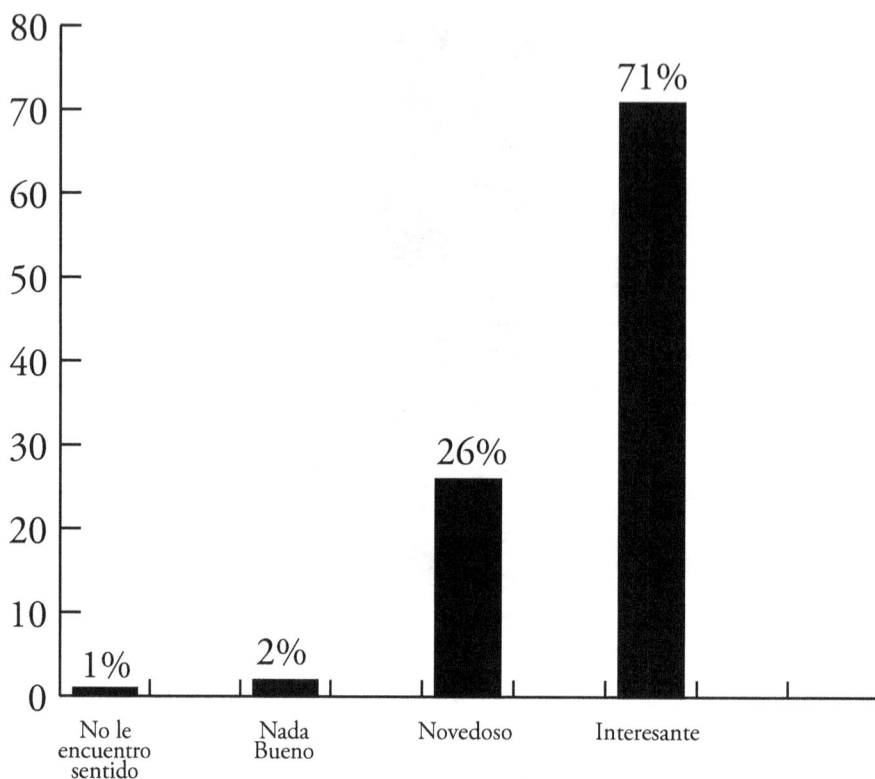

Gráfico 5

Como se puede observar en el gráfico 5, las opciones de esta pregunta son cuatro. El 71% de los alumnos especificaron como interesante el crear proyectos para otro país, seguida del 26 % que lo consideraron novedoso, tan sólo el 2% señaló que nada nuevo y 1% no le encontró ningún sentido a la acción educativa. Por lo tanto la actividad de realizar un proyecto en otro país con la finalidad de solucionar alguna problemática social, educativa, cultural e investigativa o de negocio era de por sí un estímulo; estos resultados son bastantes coherentes y están en correspondencia con los estudios que sobre el mismo curso se hicieron hace dos semestres atrás, donde marcaba un interés muy particular por parte de los estudiantes el conocer el país a partir del diseño de proyectos, ponerse en contactos con personas de la región, entrecruzar opiniones y escuchar sugerencias, así como, revisar fuentes confiables en internet; el involucrar a varias carreras obligaba a estudiar más en detalle la realidad que debían transformar, por lo que se hiso más evidente la necesidad del autoaprendizaje y el trabajo colaborativo como se pudo apreciar en el estudio

Una mirada al curso Contextos Internacionales Comparados desde la teoría de la complejidad, tomando como punto de partida el Aprendizaje Basado en Proyecto desde una visión transdisciplinario (Díaz, 2014). En ambos estudios se muestra un perfil de respuesta igualitario, denotándose como interesante y novedoso para los estudiantes el estar en contacto con otra realidad, el comprenderla, visualizarla y crear un proyecto en respuesta a una problemática determinada.

Con la finalidad de complementar los resultados de la pregunta anterior, se les pregunto si el diseñar un proyecto en otro país les permitía comprender y conocer mejor el país y profundizar aún más en su futuro profesional.

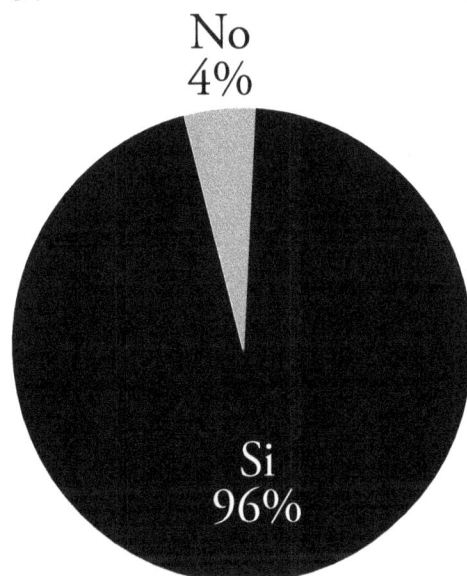

No
4%

Si
96%

Gráfico 6

Como cabría de esperar, y en relación a la pregunta anterior el mayor por ciento de los encuestados (96 %) señaló como afirmativa su respuesta en cambio tan solo un 4% marcó que no.

Los resultados a estas dos preguntas están en correspondencia y evidencia que el "aprender-hacer" es una buena opción para coadyuvar al aprendizaje de los estudiantes, que cada vez más se hace necesario e imprescindible el involucrar a los alumnos con la realidad objetiva, que se nutran de un fundamento teórico válido, pero que anden en la búsqueda de nuevos y más complejos conocimientos, que sus miradas no se concentren tan sólo en el perfil de su carrera. Se precisa abrir el espectro de su visión, de aprender a trabajar en equipos interdisciplinario y salir de los límites de su confort.

Para comprender en detalle su opinión se les sugirió explicar el porqué de sus respuestas. Se tratan de afirmaciones que básicamente aluden a visiones de futuro en cuanto a un mayor conocimiento de la cultura, en su sentido amplio de la palabra; una mayor preparación para asumir los retos que este mundo globalizado les tiene reservado, porque es una forma de abrir su visión acerca de un determinado tema y cultura; es un medio de ampliar su expectativa con respecto a su carrera y su futuro profesional. El 4% que no lo consideró importante señala no encontrar nada trascendental al estudio conservando una visión más limitada del proceso. Este resultado no sorprende en absoluto. Es evidente que existen estudiantes que aún no están preparados al cambio, no solo en la manera de abordar un tema desde la perspectiva de la complejidad, sino también en cómo trabajar con un equipo interdisciplinario, sobresaliendo su inquietud en trabajar de manera colaborativa y su inclinación a una forma individual de trabajar y enfocar su trabajo. Tabla 3.

Es interesante conocer la opinión de los estudiantes acerca del diseño de proyectos con la finalidad de conocer si el Aprendizaje por Proyecto Formativos, era una técnica de aprendizaje eficiente para su enseñanza, lo cual quedó ampliamente evidenciado en las interrogantes anteriores; era necesario saber además si el trabajar con un equipo interdisciplinario era una buena estrategia educativa para lograr un mayor aprendizaje. Para tales objetivos se formuló la siguiente pregunta ¿Cómo consideras el concretar la idea de tu proyecto a partir de la conformación de un equipo interdisciplinario? se proporcionó cinco opciones, arrojando los siguientes resultados, el 41% señalo que fue más o menos; el 30 % que fue fácil; el 13% que fue difícil; el 12% muy difícil y tan sólo el 4% muy fácil como se muestra en el gráfico 7.

En este caso los porcentajes denotan cierta complejidad a la hora de concretar una idea con un equipo interdisciplinario, los estudiantes no están habituados a salir de su zona de confort, tan solo se siente seguros; animosos y fuertes ante los desafíos que envuelve el mundo académico en el que se desenvuelven, obligándoles a tener una visión muy limitada de un acontecer, pues adolecen de la capacidad de generar ideas interdisciplinaria; aquellos que lo consideraron fácil se correspondió en cierta medida el contar con un equipo de trabajo eficiente, de mucha colaboración y entusiasmo.

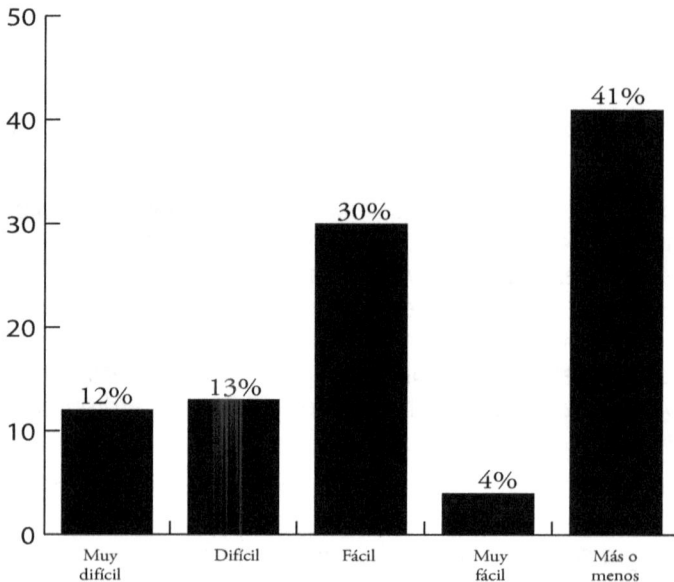

Gráfico 7

Al aplicar este test, ya los estudiantes tenían trabajada su idea, por lo tanto ya contaban con toda la estructura de su proyecto, les quedaba diseñar el producto y/o servicio que introducirían para minimizar una problemática x en el país escogido. En todo momento se le estuvo explicando, sugiriendo e indicando que el proyecto debía ser único, creativo, innovador e interdisciplinario, por lo que se les preguntó si creían que su idea era novedosa. Obsérvese en el gráfico 8 que el 95% de los alumnos alegó que su idea era novedosa, tan sólo un 5% no. Esta diferencia es muy notable, pero viene en correspondencia con el 4% del gráfico 6 que consideraban que no era importante conocer la cultura de otro país y con el 1% que en el gráfico 5 mostraba que no tiene sentido hacer proyectos y el 2% que lo consideraba nada bueno. Este pequeño por ciento es el equivalente además aquellos que a sabiendas que su idea no es novedosa, porque no es original, a causa de la existencia de ideas parecidas a las suyas, continúan con el cometido de seguir con su proyecto y no fueron capaces de crear algo nuevo a partir de lo ya existente, revelando a su vez bajos niveles de creatividad. Estos alumnos coinciden con aquellos equipos que no lograron conseguir una buena calificación por su falta de empeño; de búsqueda y su apatía con el trabajo interdisciplinario.

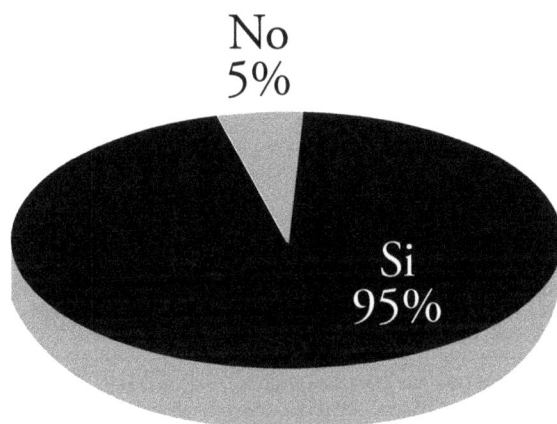

Gráfico 8

Se les propuso el que explicarán sus razones, y quedo de la siguiente manera:

Es algo que se necesita mucho en el país donde se implementará, parte además de una necesidad social importante.
Es algo prácticamente nuevo.
Está muy bien pensada y el equipo cuenta con varias carreras que nos hizo pensar en algo novedoso.
Porque resuelve un factor crítico de nuestro país.
Beneficiará a personas que se ven forzadas a vivir en espacios muy pequeños y en condiciones muy difíciles.
A pesar de que existen proyectos parecidos, con nuestras disciplinas lo estamos complementando para crear algo bastante diferente.
Porque no es igual a las demás.
Por lo que hemos estudiado, no hay una igual a ésta.
Han existido ideas parecidas, pero no en el contexto mostrado.

Han existido ideas parecidas, pero no en el contexto mostrado.
No es del todo novedosa, pero se enfoca a la necesidad de una región específica del país y la necesidad de medicamentos y nutrición.
Es muy adecuada a los tiempos modernos y cumple con necesidades existentes.
En México no existe algo así.
Creo que ya se ha pensado, pero no se ha llevado acabo.
Incluye aspectos ecológicos y orgánicos que podrán ayudar al medio ambiente en un futuro.
Es algo que nunca se ha visto junto; además de que brinda educación y ayuda psicológica en un sentido distinto al común.
Porque no existe algo semejante.
Porque es algo que nadie había hecho.
Es una combinación de la información de un museo (pasado) y la tecnología (futuro/presente).
No es novedosa, pero es una manera de mejorar algo. Es diferente innovar y mejorar un producto, servicio, etc. Nosotros optamos por mejorar algo.
Es el conjunto de varias ideas ya realizadas, pero complementada.
Porque a pesar de ser algo que ya existe, sigue siendo un producto relativamente nuevo y desconocido, además de costoso. Lo interesante es encontrar la manera de hacerlo más accesible y amigable con el consumidor.
Sí, porque a pesar de que existen programas de apoyo para los niños huérfanos, ninguno ofrece la combinación de: motivación mediante necesidades profundas, liderazgo, materias de razonamiento analítico y vivencia aplicada mediante ferias en donde puedan aplicar todo lo aprendido durante el programa, por lo que estamos ofreciendo un valor agregado, en donde integramos varios programas en uno, además del método de aplicación.
No es algo que no exista, es claro que sí existen otras aplicaciones pero no hay una como la de nosotras y ninguna ayuda a personas en Tailandia, que tengan bajos recursos.
Es algo diferente, lo que queremos es transformar vidas y garantizar el desarrollo personal de los niños que se quedan sin padres debido a la inseguridad (narcotráfico, etc...), no es un proyecto que sea común.
Porque es algo que no existe en aquel país y aparte ayuda y beneficia a la sociedad.
Consta de muchos aspectos que ayudaran a la población, ya sea de el país para el que está diseñado o para otros países
No siento que sea una idea novedosa, ya que considero el problema que tratamos de atacar bien conocido por todos, pero si bien no es nuevo es un problema no atacado correctamente, o no es una solución explotada al cien por ciento, siendo esto lo que nos convenció a llevarlo a cabo; con la finalidad de terminar de explotarlo y dar a conocer a la gente que una solución tal vez ignorada o no aplicada correctamente sí puede funcionar.
Porque ofrece un plus, no es un programa de desarrollo académico y formativo común, es un programa que pretende atender a una problemática, llegando primero a los corazones de los niños para de esta manera "sanar" los problemas profundos y de esta manera comenzar con una persona fuerte integralmente para posteriormente desarrollar su potencial académico.

Tabla 4

Para determinar el grado de seguridad de cada uno de los alumnos con respecto a sí su proyecto pueda ser comprado o no por un jurado especializado e interdisciplinario, se elaboró esta penúltima pregunta determinándose la proporción entre el número de los que contestaron sí con un 90 % y los que expresaron que no con un 10%, como aparece en el gráfico 9. De esta manera se determinó que el mayor por ciento de los estudiantes tenía la más amplia seguridad que su proyecto iba a ser comprado.

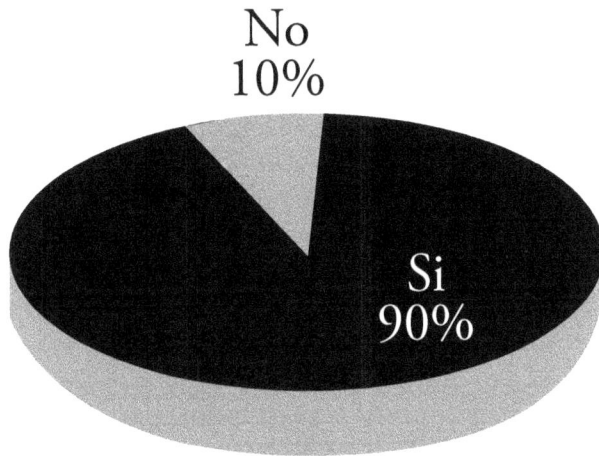

No
10%

Si
90%

Gráfico 9

Y por último para no limitar las respuestas a simples observaciones se les dio la oportunidad de expresar de manera abierta sus consideraciones con respecto a la expectativa de la actividad, concretándose al diseño y venta del proyecto, al trabajo en equipo interdisciplinario y el estudio de otros país en el orden sociodemográfico, cultural, político y económico. Los resultados obtenidos son como aparecen en la tabla 5. Obsérvese que el mayor por ciento de los encuestados refiere el contar con expectativas con relación a la acción educativa, considerando en sentido general como fructífera la actividad del diseño de proyecto e interesante y necesario estudiar a otro país en los diferentes ámbitos, y algo trascendental el trabajar bajo presión y la adquisición de conocimientos y habilidades diversas, producto del accionar del equipo interdisciplinario. No obstante, aparecen cuestionamientos que pretenden captar una opinión o actitud diferente, provocando en pocos alumnos un interés bajo relacionado con el hecho de considerar poco importante y significativo el trabajar por proyecto y con un equipo interdisciplinario.

Consideraciones finales de la encuesta

Los estudiantes al encontrarse con una materia de troncón común, es decir obligatoria para todas las carreras, que les obligaba a indagar, cuestionar y buscar una solución interdisciplinaria a una problemática social era algo sorprendente para muchos, opinando que "Sólo me había tocado una materia así y no con un corte interdisciplinario y era para negocios", " Pensar que en una materia de tronco común fue donde hice mi primer plano arquitectónico, estaba emocionada", "La verdad cuando vi la materia pensé que iba a estar aburrida, pero pasaron los días y la maestra empezó a decir acerca del proyecto en otro país y se me hizo bastante interesante", "A decir verdad en un principio no me lo estaba tomando muy en serio, pero conforme han pasado las etapas del proyecto me he dado cuenta que en realidad es algo que va a tener un gran impacto en nuestro futuro, por lo que planeo utilizar todo el tiempo que sea necesario para que el resultado del mismo sea el mejor", "Quién sabe, tal vez consigamos que alguien se interese por nuestra idea y termine invirtiendo en el mismo. Eso sería realmente satisfactor para mí y para el equipo, pues el trabajar de forma interdisciplinaria es realmente complicado, algo que nunca habíamos (o al menos yo) hecho.

Si a eso le agregamos el trabajar sobre un país en el que no vivimos, la complejidad del trabajo también incrementa, pero espero que todo lo que estamos haciendo resulte como lo estamos esperando, pues todos estamos poniendo mucho empeño y esfuerzo en el proyecto."

Los resultados de la observación y de la encuesta aplicada al grupo base 2 (58 alumnos) los cuales durante todo el semestre trabajaron de manera colaborativa, no necesariamente con un equipo interdisciplinario, se involucraron con estudios de casos, investigación, ensayos, mapas mentales, presentación de los hallazgos investigativos, elaboración de un proyecto como trabajo final del curso donde seleccionaron una experiencia del país de estudio que pudiera ser aplicado y adaptado a México en respuesta a una problemática x, reveló cierta tendencia a la investigación, a la búsqueda de nuevas y atractivas propuestas, pero estás se vieron limitadas en ciertas medidas al estudio de temas teóricos, históricos e indicadores poblacionales y económicos que a pesar de ser asunto de actualidad no trascendieron más allá de un simple reflexión.

La motivación al análisis, la búsqueda, la reflexión de los temas y la creatividad no lograron los niveles de respuesta alcanzado en el grupo 1 quedando demostrado que el aprendizaje por proyecto formativo con una orientación interdisciplinaria, coloca al estudiante ante una problemática real donde el alumno está obligado a busca una solución inmediata, innovadora y creativa, por lo que se hace necesario incursionar en otros temas que en ocasiones van más allá de los solicitado en clase, porque cada proyecto es completamente diferente, es un abrir al espectro de su conocimiento; al diálogo; es hurgar en materias que ya han recibido y otras que no; es tomar decisiones muy puntuales; es ser tolerantes, flexibles, colaborativos y autodidactas.

A partir del análisis de cada una de las preguntas y los comentarios al grupo 1 se concluye que en efecto, el trabajo con la técnica de aprendizaje por proyecto formativo interdisciplinario es un reto para los alumnos que les ayuda a sumergirse en un mundo real completamente globalizado, que les permite observar y aprender de los demás, abrir su visión, descubrir ciertas habilidades ocultas, proyectar un plan de vida a futuro, a tener mayores incentivos para conocer sobre otras culturas y sobre la problemática x a resolver; a poseer las herramientas básicas y elementales a la hora de diseñar un proyecto. El estar ante una nueva forma de trabajo con una visión más compleja e integradora puede influir de manera directa en el autoaprendizaje del estudiante y en el obtener un perfil orientado hacia el trabajo colaborativo construyendo grandes lazos de colaboración, motivación e interés de innovación en beneficios de un bienestar social.

En otro orden de cosas; la modalidad del aprendizaje por proyecto formativo, exige una mayor preparación del maestro que no necesariamente debe conocer de todos los temas, pero sí debe destacarse por ser una persona creadora, motivadora, flexible y sobre todo un facilitador activo de todo el proceso, por lo que necesita a su vez colaborar y apoyarse en otros especialistas con la finalidad de abarcar y guiar de una manera correcta y efectiva el diseño y gestión de cada proyecto.

Estos resultados quizás no parezcan sorprendernos, pero el hecho de que hemos podidos comprobar que casi la totalidad de los alumnos consideren que el aprendizaje por proyecto formativo interdisciplinario es una buena opción para su aprendizaje es un indicador que demuestra su efectividad académica y que es una vía ideal para estimular a los estudiantes a pensar y diseñar un producto y/o servicio completamente nuevo, novedoso e innovador, haciendo gala de sus habilidades, conocimientos, aptitudes y recompensas por un buen intercambio de ideas, provocados por el quehacer del equipo interdisciplinario. Impulsa a la crítica; al intercambio; a la conformación de un conocimiento compartido.

El estudiante es el responsable de su aprendizaje y del resto de su equipo, surge a su vez un compromiso por el trabajo donde cada estudiante es pieza clave del proyecto, y se acrecienta a su vez en cada alumno la autoestima, originándose por todo lo anteriormente mencionado un aprendizaje creativo.

Entonces podemos concluir en este Bloque I: aprendizaje por proyecto formativo interdisciplinario – pensamiento creativo, que la metodología del aprendizaje por proyecto formativo sí refuerza el pensamiento creativo. Cabría preguntarse además, si el estilo de aprendizaje tendrá de igual manera una incidencia directa en los niveles de creatividad de cada uno de los alumnos del curso Contextos Internacionales Comparados, como refiere Joy Paul Guilfort.

Bloque II: El estilo de aprendizaje – pensamiento creativo.

En el análisis de las deducciones correspondiente a este segundo bloque se tomó como punto de partida el test de aprendizaje de Grasha - Reichman, se aplicó al inicio del curso a los estudiantes del Grupo piloto 1, es decir, a los 82 estudiantes que trabajaron todo el semestre con la metodología del aprendizaje por proyecto formativo con orientación interdisciplinaria.

El cuestionario de Estilos de Aprendizaje de Estudiantes (Student Learning Styles Questionnaire) es un modelo creado en 1974 por A. Grasha y S. Riechmann que analiza el aprendizaje de los estudiantes en un contexto grupal apoyándose fundamentalmente en las relaciones interpersonales. Es un test compuesto de 60 preguntas o ítems que permite distinguir el sistema de aprendizaje del estudiante a partir de seis estilos, entre los que se encuentra dependiente, independiente, colaborador, apático o evasivo, competitivo y participativo.

Para descubrir el estilo de aprendizaje sobresaliente se suman las puntuaciones de cada columna y se coloca en cada espacio el resultado que corresponda, luego se divide la puntuación total de las columnas por 10 y se coloca en los espacios asignados (Grasha, 1996). Estos resultados tratan de indagar en las actitudes que poseen los estudiantes como consecuencia de su estilo de aprendizaje. El cuestionario se responde de manera individual. Anexo 3

En el estudio se tornó interesante el conocer cómo aprenden los estudiantes por varias razones:

- Muchos estudiantes no tienen muy claro cuáles son sus habilidades de aprendizaje, realmente el explorar cuales eran sus formas de aprender, tanto por parte del estudiante y del equipo de trabajo, ayudaba a lograr una mayor interacción entre ellos y un mayor despliegue de su accionar enfocado a satisfacer las necesidades de aprendizaje y sobre todo una definición muy puntual de los roles que se asumen ante el impulso de la metodología de aprendizaje por proyecto formativo interdisciplinario.

- Se debía trabajar directamente con aquellos estudiantes y su equipo en los cuales el resultado del test no les convencía, porque consideraban que sus puntuaciones no eran las correctas; todos se atrevieron a repetir el cuestionario arrojando los mismos resultados, provocando un cambio de actitud, pues apenas estaban descubriendo sus verdaderas habilidades de aprendizaje, y un estado de reflexión y análisis de las actitudes reportadas como alto, medio y bajo.

- El comprender y analizar las actitudes de cada uno de los estudiantes de manera individual y el razonar de manera grupal los resultados ayudaba a reconocer las fortalezas y debilidades con las que el equipo contaba para emprender el viaje a ese mundo de proyecto, donde se hacía necesario reforzar algunos estilos de aprendizaje y minimizar otros que pudieran erosionar el trabajo grupal y el trabajo por proyecto como lo era específicamente la apatía y la dependencia.

Antes de comenzar con el análisis del test se expone brevemente lo que para estos autores significan cada una de estas actitudes. Grasha y Riechmann, (1975).

Participativo	Elusivo	Competitivo
-Son buenos elementos en clase, disfrutan la sesión y procuran estar al pendiente la mayor parte del tiempo. -Tienen mucha disposición para el trabajo escolar.	-No manifiestan entusiasmo en clase. -No participan y se mantienen aislados. -Son apáticos y desinteresados en las actividades escolares. -No les gusta estar mucho tiempo en el aula.	-Estudian para demostrar su supremacía en términos de aprovechamiento o calificación. -Les gusta ser el centro de atención y recibir reconocimiento de sus logros.
Colaborativo	**Dependiente**	**Independiente**
-Les gusta aprender compartiendo ideas y talentos. -Gustan de trabajar con sus compañeros y con sus profesores.	-Manifiestan poca curiosidad intelectual y aprenden solo lo que tienen que aprender. -Visualizan a los profesores y a sus compañeros como figuras de guía o autoridad para realizar sus actividades.	-Les gusta pensar por sí mismos. -Son autónomos y confiados en su aprendizaje. -Deciden lo que es importante y lo que no lo es, y gustan de trabajar de manera solitaria. -Evitan el trabajo en equipo.

Tabla 6

Tabla 6

El test fue aplicado en el salón de clases y respondido por el 100% de los alumnos del grupo 1 y valorados en los grupos de trabajo como se explicó anteriormente. Un mismo estudiante puede obtener varios estilos de aprendizaje con un mismo valor, es decir Alto, Medio y Bajo, por lo que nos limitamos a contabilizar los resultados de manera independiente y dividirlo entre el número de estudiantes para conocer a qué por ciento no estamos refiriendo.

Con respecto al parámetro Alto se destaca que del 100% de los estudiantes encuestados al menos a cada uno de ellos le afloró tener al menos dos actitudes Alto, sobresaliendo como se observa en el gráfico 10, los valores, Independiente con un 60%; Colaborativo con un 59%; 57% Participativo; 39% para Dependiente y Competitivo y un 36% Apático.

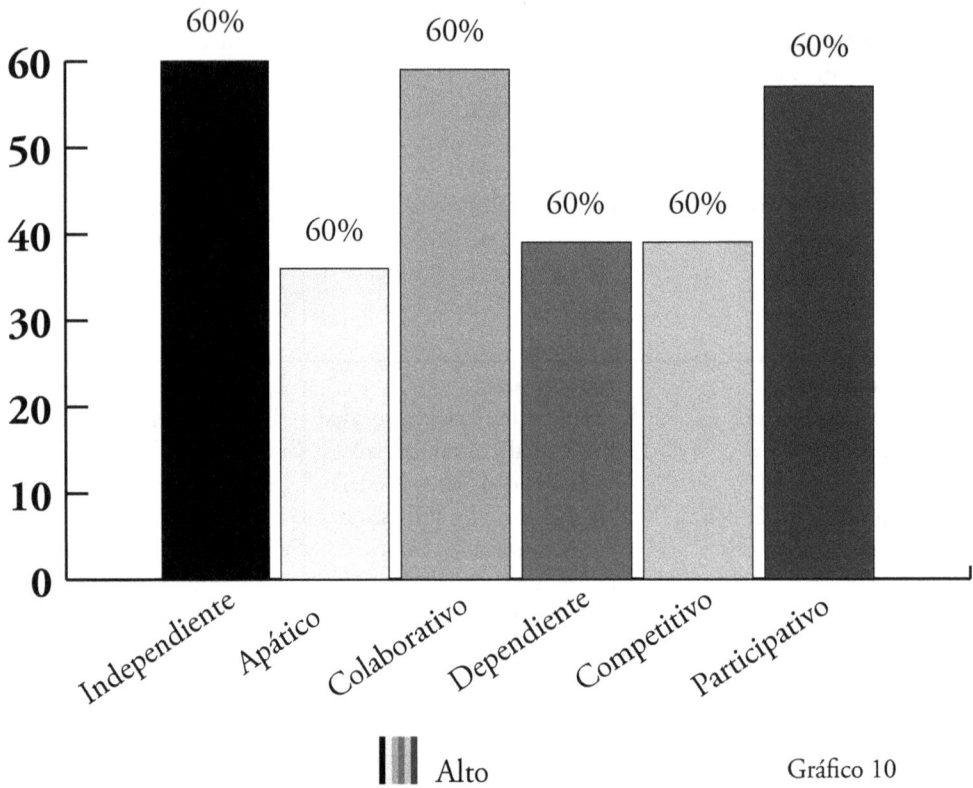

Alto   Gráfico 10

Los resultados muestran ciertas prevalencias Alto en independiente, colaborativo y participativo, actitudes que eran importantes poseer para lograr un trabajo de equipo eficiente y un mejor provecho del Aprendizaje por Proyecto Formativo interdisciplinario, no obstante, se convirtió en una preocupación latente el que algunos alumnos obtuvieran como Alto el ser apático y dependiente, rasgo nada aconsejable ni beneficioso para el trabajo en equipo por lo que minimizarlas se convirtió en una de las tareas principales, no sólo del maestro sino del resto de los integrantes del equipo. En otro asunto, nuestra idea era poder enfrentarnos, crear y diseñar un producto y/o servicio en un mundo globalizado y extremadamente competitivo por lo que debíamos trabajar con el 61% de los alumnos que no eran altamente competitivos. El 60 % de los alumnos que sobresalieron como independientes era un bombillo rojo porque a pesar de ser muy libres y entregados en su autoaprendizaje gustaba por lo general trabajar de manera independiente y en ocasiones evitaban el trabajo en equipo que era uno de los propósitos del curso.

En relación al valor Medio, como se denota en el gráfico 11, el mayor por ciento se destaca con el participativo con un 43%; 40% dependiente; 33% competitivo; 28% apático y con un 27 % colaborativo e independiente. Los estudiantes dependientes se caracterizaban por mostrar poca curiosidad en la investigación, tan sólo se limitaban a lo que se les solicitaba, y los apáticos, pues como la palabra lo dice, no mostraban ningún interés por la investigación y su diseño, su participación en el proyecto le era irrelevante, su finalidad era obtener la calificación de aprobado sin el mayor esfuerzo. Es evidente que aún subsiste la dependencia al maestro y al aprender tan solo lo que se le asignan que estudien, y esto era una gran inquietud puesto que los estudiantes al trabajar con la metodología del Aprendizaje por Proyecto Formativo interdisciplinario, debían ser más autónomos, estaban obligados a buscar información e indagar en otros temas que no les fueron señalados, pero que eran imprescindible investigar, por lo que se precisaba estimular al estudiante y elevar su interés por el curso. Uno de los factores que nos ayudó es que el diseñar un producto y/o servicio que ayudará a minimizar una problemática social x era un gancho importante.

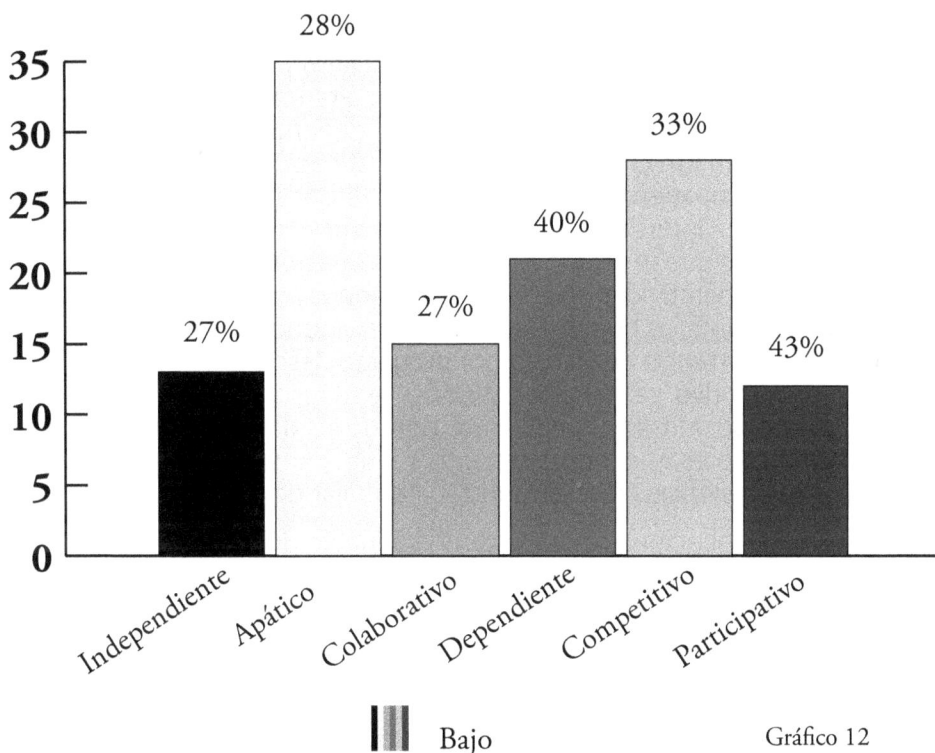

Gráfico 12

Consideraciones finales del Test de Aprendizaje

Al examinar la correspondencia entre los estilos de aprendizaje pudimos descubrir que era necesario trabajar al mismo tiempo, en desarrollar y aplicar la metodología de proyectos y potenciar aquellos actitudes que favorecen el accionar por proyecto, y en este caso destacaba el trabajo colaborativo, la independencia y la competencia, porque sí existía un item entre Alto y Medio aceptable era el participativo.

En los estudiantes universitarios no existe un estilo de aprendizaje que lo identifique; lo mencionado anteriormente simplemente son tendencias del grupo 1. En gran medida estos estilos es el fruto de su pasado como estudiante. No obstante, el crear un ambiente diferente fuera completamente de lo tradicional, el identificar sus habilidades de manera tal que conozcan sus fortalezas y debilidades, el potencial el trabajo colaborativo desde lo interdisciplinario sí refuerza ciertos estilos de aprendizaje, porque aumenta el compromiso por el resultado final y el interés por destacar y sobresalir en su "especialidad", les obliga a pensar por sí solo y colaborativamente, a participar de una manera activa asumiendo responsabilidad ante su autoaprendizaje, su trabajo y su equipo.

Se comprobó además que el estilo de aprendizaje sí incide directamente en el pensamiento creativo. Los estudiantes que destacaron por ser más competitivos, independientes y colaborativos y/o participativo eran estudiantes muchos más creativos, los que sobresalieron por ser apáticos, dependientes, colaborativo y/o participativos no eran tan creativos; por lo general necesitaban de la motivación y apoyo de sus compañeros de equipo para avanzar y desarrollar una idea e integrarse al trabajo interdisciplinario. Estos alumnos necesitaron una mayor motivación y empuje que se promovió de manera individual con cada uno de ellos y desde la propia operatividad del equipo, lográndose en casi toda su totalidad un cambio, no obstante, es bueno mencionar que algunos estudiantes a pesar de comprender la importancia de trabajo por proyecto desde lo interdisciplinario en este mundo competitivo, cambiante y desafiante se resisten al cambio, sintiendo un enorme apego por el trabajo individual, porque les da seguridad y la garantía de resultados mayores, sin embargo, otros que pensaban de igual manera comprobaron los beneficios que les aportaba trabajar de este modo.

Sería injusto no mencionar que existe una variable que inciden directamente en este acontecer y es la calidad del equipo de trabajo, no siempre se tiene la oportunidad de contar con un buen equipo de trabajo, en este sentido, se insistió en trabajar directamente con los equipos donde sobresalían ciertas anomalías para poder de alguna forma aminorar la situación y lograr los objetivos previstos.

Bloque III: Motivación, técnica y estrategia de aprendizaje - pensamiento creativo.

De los resultados observado anteriormente, es necesario que los maestros se percaten de todo lo que acontece en el salón de clases, e incluso de manera virtual, deben ser sensibles a ello, precisan distinguir las necesidades de sus alumnos y conocer realmente qué es lo que los motiva y los incita a aprender, razones que son armas poderosas que ayudan a lograr buscar un cambio en el aprendizaje.

El aprendizaje por proyecto formativo interdisciplinario no necesariamente motiva a todos los alumnos a trabajar con esta metodología, porque no la conocen a fondo, no les gusta trabajar de manera colaborativa, porque hacen resistencia al cambio, entre otras, por tal razón los docentes debemos ser flexibles y a partir de la revelación de sus motivaciones e intereses afrontan la realidad constructivamente con hechos actualizados y reales, dejarles la iniciativa de buscar, indagar, detectar y seleccionar la problemática x que van a resolver y su vía para solucionarlo.

Los estudiantes en el trascurso de su exploración descubren ciertas lagunas en el conocimiento que pueden o no resolverse en el cerco del equipo, aparecen inquietudes, desasosiego, incongruencias ante la decisión de una solución la cual deben generar desde una visión interdisciplinaria y no saben cómo afrontarlas provocando grandes tensiones que el maestro debe estar al pendiente con la finalidad de aminorarlas, y en este sentido, la motivación juega un importante papel, todo este proceso de inquietud, de imprecisión en ocasiones incluso de abandono o retroceso a la idea pensada, la pesquisa a veces desesperada por encontrar una solución única, innovadora e interdisciplinaria es lo que podríamos señalar como proceso de aprendizaje creativo, porque ha implicado la búsqueda de un solución completamente nueva, el desarrollo de habilidades que quizás conocían y otros que tenían ocultas. La metodología aprendizaje por proyecto formativo interdisciplinario es un proceso completamente creativo donde se trata de una investigación minuciosa acerca de una problemática x a la cual se busca una solución de una manera innovadora para luego dar a conocer y presentar los resultados del estudio y creación .

Guilfort en su discurso a la Sociedad Americana de Psicología en 1950 señaló que el término creatividad era innovación valiosa, una visión de la necesidad de promover una educación a la creatividad en correspondencia con el versátil y estremecido mundo en el que vivimos que necesita constantemente de respuestas y de soluciones emergentes e innovadoras.

Como un hecho de extraordinaria importancia, durante el estudio destaca que a los alumnos se les pidió que a un lado de su test de aprendizaje escribiera cuáles eran las habilidades que ellos consideraban que poseían, enfatizando de manera muy particular, que aquellos alumnos que habían señalado que gustaban de diseñar, dibujar, realizar presentaciones, hablar, escribir, coordinar, ser líder, debatir, concretar, que eran además diplomáticos, perfeccionistas porque disfrutaban de que todo estuviera bien y en orden, se reconocían además como competitivos, críticos y buenos para dar ideas eran estudiantes entre creativos y muy creativos; entre éstos sobresalían alumnos que estudiaban artes, ingeniería, arquitectura, informática y diseño gráfico e industrial, cinematografía, animación y efectos digitales; aquellos que mencionaron que le gustaba realizar presentaciones, organizar, escribir y ser analíticos e incluso algunos ni eran capaz de reconocer sus habilidades, revelaron ser mucho más convencionales, entre los que destacaba las carreras de derecho, de contaduría, administración de empresas, recursos humanos, de nutrición, médicos cirujano dentista y partero, los cuales se caracterizaron por ser pocos creativos con un pensamiento muy cerrado a la creatividad, no estaban abiertos a la inversión y les costaba mucho el crear una solución con otras disciplinas, así como el salir de los esquemas acostumbrados; a pesar que se les insistía que era un ejercicio académico donde era necesario abrir su mente y espectro, aun así les costaba mucho trabajo, objetivo que sí se alcanzó puntualizar. Por lo tanto quedó demostrado que aquellas disciplinas en lo que de manera cotidiana durante su carrera se les incita a crear ya sea a partir de un proyecto arquitectónico, alguna inversión de ingeniería, una producción cinematográfica, actividad artística e incluso acciones educativas innovadoras el nivel de creatividad era mucho más elevado sin importar el semestre en el que el alumno se encuentre, no obstante el curso Contextos Internacionales Comparados logró elevar estos niveles de creatividad en aquellos estudiantes que obtuvieron los más bajos por ciento.

En este sentido quedó demostrado que la motivación es un factor primordial en todo este proceso, los estudiantes están abiertos a aprender, pero en ellos inciden factores personales, pensamiento propio de su carrera, además de componentes culturales que determinan e inciden en su aprendizaje, por lo tanto el docente es el responsable de guiar de una manera flexible y estimulante el proceso de enseñanza.- aprendizaje.

Con la finalidad de activar la curiosidad en los alumnos es recomendable el orientarlo a analizar situaciones reales como lo que nos proporciona los estudios de casos, ejecutar debates que inciten al análisis, a la investigación sobre sucesos acontecidos de relevancia regional, nacional e internacional relacionado con lo que el grupo esté investigando, el diseñar mapas mentales que ayuden a concretar y resumir ideas y conceptos importantes, así como la evaluación de problemas que también permite comprender aún más el tema y buscar diversas soluciones. Las lluvias de ideas, fórum de discusión, wiki (contenido de una página Web que brinda la posibilidad de crear, editar, borrar o modificar un texto de una manera interactiva, fácil y rápida); conferencias con especialistas de diferentes temas en correspondencia con lo estudiado, la técnica expositiva de los resultados parciales, la simulación de procesos, entre otras, tan sólo menciono las empleadas en el curso de Contextos Internacionales Comparados (figura 3), buscan afianzar el conocimiento y el tener una mente más creativa, porque el estudiante va adquiriendo algunos "tips" que les ayudan a aprender de manera autónoma, libre y en equipo, a lograr un aprendizaje significativo, es decir permite que el alumno refuerce sus conocimientos, y a partir de la información que posee y la obtenida en el curso vaya reconstruyendo nuevos aprendizajes. Por lo que se asegura que el combinar diferentes técnicas y estrategias de enseñanza ayuda a construir conocimiento y por ende permite poner en contacto las habilidades que cada alumno posee para aprender con un sinnúmero de datos e información que les proporciona una mayor sensibilidad y apertura para revelar dificultades y buscarle una solución creativa e innovadora a un problema x.

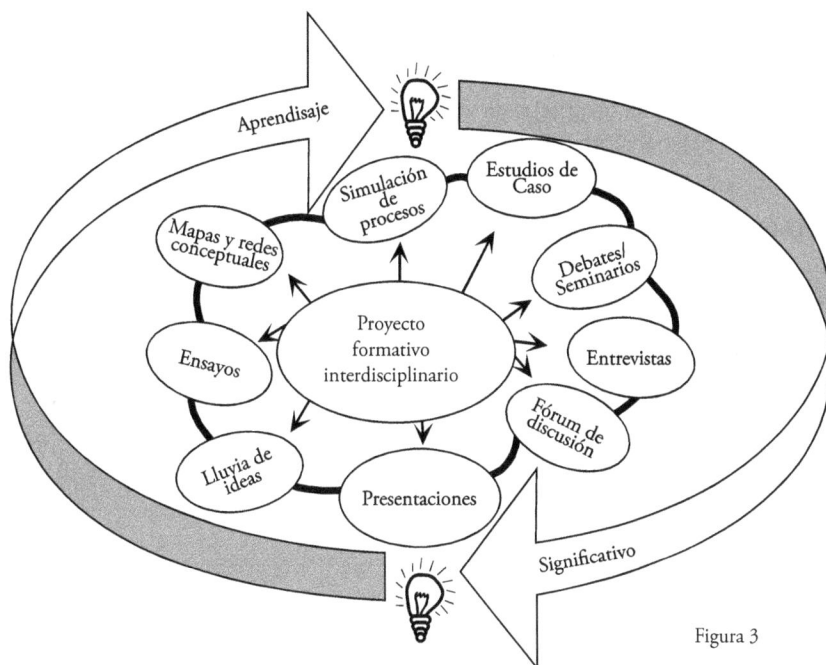

Figura 3

Figura 3

De conformidad con lo anteriormente señalado. se afirma que para lograr que la metodología aprendizaje mediante proyecto formativo con orientación interdisciplinaria contribuya a lograr un aprendizaje significativo e incentivar el pensamiento creativo precisa de la combinación antes mencionada, pues crearía la fórmula perfecta, ya que como el curso lo ha demostrado el uso de estas estrategias garantiza el aprendizaje significativo y contribuye a favorecer el pensamiento divergente (creativo) logrando que el estudiante se interese por saber, por poner a pruebas sus habilidades, por crear un conocimiento nuevo y buscar soluciones innovadoras. No es recomendable una suma de estas estrategias y/o técnicas por el simple hecho de utilizarlas, realmente su aplicación debe estar en correspondencia con el contenido, es decir, aquellas que son más funcionales a los objetivos y finalidad del curso.

Siguiendo la misma lógica de análisis se confirma que la metodología de Aprendizaje por Proyecto Formativo interdisciplinario sí ayuda a estimular el pensamiento creativo; con la finalidad de conocer si realmente existe un cambio en los alumnos luego de emplear la metodología nos dimos a la tarea de aplicar el test del Pensador Creativo de Guilford, el cual usamos al inicio y en la última actividad del curso; se le sugirió a cada estudiante que pusiera su nombre en ambos test con el propósito de poder comparar los resultados. En esta etapa exploratoria se verifico que el 100% de los estudiantes lograron un cambio, aumentando los niveles de creatividad con respecto a lo detectado al inicio del curso.

A los estudiantes se les solicitaba las respuesta en una escala de 1 al 5, siendo el l el mínimo (poco) y el 5 el máximo (mucho). Para una mejor cualificación de las respuestas, en el análisis se estimaron seis categorías las cuales fueron escogidas en el test de Guilfort entendidas como sigue:

- Fluidez: Habilidad para generar un gran volumen de ideas, conceptos o respuestas a una cuestión o problema.

- Flexibilidad: Habilidad para manejar y producir diferentes tipos de informaciones y pensamientos. Ver desde otros ángulos.

- Sensibilidad: Habilidad para encontrar problemas. Un nivel de capacidad analítica e intuitiva para ver el (núcleo) corazón del problema.

- Originalidad: Habilidad para generar lo nuevo, la novedad, lo diferente.

- Elaboración: Habilidad para desarrollar o construir un pensamiento o concepto.

- Libertad: Estar libre de ataduras internas y externas.

A continuación se presentan los resultados que tratan de cuantificar los factores antes mencionados de manera individual, en equipo y total.

- De una muestra de 82 alumnos del grupo piloto 1 a sólo 61 alumnos se le realizó el análisis porque el resto tan sólo contaba con un test por lo que nos impedía permitir la comparación deseada. Tabla 7

- De ellos 47 son mujeres y 17 hombres.

- De acuerdos a los niveles de escolaridad, aparecen 1er, semestre 1; 2do, semestre 20; 4to, semestre 8; 5to, semestre 11; 6to, semestre 9; 7mo, semestre 4; 8vo, semestre 7 y 10mo, semestre 1.

- Los niveles de fluidez giraban en torno a 3.54% al inicio del semestre luego de trascurrido el curso estaba en 4.54%, lo que significa que los estudiantes adquirieron ciertas habilidades para generar un número mayor de ideas, creando interconexión entre ellas y concibiendo a su vez un número mayor de soluciones desde una visión interdisciplinaria.

- La flexibilidad estaba en 3.79 % lográndose un cambio a 4.64 %, las cifras están más próximas al 5 en la generalidad de los casos. En esta situación los estudiantes se sentían con una mayor seguridad para producir ideas desde diferentes ángulos.

- Sensibilidad es otra de las categorías que también mostró un cambio de 3.51% a 4.47%, la muestra consideraba que se contaban con una mayor apertura y sensibilidad para detectar un problema x, referían además tener las herramientas elementales para no sólo detectar el problema, sino también para buscarle una posible solución desde una visión interdisciplinaria.

La habilidad de general algo nuevo, novedoso, de crear nuevas relaciones y pensar de manera interdisciplinaria, también fue visible un cambio de 3.30 % a 4.73 %.

De 3.42 % a 4.55 % fue lo que mostró el factor de elaboración, mostrando un incremento en los estudiantes, los cuales argumentan sentirse más capacitados para trabajar con proyectos y escribir en los términos adecuados construyendo sus propios pensamientos y/o conceptos.

Los estudiantes notaron que contaban con una mayor libertad para decidir qué hacer y cómo hacerlo, percibiéndose un cambio de 3.35 % a 4.58%.

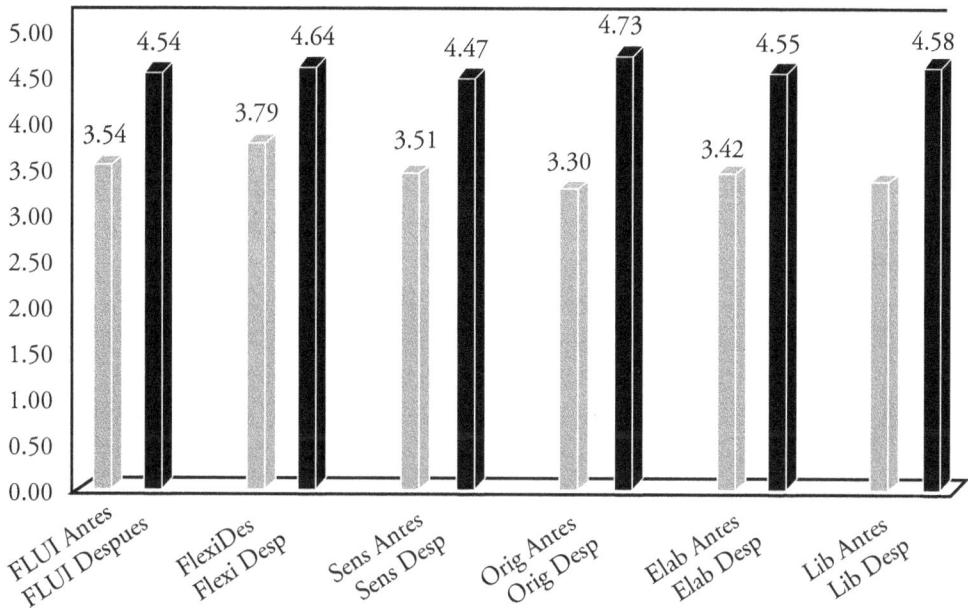

Gráfico 13

De manera general, se observar en el gráfico 13 que los estudiantes manifestaban niveles bajos o medios de creatividad en el momento de aplicar el cuestionario al inicio del curso y culminado el mismo estos habían aumentado logrando obtener por cientos más altos; al inicio giraba alrededor de 3.54%, 3.79%, 3.51%, 3.30%, 3.42% y 3.35%, cifras que no superaban el 4%, sin embargo, al finalizar el curso éstas fueron modificadas según lo señalado por los propios alumnos quedando como sigue: 4.54%, 4.64%, 4.47%, 4.73%, 4.55% y 4.58%, es decir, cifras muy próximas al 5%; no obstante, es bueno mencionar que los valores más bajos marcados al inicio del curso fueron con un 3% la sensibilidad en 4 equipos de 13 equipos analizados; la originalidad en 3 y la libertad en 3 equipos, al concluir el curso las cifras más altas con un 5% se concentraron en los factores de originalidad en 3 equipos, libertad en 2, elaboración en 2, sensibilidad en 1 y fluidez en 2, mostrando en los restantes equipo una cifra mayor al 4%, notándose un promedio de crecimiento de 1.10.

Consideraciones finales del Test de la creatividad (Guilford)

Con una muestra de 61 alumnos en el curso de Contextos Internacionales Comparados, participantes en todo el proceso del aprendizaje por proyecto formativo interdisciplinario, se ha determinado que el empleo de la metodología con el apoyo de otras estrategias didácticas, con el énfasis en la motivación de una manera constante sí ayuda a fomentar la capacidad creadora, que las disciplinas en la cual están inmersos los estudiantes influyen de manera directa en su pensamiento creativo, pero que no es ningún impedimento para que un curso de tronco común o cultura general puedan generar espacios de reflexión, debate y creación, conocimientos y habilidades que serán empleados para la búsqueda de soluciones interdisciplinaria en su futuro profesional. Al comenzar el curso los niveles más bajos se encontraban en la sensibilidad, la originalidad y la libertad y al concluir el curso las cifras más altas sobresalieron en la originalidad, la libertad, la sensibilidad y la fluidez, es decir el curso a través de la aplicación de la metodología de aprendizaje por proyecto formativo con orientación interdisciplinaria ayudó a elevar los niveles de los factores de la creatividad que al inicio estaban más bajo.

Por lo tanto es recomendable señalar que la actitud creativa, el afrontar la situación con curiosidad y reto al riesgo, es una habilidad de la mente y, como tal, se aprende también; y se puede desarrollar, es decir, enseñar y aprender. También el hábito de crear se aprende, como cualquier habilidad. Es una disposición o actitud adoptada frente a lo desconocido, que valora tanto, o quizá más, el desafío al enigma que la conformidad con la doctrina. Más indagar que limitarse a aprender, incluso cuando intenta comprender activamente, es decir, crear sentido en la explicación que está escuchando, o simplemente encontrarlo. E igual que ocurre con cualquier habilidad, primero se crea y se ensaya con riesgo asumido de cometer errores; luego se familiariza uno con la fluctuación y el azar que esta actitud conlleva; y finalmente se la adiestra y doma hasta cabalgar cómodamente encima. Es decir, se la inhibe; e inhibida, se torna en habilidad propiamente tal (Secadas, 2002).

Conclusiones

Todo lo analizado en el estudio demuestra las ventajas que nos ofrece el trabajar a partir de la metodología aprendizaje por proyecto formativo desde una orientación interdisciplinaria, según Hernández & Ventura, (1992) (Citado por Barrera, 2009) Los proyectos formativos trascienden los postulados de la pedagogía activa, en el sentido de que no se trata sólo de hacer y resolver problemas, sino también de comprender el contexto y articular conocimientos (...), es decir, obtener la información, analizarla mediante una actividad cognitiva y la experiencia, que permita abordar la realidad con profundidad y sentido crítico. (...) Se trata de abordar los problemas desde el pensamiento complejo, en un entorno contextualizado, articulando estrategias sistematizadas y orientadas a la obtención de determinados productos que sean valiosos para el contexto en los aspectos social, cultural, económico, pero flexibles y modificables en el transcurso de la acción. (p.153)

A partir de la investigación podemos concluir que:

- El aprendizaje por proyecto formativo con orientación interdisciplinaria le ofrece un enfoque muy interesante a los estudiantes, logrando incentivar en ellos la búsqueda de soluciones alternativas e innovadoras desde un enfoque complejo e interdisciplinario. Invita a edificar articulaciones flexibles e innovadoras, a tener un pensamiento crítico y creativo, haciéndose más autónomos para proponer, plantear y expresar sus propias ideas y la de su equipo de trabajo favoreciendo además la interacción y la reflexión grupal.

- Las herramientas y estrategias que cada docente emplee en sus cursos debe ser ante todo significativa para el estudiante, es preciso crear un ambiente que permita que el estudiante aprenda y se sienta más comprometido con su instrucción.

- El aprendizaje por proyecto formativo con una visión interdisciplinaria es un reto tanto para el alumno y como para el docente.

- Esta metodología sí refuerza e incentiva el pensamiento creativo en los alumnos. Los estudiantes se motivan cuando se encuentran vinculados con problemáticas reales a las cuales deben buscar solución de una manera innovadora.

- El combinar diferentes disciplinas en un mismo equipo de trabajo y el contar con un jurado interdisciplinario es beneficioso para lograr escudriñar en un tema desde diferente óptica, ofreciéndoles de esta manera un carácter diferente y único al proyecto.

- El aprendizaje por proyecto formativo con orientación interdisciplinaria refuerza de una manera efectiva el trabajo colaborativo, donde los alumnos son responsables de su autoaprendizaje y el de su propio equipo de trabajo.

- El docente no tiene por qué conocer todos los temas a analizar en el curso, pero sí debe crear vínculos con especialistas en los diversos temas que se aborden en los proyectos.

- Se debe trabajar al unísono en desarrollar fase por fase la metodología de proyectos y trabajar en fortalecer la independencia, la competencia, el trabajo colaborativo y la participación, disminuir la dependencia y la apatía de los estilos de aprendizaje de los alumnos.

- No existe un estilo de aprendizaje que identifique a los estudiantes universitarios, éstos son el resultado de su pasado estudiantil, pero sí se puede trabajar para reforzarlos.

- El aprendizaje por proyecto formativo con orientación interdisciplinaria sí incide directamente en el pensamiento creativo.

1. Los estudiantes que identificaron ser más competitivos, independientes y colaborativos y/o participativos según su estilo aprendizaje coincidieron ser más creativos; los que

sobresalieron por alcanzar niveles alto en dependencia, apatía, colaborativo y/o participante obtuvieron índices más bajo en cuanto a su creatividad.

- Los estudiantes menos creativos necesitaron de una mayor motivación para el desarrollo de su trabajo y un mayor esfuerzo para lograr cambiar paradigmas muy bien establecidos como la dependencia, la individualidad y su pensamiento enmarcado de una manera muy rígida en el ámbito donde se dilucida su carrera.

- La metodología del aprendizaje por proyecto formativo con orientación interdisciplinaria, es un proceso completamente creativo que incluye pasos muy estrictos de cumplir, precisa de habilidades tantos individuales como grupales, de conocimiento previo y de una indagación minuciosa de una problemática para la búsqueda de una solución interdisciplinaria, original y novedosa.

- Los estudiantes más creativos eran aquellos los cuales estaban cursando una disciplina que de manera regular se le estimulaba a crear como la arquitectura, ingeniería, cinematografía, arte, educación, etc.

- La combinación de varias estrategias y técnicas didácticas como ensayos, estudios de casos, investigación, lluvia de ideas, seminarios, presentaciones de resultados, entrevistas, mapas mentales y conceptuales, simulación de proceso buscan afianzar el conocimiento y tener una mente más creativa, abierta y tolerante, puesto que los alumnos consiguen obtener algunos tips que les ayuda a aprender de manera autónoma, libre, en equipo de trabajo y lograr un aprendizaje significativo.

- La metodología del aprendizaje por proyecto formativo con orientación interdisciplinaria ayuda a elevar los niveles de creatividad en los alumnos como quedó demostrado en el estudio, lográndose elevar aquellos factores y/o actitudes que al inicio del curso alcanzarán las cifras más bajas como la originalidad, la sensibilidad, la libertad y la fluidez, el incremento fue de 1.10.

- Otros de los beneficios que podríamos destacar están el incremento del rigor académico que fue aceptado por los estudiantes, se crearon además lazos de compañerismos, respecto y mutua valoración, se incentivaron los sentimientos de responsabilidad, el curso les ayudo a reconocer sus habilidades de aprendizaje, creatividad e interacción. Permitió desarrollar competencias en el orden cognitivo (análisis teórico-conceptual, análisis-síntesis) y competencias latitudinales como la capacidad argumentativa, crítica, comportamiento ético y colaboración.

Aún queda mucho por andar, el cambio siempre trae aparejado la resistencia por el temor a lo diferente, pero debemos cambiar los paradigmas; el enseñar es entretenido, dinámico, activo, colaborativo, provocador, fatigoso e intelectual y reflexivo como una vez escuche decir a un maestro. Sí como docente ponemos todo nuestro empeño, entusiasmo y demostramos nuestra pasión por lo que hacemos por un lado y por el otro motivamos a los alumnos a indagar y jugar con la creación, con cualquier método que utilicemos podremos contribuir a que aprendan y a que se motiven, por lo tanto, crear un ambiente cada vez más atractivo en el salón, con positivismo, confianza, comunicación adecuada, y sobre todo que descubran que lo que aprenden es útil es una alternativa interesante para lograr un mayor interés de los alumnos al curso y un mayor compromiso en su aprendizaje. Sí a su vez se les proporciona los recursos necesarios, se acentúa sus habilidades y los conocimientos que poseen, se le ofrece libertad de pensamiento, creación y actuación, se favorece el trabajo colaborativo y se trabaja en la búsqueda de soluciones reales, objetivas e innovadoras se estará beneficiando el proceso de aprendizaje creativo. Estás son precisamente la clave del éxito de la implementación de las técnicas y/o estrategias manejada en el curso Contextos Internacionales Comparados.

En definitiva, un curso puede ser la oposición entre un comienzo resplandeciente de una disciplina o una deserción frustrada que puede dirigir a los estudiantes a un camino oscuro donde se sienta completamente perdido e indeciso porque no saben qué hacer y mucho menos hacia dónde dirigirse.

Referencias

Álvarez, E. (2010). Creatividad y pensamiento divergente. Recuperado de http://www.interac.es/index.php/documentacion?download=3:creatividad-ypensamiento-divergente.

Aguerrondo, I. (2009). Conocimiento complejo y competencias educativas. IBE/UNESCO Working Papers on Curriculum Issues N° 8. Recuperado de http://www.uca.edu.ar/uca/common/grupo95/files/articulos-aguerrondo-conocimiento-complejo-y-competencias-educativas.pdf

Barrera-Piragauta, L. M. (2009). La función gerencial en el diseño de proyectos formativos*. Colombia. Recuperado de http://www.scielo.org.co/pdf/cuco/v10n26/v10n26a07.pdf

Díaz Fernández, A. Agosto, (2014). Una mirada al curso Contextos Internacionales Comparados desde la teoría de la complejidad, tomando como punto de partida el Aprendizaje Basado en Proyecto desde una visión transdisciplinario.Memorias del Congreso Internacional de Experiencias en la Formación de Competencias- CIFCOM.» Editado por Portafolio Consultores E.A.T. CIMTED. (último acceso: 11 de marzo de 2015).

Gardner, H. (2.001). La inteligencia reformulada. Las inteligencias múltiples en el siglo XXI. Paidós. Buenos Aires

Grasha, F. A. (1996). Teaching with style: A practical guide to enhancing learning by understanding teaching & learning styles. Pittsburgh, PA: Alliance Publisher

Grasha, A. y Riechmann, S. W. (1975), Student learning Styles questionnaire, Cincinnati, Oh: University of Cincinnati Faculty Resource Center.

Herrera, F., Ramírez, M. I., Roa, J. M., y Herrera, I. (2004). Tratamiento de las creencias motivacionales en contextos educativos pluriculturales. Revista Iberoamericana de Educación, Sección de Investigación, 37(2)

López Noguero, F. (2007). Metodología participativa en la Enseñanza Universitaria. Colección Universitaria, Madrid: Editorial Narcea.

Morín, E. (1999). Los siete saberes necesarios a la educación del futuro. Recuperado de www.bibliotecasvirtuales.com/biblioteca/Articulos/los7saberes/

O' Hara, S., Beaty, L., Lawson, J. Bourner, T. (1997), "Action learning comes of age – part 2: action learning for whom?", Education + Training, Vol. 39 No. 3, pp. 91-95.

Tema 13 El pensamiento creativo.» Apuntes de psicología, 2013. Recuperado de http://www.psicocode.com/resumenes/13educacion.pdf

Restrepo, B. (s.f). Conceptos y Aplicaciones de la Investigación Formativa, y Criterios para Evaluar la Investigación científica en sentido estricto. Recuperado de http://www.cna.gov.co/1741/articles-186502_doc_academico5.pdf

Secadas, F (2002). Aprender a enseñar (a propósito de las matemáticas). Tendencias pedagógicas, ISSN 1133-2654, N° 7, 2002. Pp. 49-96

Tobón, S. (2014). Proyectos formativos: teoría y práctica. México: Pearson.

Tobón, S., Gonzalez, L., Nambo, J. S., y Vazquez Antonio, J. M. (2015). La socioformación: un estudio conceptual. Paradigma, 36(1), 7-29.

Tobón, S., Guzmán, C., Silvano, J., Cardona, S. (2015). La sociedad del conocimiento: estudio documental desde una perspectiva humanista y compleja. Revista Paradigma, 36 (2), 7-36.

Tobón, S. (2016). Metodología de redacción de artículos científicos. Orlando (Estados Unidos)

No.	Contenido
	Resumen / Abstract
	Diseño Estratégico
1.	Área y/o perfil del proyecto. Tipo de proyecto.
2.	Objetivo general
3.	Objetivos específicos
4.	Justificación Problema y/o oportunidad
5.	Descripción del proyecto
6.	Área de influencia
7.	Demanda /Beneficiarios directos e indirectos /usuarios
8.	Localización / Tamaño
9.	Ingeniería/ recursos humanos, tecnológicos y monetarios.
10.	Estudios de benchmarking
11.	Análisis FODA
12.	Definir lo novedoso y único del proyecto
13.	Integración de las carreras/ responsabilidades y funciones.
14.	Diagrama Gantt
	Diseño de Concepto
15.	Marco teórico
16.	Marco conceptual
17.	Marco cultural
18.	Marco político
19.	Marco económico
	Diseño de Detalle
20.	Diseñar la logística de marketing (Logo e imagen del producto y/o servicio.)
21.	Diseño del producto y/o servicio
22.	Impacto social y/o ambiental.
23.	Aplicación de la implementación del producto y/o servicio en México y/u otro país.
	Diseño de venta
24.	Identificar posibles proveedores y el total del presupuesto para la venta del producto y
25.	servicio.

Anexo 2

Las escalas de estilos de aprendizaje (Grasha- Reichman)

Forma general (Adaptado de Grasha. 1996)

El siguiente cuestionario ha sido diseñado para ayudarte a clarificar tus actitudes sentimientos hacia los cursos que has tomado en tu preparación académica. No existen respuestas correctas o equivocadas para cada pregunta. Sin embargo, conforme vayas contestando cada pregunta, ten en cuenta que debe contestar tomando tus sentimientos y actitudes con respecto a los cursos que has tomado.

Por favor, responde a las preguntas que se presentan a continuación usando números del 1 al 5, donde 1 es totalmente en desacuerdo y 5 totalmente de acuerdo.

Pon sus respuestas en la hoja separada.

1. Yo prefiero trabajar por mí mismo en mis cursos.
2. Yo seguido me pongo a pensar en otras cosas durante la clase.
3. El trabajar con otros estudiantes en actividades de la clase es algo que yo disfruto mucho.
4. A mí me gusta que los maestros establezcan claramente lo que se espera de la clase y lo que es requerida para ésta.
5. Para desempeñarme apropiadamente en la clase es necesario competir con otros estudiantes para obtener la atención del maestro.
6. Yo sigo las instrucciones que se me indican para aprender el material de las clases.
7. Mis ideas sobre el contenido de la clase son usualmente tan buenas como las del libro de la clase.
8. Las actividades del salón de clases son usualmente aburridas.
9. Yo disfruto discutiendo los contenidos de la clase con mis compañeros del curso.
10. Yo me baso en las instrucciones de mi maestro .sobre lo que es importante aprender del material de la clase.
11. Es necesario competir con otros estudiantes para obtener una buena calificación.
12. A las clases a las que asisto normalmente valen la pena asistir.
13. Yo estudio lo que yo creo es importante y no siempre lo que el profesor dice que es importante.
14. Yo rara vez me emociono sobre los contenidos en un curso.
15. Me gusta el escuchar lo que otros estudiantes piensan acerca de los temas que se discuten en clase.

16. Yo solo hago lo que se me requiere hacer en un curso para aprobarlo.

17. En la clase yo debo competir con otros estudiantes para expresar mi opinión.

18. Yo aprendo más asistiendo a clases que aprendiendo el material en casa.

19. Yo aprendo mucho del contenido de una clase por mí mismo.

20. Yo no quiero atender a la mayoría de mis clases.

21. Los estudiantes deben ser motivados a compartir más sus ideas los unos con los otros.

22. Yo realizo mis actividades de aprendizaje tal y como mi maestro me dice que debo realizarlas.

23. Los estudiantes deben ser agresivamente participativos para poder desempeñarse bien en una clase.

24. Es mi responsabilidad el aprender tanto como pueda de un curso.

25. Yo siento mucha confianza acerca de mi habilidad para aprender por mí mismo.

26. Me es muy difícil poner atención durante una clase.

27. Para prepararme para un examen me gusta estudiar con compañeros del grupo.

28. No me gusta tomar las decisiones sobre cómo realizar una tarea o una actividad de aprendizaje.

29. Me encanta solucionar problemas o contestar preguntas antes que nadie en el salón de clases.

30. Las actividades de un salón de clases son interesantes.

31. Me gusta desarrollar mis propias ideas acerca del contenido de una clase.

32. Ya me di por vencido sobre creer que vaya aprender algo del contenido de una materia en un salón de clases.

33. Las sesiones de clases me hacen sentir como parte de un equipo en donde uno se ayuda con otros para aprender.

34. Los estudiantes deberían ser supervisados más cercanamente por los maestros en proyectos de la clase.

35. Para poder progresar en clase es necesario parase en los pies de otros estudiantes.

36. Yo trato de participar tanto como yo puedo en todos los aspectos de un curso.

37. Yo tengo mis propias ideas de cómo un curso debe ser.

38. Yo estudio solo para pasar los exámenes.

39. Una parte importante de un curso es el aprender cómo llevarse bien con los compañeros del curso.

40. Mis notas contienen casi todo lo que el maestro dice en la clase.

41. El ser uno de los mejores estudiantes de la clase es muy importante para mí.

42. Yo realizo muy bien mis tareas de la clase independientemente de si yo pienso que estas son interesantes.

43. Si a mí me gusta un tema yo trato de buscar por mí mismo más al respecto.

44. A mí me encantan los exámenes.

45. Aprender los materiales de un curso es un esfuerzo cooperativo entre estudiantes y maestro.

46. Yo prefiero las sesiones de clase que están bien organizadas.

47. Para destacar en mis clases yo realizo mis tareas mejor que otros estudiantes.

48. Yo típicamente acabo mis tareas y las entrego antes de las fechas de entrega.

49. A mí me gustan las clases en donde te dejan trabajar a tu propio ritmo.

50. Yo prefiero pasar desapercibido por el maestro durante una clase.

51. Yo estoy dispuesto a ayudar a otros estudiantes cuando ellos no entienden algo.

52. A los estudiantes se les debe decir exactamente los temas que serán cubiertos en un examen.

53. A mí me gusta conocer que tan bien salen en los exámenes mis compañeros de curso.

54. Yo realizo igual de bien las tareas opcionales y obligatorias.

55. Cuando yo no entiendo algo, yo primero trato de entender el problema antes de preguntarle al .profesor.

56. En las clases yo tiendo a socializar con gente que está cercana a mí en el salón de clases.

57. A mí me encanta participar en grupos pequeños durante actividades de la clase.

58. Me encanta cuando los maestros son bien organizados en la impartición de una clase.

59. A mí me gusta que mis maestros me reconozcan por el buen trabajo que realizo.

60. A mí me gusta sentarme en la fila delantera del salón de clases.

Hoja de respuestas

Estilo de aprendizaje de grasha-reichman

Nombre: _____

Matrícula: _____   CRN: _____

Preparatoria de Procedencia

1. Por favor, coloque las puntuaciones (1- 5) a continuación.

1 = totalmente en desacuerdo

2 = en desacuerdo

3 = indiferente

4 = de acuerdo

5 = totalmente de acuerdo

Recuerden que estamos evaluando su forma de aprendizaje por lo que debe ser respondido de manera individual.

Respuestas para las preguntas de estilo de aprendizaje.

1. Coloque cada una de las respuestas como se le explicó al inicio. Trate de no alterar las respuestas, ni los números de la pregunta porque si no los resultados estarán alterados y no reflejaran la verdad del estilo de aprendizajes que posees.

Preg.	Resp.	Preg.	Resp.	Preg.	Resp.	Preg.	Resp.	Preg.	Resp.	Preg.	Resp.
01		02		03		04		05		06	
07		08		09		10		11		12	
13		14		15		18		17		18	
19		20		21		22		23		24	
25		26		27		28		29		30	
31		32		33		34		35		36	
37		38		39		40		41		42	
43		44		45		46		47		48	
49		50		51		52		53		54	
55		56		57		58		59		60	
1. Sume la puntuación para cada columna y colóquela en el espacio que le corresponda abajo.											
#		#		#		#		#		#	
2. Divida su puntuación total para cada columna por 10 y coloque su respuesta en los espacios correspondientes de abajo .											
#		#		#		#		#		#	
#	Independiente	#	Apático	#	Colaborativo	#	Dependiente	#	Competitivo	#	Participativo
										#	

Símbolos: B: Bajo, M: Medio, A: Alto

Independiente			Apático			Colaborativo			Dependiente			Competitivo			Participativo		
B	M	A	B	M	A	B	M	A	B	M	A	B	M	A	B	M	A
1.0	2.8	3.9	1.0	1.9	3.2	1.0	2.8	3.5	1.0	3.0	4.1	1.0	1.8	2.9	1.0	3.1	4.2
2.7	3.8	5.0	1.8	3.1	5.0	2.7	3.4	5.0	2.9	4.0	5.0	1.7	2.8	5.0	3.0	4.1	5.0

Independiente _____ Apático _____ Colaborativo _____

Dependiente _____ Competitivo _____ Participativo _____

Anexo 3

Pensador creativo (GUILFORD)

CARACTERÍSTICA	DESCRIPCIÓN	POCO / MUCHO
1. Fluidez	Habilidad para generar un gran volumen de ideas, conceptos o respuestas a una cuestión o problema.	1 2 3 4 5
2. Flexibilidad	Habilidad para manejar y producir diferentes tipos de informaciones y pensamientos. Ver desde otros ángulos.	1 2 3 4 5
3. Sensibilidad	Habilidad para e n c o n t r a r problemas. Un nivel de capacidad analítica e intuitiva para ver el (núcleo) corazón del problema.	1 2 3 4 5
4. Originalidad	Habilidad para generar lo nuevo, la novedad, lo diferente.	1 2 3 4 5
5. Elaboración	Habilidad para desarrollar o construir un pensamiento o concepto.	1 2 3 4 5
6. Libertad	Estar libre de ataduras internas y externas.	1 2 3 4 5
	Total	

Anexo 4

Rúbrica para evaluar la presentación por parte del Jurado.

Escala (5 Excelente, 4 sobresaliente, 3 muy bien, 2 bien, 1deficiente)

Proyecto /País. _____

Indicadores	5	4	3	2	1	Observación
Se cuenta con una portada de presentación.						
Manejo y organización de la información.						
Los materiales están bien seleccionados y creativamente modificados y adaptados.						
Excelente redacción, ortografía, fluidez y orden en el texto, el documento está claramente escrito y presentado.						
Se modula correcta y apropiadamente el tono de voz. La comunicación oral fluye con naturalidad y corrección. Siempre utiliza el vocabulario correcto, adecuado y profesional así como medios digitales y otros.						
Se contesta con precisión las preguntas planteadas.						
Se evita leer lo que está escrito en la presentación.						
Siempre demuestran dominio del tema.						
Se presentó de forma secuencial y lógica la información.						

Anexo 5

Cuestionario al jurado vía Survey Monkey sobre la actividad de venta del producto. Liga https://es.surveymonkey.com/s/TRC8DJ9

1. ¿Cómo considera la actividad de presentación y venta del proyecto de manera general?

    a) Mala

    b) Regular

    c) Buena

    d) Excelente

2. ¿Cree que estaban dadas todas las condiciones para que la actividad pudiera parecer una situación real?

    a) Sí.

    b) No.

    c) De ser negativo, agradecería que nos explicará el porqué.

3. ¿Considera que los estudiantes se prepararon para su presentación?

    a) Sí

    b) No.

    c) De ser negativo, agradecería que nos explicará el porqué.

4. ¿Considera positivo el hecho de emplear los Clickers para la compra del proyecto?

    a) Sí

    b) No.

    c) Explique su respuesta.

5. De la información que se le envío por email acerca de los proyectos, la considera:

    a) Completa.

    b) Incompleta.

    c) Desorganizada.

    d) Otra: _____.

6. ¿Le gustaría volver a vivir otra experiencia similar?

    a) Sí

    b) No.

    c) Explique su respuesta.

7. ¿Considera que este tipo de actividades contribuye al aprendizaje de los estudiantes?

   a) Sí.

   b) Nozz.

   c) Explique el porqué.

8. ¿Qué es lo que más le agrado de la actividad?

9. ¿Qué no le agrado de la actividad?

10. ¿Qué sugerencia y/o recomendaciones tiene a la actividad?

Anexo 6

Evaluación final del curso por parte del estudiante

Estimados alumnos ha sido para mí un honor el tenerlos durante este curso, espero que hayan podido disfrutarlo tanto como yo, sé que a veces el tiempo es mínimo para poder desarrollar otras actividades y es por eso tan importante que Uds., hagan una evaluación general del curso para ir corrigiendo errores y agregando otras ideas y actividades que les hubiera gustado hacer.

Se dice que "El éxito del que enseña sólo puede definirse a partir del éxito del que aprende" es por tal motivo que su opinión, recomendaciones y/o sugerencias son tan importantes.

Temas

Temas	Aspectos Positivos	Aspectos Negativos	Sugerencias
Sociodemográficos			
Culturales			
Políticos.			
Económicos			
Metodología de proyectos.			
Otra información que desees incorporar.			

197

Actividades

Actividades	Aspectos Positivos	Aspectos Negativos	Sugerencias
Fórum de discusión			
Seminarios			
Actividad sobre las comidas y bebidas típicas.			
Estudios de casos			
Revisión de sus proyectos con los otros alumnos del salón.			
Cómo consideras la presentación de venta de tu proyecto.			
Fórum de dudas.			

Diseño del curso

Indicaciones de las actividades.			
Indicaciones de los fórum			
Materiales de apoyo.			
Explicación en clases de los temas.			
Aclaración de dudas.			
Diseño de actividades.			

Aprendizaje que contribuyeron a la realización de tu proyecto

Temas	¿Qué aprendiste?	¿Qué te hubiera gustado saber?	Sugerencias
Sociodemográficos			
Culturales			
Políticos.			
Económicos			
Otra información que desees incorporar.			

Trabajo colaborativo

Indicador	Aspectos Positivos	Aspectos Negativos	Sugerencias
Selección de los miembros del equipo.			
Evaluación del trabajo individual y en equipo.			
Retroalimentación de la información.			
Fue favorecedor el trabajo en equipo.			
Qué opinas de la integración de cada una de su carrera al proyecto.			
Medios empleados para la coordinación y realización de los trabajos.			
Aprendiste a trabajar en equipo, el curso te ayudo en este sentido.			
¿Cuál es la vía idónea para comunicarte y coordinar el trabajo con los miembros de tu equipo?.			
Otra información que desees incorporar.			

¿Cómo evaluarías el trabajo del diseño del proyecto y su venta y/o promoción y el conocimiento de un país distinto al tuyo?.¿Explica por qué lo consideras así?

Excelente ¬¬_____ Bien _____ Regular_____ Deficiente_____ Mal _____

Muchas Gracias por tus sugerencias y recomendaciones.

Tablas

Tabla 1

Aspectos positivos	Aspectos negativos
• Se puede ver más a fondo el proyecto. • Hay buena comunicación entre todos los miembros del grupo. • Los conocimientos se van complementando. • Obtienes distintos puntos de vista y opinión de gente que sabe de otra área. • Buena comunicación y colaboración. • Da mayor gama de habilidades, dando respuestas muchísimo más complejas a los problemas más complejos de nuestros tiempos. • Es interesante tener distintas bases. • Obtenemos resultados eficaces y eficientes. • Siempre y cuando exista cooperación entre los integrantes. • Se comparten diferentes puntos de vista, se crea un proyecto más completo. • Entre todos nos ayudamos, cooperamos y nos damos ideas. • Se complementa y se nutre más el proyecto. • Nos comunicamos muy bien y todos trabajamos a tiempo. • Se tiene información desde distintas áreas, se encuentran distintos aspectos a cada situación y distintas maneras de solucionarlo. • El trabajo depende de cada uno de los integrantes del equipo. • Todos colaboramos y aprendimos a trabajar en equipo. • Se comparten intereses u objetivos, además las responsabilidades se reparten y se coordinan entre los integrantes del equipo. • Consiste en más de una opinión. • Nos organizamos bien. • Generalmente da mejores resultados, porque tiene diferentes modos de pensar; pero eso mismo puede complicarlo prefiero trabajar individual-mente. • Se generan ideas de todos los diferentes puntos de vista, aunque sea el mismo tema a discutir. • Tenemos buenas ideas y nos organizamos. • Aprendes de otras personas y convives con más gente. • Vemos puntos de vista diferentes. • Es novedoso. • Debido a que se pueden compartir conocimientos diversos que pueden ayudar a que cualquier tipo de trabajo esté más completo, además se puede diseñar una lluvia de ideas muy buena a causa de la diversidad de creencias, opiniones, maneras de pensar y estilos de vivir, ya que los equipos interdisciplinarios están integrados por personas diferentes con conocimientos y estilos distintos. • Las ideas finales son más completas gracias a lo que aporta cada uno. • Se enriquecen más los análisis y las estrategias.	• No es tan fácil organizarnos todos. • Es muy difícil coincidir en ideas y proyectos cuando existe tanta diversidad en las personas. • Es muy difícil ponerse de acuerdo con la manera en que se trabaja. • Nos falta organizarnos • Hay un alumno en el equipo que no participa en las actividades como los otros. • A veces hay malentendidos. • Colaboramos aunque no siempre aportamos ideas nuevas. • Sí en el equipo no todos trabajan es un gran problema. • A veces el modo de trabajo es muy distinto. • Se puede tener diferentes opiniones pero a veces es un poco difícil llegar a una misma conclusión. • Hemos tenido dificultades para realizar el proyecto, por falta de ideas para el diseño del proyecto. • Batallamos con la organización y distribución del trabajo. • Es a veces un poco complicado involucrar todas las disciplinas que pueden estar dentro del equipo. En algunas circunstancias es más fácil un proyecto con gente relacionada a lo tuyo; tal vez sí interdisciplinario, pero sin salirse del área en la que uno se especializa (ej. gente de negocios, gente de ciencias de la salud, gente de ingeniería, etc.). • Me gusta trabajar sola. • Muchas veces no entiendes la realidad o la capacidad de la otra persona. • No se puede trabajar equitativamente.

• Es posible mezclar las disciplinas de especialidad de cada quien, haciendo del proyecto uno muy completo. • Cada miembro del equipo aporta conocimientos sobre su carrera y de esa manera se hace una retroalimentación y todos los integrantes aprenden de diferentes carreras. • Es muy enriquecedor el ver distintos tipos de pensamientos. • Se obtienen mejores resultados por ser más complejo • Lo considero excelente por qué cada quien es bueno en algo y tiene algo valioso que aportar • Se robustece las percepciones y se incrementa el conocimiento transmitido. • Se tienen diferentes perspectivas respecto al tema y si se maneja de manera correcta se tienen resultados más ricos en contenido y completos. • Te enseña muchas cosas nuevas, conoces gente y buscas soluciones que implique a todo el equipo. • Conocemos las demás áreas a las que no pertenecemos y notamos como todos influimos de alguna manera en el mundo.
• Bien hecho puede ser exitoso, con mal entendidos puede ser un caos. • Tiene sus ventajas y sus desventajas. A nivel profesional, debe de ser muy enriquecedor el tener un equipo interdisciplinario para resolver un problema; sin embargo a nivel escolar a veces es difícil contar con la participación de todas las áreas. • Porque te pueden guiar en todos los ámbitos y aspectos que puede abarcar tu proyecto, hacen que tu proyecto abarque y cumpla con todos los requerimientos y un mejor diseño para que aun cuando sea interdisciplinario pueda integrarse, sin embargo todos piensan diferente y no todos entienden los mismos conceptos.

Tabla 2

Los comentarios resultaron como sigue:

• En arquitectura es súper importante conocer de otras culturas. • Porque nos abre puertas y amplia nuestra visión. • Dependiendo del proyecto que se realice, porque tendrás que analizar de una manera práctica como aplicar tus conocimientos de clase en la vida real. • Porque vivimos en un mundo globalizado y competitivo, y entre más conocimientos tengamos de otros lugares, más oportunidades y horizontes nos abrimos. • Me permite conocer el mundo y sus diferentes culturas, que es importante para la carrera de Mercadotecnia Internacional. • Porque te permite visualizar una de tantas opciones a las que te puedes dedicar • Te das cuenta de cómo puedes ayudar con tus conocimientos a otros. • Porque conoces a fondo la cultura de cada país lo cual ayuda para cualquier carrera que escogimos. • Te permite tener un conocimiento más profundo. Eventualmente como persona profesional tendrás que tener una relación con personas de otros países. • Porque tenemos que investigar muy bien todo del país como su cultura, como viven, sus costumbres, entre otras cosas pues conoces más sobre las necesidades y te ves obligada a enterarte sobre sus costumbres. • Porque abre tu mente a nuevas perspectivas. • Porque te ayuda a ampliar el panorama y ver que nadie es igual. • Tienes que investigar distintas variables del país para el proyecto. • Porque nos enseña a cómo podemos expandirnos profesionalmente conociendo bien las diferentes culturas y pudiendo así lograr una buena comunicación con ellas. • Porque para poder implementar un plan en otro país, primero se deben entender las necesidades. El poder entender a otro país te puede ayudar a tener un mejor trato en el futuro en caso de tener negociaciones con personas de otro lugar.

- Porque conoces más sobre la gente que está allá, sabes cómo debes de tratarlos y como ser con ellos, te ayuda a ver posibilidades de tu carrera en el país, ves sus avances y conocer mejor al país.
- Porque existe la posibilidad de encontrar alguna área que nos interne de ese país.
- Al ser interdisciplinario el equipo, podemos salir un poco del futuro profesional personal.
- En este mundo globalizado es necesario conectarnos con otros países.
- Me da un plus que pueden no tener los demás.
- Porque en este caso se debe de analizar a profundidad la cultura, la economía, política, etc. del país en cuestión, lo cual abre el horizonte a nuevas opiniones sobre tu propia experiencia en tu país.
- Te abre panoramas.
- Debido a que además de que la realización de un proyecto en otro país nos obliga a conocer más de dicho país, y por lo tanto investigar más de él, también nos permite ampliar nuestro horizonte mediante un panorama más internacional. El realizar un proyecto en otro país, en lo personal me ha permitido expandir mis puntos de vista en cuanto a la competencia, los negocios y la globalización, ya que antes, para la realización de un negocio propio, solamente pensaba en mi país, sin embargo, el conocer otra cultura, me hace comprender y entender las distingas maneras en las que un negocio mexicano podría prosperar internacionalmente.
- Te permite conocer y entender un poco más de la cultura dándote una mejor imagen del país.
- Porque aplicas los conocimientos de tu carrera a manera de trascendencia internacional.
- Porque es de suma importancia el saber su cultura para poder basar el proyecto en ella y que de esta manera sea exitosa, de lo contrario pueden haber muchos riesgos.
- Hacer un proyecto sobre otro país hace que conozcas todos los aspectos culturales, económicos y políticos de ese país.
- Creo que para implementar un proyecto en un país que no conoces pues es necesario conocerlo para poder implementarlo con el mayor éxito posible.
- Porque para hacer la diferencia en el mundo se necesitan comprender las diversas culturas y el razonar de cada país.
- Porque así abres y expandes tu mente, conoces diferentes opiniones y aprendes más sobre el respeto y la empatía ya que te pones en el lugar de los habitantes del país para diseñar algo que a ellos les gusta.
- Porque de esta manera investigas acerca de las costumbres, tradiciones, la manera de pensar de la gente, su forma de ser, la vida diaria y características del territorio del país para saber si el proyecto que vas a realizar va a funcionar
- Las oportunidades pueden salir de lugares que no esperamos, es por eso que es sumamente necesario ampliar nuestros conocimientos y profundizar acerca de otros países porque nunca se sabe cuándo se ocupara esa información.
- Sí te obliga a conocer el país donde quieres aplicar tu proyecto al cien por ciento, ya que si no lo conoces no sabes si tu proyecto vaya a funcionar o si tenga implicaciones negativas.
- Si porque para crear un proyecto en dicho país es necesario estudiarlo primero lo que te puede servir en tu futuro profesional.
- Porque para el desarrollo de un proyecto se debe conocer a fondo la cultura en todos los ámbitos para evitar tener problemas; además de obtener el apoyo de la sociedad en donde será implementado.
- Aprendes las diferentes culturas y formas de trabajo de otros países. En mi caso me ayuda a diseñar espacios que cumplan con las necesidades de los usuarios en ese país.
- Requiere investigación profunda de las costumbres, hábitos, preferencias etc. de tal país.
- Si por qué al investigar sobre el país aprendo cosas nuevas que no sabía y el conocer sobre cultura general me ayuda intelectualmente en muchos aspectos de mi vida.
- Considero que ayuda a comprender como es adaptar un proyecto a otro país.
- Estar realizando un proyecto te ayuda a pensar en lo que puedes realizar en un futuro.
- Sí, porque te abre las puertas a la exploración de estrategias.
- Me parece que se aprende mucho sobre que las cosas no solo se hacen como se conoce en México si no que existen muchísimas opciones más.
- Bueno, te permite trabajar en comparación.
- Porque tienes que investigar datos muy específicos que quizá no podrías llegar a conocer si nos enfocáramos solamente en aspectos generales.
- Porque conozco que áreas de oportunidad en mi industria existen en otros lugares del mundo
- Porque aprendo cosas buenas que puedo usar en México.
- Si ya que la perspectiva que tienes cambia, empiezas a conocer más esa cultura lo que abre tus perspectivas, tus creencias, tolerancia, etc. El conocer y adentrarse en otra cultura diferente te prepara profesionalmente y personalmente como persona que se puede adaptar al cambio y puede desenvolverse en otros medios. Además enriquece tu persona.

Tabla3

Tabla 3	Expectativas	Cuestionamientos
	• Espero poder hacer un proyecto que resulte una buena solución para alguien. • Qué vamos lograr desarrollar un proyecto viable único. • Espero que al final del semestre voy a tener una idea muy completa del país que me toco y también voy a aprender de los compañeros porque son de otras carreras. • Crear un buen proyecto y que pueda ser utilizado alguna vez para mejorar la situación entre el país que me tocó y mi querido México. • Me interesa mucho la investigación previa a la implementación del proyecto. Ya que se conoce muy a fondo a la cultura beneficiada. • La verdad, uno espera que llegue a ser tan bueno que haya partes interesadas a quien se le pueda vender el proyecto. Y que las partes relacionadas con él, puedan crear una red de comunicación efectiva, llena de confianza y compromiso y ganas de crear algún otro proyecto en un futuro. Sin embargo veo todo esto como algo muy lejano a la realidad. Pues por el momento las partes relacionadas al proyecto se ven un tanto indiferentes. • Tener un proyecto que tenga tracción, es decir, que sea atractivo para muchas personas y que pueda beneficiar al grupo al que se quiere llegar. Así también, el conocer sobre diferentes culturas que son importantes para el comercio internacional. • Saber moverse en el ámbito internacional y aprender a lidiar con gente que piensa diferente que tú. • Que además de ser un proyecto escolar, este pueda llevarse a cabo para el beneficio de las demás personas. • Comprender acerca del país en estudio y de la solución propuesta. • Aprender sobre el país que estoy investigando, aprender a trabajar y el modo en que trabajan los estudiantes de diferentes carreras, organizar mejor el tiempo y generar un cambio. • Creo que va a funcionar muy bien y no tendremos problemas de demanda. • Aprender a diseñar un proyecto a aprender más sobre otra cultura, que, en caso de llevarlo a la vida real, puede cambiar vidas. • Yo creo que en el proyecto se busca mejorar la calidad de vida de las personas, pero no quiere decir que se ha el gusto de todas las personas del país donde lo aplicaríamos, pero para el que esté interesado es libremente vendido, el trabajo se nutre gracias al equipo interdisciplinario que aporta más información en todas las áreas del país de estudio. • Obtener un mayor entendimiento sobre las costumbres. Así mismo, ver como su economía y gobierno permiten aceptar nuestro proyecto. • Espero que nos valla bien, sin embargo estoy consciente de que es un proyecto muy ambicioso. • Aprender un poco de las carreras de mis compañeras y de su forma de trabajo.	• Ni una expectativa, como es un concepto que no es nuevo y tampoco es innovador, no espero que tenga muchas posibilidades de éxito. • Tengo una expectativa muy baja, puesto que los proyectos que estamos construyendo en general asumen que podrán llegar a millones de personas, cuando en realidad deberíamos de construirlo en pequeña escala. Del mismo modo, trabajar por proyectos es inútil sin apoyarse de material teórico sólido (business model canvas, marco lógico, etc.). Por lo demás, creo que presenta oportunidad de conocer más allá de nuestra propia ciudad, de nuestra propia ideología y de nuestras propias habilidades técnicas. • Realmente dudo que se pueda poner en práctica debido a muchas limitantes, pero creo que es un aprendizaje muy importante debido a que en un futuro nos podemos encontrar con la misma situación en dado caso de querer emprender un negocio. • Siento que el diseño de un producto es innecesario. Sería mejor dedicar el semestre a aprender sobre diferentes culturas solamente.

- Creo que de algo puede servir, para contribuir a mejorar el país.
- Innovador y enfocado a las necesidades del país.
- Aprender a trabajar en equipo, para aprender a hacer proyectos a largo plazo, con las personas que se me presenten en el futuro, y tener conocimientos de otros lados.
- Mi expectativa de la actividad es aprender a ser un buen líder ya que un líder no es solo aquel que da órdenes y/o hace todo el trabajo, sino que se coordina con sus compañeros y reparte respons-abilidades y también procurar que el trabajo en equipo se de manera armoniosa.
- Que pronto se pueda volver una realidad.
- Aprender de una cultura extranjera muy diferente a lo que normalmente vivo, y poder usar ese conocimiento para lograr beneficios para las personas y para mí mismo.
- Mi expectativa es que todos van a aprender cosas interesantes acerca de varios países y también los defectos que tienen y los inventos son soluciones para algunos de ellos.
- Que nuestro proyecto pueda servirle a personas y que nos feliciten por hacer un buen trabajo. El trabajar en equipo siento que nos ayuda a todos a aprender a trabajar con personas no solo diferente a ti sino que también estudian una carrera diferente a la tuya y conocer la manera de pensar de ellos.
- Es muy interesante y mi expectativa es llegar a innovar a la gente con lo que hago, mostrarle a la gente de lo que soy capaz.
- Obtener una actividad en la cual logremos cubrir las áreas que abarcan nuestras carreras y explorar el área laboral del país.
- Mi expectativa es buena me gusta mucho mi equipo actual y el país me intriga y fascina sus costumbres, y será un reto aplicar el producto que queremos en él.
- Una experiencia nueva, realmente no tengo expectativas, solo espero que sean resultados buenos.
- Que sea aprobado y reconocido.
- MI expectativa es que me enseñe a cómo llevar un plan de creación paso a paso con el plus de aprender a colaborar en equipos interdisciplinario.
- Aprender a trabajar con personas que, por ser de otras áreas y carreras, piensan diferente y tienen distintos puntos de vista; valorar sus opiniones y entender que desde su ángulo, cada quien tiene razón.
- Tener un aprendizaje que me dé un plus como persona y/o futura empleada.
- Crear y diseñar un proyecto que además de ser trascendental, pueda ser replicable no solamente en el país de estudio, sino en otro tipo de países que también cuenten con necesidades similares, además también me interesa diseñar un proyecto que pueda llamar la atención de otras personas, de tal manera que otros también puedan llegar a apasionarse por el proyecto, y por satisfacer una necesidad existente en el mundo.
- Que este proyecto pueda ser un éxito en el país y que podamos ser de este proyecto una obra que aporte al país extranjero y nos permita practicar nuestros valores como alumnos.

• Que se pueda crear un buen proyecto, donde la idea realmente apasione a los miembros del equipo.
• Lograr la creación y el diseño de un proyecto viable, trascendente, inclusivo y replicable; aprovechando todos los recursos intelectuales que disponemos por ser un equipo interdisciplinario.
• Que encontramos la manera de aumentar cultura en un país el cual está alejado de los demás países y que nos enseñó a cada integrante del equipo con diferente carrera a entendernos y complementar ideas en un solo proyecto.
• Siento que es un proyecto muy difícil pero a la vez muy enriquecedor.
• Tengo buenas expectativas, ya que creo que el proyecto es bueno solo tenemos que afinar algunos detalles y creo que como equipo trabajamos bien, respetamos las ideas de cada una y nos apoyamos.
• Mi expectativa es que nuestro proyecto sea aceptado.
• Mejor integridad interdisciplinaria.
• Supongo que si se lograra, ya que no es muy comúnmente realizado sino es algo novedoso y atractivo y a la vez es el fuerte de nuestro país,
• Creo que este proyecto está muy padre, porque te enfocas en otro país y es algo totalmente diferente en México, es muy interesante saber más, aprender sobre las culturas y tradiciones, religión, idiomas comidas y demás. Diseñar un producto es lo que es más difícil porque tienes que conocer a profundidad sobre el país para saber sus necesidades y poder satisfacerla con un proyecto así este tenga éxito, me parece buenísima idea el trabajo en equipo porque dos cabezas piensan mejor que una.
• Que el proyecto que realizamos este bien estructurado aprender los pasos para que el proyecto sea un éxito y en un futuro sabes cómo realizar un proyecto bien planificado
• Creo que vamos bien, nuestro proyecto es algo innovador, difícil pero no imposible.
• Que sea tomado como algo que pueda ser aplicado en la vida real.
• Pues mi expectativa es que a la gente les agrade y les entusiasme nuestro proyecto como a mí, espero que el proyecto resulto como lo hemos planeado y que trabajemos como equipo todos en una misma dirección aportando para que el proyecto resulte.
• Mi expectativa es aprender un poco de cada una de las carreras con las que estoy trabajando.
• Yo espero que el diseño de esta actividad sea aprobado por el público y por la maestra, debido a que en verdad considero que es una excelente idea para la situación actual del país de estudio. Debo admitir que la venta del proyecto pudiera no estar tan sencillo, ya que es un gran paquete por todos los servicios que se deben de incluir que podría no ser tan fácil de conseguir. El trabajo con equipo interdisciplinario debe de mejorar, y el estudio del país de estudio ha sido de muy buen provecho.
• Buena y exitosa al momento de vender el proyecto.
• Es una manera nueva de llevar a cabo la materia, aunque siendo realistas un poco complicado, ya que es

un proyecto que uno no va a ver crecer (en caso de querer realizarlo) ya que al ser en otro país las probabilidades de ir a aquel país y aplicarlo son pocas, aunque si se crea el proyecto adecuado se puede replicar en tu país de origen si así lo deseas. Fuera de esto, es muy benéfico para la gente aprender de otro(s) país(es) distintos al de origen, ya que te abre las puertas a nuevas culturas y nos da curiosidad de conocerlos, ya sea por mera cultura o con fines estudiantiles o de trabajo.

• Mi expectativa es que el proyecto pueda ser vendido, ya que considero que la idea es buena pero necesita pulirse un poco más. Creo que falta de tiempo el proyecto pueda ser nutrido más por las distintas áreas de los integrantes. Finalmente creo que el estudio de otro país genere una visión más amplia (globalizada) al pensar fuera de nuestro país. Yo espero que lleguemos a cumplir las metas que nos hemos puesto y el proyecto nos quede como lo queremos, a lo mejor hablamos de algo muy grande pero siempre hay que tener altas expectativas de nuestro trabajo.

• Considero que al dar lo mejor de mi conocimiento adquirido hasta ahora, en nuestra actividad se pueden obtener resultados sorprendentes; además de desarrollar y descubrir habilidades que no sabía que tenía.

• Mi expectativa es aprender las diferentes formas de trabajar de cada integrante de mi equipo para poder aplicarlo en otros proyectos. En cuanto al proyecto, mi expectativa es que llegue a ser lo más real posible y que sea muy adecuado para nuestro país.

• Es un equipo que contiene muchas carreras por lo tanto además de aprender del país, voy a conocer un poco sobre los enfoques que tiene cada carrera a la hora de iniciar un proyecto o negocio.

• Espero que sea útil para las personas a las que está dirigido. A nivel grupal, espero que todas nos esforcemos y demos nuestra máximo.

• Mi expectativa es que algún día se lleve a cabo este producto.

• Mi expectativa de la actividad es aprender de otros países principalmente. Aprender cómo funcionan las cosas en otro país, sus leyes, gobierno, población, tradiciones, etc. Y por supuesto, también saber cómo llevar a cabo un proyecto que no está instalado en la comodidad de tu país.

• Espero que la actividad se lleve a cabo de la mejor manera posible, teniendo en cuenta todos los puntos necesarios para que quede muy bien y siendo cuidadosos de respetar la cultura del lugar, para que se le pueda dar una muy buena utilidad al proyecto.

• La actividad es muy novedosa ya que en realidad es poca la gente que se interesa en hacer proyectos que beneficien a otros países. me gusta mucho la idea de la actividad porque me permite conocer acerca de diferentes países, me permite crear una idea nueva y original y se pueden crear diferentes ideas gracias a que el equipo es interdisciplinario.

• Desarrollar creatividad, generar nuevas ideas y a partir de eso buscar soluciones a un país diferente al mío.

- Que todo salga bien y pues que realmente de algún tipo de idea o proyecto de verdad, que pueda ser realizado.
- Conocer del país elegido, lo consideramos apasionante.
- Que nos agrade como equipo el generar el proyecto, tanto el procedimiento que estamos llevando a cabo para completar el proyecto, como el resultado aprobatorio para quienes nuestros compradores.
- Que tengamos un proyecto muy completo y que sea aplicable y responsable socialmente.
- Mi expectativa es alta porque nuestro proyecto es muy interesante e innovador
- Pues yo quiero lograr aprender mucho más, conocer más al país de estudio, y lograr crear un proyecto que de verdad funcionara y que sea único
- Desarrollar nuestra idea y tratar de que aplique exitosamente en el país de estudio.
- Que el proyecto sea todo un éxito y todos quedemos satisfechos con los resultados obtenidos.
- Nuestro proyecto se pretende hacer grande pero pienso que aún le falta algo que nos haga sobresalir pero creo que con el tiempo lo solucionaremos.
- Me parece que esta actividad que estamos realizando nos sirve para saber diferentes cosas importantes del país de estudio que nos permite ver y analizar cómo es que llevan a cabo sus culturas, creencias y de más ...
- Aprender a quitar cualquier "obstáculo" que pensemos posible en la realización de un proyecto.
- Es buena, esperamos buenos resultados, aunque aún no siento que este bien definido se trabaja en ello y se busca solucionar ciertos tipos de problemas económicos en el país de una manera distinta, innovadora y nueva. Se sabe que será difícil, pero que los resultados serán excelentes y que valdrán la pena.
- Que todos aprendamos algo de las disciplinas de los otros compañeros del equipo, cómo es su forma de trabajo y cómo influyen en mi propia industria.
- Me gusta mucho, se me hace algo muy interesante y que deja mucho aprendizaje. Es importante poder trabajar con otras carreras y conocer además otros países y la diferencia que tiene al nuestro.
- El estudio ha ido muy bien, esperamos que el proyecto se vea como algo novedoso y algo nuevo, que esto ayude a muchas personas y claro que esto sea logrado con el verdadero trabajo de todos.
- Mi expectativa es crear un proyecto limpio y claro que cumpla con su objetivo al 100%.
- Que este proyecto puede ser adaptado y bien aceptado en nuestro país meta que es Colombia. Asimismo atiende una problemática muy tangible que está presente en Colombia que es la delincuencia y abandono de niños. Nuestro producto dará solución y acelerará la solución para este problema. Además es una buena propuesta ya que a diferencia de los demás programas el nuestro se centra en el ámbito afectivo y psicológico para proceder al académico y formativo.
- Aprender a trabajar en equipo interdisciplinario, sabiendo abarcar e involucrar las diferentes áreas, además ganar conocimiento para posteriormente saber vender productos/proyectos a un país diferente a México.

Antes						Después					
País Bélgica						País Bélgica					
Característica	1	2	3	4	5	Característica	1	2	3	4	5
Fluidez	3	4	2	4	3	Fluidez	4	5	4	5	4
Flexibilidad	2	5	2	3	4	Flexibilidad	4	4	3	4	5
Sensibilidad	3	3	3	3	3	Sensibilidad	4	4	4	4	4
Originalidad	4	3	4	3	3	Originalidad	5	5	5	4	4
Elaboración	4	3	3	3	3	Elaboración	5	5	4	4	5
Libertad	3	3	5	4	5	Libertad	5	5	5	5	4

Antes							Después						
País Japón1							País Japón2						
Característica	1	2	3	4	5	6	Característica	1	2	3	4	5	6
Fluidez	5	3	3	4	3	4	Fluidez	5	5	4	5	4	5
Flexibilidad	5	4	3	4	4	2	Flexibilidad	5	5	5	5	5	4
Sensibilidad	4	3	3	3	4	3	Sensibilidad	5	4	5	5	5	5
Originalidad	2	2	3	4	3	4	Originalidad	5	5	5	5	5	5
Elaboración	3	4	4	2	3	4	Elaboración	4	5	5	5	5	5
Libertad	3	3	4	5	3	4	Libertad	5	5	5	5	5	5

Antes						Después					
País Alemania						País Alemania					
Característica	1	2	3	4	5	Característica	1	2	3	4	5
Fluidez	4	4	2	3	3	Fluidez	5	5	3	4	3
Flexibilidad	4	3	3	4	5	Flexibilidad	5	4	5	4	5
Sensibilidad	3	2	3	3	4	Sensibilidad	5	5	4	5	5
Originalidad	4	5	4	2	2	Originalidad	5	5	5	4	4
Elaboración	4	4	3	3	3	Elaboración	5	4	3	5	4
Libertad	3	4	3	2	3	Libertad	5	5	4	5	5

Antes					Después				
País Perú					País Perú				
Característica	1	2	3	4	Característica	1	2	3	4
Fluidez	4	1	1	5	Fluidez	5	5	4	5
Flexibilidad	4	3	3	4	Flexibilidad	5	4	5	5
Sensibilidad	3	3	3	3	Sensibilidad	3	4	5	4
Originalidad	3	1	3	4	Originalidad	4	5	5	5
Elaboración	4	4	3	4	Elaboración	5	5	5	5
Libertad	3	5	4	3	Libertad	5	5	5	4

Antes							Después						
País Francia							País Francia						
Característica	1	2	3	4	5	6	Característica	1	2	3	4	5	6
Fluidez	3	4	3	3	3	3	Fluidez	5	5	4	5	4	4
Flexibilidad	5	4	2	5	5	4	Flexibilidad	5	5	4	5	5	5
Sensibilidad	3	3	4	4	4	3	Sensibilidad	4	4	5	5	5	4
Originalidad	2	3	3	4	4	2	Originalidad	5	5	5	5	5	4
Elaboración	4	3	3	4	3	3	Elaboración	5	4	4	5	4	5
Libertad	5	3	4	3	4	3	Libertad	5	4	5	5	4	4

Antes						Después					
País Australia1						País Australia1					
Característica	1	2	3	4	5	Característica	1	2	3	4	5
Fluidez	3	4	4	5	2	Fluidez	5	5	5	5	4
Flexibilidad	4	3	4	4	2	Flexibilidad	5	4	5	5	5
Sensibilidad	4	4	5	4	3	Sensibilidad	5	5	5	5	5
Originalidad	2	4	4	5	2	Originalidad	4	5	5	5	4
Elaboración	4	4	4	4	3	Elaboración	5	5	5	5	5
Libertad	1	5	4	3	3	Libertad	4	5	5	4	5

Antes							Después						
País Australia2							País Australia2						
Característica	1	2	3	4	5	6	Característica	1	2	3	4	5	6
Fluidez	4	3	4	4	4	3	Fluidez	4	4	4	4	4	4
Flexibilidad	5	4	5	3	3	3	Flexibilidad	4	5	5	4	4	4
Sensibilidad	4	2	4	3	3	2	Sensibilidad	3	4	4	5	4	4
Originalidad	3	5	3	3	3	4	Originalidad	4	4	4	4	5	5
Elaboración	3	4	4	4	3	4	Elaboración	4	5	4	4	5	5
Libertad	3	5	4	4	3	3	Libertad	4	5	5	4	4	4

Antes					Después				
País Brasil					País Brasil				
Característica	1	2	3	4	Característica	1	2	3	4
Fluidez	4	4	3	4	Fluidez	5	5	5	5
Flexibilidad	5	5	3	3	Flexibilidad	5	5	4	5
Sensibilidad	2	3	5	4	Sensibilidad	4	4	5	4
Originalidad	3	2	5	4	Originalidad	4	5	5	5
Elaboración	3	4	3	4	Elaboración	4	5	4	5
Libertad	3	5	2	3	Libertad	5	5	5	5

Antes						Después					
País España						País España					
Característica	1	2	3	4	5	Característica	1	2	3	4	5
Fluidez	4	3	5	3	5	Fluidez	5	4	5	4	5
Flexibilidad	4	3	3	4	3	Flexibilidad	4	4	4	5	4
Sensibilidad	4	3	3	4	4	Sensibilidad	5	4	4	5	4
Originalidad	3	3	5	3	2	Originalidad	5	5	5	5	5
Elaboración	3	3	2	3	2	Elaboración	5	4	3	4	4
Libertad	5	4	2	4	1	Libertad	5	5	4	5	5

Antes						Después					
País Brasil2						País Brasil2					
Característica	1	2	3	4	5	Característica	1	2	3	4	5
Fluidez	4	3	4	3	4	Fluidez	5	4	5	4	5
Flexibilidad	5	4	4	5	4	Flexibilidad	5	5	5	5	5
Sensibilidad	5	3	5	4	3	Sensibilidad	5	5	5	5	4
Originalidad	2	2	4	4	3	Originalidad	5	5	5	5	5
Elaboración	3	3	3	5	3	Elaboración	5	5	4	5	4
Libertad	4	3	3	3	3	Libertad	5	3	4	4	4

Antes							Después						
País Holanda							País Holanda						
Característica	1	2	3	4	5	6	Característica	1	2	3	4	5	6
Fluidez	3	4	3	4	4	4	Fluidez	5	5	5	5	4	5
Flexibilidad	4	5	5	5	4	4	Flexibilidad	5	5	5	5	5	4
Sensibilidad	3	4	5	5	4	3	Sensibilidad	4	4	4	5	5	4
Originalidad	3	4	3	4	3	3	Originalidad	5	5	5	5	4	5
Elaboración	5	3	3	3	3	3	Elaboración	4	5	5	4	4	4
Libertad	4	3	2	3	3	3	Libertad	4	4	4	5	4	5

Antes							Después						
País Japón2							País Japón2						
Característica	1	2	3	4	5	6	Característica	1	2	3	4	5	6
Fluidez	5	4	5	3	5	4	Fluidez	5	5	5	4	5	5
Flexibilidad	4	4	5	3	4	4	Flexibilidad	5	5	5	5	5	5
Sensibilidad	5	4	4	2	5	3	Sensibilidad	5	5	5	5	5	4
Originalidad	5	5	4	4	4	3	Originalidad	5	5	5	4	5	5
Elaboración	4	4	4	2	4	2	Elaboración	5	5	5	4	5	4
Libertad	4	3	3	3	3	3	Libertad	5	5	4	4	4	5

Antes						Después					
País Colombia						País Colombia					
Característica	1	2	3	4	5	Característica	1	2	3	4	5
Fluidez	4	3	3	3	4	Fluidez	4	4	4	4	4
Flexibilidad	3	4	4	3	3	Flexibilidad	3	4	5	5	5
Sensibilidad	3	4	3	4	4	Sensibilidad	4	5	4	5	4
Originalidad	3	2	3	4	5	Originalidad	4	4	4	5	5
Elaboración	3	4	3	3	5	Elaboración	2	5	4	5	5
Libertad	3	2	3	2	4	Libertad	3	4	4	5	4

CAPÍTULO 9

"Living machine": módulo educativo multinivel - multipropósito para la enseñanza de las ciencias

Andrea Velásquez, Juan M. Castaño y Juan C. Berrio.
Grupo de investigación Ecología, Ingeniería, y Sociedad
Facultad de Ciencias Ambientales
Universidad Tecnológica de Pereira

Esta investigación fue financiada por la Vicerrectoría de Investigación, Innovación y extensión de la Universidad Tecnológica de Pereira, a través del banco de proyectos de investigación 2012-2013.
Correspondencia concerniente a este artículo puede ser direccionada a Juan Camilo Berrio, Grupo de investigación Ecología, Ingeniería y Sociedad, Facultad de Ciencias Ambientales, Universidad Tecnológica de Pereira. Edificio 10. Oficina F-213. Vereda La Julita, Pereira, Risaralda. Dirección Postal: 660003. Email: jcberrio@utp.edu.co

Referencia APA:

Velásquez, A., Castaño, J., & Berrio, J. (2016). "Living machine": módulo educativo multinivel - multipropósito para la enseñanza de las ciencias. En B. Tobón, H. Parra-Acosta, C. Guzmán, S. Tobón, & L. G. Juárez-Hernández (Eds.), *Experiencias en la implementación de la gestión del talento humano desde el pensamiento complejo* (pp. 213-239). Lake Mary: Kresearch.

Resumen

En el contexto de la problemática ambiental actual se requieren estrategias encaminadas al desarrollo de la gestión ambiental partiendo desde la educación ambiental, sin embargo, aún no se han implementado herramientas que articulen dicho proceso en los currículos en la educación formal. Por lo anterior se planteó la creación de un sistema de tratamiento de aguas residuales a escala denominado "living Machine", el cual se basa en las interrelaciones presentes en los ecosistemas naturales acuáticos para la depuración de las aguas residuales mediante la absorción de la materia orgánica y los nutrientes disueltos en el agua.

Adicionalmente se construyó un sistema de monitoreo para conocer en tiempo real las variaciones físico químicas que se presentan al interior del sistema y las afectaciones externas al mismo, se monitorean variables como pH, oxígeno disuelto, temperatura, oxido reducción, radiación solar y humedad relativa.

Finalmente, se proyectó la aplicación permanente de la "living machine" en el proceso de enseñanza y aprendizaje de las ciencias articulando los lineamientos de la educación ambiental, para ello se desarrollaron guías temáticas para la educación básica primer ciclo y el programa de educación superior Administración Ambiental.

Palabras clave: living machine, educación ambiental, tratamiento de aguas residuales, instrumentación y ecosistemas acuáticos.

Abstract

In the context of current environmental problems to the development strategies of environmental management starting from the environmental education needed however, have not yet been implemented tools to articulate this process in curricula in formal education.

Therefore the creation of a system of wastewater treatment scale called "Living Machine", which is based on the relationships found in natural aquatic ecosystems for the purification of waste water by absorbing organic matter, was raised and nutrients dissolved in water.

Additionally, a monitoring system was built for real-time chemical physical changes that occur within the system and external to the affectations, variables such as pH, dissolved oxygen, temperature, oxide reduction, solar radiation and relative humidity are monitored.

Finally, the ongoing implementation of the "living machine" was screened in the teaching and learning of science articulating the environmental education guidelines for this topic guides were developed for basic education and the first cycle higher education program administration Environmental.

Keywords: living machine; environmental education, waste water treatment, instrumentation and aquatic ecosystems.

Introducción

Actualmente, a nivel mundial se han evidenciado innumerables transformaciones en diversos ámbitos, por ejemplo, en la educación se han cambiado los paradigmas y con ello la inclusión de un enfoque basado en competencias, transformando la forma de enseñar y con ello de aprender. En este sentido, las nuevas tendencias giran en torno a la inclusión de herramientas tecnológicas en las aulas, sin embargo, en el contexto local estas transformaciones no han sido bien recibidas ni aplicadas, ya que aún se evidencia un modelo tradicional de enseñanza basado en la repetición. Además, otros factores que impiden el cambio de paradigma son la incipiente investigación en enseñanza de las ciencias y la educación ambiental y las dificultades para abordar las complejas problemáticas ambientales de manera interdisciplinar.

En vista de ello, el propósito de la investigación fue la de contribuir mediante la generación de una herramienta práctica denominada "living machine" en la enseñanza de las ciencias para facilitar los proceso educativos, orientados desde los lineamientos de estándares de competencias. Además, dado que la educación debe ser contextualizada, será preciso mostrar que dicha herramienta cuenta con una influencia local en sus componentes, ya que todos fueron colectados en la cuenca del río Otún, en el Municipio de Pereira, Risaralda, Colombia, la cual es una cuenca con una alta importancia a raíz de los servicios ecosistemicos que brinda, entre ellos el de provisión del recurso hídrico.

Habría que decir también, que la investigación fue desarrollada de manera interdisciplinar con aportes de las ciencias de la educación, ambientales y básicas.

Métodos

La presente investigación se desarrolló para contribuir a la facilitación del proceso de enseñanza y aprendizaje de las ciencias, propendiendo con ello una articulación y coherencia curricular y normativa; el principal aporte de la investigación es la construcción y aplicación en algunos casos de estudios de una herramienta práctica denominada "Living Machine".

Una "living machine" es una herramienta que cuenta con varios casos exitosos a nivel global de aplicación en diversos ámbitos, incluido el educativo. Sin embargo, el diseño utilizado en la presente investigación aunque retoma principios del eco diseño, su distribución, enfoque, características y recirculación lo convierten en una herramienta única. En particular, en el proceso de construcción de la herramienta se tuvo en cuenta los (12) principios planteados por Todd & Josephson (1996) los cuales son: diversidad mineral, reservas de nutrientes, gradientes pronunciados, altas tasas de intercambio, pulsos periódicos y aleatorios, diseño celular y la estructura de mesocosmos, mínimo número de subecosistemas, comunidades microbianas, fundamentos fotosintéticos basados en energía solar, diversidad animal, intercambios biológicos más allá del mesocosmos y relaciones microcosmos, mesocosmos y macrocosmos.(p 112-125)

Hay que mencionar, además que basados en la definición de ecosistema acuático modelado, se tuvo en cuenta la jerarquía alimenticia o red trófica de los ecosistemas, es decir, en la figura 1, se presenta el orden de inclusión de elementos basados en el criterio expuesto:

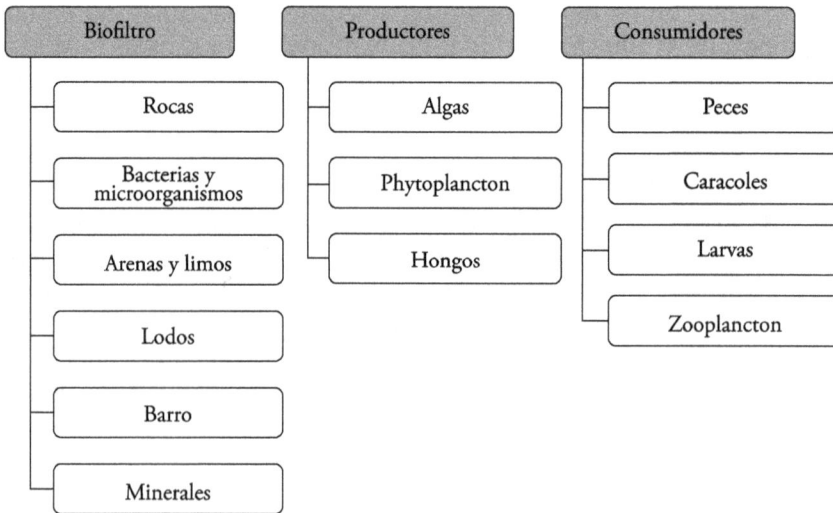

Gráfico 1. Orden de elementos incluidos en la "living machine", dicho orden surgió de la jerarquía alimenticia de los ecosistemas acuáticos.

Por otra parte, la investigación pretendía generar una herramienta multinivel, en este sentido, surge la instrumentación de variables de la herramienta como un plus para abarcar temáticas más complejas para los niveles de educación superior, tales como pregrados, maestrías e incluso doctorados. Sin embargo, en la validación solo se contempló educación básica primaria y el pregrado de administración ambiental.

El proceso de validación contempló tres etapas, la primera orientada hacia el análisis de las competencias y lineamientos en ciencias para los niveles de formación de cada caso de estudio, seguido de la realización de guías prácticas que articulen los objetivos del aprendizaje y las temáticas abordables con la herramienta y finalmente la validación en con un enfoque cualitativo descriptivo y cuantitativo.

Continuando con lo mencionado previamente, el diseño metodológico de validación de las guías prácticas consiste en la enseñanza de una misma temática en dos o más grupos, en unos con el tratamiento (tomando la implementación de la "living machine" como el tratamiento) y otro de forma tradicional (grupo control) y en cada grupo se realizan pre y post test. Adicional a esta evaluación, enfocada en los estudiantes, se realizó una entrevista semi estructurada a los docentes y especialistas que orientan los cursos en los cuales se desarrollaron las diferentes guías. En esta entrevista, se indagó por los pros y contras de la implementación de la "living machine" como herramienta didáctica, así como también por posibles investigaciones y usos de la misma.

En cuanto a lo cuantitativo, el diseño se considera experimento verdadero ya que analiza la evolución de los grupos antes y después del tratamiento experimental; para el caso de estudio utilizaron tres tipos de diseños auténticos: diseño con postest únicamente y grupo control, el diseño pretest y post prueba y grupo control y se adaptó el diseño de cuatro grupos de Solomon a tres grupos. (Hernández Sampieri, Fernández Collado, & Baptista Lucio, 1998)

El siguiente aspecto trata el equipo del proyecto, desde la construcción de la propuesta se conformó un equipo heterogéneo formado por 12 personas, de las cuales pueden ser agrupadas en tres grandes grupos de las ciencias, el primero orientado a las ciencias ambientales, el segundo con las ciencias de la educación y el tercero corresponde a las ciencias básicas. Además, el proyecto integró personas con formación de pregrado, maestría y doctorado.

Avanzando en nuestro razonamiento, el análisis de la interdisciplinariedad del proyecto se realizó mediante el análisis de redes sociales ARS (social network analysis), también denominado análisis estructural, como herramienta de medición y análisis de las estructuras sociales que emergen de las relaciones entre actores sociales diversos (individuos, organizaciones, naciones, etc.). El ARS es un conjunto de técnicas de análisis para el estudio formal de las relaciones entre actores y para analizar las estructuras sociales que surgen de la recurrencia de esas relaciones o de la ocurrencia de determinados eventos (Sanz, 2003). Dicho análisis comienza prestando atención especial al estudio de las estructuras sociales, es decir, en la comprensión de los condicionantes estructurales de sus acciones. La asunción básica del análisis de redes es que la explicación de los fenómenos sociales mejoraría analizando las relaciones entre actores.

En definitiva, la investigación tiene un enfoque de análisis sistémico interdisciplinar que parte de la teoría de los sistemas complejos, donde convergen las ciencias a la luz del objeto de investigación. Este enfoque difiere marcadamente de la práctica de investigación orientación mecanicista y neopositivista que se interesa únicamente por el descubrimiento de "hechos", así como de relaciones aislables y específicas entre fenómenos, y que se limita a recopilar los resultados obtenidos por grupos de especialistas que aportan respuestas parciales a problemas parciales.

Resultados

Con respecto a los resultados de la investigación, se puede iniciar con la construcción de la herramienta, la cual es un sistema de recirculación donde se presentan cinco (5) tanques siguiendo los principios de diversidad y de especialidad según unas funciones determinadas para las características de cada hábitat, es decir condiciones aeróbicas (organismos productores y consumidores) y anaeróbicas (bio-filtro y organismos descomponedores), tal como se ilustra a continuación:

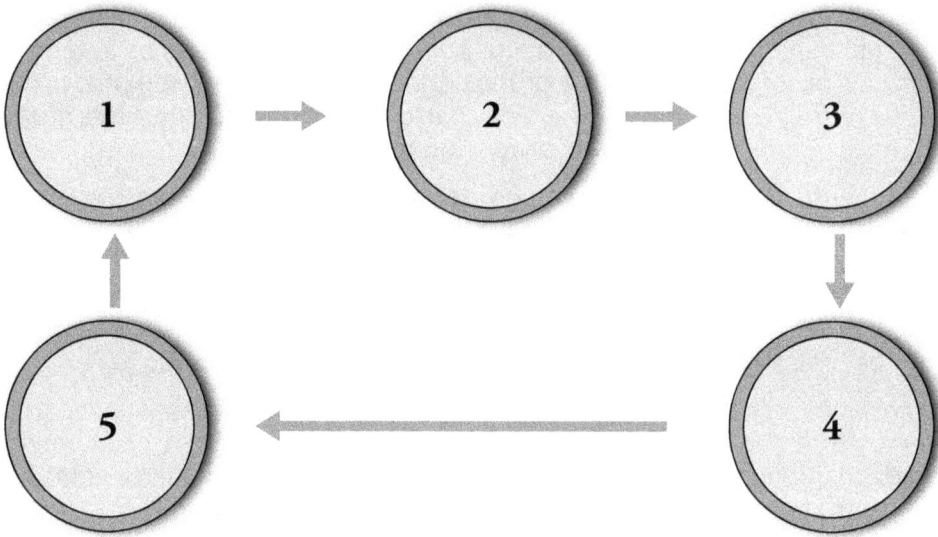

Gráfico 2.Ilustración gráfica del sistema "living machine"

Consideremos ahora que posterior a la construcción del sistema se deben caracterizar los componentes para el desarrollo de temáticas abarcables con la herramienta; en primer lugar se expone el componente vegetal y luego el componente físico- químico.

Componente biológico

En particular para el componente biológico se realizó unas caracterizaciones de especies vegetales, algas y animales las cuales se presentan seguidamente:

218

Caracterización de especies vegetales

Las plantas acuáticas son uno de los grupos de mayor aporte a la productividad primaria de los ecosistemas, por su valor ecológico en la provisión de alimento, hábitat y/o sitios de reproducción a diversos organismos (plancton, peces, aves, mamíferos, artrópodos y herpetos), además poseen valor paisajístico así como capacidad para absorber minerales disueltos, y por tanto ayudan a la depuración del agua. Su diversidad es considerablemente menor que la de las plantas terrestres, más aún en los ecosistemas acuáticos tropicales y en zonas por encima de los 2.000 msnm. En el caso de estudio las plantas fueron extraídas de la cuenca del río Otún (ubicada entre 1800 y 2300 msnm).

De manera específica, este tipo de plantas son conocidas como plantas acuáticas, macrófitas e hidrofitas, y son aquellas plantas que desarrollan sus ciclos de vida en cuerpos de agua continentales o marinos. Este conjunto de plantas incluye los grupos Charophyta (algas), Bryophyta sensu lato (musgos y hepáticas), Monilophyta (helechos) y Angiospermas (plantas con semilla y flor).

Según Posada & López, (2011); Las plantas acuáticas se pueden clasificar de acuerdo a su hábitat, así:

- Sumergidas: pueden o no estar arraigadas al fondo. Frecuentemente las estructuras reproductivas emergen de la superficie.
- Libre flotantes: no arraigadas, flotan sobre la superficie del agua.
- Arraigadas flotantes: enraizadas en el fondo de aguas poco profundas, flotan sobre la superficie.
- Anfibias: crecen en aguas fluctuantes. Inicialmente tienen una fase acuática y cuando el nivel del agua desciende adoptan formas terrestres (plasticidad fenotípica). Normalmente solo son fértiles en la fase terrestre.
- Emergentes: permanecen en el agua durante las primeras fases de desarrollo y emergen en la fase reproductiva.
- De humedales: plantas terrestres que pueden sobrevivir periodos de inundación total sin cambios morfológicos significativos.

En el caso particular se presentan 13 especies, las cuales se clasifican tomando algunos criterios anteriores:

Libre Flotantes

Fotografía 1. Pistia stratiotes
(Lechuga de agua)+

Fotografía 2. Salvinia
auriculata (Oreja de ratón)

Fotografía 4.Eichhornia
crassipes (Buchón o jacinto
de agua)

Fotografía 5. Hydrocotyle
leucocephala (sombrerillo)

Arraigada emergente

Fotografía 6. Heteranthera
reniformis sp (Buche de
gallina)

Sumergidas arraigadas o eventualmente arraigadas

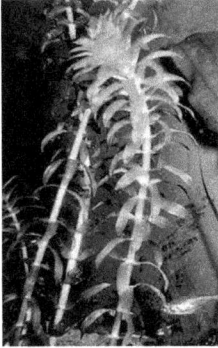

Fotografía 7. Egeria densa
(Elodea)

Fotografía 8. Apalanthe
granatensis (Elodea
pequeña)

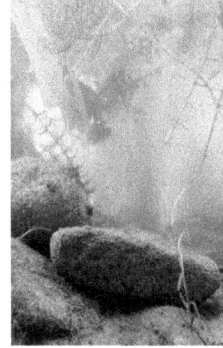

Fotografía 9. Potamogeton
paramoanus (Espiga de agua)

Fotografía 10. Myriophyllum
aquaticum (milhojas)

Semiacuáticas enraizadas emergentes

Fotografía 11. Cyperus
papyrus (Papiro egipcio)

Fotografía 12. Eleocharis
elegans (juncos)

Fotografía 13. Eleocharis
acicularis (Cebolleta)

Caracterización de especies de algas

El sistema cuenta varias algas donde la mayoría son Diatomeas, se cuenta con algas dulceacuícolas verde-azules o cianobacterias, algas pardas y verdes, las cuales son muy comunes. Las diatomeas son un grupo de algas de la clase Bacillarophyceae que se pueden encontrar flotando libremente en el agua (plancton) o adheridas a algún tipo de sustrato (perifiton). Comúnmente llamadas, algas pardas. Por lo general, son el grupo más dominante de los sistemas acuáticos en general, pero en sistemas lóticos conforman el 80% o más de la comunidad de microorganismos bentónicos.

Las diatomeas han sido identificadas como el grupo de algas de mejor respuesta a los cambios ambientales que se presentan en los sistemas acuáticos, por lo que han sido consideradas como bioindicadoras para determinar la calidad ecológica del agua. Estas particularmente responden a los cambios químicos y físicos del agua, generando afloramientos algales o modificándose la composición y estructura de esta comunidad. (Patrick , 1968, p 175-176)Las diatomeas son organismos muy útiles porque tienen una gran diversidad florística (solo en aguas dulces se conocen alrededor de 10,000 especies). Presentan muy bajo costo estudiarlas, además de que el muestreo es simple y rápido. Son altamente sensitivas, otorgan información asociada a la cantidad de material orgánico, pH, alcalinidad, tipo de substrato, etc. La sensibilidad o tolerancia de ciertas diatomeas a la eutrofización ha dado lugar a crear varios indicadores de calidad del agua (Patrick , 1968, p. 177)

A manera de resultado preliminar, el tanque 5 y 1 presentó la mejor diversidad de Bacillarophyceae, es decir el grupo de las diatomeas, mientras que el tanque 2 y 3 fueron poco diversos y muy dominado por Ciliophoras como Bursellopsis, particularmente por la alta carga de materia orgánica. El otro protozoo Epystylis también fue común encontrarlo en el tanque 1. A continuación se presentan las fotografías de algas vistas en la living machine:

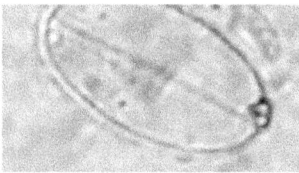

Fotografía 14. Cocconeis placentula

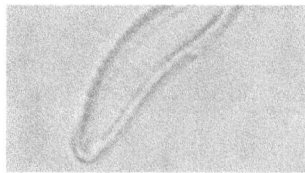

Fotografía 15. Cymbella

Fotografía 16. Monoraphidium

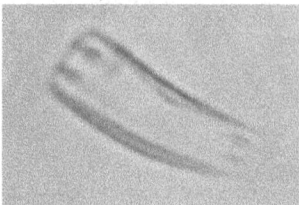

Fotografía 17. Gomphonema (a)

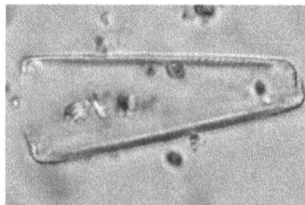

Fotografía 18. Gomphonema (b)

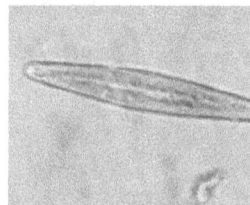

Fotografía 19. Navicula

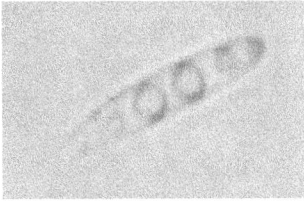

Fotografía 20. Nitzchia

Fotografía 21. Pinnularia

Fotografía 22. Tabellaria

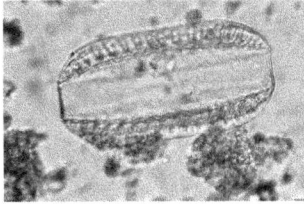

Fotografía 23. Amphora

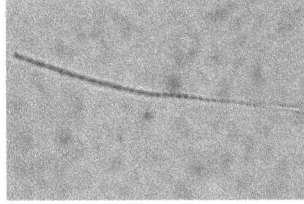

Fotografía 24. Anabaenopsis

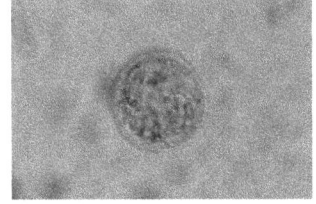

Fotografía 25. Bursellopsis

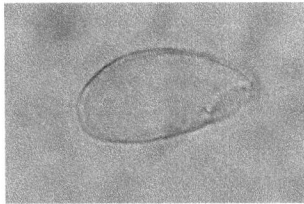

Fotografía 26.Epystylis

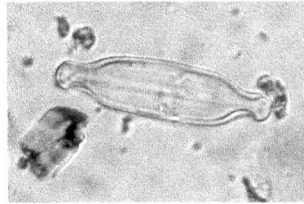

Fotografía 27.Frusrularia

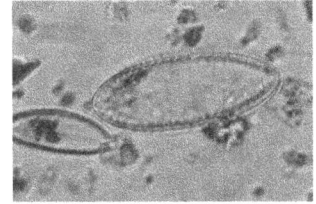

Fotografía 28.Sirurella

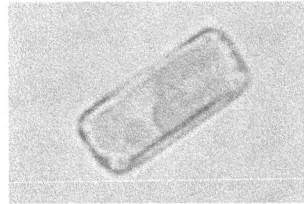

Caracterización de especies animales

Los grupos de macroinvertebrados que habitan en agua dulce muestran una gran variedad de adaptaciones, incluyendo importantes diferencias en sus ciclos de vida. Algunos grupos pasan todo, o casi todo, su ciclo de vida en el agua. Ejemplos incluyen chinches (Hemiptera), la mayoría de los escarabajos (Coleoptera; aunque la pupa es generalmente terrestre), crustáceos, moluscos, anguijuelas y planarias. (Hanson, Springer, & Rámirez, 2010, p. 13)

Por otro lado, los órdenes de insectos Ephemeroptera, Odonata, Plecoptera, Megaloptera, Trichoptera, Lepidoptera y Diptera tienen adultos terrestres. En muy pocos grupos, como Dryopidae (Coleoptera) y Nematomorpha, solo los adultos son acuáticos. El tiempo de desarrollo es altamente variable, dependiendo de la especie y de factores ambientales, como la temperatura del agua y la disponibilidad de alimento, y puede variar desde pocas semanas hasta varios años. A continuación se presentan algunos macroinvertebrados presentes en la "living machine":

Fotografía 30.Familia Ancylidae

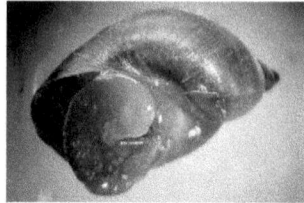

Fotografía 31.Familia Lymnaeidae

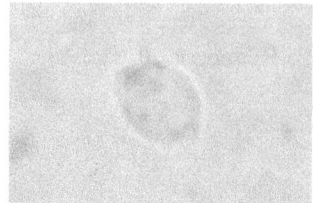

Fotografía 32.Euglena

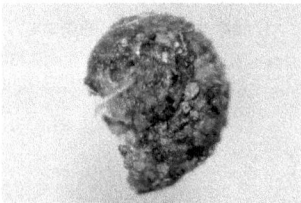

Fotografía 33.Familia Helicopsychidae

Fotografía 34.Familia Aeshnidae

Fotografía 35.Familia Stratiomydae

Fotografía 36. Poecilia reticulata

Fotografía 37.Chaetostoma fischeri

Componente físico-químico

En lo que tiene relación con las variables físico-químicas del sistema, se estableció realizar el monitoreo del agua en tiempo real midiendo parámetros de pH, potencial de óxido reducción ORP, oxígeno disuelto, y temperatura, esto con el fin de cuantificar la calidad del ecosistema basado en los datos físicos obtenidos por sensores ubicados dentro de la Living Machine, adicionalmente se consideró importante conocer la afectación de las condiciones ambientales sobre el sistema, por lo que se plantea la utilización de sensores de radiación solar y humedad relativa, variables de gran incidencia sobre los organismos vivos del sistema principalmente las plantas.

En particular, los valores de pH oscilan entre 7.21 y 9.62, teniendo como valor promedio 7.71; en cuanto a ORP el promedio es de 244.89 mV, con mínimo de 65.38 y máximo de 500.10; en lo que tiene relación con temperatura del agua, en promedio esta se encuentra en 22.12 °C; los valores de radiación solar en promedio 45.93 W/m2 y humedad relativa en promedio 68.56 %.

El siguiente aspecto trata sobre la validación de la "living machine" en un ambiente educativo, el cual se desarrollará en partes, iniciando con la selección de temáticas abarcables con la herramienta tanto para los niveles de formación de básica primaria cómo para el programa de administración ambiental; posteriormente considerando que la validación se realizó en grupos objetivo se detalla cada experiencia.

Para empezar, en primer lugar se presenta el análisis del sistema de competencias para la educación básica primaria, los cuales se denominan estándares de competencias en ciencias y se distribuyen entre los grados de cada nivel, de allí que se generan algunos datos de interés, tanto para primero a tercero como para cuarto y quinto:

Porcentaje acciones de pensamiento aplicables con la "living machine" 1° a 3°

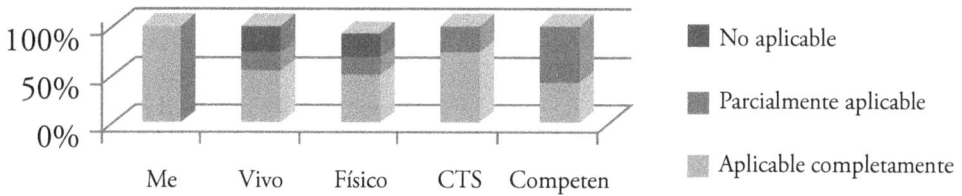

Gráfico 3. Para los grados de 1° a 3°, se podrían abarcar el 67% de los estándares básicos de competencias en ciencias naturales, sin embargo el porcentaje de acciones de pensamiento varían para cada ámbito de formación

Porcentaje acciones de pensamiento aplicables con la "living machine" 4° a 5°

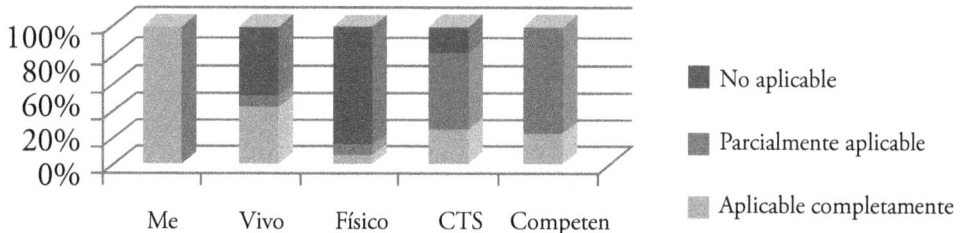

Gráfico 4. Para los grados de 4° y 5°, se podrían abarcar el 100% de los estándares básicos de competencias en ciencias naturales, sin embargo el porcentaje de acciones de pensamiento varían para cada ámbito de formación

De la agrupación de los estándares de competencias en ciencias y de las acciones de pensamiento para cada ámbito aplicables con la living machine, surgen unas opciones de temáticas a tratar en para cada nivel de formación, en primer lugar, de primero a tercero se proponen las siguientes seis guías:

Tabla 1. Relación de cada guía para los grados 1° a 3°

enfocada con el estándar de competencia.

Guía	Tema propuesto	Estándar de competencia
1	Conociendo y describiendo el hábitat de algunos seres vivos	Me identifico como un ser vivo que comparte algunas características con otros seres vivos y que se relaciona con ellos en un entorno en el que todos nos desarrollamos.
2	Observemos, clasifiquemos y busquemos interrelaciones entre los componentes bióticos y abióticos del ecosistema acuático	
3	Diferenciando ecosistemas	
4	La alimentación en los seres vivos	Valoro la utilidad de algunos objetos y técnicas desarrollados por el ser humano y reconozco que somos agentes de cambio en el entorno y en la sociedad
5	Relación de los organismos con el ambiente	
6	El ciclo del agua y la formación del suelo	

Seguidamente para los grados cuarto y quinto, se proponen las siguientes guías temáticas:

Tabla 2. Relación de cada guía para los grados 4° y 5°

enfocada con el estándar de competencia.

Guía	Tema propuesto	Estándar de competencia
1	Acercamiento a las ciencias naturales	Identifico estructuras de los seres vivos que les permiten desarrollarse en un entorno y que puedo utilizar como criterios de clasificación.
2	Importancia de la energía en los ecosistemas acuáticos	

| 3 | Reconociendo la cadena alimenticia de un ecosistema acuático | Me ubico en el universo y en la Tierra e identifico características de la materia, fenómenos físicos y manifestaciones de la energía en el entorno. |
| 4 | Cómo diseñar una "living machine" | Identifico transformaciones en mi entorno a partir de la aplicación de algunos principios físicos, químicos y biológicos que permiten el desarrollo de tecnologías. |

En segunda instancia, para el programa de Administración ambiental, se realizó una revisión de los programas de asignaturas del plan de estudios y de allí surgió una lista de asignaturas con incidencia las cuales se listan seguidamente:

- Biología general y laboratorio
- Ecología general
- Ecología aplicada
- Química ambiental y laboratorio
- Hidroclimatológica

Dicho lo anterior, se realizó un acercamiento inicial a los docentes de las cinco asignaturas, pero dadas las amplias posibilidades temáticas y considerando que la investigación pretende realizar un acercamiento inicial de prueba, se decidió seleccionar de la lista generada las temáticas principales para realizar con ellas unas guías prácticas, de allí que los temas a desarrollar en este nivel de formación son:

Tabla 3. Tabla resumen de las guías elaboradas para las cuatro materias definidas: Biología general y laboratorio, Ecología aplicada, Química ambiental y laboratorio e Hidroclimatología.

Guía	Material	Tema
1	Biología general y laboratorio	Clasificación de los seres vivos del reino animal y los principios básicos de la ecología
2	Ecología general	Clasificación de las plantas acuáticas
3	Ecología aplicada	La biodiversidad en los ecosistemas acuáticos
4	Química ambiental y laboratorio	Materia orgánica y oxígeno en los ecosistemas acuáticos
5	Hidroclimatología	La evapotranspiración en ecosistemas acuáticos

Consideremos ahora, que el alcance de la investigación pretendía validar en diez clases la herramienta, sin embargo en el proceso de acercamiento a las instituciones educativas se presentaron innumerables inconvenientes, por lo que se optó por seleccionar unos grupos objetivos en dos instituciones, la primera de educación básica primaria llamada Saint George School, y la segunda de educación superior llamada Universidad Tecnológica de Pereira.

En relación con la experiencia en Saint George School, está se desarrolló en un período de cinco meses, los cuales coincidieron con el tercer e inicios del cuarto período escolar de la institución, allí el proceso comenzó con la revisión del currículo y con la selección del grupo que más se articulará temáticamente a este período, de allí que el grado 3° fue el seleccionado. Hasta allí se pretendía desarrollar una guía práctica con los estudiantes de la clase de ciencias en el módulo piloto construido, sin embargo, dado el interés de la administración de la institución por la potencial utilidad en todos los grados, se optó por replicar el módulo, pero la investigación se centró solamente en el grupo objetivo.

El grupo objetivo estaba conformado por 10 niños, entre los 6 y 8 años, dado que no fue un clase puntual sino un proceso y que solo se tenía un grupo, la validación cuantitativa propuesta en la metodología no pudo llevarse a cabo en este nivel de formación, por el contario se profundizó la validación cualitativa, como una asesoría constante y la documentación de la misma; a continuación se ilustra el proceso en la institución mediante fotografías cronológicas.

Proceso de construcción, ensamble y puesta en marcha del sistema

Fotografía 38. Recolección del
biofiltro

Fotografía 39. Recolección del
biofiltro

Fotografía 40. Ingreso del biofiltro
al sistema

Fotografía 41. Ingreso de agua
posterior al bioflitro

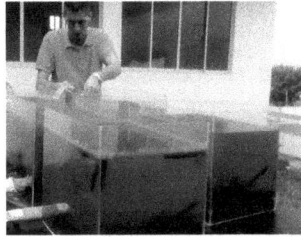

Fotografía 42. Instalación de la
recirculación del sistema.

Fotografía 43. Proceso de
estabilización

Fotografía 44. Ingreso de
vegetación al sistema

Fotografía 45. Ingreso de especies
animales al sistema

229

Proceso de aplicación del sistema en el componente educativo

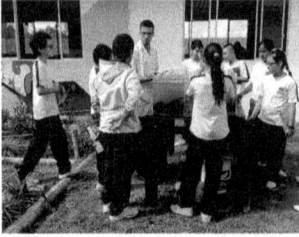

Fotografía 46.Trabajo en clase grupal

Fotografía 47.Trabajo de cuestionamientos

Fotografía 48. Trabajo de observación

Fotografía 49.Identificación de especies observadas

Fotografía 50.Observación en campo de plantas acuáticas

Fotografía 51.Plasmar el diseño del sistema

Fotografía 52. Representación gráfica del sistema

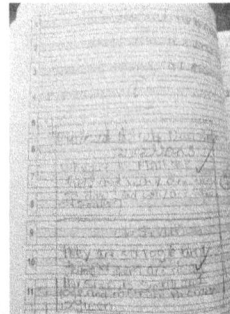

Fotografía 53.Ejemplo de las preguntas e hipótesis realizadas por los estudiantes

Uno de los aspectos más importantes de la experiencia es que está sirvió de herramienta indirecta para que los estudiantes se acercaran al método científico de indagación en ciencias, de allí se resalta que la living machine es fundamentalmente una herramienta que genera cuestionamientos en las personas, y en esta experiencia particular estás preguntas fueron la oportunidad para que los estudiantes llevaran a cabo la serie de procesos tanto cognitivos como conceptuales para desarrollar su propia investigación.

Además, los beneficios de uso de la herramienta traspasan los niveles formales de la educación en ciencias abarcando otros aspectos sociales y transformando preconceptos erróneos en ideas claras y comprobadas sobre la naturaleza.

Prosigamos nuestro análisis con las experiencias en el programa de administración ambiental, las cuales tuvieron validación cuantitativa y cualitativa descriptiva con la encuesta semiestructurada a los docentes involucrados en el proceso y un especialista en educación, quién actuó como asesor. A continuación se presentan las experiencias en cada asignatura:

Ecología aplicada

La temática desarrollada en esta asignatura fue la biodiversidad de los ecosistemas acuáticos y se realizó en una sesión de trabajo de tres horas. El diseño experimental correspondió a un diseño con postest únicamente y grupo control, es decir, a ambos grupos se les realizó una prueba de ocho preguntas de selección múltiple quince días después de vista la clase. A continuación se presentan algunas fotografías que ilustran el proceso:

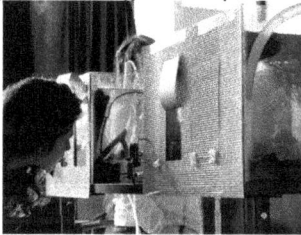

Fotografía 54.Aplicación de la guía de biodiversidad con la "living machine" en ecología aplicada, donde se observa una de las actividades la comparación de tres escalas y sus resultados al calificar la biodiversidad.

Fotografía 55.Aplicación de la guía de biodiversidad con la "living machine" en ecología aplicada, donde se resalta el trabajo grupal.

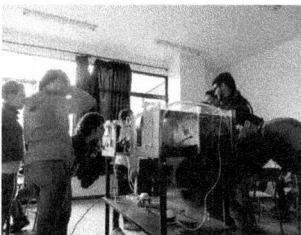

Fotografía 56.Aplicación de la guía de biodiversidad con la "living machine" en ecología aplicada, resaltando observación, resolución de inquietudes.

Fotografía 57.Aplicación de la guía de biodiversidad con la "living machine" en ecología aplicada, en la cual se calculan de los índices de biodiversidad.

Como resultado del análisis se encontró una fuerte evidencia de que no existe diferencia significativa entre los valores obtenidos del pretest entre el desarrollo una guía temática de forma tradicional y con la "living machine" ya que se aprobó la hipótesis nula que significa que las dos medias son iguales. (prueba t no relacionada, con un nivel de significancia de .01)

Química Ambiental y laboratorio

Para el presente caso se desarrolló el tema de materia orgánica y oxígeno en los ecosistemas mediante la determinación de la DQO, para este caso se adaptó el diseño experimental de cuatro grupos de Solomon a solo tres grupos, es decir, con el primer y tercer grupo se utiliza la herramienta práctica, mientras que con el segundo se dicta la clase tradicional, el grupo 2 y 3 realizan una prueba previa y todos los grupos una prueba posterior.

Cabe resaltar que la guía se desarrolló en tres partes, la primera consistió en el contacto inicial con la "living machine" donde se observó un ecosistema sin alteración, caracterizando sus condiciones iniciales, seguidamente le fueron adicionados 5 litros de agua residual doméstica proveniente del afluente de la planta de tratamiento de la Universidad tecnológica de Pereira, una vez adicionado se tomaron 9 muestras en el transcurso de 3 días; la segunda parte de la guía correspondió a la determinación de la DQO, y la tercera fue el análisis de resultados; A continuación se presentan algunas fotografías que ilustran el proceso:

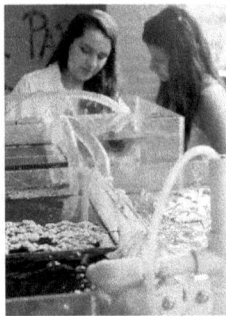

Fotografía 58.Aplicación de la guía de materia orgánica en los ecosistemas acuáticos en la materia de química ambiental y laboratorio, donde ser resalta la resolución de dudas e inquietudes sobre la "living machine" antes de la perturbación.

Fotografía 59.Aplicación de la guía de materia orgánica en los ecosistemas acuáticos en la materia de química ambiental y laboratorio, en la cual se observa el proceso de adición del agua residual en la "living machine".

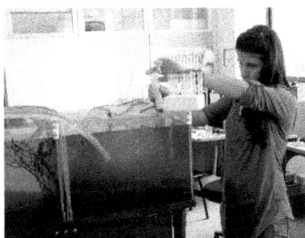

Fotografía 60. Aplicación de la guía de materia orgánica en los ecosistemas acuáticos en la materia de química ambiental y laboratorio, donde se evidencia la toma de muestra.

Fotografía 61.Aplicación de la guía de materia orgánica en los ecosistemas acuáticos en la materia de química ambiental y laboratorio, donde se evidencia el proceso de titulación.

Es destacable que no se llevaron a cabalidad las tres partes, la anormalidad académica del segundo semestre de 2013 impidió, entre otras cosas, el análisis conjunto de los resultados, y además la realización presencial de los postest, razón por la cual se optó por un proceso virtual, sin embargo solo lo respondieron 5 de 23 estudiantes del grupo 1 y 5 de 23 estudiantes del grupo 3 y ninguno de los 17 del grupo 2; de los resultados podemos afirmar que se evidencia una gran similitud entre las medias de los postest de los dos grupos que desarrollaron la clase con la living machine (prueba t no relacionada, con un nivel de significancia de .01) sin embargo, al no tener un grupo control no se puede comparar, ni asociar los resultados a la herramienta práctica. Además, comparando los resultados del pretest y postest de los cinco estudiantes del grupo 1 se puede afirmar que se evidencia que no hay diferencias significativas en los resultados, es decir en ambos casos se acepta la hipótesis de igualdad de las medias (prueba t relacionada, con un nivel de significancia de .01)

Hidroclimatología

En lo relacionado con esta asignatura, se desarrolló el tema de evapotranspiración en los ecosistemas acuáticos, para este caso se utilizó el diseño de investigación pretest-postest y grupo control. Para este caso la prueba constó de 5 preguntas de selección múltiple; la pretest fue aplicada simultáneamente, posterior se desarrolló una clase instructiva simultánea y posteriormente se seleccionaron aleatoriamente algunos estudiantes los cuales desarrollaron un laboratorio con la "living machine", y finalmente a todos se les aplica la prueba posterior. Seguidamente se presentarán algunas fotografías que evidencian el proceso.

Fotografía 62.Aplicación de la guía de Hidroclimatología, donde se resalta un modelo teórico de enseñanza basado en el uso de diapositivas

Fotografía 63.Aplicación de la guía de Hidroclimatología, donde se resalta un modelo teórico y tradicional de enseñanza usando el tablero.

Fotografía 64.Aplicación de la guía de Hidroclimatología, destacando la toma de datos por parte de los estudiantes.

Fotografía 65.Aplicación de la guía de Hidroclimatología, donde se resalta la observación como forma de aprendizaje.

De los resultados podemos afirmar que se evidencia una gran similitud entre las medias de los pretest y postest de los dos grupos (prueba t no relacionada, con un nivel de significancia de .01) Adicionalmente, al comparar por separado cada tratamiento se puede afirmar que se evidencia que no hay diferencias significativas en los resultados, es decir en ambos casos se acepta la hipótesis de igualdad de las medias (prueba t relacionada, con un nivel de significancia de .01)

Entrevistas a docentes y especialistas

El objetivo de la entrevista fue el de indagar sobre la opinión, aspectos favorables y desfavorables, y sugerencias de la aplicación de las guías con la herramienta, y de la herramienta como tal. De allí, que la opinión del 100% de los entrevistados considera la "living machine" como un método interesante, novedoso, y cataloga como buena la experiencia. A continuación se resumen los detalles de las respuestas a la entrevista:

Tabla 4.Análisis de las entrevistas realizadas a docentes y especialista en educación; dónde se denotan los aspectos favorables, desfavorables y algunas sugerencias tanto del proceso como de la herramienta en sí misma.

Aspectos Favorables	Aspectos desfavorables
• Es una herramienta didáctica que permite un aprendizaje directo con la realidad, y que además permite interactuar con un ecosistema. • La herramienta brinda la posibilidad de integrar asignaturas y temáticas. • Las práctica que en ella se realizan generan resultados en corto tiempo, sin embargo tambien se podría realizar prácticas en el largo plazo. • La "living machine" ser un ecosistema modelado, consta de muchas variables lo que refleja una alta complejidad • La "living machine" permite la comprensión de los procesos ecosistemicos, de una manera fácil y sencilla. • La herramienta incrementa los niveles de motivación y curiosidad de los estudiantes, genera sorpresa y ganas de indagar.	• Al ser un módulo relativamente pequeño, en grupos grandes se debe realizar un trabajo logístico que permita la interacción de todos los estudiantes. • La aplicación puntual no evidencia cambios significativos. • El sistema requiere de altos cuidados y mantenimiento. • Por las características de la "living machine" y de los estudiantes al ingreso a la universidad, el nivel de complejidad de las guías debe ser acorde al semestre. • Solo permite abordar temáticas de los ecosistemas acuáticos. • Demora en el desplazamiento de la herramienta al salón de clases.
Sugerencias	
• La utilización de la "living machine" debe ser continuado y hasta ser incluido en el plan de asignatura. • Tener un espacio disponible para la living machine, lo que permitiría un mejor acceso y utilización. • Indagar para ampliar el número de asignaturas en donde se utilice la herramienta. • Posibilidad de replicar la herramienta en casa para realizar comparaciones con el sistema piloto. • Generar proyectos de aula que vinculen la herramienta práctica. • Al ser un ecosistema, este permite abarcar un gran abanico de temáticas, es decir, no dejar el proceso en una sola guía sino, desarrollar otros temas de las asignaturas. • La aplicación debe corresponder a estudiantes con las bases suficientes para aprovechar la complejidad del sistema. • El sistema permite abordar múltiples temáticas en diversos niveles de formación. • Incluir en la investigación un enfoque mixto	

El último aspecto a desarrollar es la integración y convergencia de disciplinas con diversos propósitos, de allí que se considera la "living machine" como una herramienta multipropósito. Es relevante mencionar que en el inicio de la investigación no se pretendía desarrollar un proceso interdisciplinario, sino que este surgió de los vacíos específicos que requería la investigación, sin embargo, el resultado tuvo unos alcances superiores a los imaginados e incluso creo nuevas posibilidades de trabajos conjuntos, por lo tal se considera favorable la inclusión de la interdisciplinariedad en investigaciones de este tipo.

Hay que mencionar, además que con el fin de analizar la interdisciplinariedad de la investigación, se utilizó el software Ucinet 6 aplicando análisis de centralidad, densidad y formación de subgrupos, a continuación la representación gráfica del análisis: (Borgatti , Everett, & Freeman, 2002)

Ilustración 1. Red de actores de la investigación, visualizado en el software Netdraw 2.136, los colores observados hacen alusión a las áreas de trabajo de los actores, donde el verde son las ciencias ambientales, el azul las ciencias básicas y el rojo las ciencias de la educación; además las formas de los actores determinan su nivel de formación, siendo circulo para pregrado, cuadrado para maestría y triangulo para doctorado.

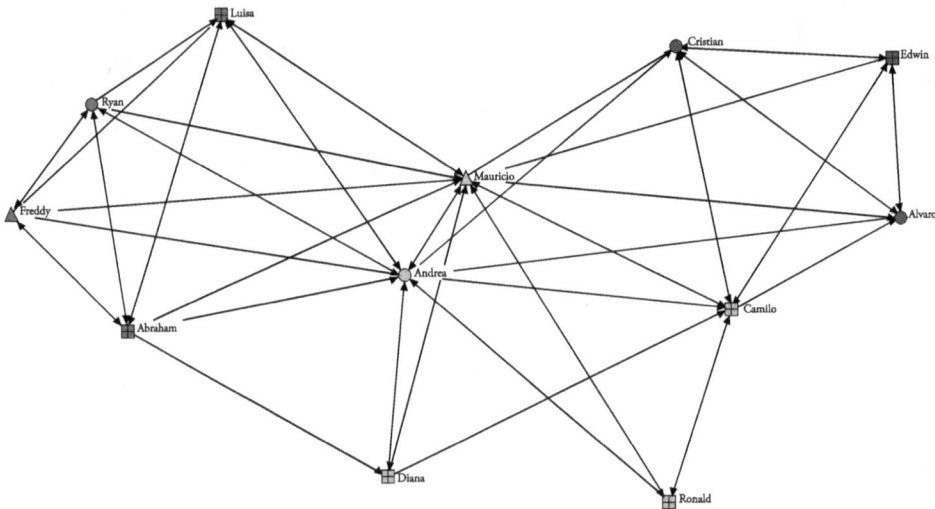

Discusión de resultados

Una característica potencialmente útil de los sistemas naturales es su capacidad de capturar la experiencia, es decir, el sistema captura la atención de las personas, convirtiéndose en una conexión con el ambiente, cuando dicha experiencia se trasporta al aula de clase, está brinda la oportunidad de entender el funcionamiento de los ecosistemas y más aún comprender el impacto que como seres humanos generamos en el ambiente y en este orden de ideas actuar en consecuencia para mitigar y evitar el impacto.

A nivel global, la construcción de las tecnologías "living machine" se ha dado por diversos motivos, pero en la mayoría de ellos se ha contribuido a la educación ambiental, incluso, por citar alguno, en el caso de Penn State la "living machine" ha reunido diversas disciplinas: ingeniería, arquitectura, ecología del paisaje, licenciatura, astrofísica hasta la filosofía, dónde cada persona independiente de su especialidad ha transformado sus ideas sobre la naturaleza, y el impacto de la tecnología y la sociedad genera sobre ella, en síntesis, el contacto con la "living machine" sin importar la especialidad, el nivel de formación de las personas genera un cambio, y dicho cambio tanto en el caso referenciado como en el de estudio generó entre otras una comprensión de los impactos de la relación sociedad-naturaleza, y de allí que se asume la responsabilidad sobre la sustentabilidad ambiental. (Wolovitz, 2000).

En adición, en el caso de Vermont en el Centro de Aprendizaje de la Escuela Primaria Champlain, se desarrolla el tema de la sostenibilidad, de la historia de la cuenca, y de la ecología con niños, y además los docentes interactúan con la comunidad para el mantenimiento y sostenimiento del sistema. (Vermont Community works - SSP documentation partner, sfd)

Ahora bien, el estado Colombiano ha migrado hacia un nuevo enfoque educativo, en sintonía con los demás países, sin embargo, en el proceso de la enseñanza particular de las ciencias, no se han desarrollado herramientas que dinamicen los procesos, si bien existen casos exitosos a nivel global, en el país todavía está en lo conceptual y teórico, alejado de lo práctico y didáctico, es decir, aún las ciencias no llegan verdaderamente al contexto real del estudiante, para ilustrar mejor la idea, un país destacado en términos educativos es Finlandia, allí el principal protagonista es el estudiante y no el sistema educativo, ni los conocimientos, dicho enfoque ha llenado de prestigio el país siendo reconocido en Europa y el mundo por los resultados de las evaluaciones internacionales PISA (Program for International Student Assessment). (Robert, 2009).

Deseo subrayar que, continuando con el ejemplo de Finlandia, su historia nos permite afirmar que la educación es un motor de desarrollo, ya que este país pasó de ser el país más pobre de Europa a ocupar los primeros rankings en competitividad, democracia, educación y entre otras. (Oppenheimer, 2010).

Por otra parte, la presente investigación se considera un punto de partida y una oportunidad para continuar desarrollando herramientas prácticas orientadas al mejoramiento de la enseñanza y el aprendizaje en el país, y sobretodo validarlas en contextos reales, de allí que uno de los deberes de los grupos de investigación y de la academia en general, es contribuir al desarrollo social del país. Además, indiscutiblemente las soluciones a los problemas de la educación son más sencillas de lo imaginado, para el presente caso, la construcción de una "living machine" implica muy bajos costos, es más, puede ser replicado con materiales reutilizados que se encuentran en las viviendas.

Desde otro punto de vista, en la actualidad, la busqueda de la interdisciplinariedad ha venido llamando la atención de las comunidades académicas, sin embargo, si bien este enfoque puede resolver problemas complejos, inevitablemente conlleva a obstaculos, con lo cual parte del debate se centra más el cómo realizar el trabajo interdisciplinar que en el objeto de investigación (Buanes & Jentoft, 2009) .Sin embargo, para el caso particular de la investigación, la interdisciplina fue confluyendo en el proceso, es más, se dio de una manera volutaria y desinteresada, la cual beneficio a cada uno de los integrantes del proyecto permitiendo ampliar las posibilidades y visiones de trabajo.

Conclusiones

En definitiva, la experimentación fomenta la interiorización del conocimiento y con ello el aprender para toda la vida, y es allí donde toma valor herramientas prácticas que potencien el aprendizaje directo, que integre la realidad y en particular donde el estudiante sea el protagonista, donde se motive e indague.

Por otra parte, la investigación abrió un abanico de nuevas posibilidades de trabajo, bien sea en la replicación de la herramienta "living machine" o en el desarrollo de otras orientadas hacia otras temáticas, como lo son la gestión del riesgo o los recursos hídricos subterráneos.

Otro aspecto por explorar, se relaciona con la comparación entre categorías educativas, entendiendo estas como el tipo de institución privada o pública, tipo de sede en términos de existencia de espacios naturales, el contexto socioeconómico de las instituciones, y la relación con las cuencas abastecedoras de acueducto; de allí que existen otros factores que influyen en el aprendizaje y enseñanza de las ciencias, por lo tanto la inclusión de herramientas de este tipo debe ser puesta en contexto. Además, si los resultados del uso de herramientas prácticas son comparados entre diversas instituciones podrá ser más acertada su validez.

Con miras al objetivo de la investigación, los resultados alcanzaron a validar la herramienta, sin embargo, se debe tener en cuenta que la educación es un proceso constante y que requiere tiempo para evidenciar sus resultados; no obstante, de manera cualitativa los participantes del proceso afirman las potencialidades de la herramienta generFinalmente, la posibilidad de conjugar diversas disciplinas al servicio de la educación es quizás la mejor contribución de la investigación, ya que estás alianzas permiten darle continuidad y nuevas oportunidades de facilitar los procesos educativos y con ello mejorar el aprendizaje evidenciado en las evaluaciones de competencias de las pruebas internacionales y nacionales de ciencias.

Referencias

Borgatti , S. P., Everett, M. G., & Freeman, L. C. (2002). Ucinet 6 for Windows: Software for Social Network Analysis. Analytic Technologies.

Buanes, A., & Jentoft, S. (2009). Building bridges: institucional perspectives on interdisciplinarity. Futures 41, 446-454.

Hanson, P., Springer, M., & Rámirez, A. (2010). Introducción a los grupos de macroinvertebrados acuáticos. Revista de biología tropical, 3-37.

Hernández Sampieri, R., Fernández Collado, C., & Baptista Lucio, P. (1998). Metodología de la investigación. D.F, México: McGRAW HILL INTERAERICANA EDITORES S.A.

Oppenheimer, A. (2010). ¡Basta de historias! La obsesión latinoamericana con el pasado y las 12 claves del futuro. Bogotá: Random House Mondadori, S.A.

Patrick , R. (1968). The structure of Diatom communities in similar ecological conditions. The american naturalist, 173-183.

Posada, J. A., & López, M. T. (2011). Plantas acuáticas del altiplano del oriente antioqueño, Colombia. Rionegro, Antioquia: Universidad católica de oriente.

Robert, P. (2009). La educación en Finlandia: los secretos de un éxito asombroso. Gard. Francia.: Colegio Nelson Mandela de Claresanc.

Sanz, L. (2003). Análisis de redes sociales: o como representar las estructuras sociales subuacentes. Apuntes de ciencia y tecnología N° 7, 21-27.

Todd, J., & Josephson, B. (1996). The design of living technologies for waste treatment. Eological Engineering, 109 - 136.

Vermont Community works - SSP documentation partner. (sfd). Sustainable schools. De http://www.sustainableschoolsproject.org/reflections/living-machine

Wolovitz, J. (2000). The Living machine in PennState.

CAPÍTULO 10

Diagnóstico, creación y aplicación de metodologías de enseñanza de la matemática en las instituciones educativas del eje cafetero

Robin Mario Escobar-Escobar
Romaes@utp.Edu.Co
Universidad tecnológica de pereira
Pereira, colombia

Referencia APA:

Escobar-Escobar, R. (2016). Diagnóstico, creación y aplicación de metodologías de enseñanza de la matemática en las instituciones educativas del eje cafetero. En B. Tobón, H. Parra-Acosta, C. Guzmán, S. Tobón, & L. G. Juárez-Hernández (Eds.), *Experiencias en la implementación de la gestión del talento humano desde el pensamiento complejo* (pp. 241-252). Lake Mary: Kresearch.

Resumen

En las distintas sociedades y en la historia se ha buscado tener una visión clara que logre explicar el mundo. Por esta razón el mundo de las matemáticas es la razón de lograr altos conocimientos en nuestro medio contemporáneo, por tal razón no podemos desconocer que la matemática tiene aplicaciones en la sociedad en general, desde pequeñas, medianas y grandes trasnacionales como las relaciones interpersonales ven la matemática indispensable en la actividad humana. En el mundo de las competencias se han creado diferentes temáticas para enfrentar y orientar a nuestros estudiantes, para este caso se tiene un diagnóstico de la matemática en los diferentes pensamientos y niveles de educación. Posteriormente una solución para transformar la Enseñanza de las matemáticas y poder aplicar diferentes metodologías de a través de las competencias. Al realizar este recorrido se debe tener aspectos relevantes como la actitud y aptitud de los estudiantes y docentes, es decir; de la comunidad académica en general. Al tener un diagnóstico del conocimiento de nuestros estudiantes podemos crear formas de aprendizaje significativo para lograr obtener un concepto específico a través de una competencia en especial y poder aplicarlo en los estudiantes es una experiencia maravillosa que se desea compartir a todos los educadores de américa.

Palabras claves: diagnóstico, diseño, aplicación, análisis

Abstract

In different societies and searched history have a clear vision that achieves explain the world. For this reason the world of mathematics is the reason for achieving high knowledge in our contemporary environment, for this reason we can't ignore that mathematics has applications in society at large from small, medium and large multinationals such as interpersonal relationships are the mathematics essential human activity. In the racing world have created different issues to address and guide our students, this case has a diagnosis of mathematics in the different thoughts and levels of education. Subsequently a solution to transform the teaching of mathematics and to apply different methodologies through competitions. In making this tour should be relevant aspects such as attitude and aptitude of students and teachers, ie; of the academic community. Having a diagnosis of knowledge of our students can create meaningful forms of learning in order to obtain a specific concept through a special competition and to apply it to the students is a wonderful experience you want to share to all America educators.

Keywords: diagnostic, disegn, application, analysis

Introducción

La educación matemática en Colombia es dirigido por los lineamientos curriculares y los Estándares Básicos de matemáticas, dados por el Ministerio de Educación Nacional (MEN, 2003). Se dividen en el proceso educación- aprendizaje en las diferentes áreas y grupos que existen en cada institución educativa. Están relacionados a través de cinco pensamientos matemáticos, como son:

- Pensamiento numérico-variacional.
- Pensamiento Métrico-Geométrico.
- Pensamiento estadístico y de probabilidades.

Dichos pensamientos presentan las características de buscar en el estudiante el desarrollo matemático a través de la comprensión, análisis, deducción y aplicación del saber en el entorno, para que el estudiante logre establecer sus propias competencias mediante objetivos claros en los diferentes pensamientos matemáticos.

Las investigaciones en Colombia en relación a la educación matemática se relacionan o direccionan en un diagnóstico ¿cómo? Es la matemática en los estudiantes, existen varios artículos y textos de investigación sobre este tema, y de allí parte el interés de realizar una investigación más a fondo como es el caso de la investigación planteada, la cual se ha ejecutado en tres etapas fundamentales como:

- Diagnosticar.
- Formulación.
- Aplicación.

Desde el año 2010 se han realizado trabajos como diagnóstico en la educación matemática en la ciudad de Cartago en el departamento del valle, en el cual se aplicaron pruebas en los diferentes pensamientos matemáticos, teniendo presente en el momento la aplicación de pruebas en los diferentes pensamientos para las instituciones de las instituciones del sector público de la ciudad de Pereira en el departamento de Risaralda.

Al realizar los respectivos diagnósticos en el eje cafetero, se creó la necesidad de tener solución a los diversos sistemas de aprendizaje para lograr crear en nuestros estudiantes competencias que le ayuden a fortalecer su sistema de aprendizaje, ya que los estudiantes en las pruebas realizadas mostraron niveles bajos y medios, notándose en alto grado la actitud hacia la matemática e incluso

243

donde se determinó que algunos docentes que están impartiendo el saber en el área de las matemáticas, no se sienten bien en el área sino que están allí como fórmula de subsistencia, lo cual no fortalece el desarrollo del estudiante en la estructuración de su pensamiento para tener la competencias adecuadas.

Es notar que un diagnóstico está elaborado a través de diferentes pautas la cual genera diversos resultados que para los expertos presentan algunas limitaciones y estará latente este fenómeno por todos los tiempos ya que nuestro pensamiento es diverso e implica diversas formas de pensar. Las pruebas realizadas presentaron una intencionalidad en su respuesta el cual nos dio la alternativa de determinar en los diferentes pensamientos una idea del desarrollo analítico, crítico de estructuración la cual nos fortalece para la creación de diferentes metodologías del aprendizaje.

Desde que se tienen los resultados del diagnóstico se ha trabajado en la formulación de diferentes estrategias y metodologías para el aprendizaje de la matemática, teniendo presente los diferentes pensamientos matemáticos emanados por el MEN. Es así como se han desarrollado trabajos donde se han aplicado esencialmente dos estrategias didácticas: aprendizaje basado en problemas y aprendizaje basado en proyectos.

Para lograr un aprendizaje significativo para nuestros estudiantes necesitamos un continuo aprendizaje de las diferentes formas de enseñanza para lograr crear en el estudiante una competencia que lo lleve a ser crítico, deductivo, analítico y estructurado, buscando que la matemática no es algo imposible sino que es algo muy posible y dinámico.

Según Platón, "el conocimiento se pueda identificar con la percepción sensible, ya que la verdad se expresa en el juicio y no en la sensación; que ni siquiera se puede identificar el conocimiento con el "juicio verdadero" ya que podría formularse un juicio que resultara verdadero y estuviera basado en datos falsos; que tampoco se puede identificar el conocimiento con el "juicio verdadero" más una razón, pues ¿qué podría añadirse, mediante el análisis, a un "juicio verdadero" que no contuviera ya, y que le convirtiera en verdadero conocimiento? Platón admite, con Protágoras, que el conocimiento sensible es relativo; pero no admite que sea la única forma de conocimiento. Cree, por el contrario, con Parménides, que hay otra forma de conocimiento propia de la razón, y que se dirige a un objeto distinto del objeto que nos presenta la sensibilidad: las Ideas. El verdadero conocimiento ha de versar sobre el ser, no sobre el devenir, y no puede estar sometido a error, ha de ser infalible. El conocimiento sensible, pues, no puede ser el verdadero conocimiento ya que no cumple ninguna de esas características".

Para Muñoz Seca y Riverola (1997) el "conocimiento es la capacidad de resolver un determinado conjunto de problemas con una efectividad determinada".

"El conocimiento es aquél conjunto de datos sobre hechos y verdades almacenadas en una persona – u otro tipo de agente-, que al ser transmitido retroalimenta constantemente por medio de la información el circuito entre el conocimiento, el pensamiento y el lenguaje acelerando con esto los procesos culturales, por lo que el desarrollo de las nuevas tecnologías para la difusión de la información concluirá en un aumento del conocimiento, ampliando así las posibilidades del pensamiento humano y la cultura".

Esta definición está tomada de un artículo hospedado en Cibersociedad.net cuyo autor es Andrea Naranjo Gamarra.

En el caso del pensamiento numérico según un estudio realizado en España, en la Universidad de granada los investigadores Luis Rico y Encarnación Castro mencionan: "los errores y dificultades en el campo general de la aritmética han ocupado una parte considerable en tales estudios.

Es usual agrupar la variedad de métodos para el estudio de los errores en matemáticas en cuatro categorías:

1. Contar el número de soluciones incorrectas a una variedad de problemas. Este método tiene un valor diagnóstico limitado y es cercano al método psicométrico.

2. Análisis de los tipos de errores cometidos. Usualmente, esta técnica implica clasificar diferentes tipos de error, examinar ¿Cómo? se desvían de la solución correcta y hacer inferencias sobre ¿qué? factores pueden haber conducido al error.

3. Análisis de patrones de error. Estos análisis pueden revelar errores sistemáticos, que sean síntoma de una comprensión inadecuada; al variar las tareas resultan patrones de error que pueden proporcionar claves de las estrategias utilizadas.

4. Diseño de secuencias didácticas de tareas que pongan en manifiesto los errores de los individuos. Aquí el investigador observa los patrones que aparecen en las producciones de los individuos; genera hipótesis sobre causas posibles de estos errores; y sistemáticamente, construye nuevos problemas de los que puede predecirse que inducirán a errores similares.

Metodología

La metodología empleada en la investigación realizada en el año 2010 donde se hizo un análisis en la ciudad de Cartago fue a través de un diseño cuantitativo-cualitativo el cual realizó un análisis acertado acerca del conocimiento actual que tenían los estudiantes de los grados quinto, noveno y once pertenecientes a los colegios públicos de la ciudad de Cartago en el área de matemáticas en cuanto a los pensamientos anteriormente mencionados en búsqueda de aspectos de forma natural, es decir, sin alterar las variables utilizadas en la investigación. El trabajo se centró en el conocimiento de los pensamientos de acuerdo a lo señalado por el MEN en los estándares curriculares.

Variables dependientes

Variable puntaje porcentual: esta variable es de tipo cuantitativo, es muy importante ya que mide el porcentaje en el que contesto correctamente cada estudiante en las pruebas de conocimiento, Su valor está dado por el cociente entre el total de puntos obtenidos y el total de puntos posibles de la prueba. La escala de medida es de 0% a 100 %.

De acuerdo con la definición el valor del variable puntaje porcentual pp , está dada por la fórmula:

$$pp = \frac{po}{pt}\,(100\%)$$

Donde po es el puntaje total obtenido en la prueba de conocimientos y pt es el puntaje total posible que tiene la prueba.

Variables independientes

Variables personales: Género, variable cualitativa con dos categorías: Hombre y Mujer, con la cual se trabajaría, ya que la edad de los estudiantes de un mismo grado es muy similar.

Variables escolares: son las que están relacionadas con la formación académica de los estudiantes. Como la variable Nivel escolar, que es de tipo cualitativo y se aplica para estudiantes de básica primaria, básica secundaria y media de acuerdo al grado que se encuentre.

Hipótesis

1. El nivel de conocimientos básicos del pensamiento numérico-variacional en los estudiantes es bajo, considerando como bajo no superar un 50% de la prueba de conocimientos.

2. El nivel de conocimientos básicos de los estudiantes en los diferentes pensamientos no están relacionado con el género.

Las pruebas realizadas presentan respuestas de selección múltiple teniendo la característica que se puede observar la intencionalidad en cada pregunta y poder establecer la relación que existe en los diferentes pensamientos en su conocimiento y la forma de interactuar frente a la pregunta buscando interpretar el pensamiento del estudiante frente a una situación o enunciado establecido.

Un ejemplo del tipo de intencionalidades realizadas en las diferentes preguntas:

a. Falta identificar en dónde se ubica cada dato del problema.

b. Confunde el orden al no saber el concepto de mayor que o menor que.

c. Dificultad en la compresión lectora, es decir; que es lo que pregunta el problema.

d. Correcta.

Algunas conclusiones del nivel de conocimiento en los diferentes pensamientos en los estudiantes evaluados, de acuerdo con la prueba realizada, es bajo, en donde el 25% del total de los estudiantes tuvieron menos del 20% de preguntas correctas, el 75% de los estudiantes sacaron menos del 50% de las respuestas correctas obtuvieron puntajes más bajos, lo que indica que más de la mitad de los estudiantes encuestados están fallando en el proceso enseñanza-aprendizaje, lo cual es una clara evidencia del porque en las pruebas SABER 11 o ICFES como se denominaba anteriormente, los resultados también son tan bajos. Para indicar las causas de dicho aprendizaje que revela cifras negativas, sería otra tarea de gran interés estudiar, a través de lo anterior surge el aplicar diferentes metodologías para la enseñanza aprendizaje.

Para la elaboración de propuestas que brindarán soluciones acordes para el aprendizaje de nuestros estudiantes, se presentaron varios trabajos de pregrado donde se elaboraron ejemplos a través de los métodos de aprendizaje. En los diferentes pensamientos se crearon ejemplos con metodología como:

• Aprendizaje basado en Problemas (ABP)

• Aprendizaje Basado en Proyectos (ABP)

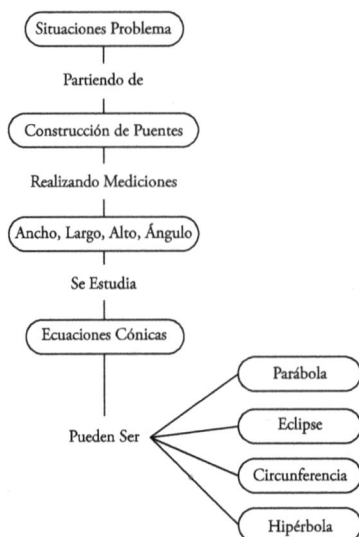

- Laboratorios matemáticos.

- Juegos Didácticos.

- Mediante TIC.

- Situaciones Didácticas.

El diseño de los diferentes temas a través de una metodología para los diferentes pensamientos emanados por el MEN, fortalece el pensamiento crítico, analítico y deductivo en los estudiantes de los niveles Básica Primaria, Básica Secundaria y la Media Técnica e incluso en los estudiantes universitarios. Es de aclarar que los esquemas realizados pretenden fortalecer el aprendizaje de los diferentes estudiantes.

Los diseños a través de las diferentes metodologías, presentadas en los trabajos de Aristizabal (2010) y Barco (2011) se construyeron teniendo presente los aspectos tal como se ilustran en el siguiente ejemplo:

Puente cónicas:

Objetivos:

- El estudiante se enfrenta a una situación real de la vida cotidiana donde encontrará la relación de esta con las matemáticas.

- El estudiante reconoce las diferencias que se presentan en las ecuaciones cónicas.

- El estudiante aplica y resuelve apropiadamente las ecuaciones cónicas.

- El estudiante propone soluciones a situaciones problemas relacionadas con ecuaciones cónicas.

La ecuación de un puente

Tengo que diseñar un puente similar al "guaducto" de la Universidad Tecnológica de Pereira, que incluye torres, el nivel de la carretera, etc.

- El puente debe tener la forma de una parábola.

- ¿Qué necesito saber para obtener la ecuación apropiada para la parábola, donde se den detalles de todas las dimensiones del puente como el ancho y el largo, la altura del puente sobre el nivel de la carretera y la altura de las torres.

- Es suficiente solo con saber la altura de las torres?

- Si necesito información adicional, cuál debería de ser?

- ¿Podrá alguien de este curso hallar una ecuación de la parábola que satisfaga todos los requerimientos pedidos?

- Plantee un ejemplo y de su solución.

- ¿En qué variaría el problema si yo quiero que el puente tenga forma de elipse?

- ¿En qué variaría el problema si yo quiero que el puente tenga forma de una semicircunferencia? (¿Será que es muy complicado si es un arco de circunferencia? Cómo se puede simplificar esa situación?)

- ¿Cuál cree que es la forma que debe tener el puente para que sea más resistente?

El ejemplo muestra la aplicación de la metodología Situación Problema o aprendizaje Basado en problemas, aplicado en un tema específico del área de matemática para los grados superiores en las instituciones educativas de Básica Primaria, secundaria o media e incluso en los primeros semestres universitarios. Teniendo claridad que cada ejemplo o ejercicio fue realizado teniendo presente:

- Objetivo.

- Mapa conceptual.

- Desarrollo del tema.

- Autoevaluación.

- Evaluación.

Es de notar que las metodologías ABP se aplicaron en el primer semestre de la universidad Tecnológica de Pereira, teniendo un resultado no muy alentador pero no por la aplicación de las metodologías sino por el factor tiempo, fue muy corto y esto conllevó a establecer que:

- Los estudiantes adquirieran una actitud muy positiva hacia las matemáticas.

- Los conocimientos adquiridos los interiorizaban con mayor profundidad y sentido crítico analítico por los estudiantes.

- Disposición excelente hacia la asignatura.

Entre otros factores que influenciaron en el aprendizaje de las matemáticas con agrado y los estudiantes cambiaron su actitud y aptitud sobre ellas, predominando el gusto e interés por el aprendizaje de la matemática. Por razones logísticas en la institución no se implementó estas metodologías para la enseñanza.

Es de notar que en la ciudad de Medellín a través del grupo SUMMA se desarrolla la metodología situación problema obteniendo resultados óptimos en el aprendizaje de los estudiantes de primer semestre.

En la aplicación de las metodologías para la enseñanza de la matemática teniendo presente los pensamientos emanados por el MEN se puede establecer que es de gran importancia porque existe el manifiesto de la evolución mental y de actitud de los educandos en general, pero a través de la Universidad Tecnológica de Pereira, es de resaltar que la Universidad Tecnológica de Pereira está trabajando y creando modelos para implementar en la institución y eliminar la deserción que se obtiene por las matemáticas teniendo presente otros factores que influyen en la deserción escolar.

En los años 2013-2014 se está realizando un diagnóstico sobre la enseñanza de la matemática en la ciudad de Pereira, en instituciones educativas públicas, con la salvedad que se realizaron pruebas en los grados tercero, quinto, noveno y once, buscando argumentos necesarios para determinar las falencias escolares a través de la actitud y aptitud matemática en esta región del país, el proyecto está en ejecución y se han realizado trabajos de grado obteniendo resultados no muy diferenciados de la aplicación realizada en la ciudad de Cartago en el año 2009-2010, la diferencia en las pruebas actuales radica en la aplicación de un grado más para estar acorde a las pruebas que se realizan en dichos grados. Las pruebas aplicadas presentaron de igual forma intencionalidad en cada pregunta buscando el análisis del estudiante e incluso la aptitud de los docentes que imparten el conocimiento en los diferentes temas de la matemática.

Es de notar que el nivel de los estudiantes del eje cafetero a nivel general son de desempeño bajo, notándose que las grandes dificultades son los conceptos básicos. Para los estudiantes del eje cafetero es de resaltar que presentan un nivel de desarrollo educativo bueno en la parte operacional, pero, es de notar que falta lograr un aprendizaje significativo para determinar y alcanzar la competencia definida en cada estudiante.

Desde el año 2009 a través del diagnóstico presentado, luego la formulación de diferentes metodologías para obtener en el estudiante un aprendizaje significativo y así adquirir su formación a través de la competencias.

Es de aclarar que los procesos de investigación se han realizado a través del semillero de investigación SIEM y del grupo de investigación ISE, en los cuales permanentemente se busca la formulación sobre la educación.

Resultados

1. El diagnóstico dado mediante las pruebas aplicadas a los estudiantes de los grados 3, 5, 9 y 11 de las instituciones educativas del eje cafetero no muestran gran variedad con respecto a diagnósticos realizados anteriormente por otros entes, es de notar que al aplicar los instrumentos muestran un nivel académico bajo.

2. Los diseños realizados mediante trabajos de grado por estudiantes de la licenciatura en Matemática y la Física de la Universidad Tecnológica de Pereira muestran una gran variedad de elementos metodológicos para el aprendizaje de la Matemática.

3. La creación o diseño de estructuras de aprendizaje como la metodología ABP (Aprendizaje Basado en Problemas y Aprendizaje Basado en Proyectos), laboratorios Matemáticos, TIC, entre otros contribuyeron al aprendizaje significativo de los educandos de la región del eje Cafetero.

4. La motivación que genera la aplicación de los diferentes métodos de aprendizaje en os estudiantes de la Básica Primaria, Secundaria, la Educación Media y la Educación Superior.

5. El cambio sobre la forma de enseñanza impartida por los docentes que estaban sumergidos en los tradicional tomando iniciativas propias para generar la motivación en el educandos y así lograr que el estudiante observe la matemática en forma interesante y aplicable a su cotidianidad.

6. La actitud y la aptitud hacia la Matemática por los estudiantes se mostró y se muestra en un porcentaje del 90% y en un 65% respectivamente dando un resultado no óptimo en la investigación.

Conclusiones

1. Ahora también debemos tener en cuenta los puntajes por género y nivel escolar, en donde al género femenino obtuvo mejor resultado que al género masculino, con unos puntajes de 32,37 los hombres y 32,43 las mujeres, aunque la diferencia no es mucha es relevante que las mujeres les

fue mejor, lo que puede indicar que las mujeres están más comprometidas con el proceso enseñanza-aprendizaje. Es de notar que en los diagnósticos realizados tanto en la Ciudad de Cartago y la Ciudad de Pereira, predomina el mayor aprendizaje en las mujeres que los hombres.

2. En el caso de las metodologías aplicadas es de notar que baja la deserción y muestra un interés alto por el aprendizaje de las matemáticas, lo cual fortalece el conocimiento a través de los pensamientos emanados por el MEN.

3. Los resultados obtenidos en las dos investigaciones sobre el diagnóstico muestran el bajo conocimiento de los estudiantes en los diferentes pensamientos según el MEN.

4. Las metodologías desarrolladas muestran el interés de los estudiantes por el aprendizaje y transforma la actitud hacia las matemáticas.

Referencias

Bernabé Alberto, (1988), Parménides "De Tales a Demócrito", (Madrid, 1988.)

Muñoz Seca, B.; Riverola, J. (1997), "Gestión del Conocimiento", Biblioteca IESE de Gestión de Empresas, Universidad de Navarra, Folio, Barcelona.

Naranjo Gamarra Andrea, La cultura y la propiedad intelectual en la era digital: Un sólido argumento jurídico para la revisión del TLC.

Aristizabal Londoño Zoraida, Orrego Vargas Yuly Paola, (2010) "Conocimiento de la Matemática en estudiantes de Básica y Media de las instituciones educativas Del Municipio de Cartago, basadas en el pensamiento numérico variacional", 2010. (Trabajo de grado).

Barco Ceballos Néstor Kevin, Osorio López Giovanni, (2011) "Metodología Pedagógica Basada en la Enseñanza por Proyectos y Situaciones problema para estudiantes del curso de matemáticas I de la Universidad Tecnológica de Pereira, (2011). (Trabajo de grado).

Bedoya, José Rubiel. (2007) "La educación estadística en Pereira, un estudio preliminar". Tesis de Maestría en la Enseñanza de la Matemática. Universidad Tecnológica de Pereira, 2007

CAPÍTULO 11

Estudio de validez y confiabilidad de un instrumento para la detección temprana de vulnerabilidad educativa, como riesgo deserción escolar

Marianela Talavera-Ruz
División Industrial, Universidad Tecnológica de Querétaro
Correo: Marianela.talavera@uteq.edu.mx

Rocio Magaña-Iglesias
División Industrial, Universidad Tecnológica de Querétaro
Correo: rocio.magana@uteq.edu.mx

Alberto de Jesús Pastrana-Palma
Universidad Autónoma de Querétaro
alberto@apastrana.com

Referencia APA:

Talavera-Ruz, M., Magaña-Iglesias, R., & Pastrana-Palma, A. (2016). Estudio de validez y confiabilidad de un instrumento para la detección temprana de vulnerabilidad educativa, como riesgo deserción escolar. En B. Tobón, H. Parra-Acosta, C. Guzmán, S. Tobón, & L. G. Juárez-Hernández (Eds.), *Experiencias en la implementación de la gestión del talento humano desde el pensamiento complejo* (pp. 253-275). Lake Mary: Kresearch.

Resumen

El abandono escolar en el nivel universitario es un problema de contexto inmediato para las Instituciones de Educación Superior; reflejado en sus indicadores de eficiencia terminal, pero también de contexto más general, debido a que cuestiona el sentido y razón de ser de la Universidad frente a los retos de la sociedad del conocimiento. Desde la perspectiva de la atención al riesgo como posibilidad para identificar necesidades reales, planear, proponer y orientar acciones, este trabajo presenta el estudio de validez y confiabilidad de un instrumento de Detección temprana de riesgo de abandono en el nivel universitario. El reporte presenta no sólo los resultados de aplicación de pruebas tales como el análisis por coeficiente alfa de Cronbach y análisis de componentes con análisis factorial para la definición de constructos; también propone un modelo que articula el concepto y categorías de competencia, con los factores para reconocer, en escala, un nivel de riesgo, que además apunte a estrategias de intervención-formación. Todo esto, con una perspectiva que se identifica con el enfoque Socioformativo que habrá de orientar las acciones y otras investigaciones, sobre la base del compromiso ético y la mejora continua, transfiriendo la mirada, de los factores y riesgos centrados en el estudiante, a las posibilidades de persistencia que el mismo estudiante puede poner en juego en un rol activo, porque cuenta con una formación en competencias pertinente a los retos que antepone la etapa de preparación en el nivel universitario y el entorno de la sociedad del conocimiento.

Palabras clave: Deserción, Socioformación, vulnerabilidad, competencias.

Abstract

The dropout at the university level is an issue of immediate context for Higher Education Institutions; reflected in indicators of terminal efficiency, but also more general context, because it questions the meaning and rationale of the University meet the challenges of the knowledge society. From the perspective of attention to risk as a possibility to identify real needs, plan, propose and guide actions, this paper presents the study of validity and reliability of an instrument for early detection of risk of abandonment at the university level. The report presents not only the results of application tests such as analysis and Cronbach's alpha component analysis with factor analysis for the definition of constructs; also it proposes a model that articulates the concept and categories of competition, to recognize factors in scale, a level of risk. All this, with a perspective that is identified with Socioformation approach that will guide actions and other investigations, on the basis of ethical commitment and continuous improvement, transferring the look of the factors and risks student-centered, to the possibilities persistence that the same student can put into play because it has training in skills relevant to the challenges puts the preparation stage at the university level and in the vicinity of the knowledge society.

Keywords: Desertion, Socioformation, vulnerability, skills.

Introducción

El abandono escolar es uno de los problemas más significativos a los que se enfrentan las Instituciones de Educación Superior en México y en América Latina.

Según una nota publicada el 16 de Enero de 2014 en el sitio Universia.com, un sitio que promueve redes de colaboración entre universidades de todo el mundo, la SEP reconoce que, en el ciclo 2012-2013, más de 172,000 estudiantes abandonaron sus estudios de educación superior.

Es notable el impacto de este problema en los índices de eficiencia terminal, entendida como la conclusión de los estudio y posibilidad de ejercer la profesión en un campo laboral que demanda personal calificado, así como también es notable en los planes y políticas públicas de un país que le apuesta a la educación, como parte de sus estrategias de desarrollo.

Este impacto en la eficiencia terminal, de acuerdo con Barrón (2000), es un tema en cuestión respecto al sentido y razón de las Instituciones de Educación Superior en tanto se le asigna un papel importante para:

- Contribuir con el tejido social donde los jóvenes por cantidad y condición son considerados como parte del llamado bono demográfico.

- Responder a los desafíos de la Sociedad del Conocimiento; sus transformaciones profundas en todos los planos de la vida a partir de la "desmaterialización " de los procesos productivos y un nuevo trato con el conocimiento y la información que implica redefinir no sólo profesiones, sino también nuevas capacidades y forma de ejercerlas.

Los indicadores de eficiencia terminal y el contexto prevaleciente, señalan la urgencia de atender el abandono escolar reenfocando su abordaje y sus núcleos explicativos.

Viale (2014), expone la importancia de responder al problema en contextos específicos, haciendo un mapeo de las discusiones, las teorías y los modelos derivados de ellas.

En primera instancia define el concepto de la deserción como un abandono voluntario del sistema escolar que puede ser explicado por diferentes categorías y en razón de cierta aproximación teórica que puede hacer énfasis en alguna variable personal o de contexto.

Así es como reconoce 5 grandes modelos, remontándose a estudios de hace más de 20 años. En sus hallazgos define dos grandes vertientes de atención: Modelos de persistencia que apuntan las características deseables para evitar la deserción; o dicho de otra manera generar estrategias de retención; y Modelos de desgaste que hacen énfasis en los factores que impulsan la opción por el abandono.

Por su parte, Herrero, Merlino, Ayllón y Escanés (2013), realizan un estudio sobre la aplicación de un Modelo de duración que refiere el enfoque de la deserción en probabilidades y pronósticos sobre la permanencia de los estudiantes en la institución escolar, a razón del cumplimiento de ciertas condiciones en relación con variables individuales, socioeconómicas, académicas y actitudinales.

Otra intención, pero igualmente significativa a la comprensión de los diferentes enfoques en torno al tema de la deserción, es la que presenta Patiño y Cardona (2012), con quien se coincide respecto a la necesidad no sólo de identificar, sino de actuar en consecuencia, reconociendo que una buena parte de los estudios sobre deserción que apuntan causas, en realidad carecen de explicaciones y más aún que la explicación no es en sí, estrategia o intención de resolución. El estudio de validez y confiabilidad del instrumento que en este caso se presenta, apunta de hecho a un modelo de intervención que destaca la identificación temprana, es decir el valor de la anticipación positiva, precisamente por el momento en que se considera su aplicación y por las posibilidades de intervención/formación en distintos niveles; la del propio estudiante que asume su realidad, los actores formadores (familia y profesores) y el nivel institucional.

Detectar el riesgo, significa, por una parte, identificar factores y por otra, atender necesidades reales a través de la planeación y orientación de acciones preventivas, con mayor probabilidad de eficacia. Es así como se establece el propósito de crear, validar y determinar la confiabilidad de un instrumento que, en efecto, permita detectar casos de riesgo de abandono escolar previo al ingreso en el nivel superior y que apunte referencias para la emprender las acciones, que no sólo favorezcan la permanencia de los estudiantes, sino que además posicione a todos los actores de la formación –estudiantes, profesores, tutores, directivos, etc.- a asumir procesos de desempeño integral para resolver problemas del contexto con idoneidad, compromiso ético y mejora continua. (Tobón, 2015, p. 14).

Se apunta así, una definición de competencia con el enfoque Socioformativo, que deviene de un proceso de construcción en el tiempo y como alternativa a la propuesta de otros enfoques, desde que surgieron las nociones en razón de la verificación del desempeño de funciones laborales y profesionales. Al afirmarse, hoy en día el carácter multidimensional de las competencias resulta conveniente, la revisión de los diversos enfoques que se han propuesto en la evolución del concepto y así mismo sustentar las categorías de análisis con el instrumento que se propone. El estudio de análisis y confiabilidad que se presenta, no sólo apunta a la aplicación del instrumento con fines de detección de riesgos en una escala práctica, sino también al reconocimiento de necesidades y retos de formación de competencias que permitan a los estudiantes sumar a capitales simbólicos que les permitirán afrontar mejor los retos de adaptación a la vida universitaria. El enfoque de la Socioformación orienta, asimismo, ideas para vislumbrar estrategias de intervención ante el riesgo, asumiendo que el problema de la deserción no es exclusivo del estudiante, porque participan otros actores de manera relevante, como la familia y los profesores.

En otro sentido, en la base de este mismo enfoque, se propone vislumbrar precisamente el enfoque de la formación de competencias con un compromiso ético en la dimensión individual, institucional y social para afrontar los retos de la sociedad del conocimiento. Se toma en cuenta que es en la etapa de preparación profesional cuando se perfila el potencial, de acuerdo con Tobón (2013), de aplicar conocimiento de manera colaborativa para resolver problemas del contexto con apoyo de herramientas y tecnología. Lo que plantea un reto social en sí mismo, que resta en posibilidades precisamente ante la deserción y el abandono por parte de los jóvenes que en algún momento fueron promesa para contribuir con soluciones y propuestas, al tiempo y la sociedad que viven.

McClelland (1973), destaca que el concepto de competencias se propone para identificar variables que predigan el rendimiento laboral, abordando las dificultades de las personas en el momento de alcanzar las metas que se han propuesto, basados en estudios sobre la motivación, la imagen que tiene la persona de sí misma, la forma de afrontar la realidad de su vida cotidiana, las estrategias de identificación y solución de problemas recurrentes y la manera como maneja sus relaciones interpersonales.

Aubrun y Orifiamma (1990), clasifican las competencias en cuatro grandes grupos:

- Competencias referidas a comportamientos profesionales y sociales. Se refieren al tipo de actuaciones ordinarias que los sujetos han de realizar en la empresa en la que trabajen, tanto en lo que se refiere a actuaciones técnicas o de producción como a las de gestión, a la toma de decisiones, el trabajo compartido, la asunción de responsabilidades, etc.

- Competencias referidas a actitudes. Tienen que ver con la forma de afrontar la relación con las personas, las cosas y las situaciones que configuran el trabajo a desarrollar (la motivación personal, el compromiso, las formas de trato con los demás, la capacidad de adaptación, etc.).

- Competencias referidas a capacidades creativas. Se refieren a la manera como los sujetos abordan el trabajo en su conjunto: si buscan soluciones nuevas, si asumen riesgos, si tratan de ser originales, etc.

- Competencias de actitudes existenciales y éticas. Son aquéllas que se refieren a si se es capaz de ver las consecuencias de las propias acciones profesionales y de analizar críticamente el propio trabajo; si se proponen proyectos personales y se empeña la fuerza necesaria para hacerlos realidad; si se posee un conjunto de valores humanísticos y de compromiso social y ético.

Por su parte Díaz-Barriga (2006) realiza una clasificación que distingue las competencias aplicadas en el campo laboral, de las que permiten a la persona, poseer un perfil de empleabilidad mínimo para ingresar al campo del trabajo. Entre ellas las competencias de lectura, redacción, lógica y cálculo matemático.

Díaz-Barriga y Rigo (2000), señalan que una competencia trata de una capacidad para resolver problemas que se aplica de manera flexible y pertinente, adaptándose al contexto y a las demandas que plantean situaciones diversas. A este respecto Posada (2004) asegura que una competencia integra conocimientos, potencialidades, habilidades, destrezas, prácticas y acciones de diversa índole (personales, colectivas, afectivas, sociales y culturales) en los diferentes escenarios de aprendizaje y desempeño.

El análisis de las competencias contempla lo que la persona sabe, su talento para el quehacer y finalmente su talante ante sí mismo, ante los demás y ante las exigencias y desafíos laborales (Salazar y Chiang, 2007), en dónde el saber refiere a los conocimientos y pericia en cultura, ciencia y tecnología; el hacer refiere al talento o habilidades, destrezas, capacidades genéricas y específicas, y el querer ser refiere a la actitud voluntad, motivos, deseos, gustos o preferencias y valores del individuo.

Pelayo (2010) por su parte, refiere que las competencias de interrelación pueden ser abordadas "desde la optimización de competencias sociales y la serie de relaciones que la persona establece con otros y con su entorno". Se pone en evidencia no sólo una capacidad de relación con los demás sino también una capacidad de iniciativa, a partir de una situación o circunstancia prevaleciente.

De acuerdo con Barrón (2000) y Tobón (2006), el desarrollo de competencias referidas al conocimiento (lectura, escritura, lenguaje y lógica aritmética), al desempeño profesional (aptitudes y valores asociados al ámbito laboral) y técnico (habilidades y destrezas en el campo especializado) significan calidad e idoneidad en el desempeño, protagonismo de los estudiantes, planificación de la enseñanza a partir del aprendizaje y contextualización de la formación, todos estos factores que fortalecen su desempeño educativo y laboral y constituyen en conjunto, un "portafolio" más robusto de competencias relevantes en su vida profesional, haciéndolos más competitivos y construyendo equidad en oportunidades laborales.

Contexto e idoneidad, son dos elementos recurrentes en el concepto de competencia y por tanto, se comprende el proceso de construcción del enfoque Socioformativo que propone Tobón (2015).

El enfoque Socioformativo define que las competencias son "desempeños integrales para identificar, argumentar y resolver problemas del contexto con ideoneidad, compromiso ético, y mejora continua." Refiere formas de actuación para lograr formación humana integral y desarrollo de competencias para hacer frente a los desafíos del presente y del futuro.

Es el sentido de los "desempeños integrales" el que orienta la definición de las categorías de análisis a partir de las competencias básicas (expresión y comunicación oral y escrita, capacidades de lógica y cálculo matemático) , las competencias existenciales (aquellas que refieren con los motivos, intereses y otros aspectos de la personalidad individual) las competencias de interrelación con el entorno,(referidas a los aspectos de relación interpersonal, iniciativa y construcción de redes de apoyo para favorecer situaciones del entorno familiar, social, laboral y escolar).

La categorización de estas competencia, permite establecer a su vez, la base para identificar factores; es decir las condiciones que apuntan riesgos de abandono escolar en los aspirantes que pretenden ingresar al nivel superior. La articulación entre factor-competencia, señala la construcción y propuesta del modelo de detección de riesgo con núcleos explicativos, que serán referidos con mayor detalle más adelante.

Resulta conveniente señalar que, la detección temprana de factores de riesgo de abandono escolar con base en un instrumento válido y confiable, se derivó de la necesidad de atender un incremento significativo en los índices de deserción escolar, particularmente en una institución de educación técnica superior, la Universidad Tecnológica de Querétaro.

El sistema de Universidades Tecnológicas, surge en los primeros años de la década de los 90 como una respuesta al crecimiento de la industria, en razón de la expansión de mercados, ha contemplado dentro de su marco referencial la necesidad de articularse al capitalismo industrial. Según Ruiz-Larraguivel (2012), esto propicia una "alfabetización" de sectores amplios del conocimiento científico y técnico, con fines de operación, mantenimiento y reparación del capital de producción, cada vez con más sofisticada tecnología.

La alianza entre el sector industrial y el Estado para la creación de las Universidades Tecnológicas, ha definido los propósitos de ofrecer programas educativos que sean pertinentes y adecuados para las necesidades de la industria. Estos propósitos contemplan, por otra parte, una oferta de oportunidades educativas, ante las escasas ofertas de educación superior en estados y municipios, y orienta, asimismo, el ámbito de la educación, anteponiendo nuevos retos, pero también nuevos cuestionamientos acerca de las condiciones favorables o desfavorables para acceder a este esquema que podría derivar en condiciones no equitativas en el ámbito laboral en comparación con otros esquemas.

En su revisión histórica Ruiz-Larraguivel (2012), le otorga un sentido interesante a la evolución de las escuelas tecnológicas. El valor económico del conocimiento, las tendencias a la productividad y el dominio de los avances tecnológicos reorientan la aplicación práctica de la tecnología a un sentido de disciplina intelectual. Este carácter menos práctico, se explica a partir de las tendencias a la creación y la innovación, debido a un mayor valor económico.

Por otra parte, la Universidad Tecnológica atendiendo a las necesidades de la industria propone una visión más integradora de la preparación profesional, otorgando significativa importancia a la formación de habilidades comunicativas y habilidades sociales para el trabajo en equipo.   La visión de la formación por competencias se torna aún más compleja e incorpora elementos menos prácticos, que no obstante, apuntan también a la complejidad de los aspectos relacionales, de desarrollo y proyección de la personalidad. Aspectos que por cierto, no se identifican hasta hoy en la valoración de competencias básicas en el examen de ingreso (EXANII); como tampoco en los exámenes de egreso como el Examen General para el Egreso del Técnico Superior Universitario (EGETSU).

Surge así la necesidad de reconocer factores que se convierten en condición sine cua non los aspirantes a un grado de educación superior, como lo es el Técnico Superior Universitario de las Universidades Tecnológicas, pueden lograr no sólo un posibilidades de empleabilidad, sino de desarrollo personal y profesional. Es en este análisis que se revelan señales que cuestionan la idea de inclusión y las políticas que pretenden la equidad en términos de cobertura y oferta para dar respuesta también a la demanda de fuerza productiva del sector empresarial.

El concepto de competencia parece así reafirmar la importancia del enfoque a los factores de riesgo de abandono escolar, al poner de relieve posibilidades de acceso, inclusión y participación en el sector económico (equidad) y; con ello, las oportunidades y aspiraciones de movilidad social y calidad de vida, en la dimensión individual, y de oportunidades de productividad, contribución, crecimiento y desarrollo en la dimensión económica-social.

Se trata de una cadena de causas y consecuencias que, en este caso, orientan la atención no sólo a las pretensiones de profesionalización, sino a las propias bases de construcción de conocimiento, valores y actitudes, que parten de:

- La elección de los jóvenes, entre una variedad de campos de conocimiento, de instituciones y programas educativos; y en prospectiva, de posibilidades de preparación y desarrollo de su profesión.

- Sus intereses y motivaciones

- Sus referentes en relación con el área de conocimiento de la carrera elegida, las actividades que a través de ellas se desarrollan, incluyendo sus escenarios y funciones dentro de una organización.

- El desarrollo de una personalidad y madurez que permite una trayectoria académica escolar adecuada a la expectativa del perfil de egreso.

Los índices de eficiencia terminal revelan importantes señales que confrontan las expectativas respecto de la educación y las "oportunidades" que ofrece la Universidad Tecnológica, en el grado de TSU. En la Universidad Tecnológica de Querétaro, este índice y, especialmente el índice de deserción obligaron, en su momento, a la revisión de factores que estadísticamente ponen de relieve – junto con las deficiencias en competencias básicas, que conducen a la reprobación- aquellos aspectos relacionados con la elección de carrera y con los recursos personales para sobrellevar los riesgos de abandono.

En este marco referencial, la UTEQ se propone atender el riesgo de abandono con diferentes acciones orientadas sí, a los estudiantes, pero también a los otros actores en el proceso de formación.

En el transcurso de las valoraciones y las propuestas de la diferentes acciones, se identificaron coincidencias y convergencias que dieron lugar a una acción integral que contempla, por una parte, la participación e interrelación de tutores, profesores, estudiantes y padres de familia y por otra parte, sostiene la actividad de la Tutoría como el eje orientador que atienda de manera preventiva la deserción escolar, a través del reconocimiento e intervención efectiva en "casos con riesgo".

De la revisión de datos y experiencias, se plantearon como propuestas:

- La unificación de criterios para trabajar contenidos y dar seguimiento al programa tutorial.

- La aplicación de instrumentos que permitan la identificación temprana de casos con riesgo de abandono, y con fines de atención oportuna y efectiva.

En razón de este último propósito se dispuso una primera indagación o análisis situacional de factores en aspirantes a las carreras de la División Industrial, antes de su ingreso formal a la universidad. Se retomó la visión de la Universidad Tecnológica a este respecto, así como los indicadores de su Sistema de Reporte de Datos considerados como relevantes y que ha categorizado de la siguiente manera: Índices de reprobación, problemas de vocación y situaciones económicos.

El análisis propio incluyó estadísticas de reportes de deserción, así como la experiencia docente y la experiencia derivada de las prácticas tutoriales, de las autoras y de otros profesores que desarrollan esta misma modalidad educativa.

Entre los objetivos de esta indagación se contempló además la posibilidad de incidir en la reflexión del aspirante acerca de su elección de carrera y otras condiciones necesarias para favorecer su desempeño y trayectoria en la Universidad Tecnológica.

Derivado de este análisis inicial y del análisis del marco teórico y referencial de este estudio, se propuso la creación de un Modelo de detección de riesgo de abandono, a través del reconocimiento de un conjunto de seis factores, basados en tres categorías de competencias: competencias básicas (Cariola y Quiroz, 1997), actitudinales y existenciales (Aubrun y Oriflama, 1990) y las Competencias de interrelación (Pelayo, 2010): Visión de plan de vida, reto y emociones sobre materias básicas, conciencia de su situación, capacidad de autogestión, actividad rectora y dificultad y capacidad en ciencia básica. Basado en estos factores se generan una serie de variables que determinen si se presenta el riesgo de abandono o no, por categoría.

Estos factores apuntan de hecho, un enfoque alternativo a las consideraciones recurrentes que se categorizan sólo como condiciones socioeconómicas, personales y familiares. En este caso, se atiende lo establecido por Perrenoud (2008), respecto a la capacidad de "autorregulación" del estudiante, que incluye aspectos de planeación, organización y evaluación generados por él mismo, para regular su propio desempeño.

Se asume entonces una perspectiva que toma en cuenta un rol activo del estudiante y, en este sentido es que se plantea el siguiente modelo de detección de riesgo de abandono, articulador de los conceptos competencia-factor, si es que ésta no se ha desarrollado suficientemente en etapas previas del desarrollo educativo, como a continuación se representa:

Figura 1: Modelo teórico de detección temprana de riesgo de abandono escolar en el nivel superior

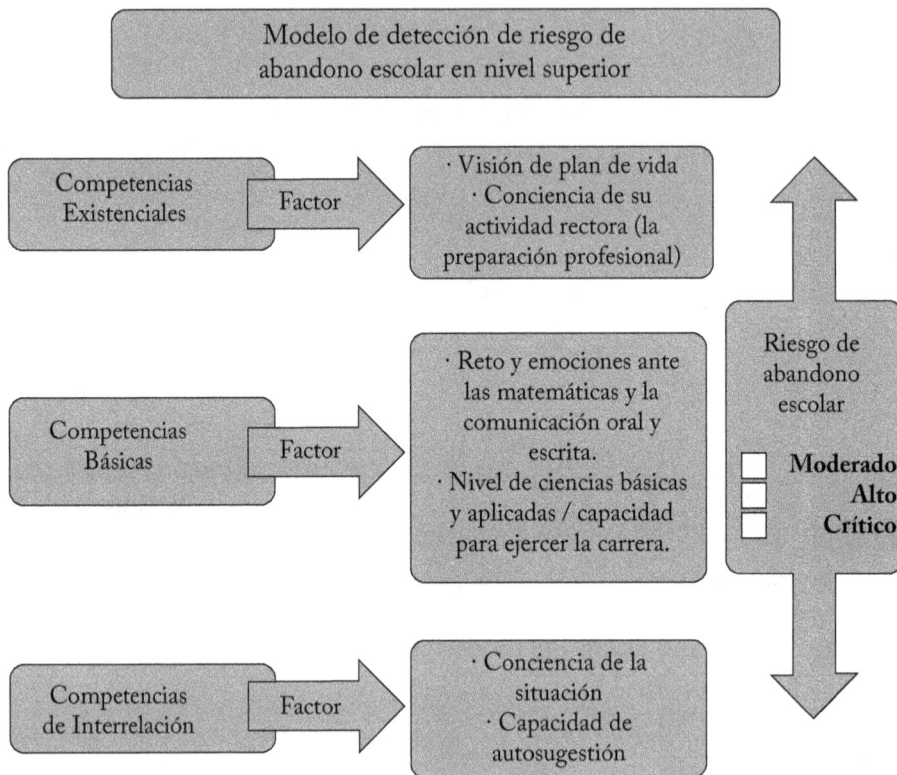

Fuente: Elaboración propia

La representación de este modelo refiere las tres categorías de competencias extraídas de las clasificaciones propuestas por los autores mencionados anteriormente que, en razón de las condiciones del estudiante, suponen la presencia de factores de riesgo en relación con las variables que configuran el instrumento, en forma de preguntas. Se identifican entonces los siguientes constructos:

1. Visión de plan de vida.

Se refiere a la posibilidad de visualizarse en el futuro, desempeñándose como TSU en la carrera elegida, en un cierto campo y escenario laboral.

2. Reto y emociones ante materias básicas.

Contempla los conocimientos y habilidades de expresión y comunicación, lógica y cálculo matemático, así como la consideración de posibles impactos emocionales ante el bajo nivel de desempeño en estas materias.

3. Conciencia de su situación.

Como la capacidad de reconocer su situación en los diferentes ámbitos donde toma parte (familiar, social, laboral, escolar), sus redes de apoyo y la búsqueda de alternativas para superar las dificultades escolares.

4. Capacidad de autogestión en su trayectoria académica.

Se refiere a la búsqueda y/o construcción de opciones u oportunidades para favorecer su trayectoria académica; las iniciativas y actuaciones que lo impulsan a progresar en la misma, a establecer y lograr metas.

5. Conciencia de su actividad rectora.

Es decir, de que la preparación profesional implica cierta madurez y posibilidades para emprender una actividad productiva, de autonomía y autosuficiencia.

6. La consideración de su nivel en ciencias básicas y su capacidad para ejercer la carrera elegida.

En referencia a que los estudiantes se crean capaces de ejercer la carrera, a pesar de sus dificultades ante materias básicas como física y química, por ejemplo.

La expresión de uno a varios factores, da lugar a la referencia de una escala de riesgo de abandono que define los grados moderado, alto o crítico.

Se trata entonces de indicadores que establecerían pautas de acción preventiva que en un sentido socioformativo, de acuerdo con Tobón (2015, p. 14), también implican asumir la construcción y desarrollo de competencias para resolver estos desafíos del campo educativo con idoneidad, ética y visión de mejora continua.

Con la base de todo lo anterior, se presenta el procedimiento del diseño del instrumento y el estudio de validez y confiabilidad que apunta a un enfoque más allá de la aplicación de la aplicación obtención de datos, la identificación de riesgos y la realización de pronósticos. Se asume un modelo de atención que parte de un análisis y diagnóstico para apuntar al diseño de estrategias formativas en competencias y con un enfoque a la solución y el compromiso ético que supone afrontar el problema de la deserción por la misión que se le confiere a la Universidad en una sociedad que enfrenta problemas cada vez más complejos.

Metodología

Indagación sobre las causas generales de abandono escolar reportado en el Sistema Institucional de Reporte de Datos

Como se mencionó anteriormente, se realizó un análisis situacional del problema de deserción de estudiantes de nivel técnico superior universitario de la División Industrial, considerando la visión e indicadores de la Universidad a este respecto: índices de reprobación, problemas de vocación y situaciones económicos, incluyendo estadísticas de reportes de deserción, así como la experiencia docente y tutorial de las autoras.

Derivado de este análisis inicial y el análisis del marco teórico y referencial de este estudio, se propone el modelo de detección de riesgo de abandono descrito, a través del reconocimiento de un conjunto de seis factores, basadas en tres categorías de competencias - competencias básicas (Cariola y Quiroz, 1997), actitudinales y existenciales (Aubrun y Oriflama, 1990) - : visión de plan de vida, reto y emociones sobre materias básicas, conciencia de su situación, capacidad de autogestión, actividad rectora y dificultad y capacidad en ciencia básica.

Determinación de variables representativas de las causas de abandono

Basado en los factores obtenidos del análisis situacional se derivan una serie de variables que determinen si se presenta el riesgo de abandono o no, por categoría. El modelo teórico referencial para establecer el riesgo de abandono escolar se presenta en la figura 2.

Cada factor propuesto fue dividido en una serie de entre dos y cuatro variables que se tomaron de base para la creación de los ítems del instrumento de medición en formato de encuesta. La Tabla 1 muestra el desglose de las variables descriptoras propuestas.

Tabla 1

Factores y variables descriptoras	
Factor	**Variables descriptoras**
Visión de plan de vida	Visualizo TSU Visualizo Profesionista
Reto y emociones ante materias básicas	Conozco profesionistas Dificultad expresión oral Matemáticas un reto Bajas calificaciones domina emociones
Conciencia de su situación	Conozco carrera Conozco materias Importancia expresión Bajas calificaciones busca alternativas

Capacidad de autogestión	Bajas calificaciones apoyo familia Bajas calificaciones apoyo compañeros Elimino distractores Soy responsable y constante
Actividad rectora	Seguir estudiando Familia cuestiona Escuela principal actividad
Dificultad en ciencia básica y capacidad de ejercer	Tengo capacidades ejercer carrera Dificultad Matemáticas Dificultad Física Química

Fuente: Elaboración propia

Donde se reconoce riesgo de abandono en el estudiante si:

1. La carrera y el desempeño profesional de la misma no forman de su plan de vida.

2. Las materias básicas como matemáticas y expresión oral y escrita son consideradas retadoras y sus bajos resultados impactan negativamente en sus emociones.

3. No reconocen la situación académica a la que se enfrentarán y no consideran alternativas para superar sus dificultades escolares.

4. No tienen capacidad de autogestión en su trayectoria académica

5. No asumen que su actividad rectora o principal en esta etapa de su vida es la preparación académica para ejercer una profesión y tener una vida productiva.

6. Reconocen tener dificultades en materias de ciencia básica como matemáticas y expresión oral y escrita y por tanto, se reconocerían incapaces para ejercer la carrera.

Elaboración del instrumento

Las variables descriptoras constituyeron la base para la redacción de cada ítem del cuestionario, el cual fue realizado en forma de preguntas cerradas con respuesta en escala tipo Likert de 5 valores (Totalmente de acuerdo a Totalmente en desacuerdo, con punto neutral).

El cuestionario incluyó dos secciones: 1) Información general del estudiante, 2) Preguntas relacionas con los factores para la detección de riesgo de abandono escolar sujetos de estudio. La segunda sección no fue presentada por temas para evitar desviaciones en las respuestas. Dicha sección incluyó una serie de 20 ítems.

Tabla 2

#	Elementos
	Elementos
1	Conozco muy bien de qué se trata la Carrera de…
2	Conozco las materias que se estudian en esta carrera
3	Puedo visualizar con claridad un día de trabajo desempeñándome como TSU o ingeniero en…
4	Puedo visualizar claramente lo que puedo lograr como profesionista en …
5	Conozco personas que se desempeñan como TSU o Ingenieros en….
6	Tengo las capacidades y las actitudes necesarias para estudiar y ejercer la carrera de…
7	En el bachillerato se me dificultaron las materias que necesitan matemáticas.
8	En el bachillerato se me dificultaron las materias que requieren expresión oral y escrita.
9	En el bachillerato se me dificultó aplicar los conocimientos de la física o la química.
10	En el plan curricular veo que las materias que necesitan matemáticas serán un reto para mí
11	En el plan curricular veo que las materias que necesitan expresión oral y escrita serán muy importantes en mi desarrollo académico.
12	Si saco bajas calificaciones, no me dominan las emociones negativas (Tristeza, enojo, desesperación…)
13	Si saco bajas calificaciones, busco alternativas para superar la dificultad.
14	Si saco bajas calificaciones, busco el apoyo y comprensión de mi familia
15	Si saco bajas, busco el apoyo de compañeros y/o amigos
16	Siempre hago a un lado los distractores para cumplir con la escuela.
17	Me caracterizo por ser una persona responsable y constante con mis actividades escolares
18	A pesar de todo, continuaría estudiando.
19	Mi familia me cuestionaría si decidiera abandonar los estudios
20	La escuela es mi principal actividad en esta etapa de mi vida.

Elementos del cuestionario para evaluar riesgo de vulnerabilidad

Fuente: Elaboración propia

Una vez obtenido el instrumento de medición, se realizó la validación de juicio experto con un panel de miembros del comité del programa de captación de la Universidad Tecnológica de Querétaro, constituido por Directivos de Desarrollo Académico, Maestros en Ciencias de la Educación, en Calidad y en orientación y facilitación de grupos.

Selección de la muestra y aplicación del instrumento.

El estudio fue realizado en la División Industrial de la Universidad Tecnológica de Querétaro, aplicando el cuestionario de manera presencial a jóvenes aspirantes a ingresar al nivel Técnico Superior Universitario de las carreras de Procesos Industriales, Mantenimiento Industrial y Nanotecnología, durante el ciclo de Estadías Universitarias 2014, por lo que la técnica de muestreo fue estratificada no probabilística. Los estudiantes incluidos fueron seleccionados de la siguiente manera: basado en el promedio de 8.5 de sus calificaciones promedio del último semestre de nivel medio superior, sin materias reprobadas. Estas condiciones fueron dadas por mandato institucional basada en acuerdos con instituciones de educación media superior, ajenas a las autoras. Sin embargo, esta situación presentó una oportunidad de enfocar el estudio de forma especial, ya que los sujetos de estudio, al tener condiciones particularizadas de desempeño satisfactorio, y encontrarse por lo tanto en el extremo positivo del espectro de nivel de desempeño, nos permite suponer que si el instrumento funciona para detectar riesgos en quienes la lógica indicara no ser un grupo de riesgo, entonces el instrumento funcionaría también para casos cuya trayectoria académica pudiera suponer mayor riesgo. Se realizaron 115 encuestas que corresponde al número de aspirantes a nivel TSU de áreas de Procesos, Mantenimiento Industrial y Nanotecnología, seleccionados en el proceso mencionado. El cuestionario impreso fue aplicado en cinco grupos de entre 25 y 30 alumnos, como sigue: 32% correspondientes al área de Mantenimiento Industrial, 24% correspondientes al área de Nanotecnología y 44% del área de Procesos Industriales.

Sistematización de la información, validación y determinación de confiabilidad del instrumento

Para el procesamiento y análisis estadístico, se utilizaron los programas de Microsoft Excel y SPSS. Se realizó un análisis por coeficiente alfa de Cronbach para comprobar la confiabilidad y consistencia interna del instrumento y se obtuvo un α de 0.71, considerado como aceptable a muy confiable (George y Mallery, 2003).

Para comprobar la validez del constructo que se propuso, se realizó un análisis de componentes con análisis factorial, incluyendo una prueba de esfericidad de Bartlett y rotación VARIMAX, que dio como resultado la validación del modelo referencial propuesto a partir de 6 componentes que permiten detectar riesgo de abandono escolar.

Tabla 3
Matriz de componentes rotados

	1	2	3	4	5	6
			Componente			
Visualizo TSU	.718	.127	.120	.121	-	-
Visualizo Profesionista	.842	-	.105	-	.003	.007
Conozco profesionistas	.439	.055	.096	.133	.153	-
Dificultad expresión oral	.184	.538	-	-	.061	.014
Matemáticas un reto	-	.554	.239	.105	-	.117
Bajas calificaciones domina emociones	.230	.622	.211	.119	.315	.179
Conozco carrera	-	.702	-	-	.183	.199
Conozco materias	.031	.050	.073	.135	.081	.044
Importancia expresión	.187	.190	.742	.286	-	-
Bajas calificaciones busca alternativas	.199	-	.601	.038	.030	.041
Bajas calificaciones apoyo familia	-	.040	.625	.270	.068	-
Bajas calificaciones apoyo compañeros	.127	-	.479	-	.345	.026
Elimino distractores	.371	.164	-	.056	-	.079
Soy responsable y constante	.073	.219	.145	.332	.138	.053
Seguir estudiando	-	.003	.092	.498	.306	-
Familia cuestiona	.132	-	.102	.754	-	.201
Escuela principal actividad	.421	.103	.277	.485	.094	.094
Tengo capacidades ejercer carrera	.060	.032	.228	.568	.194	.400
Dificultad Matemáticas	.374	-	.116	-	.085	.255
Dificultad Física Química	.085	.010	-	.056	.617	.155
	.297	.118	-	.048	.735	-
	.300	-	.288	.290	.521	.146
	.096	.005	.316	.286	-	.085
	-	.301	-	-	.047	-
	.022	.552	.096	.157	.074	.384
		.198	.059	.001	.087	.558
						.771

Fuente: Elaboración propia

Detección de nivel de riesgo de abandono escolar

Analizando las recurrencias de los factores sujetos de estudio (Tabla 6), se pudieron distinguir agrupaciones de factores, que sirvieron de base para plantear una escala básica de dictamen de riesgo detectado (Tabla 7), constituida por tres niveles de riesgo: moderado, alto y crítico.

El riesgo moderado implica la presencia de un factor; la suma de otro factor implicaría riesgo alto y más de dos factores el riesgo crítico, considerando las dimensiones que fueron atendidas en el instrumento, a partir del modelo propuesto.

Resultados

De los 115 encuestados, el 96% afirma que la carrera elegida es su primera opción y considera a la UTEQ su primera alternativa de alma mater (91%). Con esta base, se obtuvieron los siguientes resultados:

Los alumnos en su mayoría (85%) refieren un conocimiento previo de la carrera, aunque sólo el 59% afirma conocer las materias de la carrera. La gran mayoría se visualiza como TSU y a largo plazo como profesionista (78%). El 59% tiene como referente de la carrera algún TSU o Ingeniero que conoce. El 59% considera que tiene capacidades y actitudes suficientes y relevantes para la carrera escogida.

Analizando las variables relacionadas con riesgo de abandono por reprobación, se encontró que en materias consideradas como "blandas", el 44% considera tener dificultad en su expresión oral y escrita, a pesar de que la gran mayoría considera necesaria una formación adecuada en dichos temas. Con respecto a las materias "duras" el 49% afirma tener dificultad con las matemáticas y el 56% las considera un reto, el 43% tiene dificultad con la física y la química.

Con respecto a factores de interrelación, la mitad considera manejar sus emociones en tanto que otros consideran ser dominados por emociones negativas ante escenarios de bajas calificaciones. El 95% busca alternativas al enfrentarse a problemas de bajas calificaciones y el 81% se apoya en compañeros o amigos. El 68% hace a un lado los distractores para cumplir con la escuela y el 89% se consideran personas responsables y constantes en actividades escolares y afirman que a pesar de todo seguirían estudiando. Consideran el aspecto familiar de gran influencia ya que la mayoría (77%) afirma que su familia lo cuestionaría si abandonara los estudios. El 85% considera a la escuela su actividad principal en esta etapa de su vida.

Resulta significativo por otra parte, que una gran mayoría de los estudiantes poseen nociones y referentes externos; es decir, que no se han construido precisamente en el ámbito de la universidad sino a través de la observación de profesionistas o estudiantes con los que tienen contacto.

Los estudiantes que tienen conocimiento sobre las materias que se imparten en la carrera que están eligiendo sí se visualizan en su mayoría como futuros profesionistas y son quienes expresaron convicción por seguir estudiando a pesar de las circunstancias. Estos mismos estudiantes reflejan una gran influencia por parte de sus familias para continuar con sus estudios por lo que se observa que del factor de interrelación, las condiciones de autorregulación y las condiciones familiares son de gran influencia en el alumno.

Tabla 4
Resultados de análisis factorial con matriz de componentes rotados por método VARIMAX

Factor	Variables descriptoras	Resultados de análisis factorial con matriz de componentes rotados
Visión de plan de vida	3 Visualizo TSU 4 Visualizo Profesionista	.718 .842
Reto y emociones ante materias básicas	5 Conozco profesionistas 8 Dificultad expresión oral 10 Matemáticas un reto 12 Bajas calificaciones domina emociones	.538 .554 .622 .702
Conciencia de su situación	1 Conozco carrera 2 Conozco materias 11 Importancia expresión 13 Bajas calificaciones busca alternativas	.742 .601 .625 .479
Capacidad de autogestión	14 Bajas calificaciones apoyo familia 15 Bajas calificaciones apoyo compañeros 16 Elimino distractores 17 Soy responsable y constante	.498 .754 .485 .568
Actividad rectora	18 Seguir estudiando 19 Familia cuestiona 20 Escuela principal actividad	.617 .735 .521
Dificultad en ciencia básica y capacidad de ejercer	6 Tengo capacidades ejercer carrera 7 Dificultad Matemáticas 9 Dificultad Física Química	-.384 .558 .771

Fuente: Elaboración propia

Derivado del análisis factorial realizado, es pudo obtener la matriz de componentes rotada por método VARIMAX, de la que derivó la Tabla 4 que presenta la asociación de las variables descriptoras en seis componentes o factores basados del modelo teórico referencial planteado. El análisis de validez de constructo comprueba que se reconoce riesgo de abandono en el estudiante si:

1. La carrera y el desempeño profesional de la misma no forman parte significativa de su plan de vida.

2. Las materias básicas como matemáticas y expresión oral y escrita son consideradas retadoras y sus bajos resultados impactan negativamente en sus emociones.

3. No reconocen la situación académica a la que se enfrentarán y no consideran alternativas para superar sus dificultades escolares.

4. No tienen capacidad de autogestión en su trayectoria académica

5. No asumen que su actividad rectora o principal en esta etapa de su vida es la preparación académica para ejercer una profesión y tener una vida productiva.

6. Reconocen tener dificultades en materias de ciencia básica como matemáticas y expresión oral y escrita y por tanto, se reconocerían incapaces para ejercer la carrera.

Cabe destacar que los factores más recurrentes y que colocan al estudiante en riesgo de abandono, podemos destacar, en primera instancia, al relacionado con la perspectiva de los alumnos sobre el reto y emociones encontradas que supone el desempeño adecuado en materias básicas de su carrera. En segundo término pero con prácticamente el mismo nivel de importancia, se encuentra el factor relacionado con la visión del alumno de su futuro profesional, en el que incluye o no la terminación de la carrera como parte de su plan de vida.

Tabla 5
Porcentaje de alumnos en riesgo de abandono por factores analizados

Factores	Visión de plan de vida	Reto y emociones ante materias básicas	Conciencia de su situación	Capacidad de autogestión	Actividad rectora	Dificultad en ciencia básica y capacidad de ejercer
% de alumnos en riesgo de abandono escolar	5%	6%	0%	0%	1%	1%

Fuente: Elaboración propia

De acuerdo con lo referido en la metodología, el nivel de riesgo se fundamentó en la detección de uno o más factores. A continuación se reporta la recurrencia en variables y enseguida, el nivel de riesgo conforme a la escala establecida.

Tabla 5.
Recurrencia en la combinación de factores de riesgo

Factores	Visión de plan de vida	Reto y emociones ante materias básicas	Conciencia de su situación	Capacidad de autogestión	Actividad rectora	Dificultad en ciencia básica y capacidad de ejercer	Frecuencia	% con respecto a la muestra	Categoría de riesgo de acuerdo con la escala.
Recurrencia en la combinación de factores	X	X					3	2.6%	Moderado
							4	3.5%	Moderado
		X			X		1	0.9%	Moderado
	X	X					2	1.7%	Alto
	X					X	1	0.9%	Crítico
Totales	6	7	0	0	1	1	11	9.6%	

Fuente: Elaboración propia

Tabla 6
Niveles de riesgo de abandono detectados

Escala	Categoría de riesgo	Recurrencia
1	Moderado	7.0%
2	Alto	1.7%
3 o más	Crítico	0.9%

Fuente: Elaboración propia

En conjunto, se puede observar que los factores de vulnerabilidad educativa o riesgo de abandono, se pueden evidenciar cuando menos a nivel exploratorio a través del instrumento propuesto. Se propone, derivado de estos primeros resultados, estudios de continuidad y más profundos que puedan evidenciar y contribuir a detectar, diagnosticar y proponer mecanismos y políticas que mejoren las oportunidades para los alumnos que optan por los estudios universitarios.

Discusión

Esta investigación, aún sin ser un estudio concluyente, deja abierta la puerta a la mejora de instrumento propuesto para detectar riesgos de abandono escolar en el nivel universitario, y con ello, también a una serie de reflexiones sobre lo que prosigue en relación a las acciones preventivas y correctivas para favorecer la permanencia de los estudiantes, pero también sobre lo que prosigue luego de las experiencias surgidas desde el planteamiento del estudio, la construcción del marco teórico y los constructos, hasta el reporte de los resultados.

La perspectiva de Patiño y Cardona (2012), Parrino (2013) y Viale (2014) respecto a cuestionar núcleos explicativos, teorías, modelos e intenciones de abordar el tema de la deserción, ratifican la importancia de aclarar el enfoque de este trabajo que se concreta en un estudio de validez y confiabilidad para detectar riesgos de deserción en etapa universitaria.

La validez y confiabilidad habrá de manifestar en sentido estricto consistencia y posibilidad de generalización y réplica, pero apunta también a sentidos más significativos, como el que señalan los mismos autores referidos; en síntesis, responder al problema de la deserción no, desde la perspectiva del "síndrome" del estudiante que puede arrojar un diagnóstico y un pronóstico; sino desde la perspectiva de la intervención también pertinente, con visión formativa y ética, por parte de todos los actores involucrados.

De ahí la alusión a la teoría respecto a la formación basada en competencias y el marco que ofrece el enfoque de la Socioformación que propone Tobón (2015), que enfatiza el desarrollo de la persona en un contexto social.

En esta perspectiva, el sentido de permanencia y persistencia que sugiere Viale (2014) habrá de integrar capacidades para resolver un plan de vida y carrera, incluyendo en ello las capacidades de relación y gestión con el entorno, de solución de problemas específicos en un campo de conocimiento y el manejo de recursos de la personalidad.

El enfoque de la Socioformación ofrece entonces una mirada particular al mismo hecho de proponer un instrumento de Detección de riesgos de deserción, considerándolo no precisamente como una herramienta para confirmar signos y síntomas, sino para analizar necesidades de formación y diseñar estrategias de intervención.

El momento y contexto de aplicación, por cierto, un momento "transitorio" entre el término de la preparación media superior y el ingreso a la universidad, orientan de hecho, a abordar a una aproximación, más adelante, de otra discusión acerca de las etapas idónea, con sus criterios, saberes y habilidades propios de cada una – ya sea en el bachillerato o en la misma universidad, para formar las competencias que permitan afrontar con éxito la fase de preparación profesional y la vida universitaria.

Como todo instrumento de análisis y diagnóstico, éste puede presentar diversas oportunidades de mejora, sin embargo, se considera que no deja de sumarse a la discusión sobre el sentido y significado del uso de herramientas para detección, análisis y diagnóstico; para la toma de decisiones en algún aspecto, según el "agente" que analiza.

La misma psicología hoy en día debate sobre la aplicación de pruebas generalizadas que se orientan más a la identificación de los síntomas que de las causas para una intervención "formativa"; de ahí la postura que se asume en este trabajo de trascender la noción de factor hacia la construcción de la competencia.

De la experiencia surgida de este estudio, aplica también la idea de asumir también un proceso de construcción de capacidades y habilidades para plantear cada vez mejor los retos y los propósitos de la propia labor de investigar, que contribuyan a difundir con su justa dimensión la Formación Basada en Competencias y sus posibilidades para enfrentar los desafíos de esta sociedad que nos tocó vivir.

Referencias

Aubrun, S. y R. Orifiamma (1990), Les competences de 3em. dimensión, París, Consevatorio de Arts e Metiers.

Barrón, C. (2000). La educación basada en competencias en el marco de los procesos de globalización", en M. A. Valle. Formación en competencias y certificación profesional CESUUNAM (pp. 17–44). México: Universidad Nacional Autónoma de México.

Briones, G. (1996). Metodología de la investigación cuantitativa en las ciencias sociales. Bogotá: Instituto Colombiano para el Fomento de la Educación Superior, 1996. 219 p. p 59 - 60. Recuperado de https://goo.gl/b47A58 (06-03-2014).

Cariola, M. L. y Quiroz, A. M. (1997). Competencias generales, competencias laborales y currículo. Citado en Jaraba Barrios, B; Ruiz de Vargas, M; Romero Santiago, L; (2005). Competencias laborales y la formación universitaria. Psicología desde el Caribe, () 64-91. Recuperado de http://goo.gl/ZEFe3G (10-01-14).

Corominas, E.; Tesouro, M.; Capell, D.; Teixidó, J.; Pélach, J. y Cortada, R. (2006). "Percepciones del profesorado ante la incorporación de las competencias genéricas en la formación universitaria", Revista de Educación, 341, pp. 301-336. http://goo.gl/WTr7SF (20-02-14)

Díaz Barriga, F. y Rigo, M. (2000). "Formación docente y educación basada en competencias", en M. A. Valle Formación en competencias y certificación profesional (pp. 76–104). México: Universidad Nacional Autónoma de México.

Diaz-Barriga, A. (2006). El enfoque de competencias en la Educación, ¿Una alternativa o un disfraz de cambio? Perfiles Educativos, 28 (111), 7-36. Recuperado de http://goo.gl/lRA0fR (15-01-14).

George, D. y Mallery, P. (2003). SPSS for Windows step by step: A Simple Guide and Reference. 11.0 Update (4.ª ed.). Boston: Allyn & Bacon. Recuperado de http://goo.gl/VAqRov (28-07-14).

Hernández Vázquez, J. M.; Rodríguez Lagunas, J; (2008). La Deserción Escolar Universitaria en México. La Experiencia de la Universidad Autónoma Metropolitana. Revista Electrónica "Actualidades Investigativas en Educación", 8() 1-30. Recuperado de http://goo.gl/9O6Vd7 (10-02-14).

Herrero, V., Merlino, A., Ayllón, S.y Escanés, G. (2013). Aplicación de un modelo de duración en programas de prevención de deserción universitaria.Revista Electrónica de Investigación Educativa, 15(3), 38-52. Recuperado de http://goo.gl/9ml3wm (13-06-16).

Levy-Leboyer, C. (1995). Gestión de Competencias. Barcelona: Gestión 2000.

McClelland, David C. (1973) Testing for competence rather than for "intelligence." American Psychologist, Vol 28(1), Jan 1973, 1-14. Recuperado de http://dx.doi.org/10.1037/h0034092 (13-06-16).

Parrino, MC (2014). Factores intervinientes en el fenómeno de la deserción universitaria. Raes. Revista Argentina de Educación Superior. 8, 39-61. Recuperado de https://goo.gl/I6tirO (13-06-16).

Patiño Garzón, L; Cardona Pérez, A M; (2012). Revisión de algunos estudios sobre la deserción estudiantil universitaria en Colombia y Latinoamérica. Theoria, 21() 9-20. Recuperado de http://goo.gl/PcZKZv (13-06-16).

Pelayo, J. (2010). Competencias de interrelación en el mundo del trabajo. Módulo RET. Recuperado de http://goo.gl/5Y1e76 (09-08-14)

Perrenoud, P. (2008). Construir las competencias, ¿es darle la espalda a los saberes?, Red U. Revista de Docencia Universitaria II 1-8. Recuperado de http://www.redu.um.es/Red_U/m2 (01-08-14).

Posada Álvarez, R. (2004). Formación superior basada en competencias, interdisciplinariedad y trabajo autónomo del estudiante. Revista Iberoamericana de educación. http://goo.gl/YVgZ7O. (24-05-14).

Ruiz-Larraguivel (20129. La educación superior tecnológica en México. Historia, situación actual y perspectivas. Revista Iberoamericana de Educación Superior, ii (3) (2011), pp. 35–52. Recuperado de http://goo.gl/lR8NxE (16-01-14).

Salazar-Botello, CM; Chiang-Vega, M, (2007). Competencias y educación superior. Un estudio empírico. Horizontes Educacionales, SM, 23-35. Recuperado de http://goo.gl/Am9Nrc (10-02-14).

Tobón, S. (2006). Aspectos básicos de la formación basada en competencias. Talca: Proyecto Mesesup. Recuperado de http://goo.gl/PcKq2J (04-01-14).

Tobón, S., González, L., Nambo, JS., Vázquez,JM (2015). La socioformación: Un estudio conceptual. Paradigma 36;1. 7-29. Recuperado de http://goo.gl/zdJqqr (13-06-14).

Tobón, Sergio, Guzmán, Clara Eugenia, Silvano Hernández, José, & Cardona, Sergio. (2015). Sociedad del conocimiento: Estudio documental desde una perspectiva humanista y compleja. Paradigma, 36(2), 7-36. Recuperado de http://goo.gl/KJvOmU (14-06-16).

Viale, E. (2014) Una aproximación teórica a la deserción estudiantil universitaria. Revista Digital de Investigación en Docencia Universitaria.8, 59-76. Recuperado de http://dx.doi.org/10.19083/ridu.8.366 (13-06-16).

CAPÍTULO 12

Sustentabilidad: brecha entre la percepción del estudiante universitario y las empresas socialmente responsables

Marianela Talavera-Ruz
División Industrial, Universidad Tecnológica de Querétaro
marianela.talavera@uteq.edu.mx

Rocio Edith Magaña-Iglesias
División Industrial, Universidad Tecnológica de Querétaro
rocio.magana@uteq.edu.mx

Erika Josefina Arenas-Bernal
División Industrial, Universidad Tecnológica de Querétaro,
earenas@uteq.edu.mx

Referencia APA:

Talavera-Ruz, M., Magaña-Iglesias, R., & Arenas-Bernal, E. (2016). Sustentabilidad: brecha entre la percepción del estudiante universitario y las empresas socialmente responsables. En B. Tobón, H. Parra-Acosta, C. Guzmán, S. Tobón, & L. G. Juárez-Hernández (Eds.), *Experiencias en la implementación de la gestión del talento humano desde el pensamiento complejo* (pp. 277-293). Lake Mary: Kresearch.

Resumen

En las instituciones educativas con modelos basados Competencias, ha sido evidente la búsqueda de una formación orientada a las necesidades del entorno, la sociedad en general y las empresas en particular. Bajo el enfoque socioformativo, el estudiante tiene la obligación de asumir procesos de desempeño para resolver problemas del contexto con idoneidad, contribuyendo, entre otras cosas, a la sustentabilidad ambiental. Este tema se posiciona como de relevancia en el desarrollo del estudiante y en el sector empresarial. El propósito de este estudio, de carácter exploratorio, estuvo orientado a evidenciar la existencia de una brecha entre la percepción del estudiante universitario y la realidad laboral, como punto de partida para estudios más profundos y búsqueda de alternativas de solución, analizando la congruencia entre realidad y percepción mediante dos estudios. El primero se realizó a partir del caso particular de estudiantes de la Universidad Tecnológica de Querétaro; el segundo, contempló a los tomadores de decisiones de las áreas de producción o afines de diez empresas radicadas en Querétaro con sello de "Empresa Socialmente Responsables", regidas bajo la norma ISO 26000, para verificar la relevancia del concepto de sustentabilidad y su aplicación en la industria. La importancia de este análisis radica en que, ante una falta de consistencia entre la realidad y la percepción, es necesario emprender acciones que corrijan las deficiencias y reestablezcan el rumbo de los esfuerzos en el aprendizaje para asegurar la educación en la pertinencia.

Palabras clave: Sustentabilidad, Responsabilidad Social, ISO 26000, Educación Basada en Competencias, socioformación, competencia profesional

Abstract

In educational institutions with Competency-based models, it has been evident the need of oriented training towards the environment, society in general and businesses in particular. Under the socioformative approach, the student is required to assume performance processes to solve problems that can be suitable for the context, and contributing, among others, to environmental sustainability. This topic is positioned as relevant in the development of the student and the business sector. The purpose of this exploratory study was aimed to demonstrate the existence of a gap between perception in college student and the labor reality, as a starting point for further study and search for alternative solutions, analyzing the congruence between reality and perception through two studies. The first study was held from the particular case of the Universidad Tecnologica de Queretaro; the second study looked at the decision-makers from the areas of production or related, from ten "Socially Responsible Companies", based in

Queretaro, that were governed under ISO 26000, to verify the relevance of the concept of sustainability and its application in the industry. The importance of this analysis is that, once evident the lack of consistency between reality and perception, action is required to correct the deficiencies and reestablish the course of the learning efforts, to ensure the relevance of education.

Keywords: Sustainable development, Social Responsibility, ISO 26000, Competency-based education, socioformative approach, occupational qualifications.

Introducción

En el entorno educativo en México, en el que diversas instituciones de educación superior basan sus modelos educativos en el paradigma de la Educación Basada en Competencias, aprender a ser competente es formarse en la concepción personal, cultural y socio-laboral; es formarse, entonces, competentemente para hacer el bien de manera cooperativa. Autores como McClelland (1973) señalan en su perspectiva, que la configuración de una competencia se propone para identificar variables que predigan el rendimiento laboral, abordando las dificultades de las personas en el momento de alcanzar las metas que se han propuesto, y, considerando que en el análisis de las competencias se contempla lo que la persona sabe, su talento para el quehacer y finalmente su talante ante sí mismo, ante los demás y ante las exigencias y desafíos laborales (Salazar & Chiang, 2007). Es en este marco que se hace evidente la necesidad de una formación orientada a las necesidades del entorno, la sociedad en general y las empresas en particular. El saber a desarrollar refiere a los conocimientos y pericia en cultura, ciencia y tecnología; el hacer refiere al talento o habilidades, destrezas, capacidades genéricas y específicas, y el querer ser refiere a la actitud voluntad, motivos, deseos, gustos o preferencias y valores del individuo. Es en el querer, en lo referente a la actitud, voluntad, motivos, preferencias y valores donde radica la importancia de lo que un estudiante percibe como relevante para configurar las decisiones relacionadas con su desempeño laboral.

Bajo el enfoque socioformativo, la competencia deviene de un proceso de construcción en el tiempo en razón de la verificación del desempeño de funciones laborales y profesionales y de relación directa con el entorno y el plan de vida y ética de la persona (Tobón, González, Nambo & Vázquez, 2015). Como señala Tobón y Jaik (2012), el estudiante tiene la obligación de asumir procesos de desempeño integral para resolver problemas del contexto con idoneidad, compromiso ético y mejora continua.

Auburn y Orifiamma (1990) en su clasificación de competencias explican que las competencias referidas a comportamientos profesionales y sociales y las referidas a actitudes, tienen que ver con la actuación técnica, de gestión, de toma de decisiones, y del cómo afrontar las situaciones que configuran el trabajo a desarrollar, y es en estos aspectos donde incide la percepción de importancia de temas del entorno que posteriormente se reflejarán en decisiones de trabajo más o menos conscientes. Tobón (2013), por su parte, refiere la clasificación de competencias en básicas, genéricas y específicas. Las competencias básicas, explica, son fundamentales para la vida; las genéricas, son comunes a diversas ocupaciones y profesiones; y las específicas, son propias de una determinada ocupación o profesión.

Con base en estas concepciones de competencia, el proceso de actuación idónea requiere de la integración del saber ser con el saber conocer y el saber hacer, para, como refiere Tobón (2013), llegar a una movilización de saberes en la actuación integral.

En referencia a los saberes del pensamiento complejo y su aplicación en el proceso de aprendizaje-enseñanza, y, teniendo como base a Morin y Vallejo-Gómez (2001), como señala Tobón (2013), la enseñanza del conocimiento pertinente orienta las diferentes actividades y sesiones en torno a problemas reales con sentido para las personas, articulando la educación con las necesidades sociales, culturales y laborales que se requieren resolver, tal es el caso de aspectos específicos como los concernientes a la responsabilidad social y la sustentabilidad, que se abordan desde la socioformación.

Siendo un enfoque que busca que los estudiantes desarrollen su talento y se realicen plenamente, resolviendo problemas de la sociedad real, la socioformación, con base en las vivencias del propio estudiante, y, seleccionando áreas concretas de actuación, fomenta el aprendizaje como un proceso de logro de metas tanto personales (realización individual) como sociales (convivencia y desarrollo socioeconómico) y ambientales (disminución de la contaminación y aseguramiento de la sustentabilidad) (Tobón et al., 2015a). La socioformación implica que la sociedad en su conjunto posibilita espacios, recursos, estrategias, apoyos, finalidades, normas, demandas, expectativas y valores para mediar la formación de sus miembros, entre ellos estudiantes y futuros profesionistas, con el fin de mantenerse y reconstruirse continuamente afrontando los cambios (Tobón et al., 2015a).

En la sociedad del conocimiento se busca que las personas contribuyan, entre otras cosas, a la inclusión, el empleo y la sustentabilidad ambiental, aplicando el conocimiento (Flores, Galicia & Sánchez 2007; Pedraja-Rejas, Rodríguez-Ponce & Rodríguez-Ponce, 2006), desde el mismo proceso formativo. Para ello, es necesario, entre otros aspectos, el análisis de saberes previos (determinación de saberes, experiencias y percepciones de los estudiantes frente a los problemas) así como la manera de abordarlos, considerando aspectos motivacionales, actitudes y valores, así como creencias internas (entendidas como lo que una persona piensa de sí misma, de las cosas o de los demás) (Tobón, Guzmán, Silvano & Cadona, 2015). Las creencias internas sobre una determinada tarea o actividad tienen gran influencia en la formación de habilidades y procedimientos, así como en el éxito o fracaso del desempeño (Tobón, 2013). Resulta esencial entonces detectar todas aquellas creencias erróneas o percepciones falsas que el estudiante posea y trabajar por su modificación. Por ello, el docente debe trabajar para hacer ajustes en el proceso de formación, brindar tutoría y articular los nuevos conocimientos que se requiere abordar, recurriendo a estrategias como las relacionadas con el saber hacer y la modificación de creencias erróneas (Tobón, 2013).

Se considera necesario entonces que los docentes posean en particular, competencias básicas relacionadas con la formulación de alternativas de solución a los problemas planteados en el marco de la estrategia trazada por la organización, así como con base en los intereses y valores motivacionales de los actores involucrados (Tobón et al., 2015a). Así mismo, en la vinculación con los requerimientos de las organizaciones, los docentes deben desarrollar competencias opcionales tales como la realización de diagnósticos y estudios con base en los términos de referencia propuestos por organizaciones sociales y empresariales (Tobón et al., 2015a), como los relacionados con la Responsabilidad Social, las normas de referencia (ISO 26000) y el desarrollo sustentable, entre otros.

Como menciona Flores, Galicia & Sánchez (2007), se cree que la información da poder y conocimiento, pero para ser útil, se requiere hacer cambios en la educación superior para construir nuevos ambientes de aprendizaje en las aulas, ser parte de la nueva producción de conocimientos, promover la investigación, integrar a sectores productivos, formar nuevas competencias y fomentar la transdisciplina.

Es por estas razones, que se considera importante analizar la congruencia entre la realidad del entorno laboral y la percepción de los estudiantes. El abordaje de este artículo apunta al comparativo entre realidad y percepción, particularmente con respecto al tema de la sustentabilidad, dentro de la Responsabilidad Social, y normativa a través de la International Standard Organization (ISO) 26000. Para ello, los cuestionamientos iniciales parten de la postura de los estudiantes en cuanto al grado de relevancia que le atañen al tema de la sustentabilidad y su abordaje implícito en la currícula y las actividades de difusión. Como complemento, se realiza un análisis de empresas que radican en Querétaro, consideradas como Empresas Socialmente Responsables, para verificar la relevancia y aplicación del concepto de sustentabilidad y su aplicación en la industria, en concreto, en lo concerniente a la norma ISO 26000.

El propósito de este estudio, de carácter exploratorio, es evidenciar si existe una brecha entre percepción del estudiante universitario y la realidad laboral (basada en sus prácticas), en cuanto al tema de sustentabilidad, para, una vez vislumbrado el panorama, proponer estudios más profundos y contribuir con alternativas de solución. Para ello, se realizan dos estudios. En primera instancia se analiza el aspecto de percepción a través de un caso particular, el de la Universidad Tecnológica de Querétaro, utilizando la técnica de encuestas a estudiantes de la División Industrial de las áreas de Procesos Industriales, Mantenimiento Industrial y Nanotecnología. El segundo estudio comprende, en particular, y dado el perfil de los estudiantes sujetos de estudio, el análisis del rol del área de producción de 10 organizaciones con sello de Empresas Socialmente Responsables, a través de encuestas, respecto al uso sostenible de los recursos que estipula la ISO 26000, con lo cual se articula la relación entre los conceptos de Sustentabilidad y Responsabilidad Social Empresarial (RSE).

La importancia de este análisis exploratorio radica en que, ante una falta de consistencia entre la realidad de la industria queretana, particularmente las empresas con certificaciones de RSE y la percepción de los estudiantes respecto a la sustentabilidad, es necesario emprender acciones que corrijan las deficiencias y reestablezcan el rumbo de los esfuerzos en el aprendizaje para asegurar la educación en la pertinencia.

La Universidad Tecnológica de Querétaro y su contexto

La Universidad Tecnológica de Querétaro, en su modelo 70/30 (70% práctico y 30% teórico), perteneciente a la Coordinación General de Universidades Tecnológicas y Politécnicas, establece como política promover una Cultura Sustentable buscando ser ambientalmente sostenible, económicamente viable, socialmente responsable e institucionalmente pertinente. Como complemento a su enfoque práctico, maneja una estrecha vinculación con el sector industrial de la región, que le demanda capital humano y recursos académicos orientados a satisfacer las necesidades laborales de dicho sector. Es en este sector que se encuentran organizaciones certificadas de acuerdo a la norma ISO 26000 como "Empresas Socialmente Responsables". Dichas empresas se encuentran de manera general, dentro del giro manufacturero, por lo que los procesos productivos y su gestión son aspectos importantes a considerar para quienes planean insertarse en las vacantes que ofrecen. En este sentido, la norma ISO 26000 refiere aspectos importantes a considerar en estas áreas, que deben ser tomadas en cuenta por los trabajadores y tomadores de decisiones de dichas áreas.

La Responsabilidad Social Empresarial (RSE) ha sido presentado por un gran número de autores, como sinónimos de Responsabilidad Social Corporativa, derivado del término en inglés Corporate Social Responsibility (CSR) (Briseño, Lavín & García, 2011), que se refiere a "la responsabilidad que la empresa tiene o asume frente a la sociedad en general" (Correa, 2007). La mayoría de las definiciones abordan este concepto como la integración voluntaria, por parte de las empresas, de las preocupaciones sociales y medioambientales en sus operaciones y sus relaciones con sus interlocutores. Ser socialmente responsable no significa solamente cumplir plenamente las obligaciones jurídicas, sino también ir más allá de su cumplimiento invirtiendo más en el capital humano, el entorno y las relaciones con los interlocutores (Correa, 2007). Dicho concepto entonces cubre áreas tales como desarrollo sustentable (manejo de recursos naturales y medio ambiente), derechos humanos, capacitación y educación del talento humano, aspectos laborales, bienestar de la comunidad, según Villar, Arenas, Montalbán & Avilez (2012).

La Comisión Mundial para el Medio Ambiente y el Desarrollo, establecida por las Naciones Unidas en 1983, definió el desarrollo sustentable como el "desarrollo que satisface las necesidades del presente sin comprometer las capacidades que tienen las futuras generaciones para satisfacer sus propias necesidades". Esta definición se hizo conocida mundialmente a partir del informe "Nuestro Futuro Común" (1987) con motivo de la preparación para la Conferencia Mundial de las Naciones Unidas sobre Medio Ambiente y Desarrollo, realizada en Río de Janeiro, Brasil, en 1992. Dicha definición implica concientización y compromiso en la toma de decisiones en las empresas y en los futuros trabajadores de dichas empresas, es decir, en los estudiantes. Es aquí donde el rol formativo y de divulgación de la Universidad cobra vital importancia. A este respecto, se pueden destacar ejemplos sobre la importancia de la percepción, como en el caso de Guzmán, Becker-Olsen & Hill. (2008), que aseguran que muchas empresas no reportan sus actividades de RSE porque piensan que entre los consumidores latinos existe desinterés por el tema.

La Universidad Tecnológica de Querétaro, basado en la definición de Naciones Unidas, considera que el desarrollo sustentable consta de tres pilares: el desarrollo económico, el desarrollo social y la protección del medio ambiente y trata de lograr de manera equilibrada el desarrollo de todos ellos, a través de la difusión a la comunidad universitaria y el manejo de contenidos en sus programas de formación profesional, sin embargo este proceso se encuentra en etapas muy tempranas.

Las empresas y su contexto

Del lado de las empresas, lejos de ser un enfoque teórico, el concepto de sustentabilidad parte de la normatividad, que con el paso del tiempo, orienta las funciones sustantivas de la empresa para continuar siendo productiva y competitiva. A este respecto, la ISO 26000, propone el concepto de Responsabilidad Social Empresarial como producto de un proceso incluyente de expertos y organizaciones a nivel mundial; reúne las múltiples miradas al concepto y lo define como "la responsabilidad de una organización ante los impactos que sus decisiones y actividades que ocasionan en la sociedad y el medio ambiente, mediante un comportamiento ético y transparente que: contribuya al desarrollo sostenible, incluyendo la salud y el bienestar de la sociedad; tome en consideración las expectativas de sus partes interesadas; cumpla con la legislación aplicable y sea coherente con la normativa internacional de comportamiento; y esté integrada en toda la organización y se lleve a la práctica en sus relaciones" (ISO 26000, 2010).

Las áreas funcionales de cualquier organización se relacionan directamente con las siete materias fundamentales derivadas de la ISO 26000: gobernanza de la organización, derechos humanos, prácticas laborales, medio ambiente, prácticas justas de operación, asuntos de consumidores y participación activa, y desarrollo de la comunidad.

El área de producción, donde se lleva a cabo la transformación de los insumos en productos terminados, tiene un rol fundamental en la RSE, ya que su involucramiento permite la innovación de los productos y de los procesos para la creación de valor y, con esto la contribución directa a la productividad y al desarrollo sustentable, tal como lo señalan Porter y Kramer (2011).

De acuerdo con la Norma ISO 26000 (2010), para asegurar la disponibilidad de los recursos en el futuro, es necesario cambiar los patrones y volúmenes de consumo y producción actuales, con el fin de que puedan estar dentro de la capacidad de absorción del planeta; por ello, una organización puede progresar hacia un uso sostenible de los recursos utilizándolos de manera más responsable y combinando o remplazando recursos no renovables, por recursos renovables, por prácticas que desarrolle en esta materia o las que proyecte implementar, utilizando innovaciones tecnológicas. Es entonces, derivado de esta norma que se busca la aplicación en las diferentes áreas empresariales el concepto de sustentabilidad. Villar et al. (2012) destaca que el personal de las áreas productivas en las organizaciones industriales evidencian la importancia de estos conceptos en las tomas de decisiones mediante la aplicación del apartado 6.5.4 de la Norma ISO26000, correspondiente a medio ambiente y uso sostenible de recursos.

Este tema está cada vez más presente en las actividades de las empresas, en particular en el estado de Querétaro, en donde en los últimos años las empresas con distintivo ESR (Empresa Socialmente Responsable) aumentaron en más del 35%.

Como se puede observar, la aplicación de la sustentabilidad en las empresas, se evidencia a partir de la normatividad cumplida, y por lo tanto, es requerimiento en el aspecto formativo para las Universidades.

Por otra parte, aquellos que se forman en dichas instituciones, los estudiantes, inmersos en la filosofía, programas educativos y prácticas del quehacer universitario, ¿consideran la sustentabilidad como un tema relevante en su formación, y, en todo caso, de interés para el mundo laboral, desde su perspectiva?

Para analizar esta perspectiva, se propuso un estudio descriptivo básico que evidenciara cuantitativamente dicha percepción. Por ello, se consideraron tres temas básicos de análisis: conocimiento del tema, obtención del significado y aplicación, que derivaron en variables de medición sobre la percepción.

Metodología

Bajo el enfoque cuantitativo, se realizó un estudio exploratorio sobre la percepción del concepto de sustentabilidad, su importancia y aplicación considerando dos contextos distintos: los estudiantes y las empresas. Como lo señala Hernández, Fernández y Baptista (2010), los estudios exploratorios se realizan cuando el objetivo es examinar un tema o problema de investigación poco estudiado. De acuerdo con Hernández et al. (2010) los estudios exploratorios sirven para, entre otros aspectos, obtener información sobre la posibilidad de llevar a cabo una investigación más completa respecto de un contexto particular, establecer prioridades para investigaciones futuras, o sugerir afirmaciones o postulados.

Para el análisis de ambos contextos, se utilizó la técnica de encuesta. En cada caso, las encuestas fueron distintas por lo que este estudio, dada su naturaleza exploratoria no pretendió comparar variables específicas entre dos poblaciones, si no más bien presentar un panorama inicial para investigaciones futuras sobre una distancia o brecha entre la percepción de los estudiantes y la realidad de las empresas.

Configuración del estudio exploratorio para empresas

El estudio exploratorio fue basado en el trabajo de Villar et al. (2012) para investigar al respecto a la sustentabilidad dentro de la normatividad de la RSE. La parte del estudio de Villar et al. (2012) retomada en este trabajo consideró sólo el aspecto de sustentabilidad con el objetivo de identificar en las empresas del estado de Querétaro las acciones que incluidas en sus procesos productivos encaminadas a contribuir con el eje sustentable de la norma ISO 26000. La encuesta completa constó de 20 reactivos o acciones recomendadas por la ISO 26000 (2010) que se consideraron en relación con el área de operaciones, organizados en las siguientes tres áreas o secciones:

1. Uso sostenible de los recursos.

2. Protección de la salud y la seguridad de los consumidores.

3. Consumo sostenible.

El instrumento se dividió en dos partes: el encabezado con los datos generales de la empresa, el objetivo, las instrucciones y un glosario; y el detalle, conteniendo los reactivos.

De dicha encuesta, se tomó únicamente la información relacionada con las secciones 1 y 3, quedando 15 reactivos. En la primera sección de la encuesta "Uso sostenible de los recursos" se buscó indagar sobre las prácticas que las organizaciones encuestadas desarrollaban o esperaban desarrollar en materia de eficiencia en uso de recursos, la implementación de eco tecnologías y la tasa de uso en la sustitución de los recursos renovables. En la sección 3, "consumo sostenible", se buscó identificar los roles que las organizaciones jugaban en pro de reducir y eliminar patrones de producción y consumo insostenible, mejorar sus ciclos de vida y cadenas de valor, así como la naturaleza de la información que le proporcionaba a los consumidores.

Configuración del estudio descriptivo para el estudiante

Para analizar esta perspectiva, se realizó un estudio exploratorio se definieron tres temas básicos de análisis: conocimiento del tema, obtención del significado y aplicación, que derivaron en variables de medición sobre la percepción (Tabla 1).

Tabla 1
Temas y variables de medición para describir percepción

Tema	# Variables
Conocimiento del tema	1 Grado de relevancia del tema para el alumno
	2 Conocimiento del significado del concepto
	3 Fuente de obtención del significado: Universidad
Obtención del significado	4 Fuente de obtención del significado: Externa
	5 Aplicación en su desarrollo académico
	6 Aplicación en las empresas
Aplicación	7 Aplicación en su área de desempeño laboral

Fuente: Elaboración propia

La encuesta, realizada mediante cuestionario impreso, incluyó dos secciones: 1) Información general del estudiante, 2) Preguntas para determinar la percepción del estudiante. La segunda sección constó de 8 ítems o preguntas cerradas en escala tipo Likert.

Tabla 2
Ítems para cuestionario de percepción sobre la importancia de la sustentabilidad y su aplicación

Tema	# Ítems
Conocimiento del tema	1 El tema de sustentabilidad es relevante en su carrera
	2 Conoce el significado de sustentabilidad
	3 El significado de sustentabilidad fue obtenido de su formación universitaria
	4 El significado de sustentabilidad fue obtenido fuera de la universidad
Obtención del significado	5 Conocen el significado pero no considera que sea aplicativo en su desarrollo académico
Aplicación	6 Conoce el significado pero no considera que sea aplicativo a la realidad empresarial
	7 Conoce el significado pero no considera que sea aplicativo a área de

Selección de la muestra y aplicación del instrumento

Para el estudio relativo a las empresas, se tomó como base el "Directorio de Empresas ESR 2011" del estado de Querétaro publicado por la Fundación Roberto Ruiz Obregón, el cual constó de 17 empresas, de las cuales se seleccionaron 7 productoras de bienes, de acuerdo con el perfil de análisis relacionado con la sustentabilidad en lo relativo a producción. La muestra se complementó con otras tres empresas que son reconocidas por realizar acciones de RSE. Las encuestas fueron aplicadas principalmente a personal del área de producción o responsable de EHS (medioambiente, higiene y seguridad).

Para el estudio relativo a los estudiantes, se conformó una muestra de 298 estudiantes de la División Industrial, seleccionados mediante muestreo aleatorio estratificado, para representar a cada grupo de trabajo, que es reflejo de la matrícula total de la división. La encuesta fue aplicada a 30 grupos con un promedio de entre 5 y 10 alumnos encuestados por grupo, dependiendo del tamaño del grupo, para hacerlo representativo. Los alumnos dentro del grupo fueron seleccionados al azar. La muestra incluyo representación de los tres programas educativos de nivel Técnico Superior Universitario, los dos niveles educativos (TSU e Ingeniería) y las dos modalidades vigentes (Intensivo y Flexible), como se muestra en la Tabla 3.

Tabla 3
Conformación de la muestra

Programa	Nivel	Área	Número de alumnos	% de aportación a la muestra
Intensivo 226	TSU 176	Nanotecnología	20	7%
		Mantenimiento Industrial	85	29%
		Procesos Industriales	71	24%
		Mantenimiento Industrial	14	5%
		Procesos Industriales	36	12%
	Ingeniería 50	Mantenimiento Industrial	35	12%
Flexible 72	TSU 72	Procesos Industriales	37	12%
				100%
TOTALES GLOBALES			298	100%

Fuente: Elaboración propia

Sistematización de la información

Para el procesamiento y análisis estadístico, se utilizaron los programas de Microsoft Excel y SPSS. Una vez obtenido los resultados de ambos instrumentos y con la finalidad de comparar y evidenciar la brecha entre la práctica real de la sustentabilidad en el sector industrial, principalmente en las áreas productivas, y la relevancia que el alumno le otorga al concepto y su aplicación, se analizaron los resultados y se obtuvo, a través de un contraste empírico, no estadístico, una brecha entre la realidad de las Empresas Socialmente Responsables, quienes se encuentran en el nivel de aplicación de Competencias, y la percepción del estudiante, que, con los conocimientos y formación obtenida al momento del muestreo, presentan una realidad alejada incluso del nivel de conocimiento básico en cuanto a la importancia de la sustentabilidad.

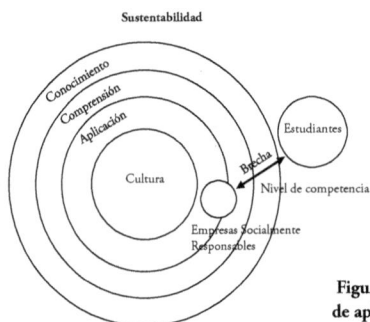

Figura 1. Brecha entre percepción y realidad de aplicación del concepto de sustentabilidad

Resultados

Sustentabilidad y las empresas

Respecto a las empresas y el uso sostenible de recursos, a excepción de una, todas manifiestan la medición, registro y acciones de disminución en el consumo de agua y energía eléctrica, de manera sistemática y desde una perspectiva ambiental. La mayoría de los encuestados, identifica como medidas de eficiencia de agua y energía eléctrica, la disposición de luminarias y llaves ahorradoras, sensores de luz y dispositivos automatizados de aire acondicionado. El 71 % señala el uso de planta tratadora de agua para su proceso o para el riego de área verdes. Como se puede observar, el reemplazo por fuentes alternativas más sostenibles y de bajo impacto, poco a poco comienza a ser parte de las acciones de las empresas locales (Villar et. al. 2012).

Aunque hay pocas acciones en el re-uso de materiales durante el proceso, ya que sólo tres señalaron la incorporación de este tipo de mejoras, las prácticas de reciclaje ocupan la atención de las empresas analizadas, ya que la mayoría realiza una clasificación de los residuos y un confinamiento adecuado en caso de materiales peligros.

Para ejemplo de aplicación del enfoque sustentable basta notar que todas las empresas manifiestan la medición, registro y acciones de disminución en el consumo de agua y energía eléctrica, de manera sistemática y desde una perspectiva ambiental. Algunas de las prácticas desarrolladas para su control son: la reformulación del diseño de maquinaria, control de horarios y utilización de equipos de tecnología sustentable. Los indicadores correspondientes son difundidos principalmente mediante tableros o boletines al resto del personal de las empresas como parte de sus prácticas de difusión y seguimiento.

Aunque, en menor medida, las empresas también reportaron acciones para la eficiencia en el uso de materias primas realizando cambios en el diseño del producto y en la maquinaria, así como en prácticas de disminución de material de embalaje, acciones en el re-uso de materiales durante el proceso, la clasificación de los residuos y un confinamiento adecuado de materiales peligros.

De igual manera, la adquisición sostenible comienza a incorporarse en los criterios de compra, ya que todas las empresas sujetas de estudio manifestaron la selección de productos bajo un enfoque sustentable, mediante la revisión de fichas técnicas, estrategias de capacitación y la inclusión de políticas y evaluación a proveedores considerando aspectos sustentables.

La mayoría de las empresas realizan una identificación de posibles impactos negativos incorporando procedimientos y acciones de mejora, las que se relacionan principalmente, como ya se mencionó, con cambios en el diseño, control de energía y agua, adecuado confinamiento de residuos peligrosos, disminución de material de empaque, y acciones de reciclaje, así como disminución de scrap, y utili

De una muestra de 298 estudiantes, que representaron alrededor del 6% de la población de estudiantes del caso analizado de la Universidad Tecnológica de Querétaro, y considerando la proporción de los diferentes programas educativos se obtuvo que, de todos los estudiantes encuestados, sólo el 14% afirmó conocer el significado del sustentabilidad, sin que esto implique su comprensión completa; sólo el 7% consideró relevante el tema de la Sustentabilidad para la carrera que se encontraba cursando, y una gran mayoría de ellos afirmó tener nociones del concepto por referentes externos, es decir, que no se construyeron precisamente en el ámbito de la universidad (Tabla 4). Esto habla de una carencia en su proceso de formación, en un área muy específica que, como se ha presentado en la primera parte de resultados, es considerada importante para las empresas en las que posiblemente un estudiante incursionará.

Los estudiantes que conocían el significado de Sustentabilidad, consideraron en su mayoría que no era aplicativo, ni en su desarrollo académico, ni en la realidad empresarial. Resulta importante destacar, que, dichas consideraciones pudieran afectar no sólo a los compañeros de trabajo del estudiante (cuando este ya labore), sino también a su familia y la de los compañeros que lo rodean. Es así que el impacto de este desinterés se puede ver reflejado en la permanencia del entorno social en un cierto grado de "conformismo", que de igual forma, como parte de su espacio próximo de aprendizaje, el estudiante, en un proceso de retroalimentación con el entorno, estaría asumiendo como lo "normal". Si bien es cierto que la Universidad ya ha incorporado dentro de su ideario la cultura de la Sustentabilidad, el permear esta visión a todos los niveles (administrativo, docente y estudiantil) es una tarea que, a pesar de los esfuerzos, no ha logrado impactar lo suficiente a los estudiantes, quienes serán los profesionistas y probables tomadores de decisiones del mañana.

Aunque no de gran impacto dado los resultados, cabe señalar que quienes consideran más relevante el tema de Sustentabilidad son los estudiantes de nivel TSU (63% de los encuestados que conocen el concepto), en contraste con los de nivel Ingeniería. Esto podría significar que los esfuerzos por concientizar a los estudiantes han sido más fructíferos en el nivel TSU. Una de las razones podría ser que las asignaturas de áreas formativas como Formación Sociocultural, son impartidas en nivel TSU. Una investigación más detalla podría determinar l

Tabla 5.
Recurrencia en la combinación de factores de riesgo

Programa	Nivel	Área	% aport.	Conocimiento del tema		Obtención del significado		Aplicación		
				El tema es relevante en su carrera	Conoce el significado	El significado fue obtenido de su formación universitaria	El significado fue obtenido fuera de la universidad	Conocen el significado pero no considera que sea aplicativo en su desarrollo académico	Conoce el significado pero no considera que sea aplicativo a la realidad empresarial	Conoce el significado pero no considera que sea aplicativo a área de desempeño laboral
Intensivo 226	TSU 176	Nanotecnología	7%	20%	0%	0%	0%	20%	20%	20%
		Mantenimiento Industrial	29%	4%	0%	0%	0%	0%	0%	0%
		Procesos Industriales	24%	4%	3%	3%	3%	3%	3%	3%
		Mantenimiento Industrial	5%	0%	0%	0%	0%	0%	0%	0%
	Ingeniería 50	Procesos Industriales	12%	22%	8%	3%	3%	6%	3%	3%
		Mantenimiento Industrial	12%	9%	0%	0%	0%	0%	0%	0%
Flexible 72	TSU 72	Industrial	12%	3%	3%	0%	0%	3%	3%	3%
		Procesos Industriales	12%	7%	14%	6%	6%	31%	28%	28%

Fuente: Elaboración propia

Análisis comparativo entre ambos estudios.

El tema de la sustentabilidad cada vez está más presente en la agenda de las empresas locales, el aumento de más del 35% de empresas con distintivo ESR en los últimos años en Querétaro lo constata (Villar et al., 2012).

Si bien los resultados del estudio de Villar et al. (2012) revelan importantes avances en las áreas productivas, de acuerdo con su visión de sustentabilidad dentro de la norma 26000 de Responsabilidad Social Empresarial, también es cierto que se manifiestan importantes retos en el ámbito educativo.

La comparación entre el estudio realizado con los estudiantes de la División Industrial de la UTEQ y el estudio realizado con las empresas queretanas, muestra una brecha entre las aplicaciones del concepto Sustentabilidad y la percepción de los estudiantes.

Según Raufflet, Lozano, Barrea & García (2012), en México, es necesario que se entienda que la responsabilidad social empresarial, es un área de oportunidad valiosa, en particular el enfoque sustentable en las empresas que lo practican demuestra la transición al área de aplicación del concepto, no sólo al conocimiento de éste.

De ahí que el reto para las Universidades Tecnológicas del país sea lograr un exitoso modelo de educación práctica y pertinente con el entorno empresarial y social, que incluya la sustentabilidad de manera transversal para contribuir con la pertinencia entre las necesidades del sector industrial y la formación académica de los estudiantes.

Discusión

Este estudio no es concluyente, y está limitado por el estudio de un caso particular, en lo relacionado a la percepción de los estudiantes, y un estudio de 10 empresas, sin realizar una comparación entre poblaciones, por lo que no puede ser generalizable; sólo abre una ventana a estudios más profundos del tema y su impacto, y se sugiere, estudios posteriores que pudieran proponer estrategias para consolidar no sólo el interés, sino también los conocimientos y la formación del alumnado de nivel superior.

Es necesario ampliar la visión sobre cómo la sustentabilidad impacta positivamente las operaciones del negocio, colaborando consecuentemente en impacto social y ambiental en el largo plazo para los estudiantes, las empresas y la sociedad. Resulta relevante también, analizar la manera en cómo los estudiantes pudieran involucrarse en estas acciones, en el corto plazo a través de procesos formativos inmersos en sus acciones cotidianas en la universidad, tanto en lo concerniente a la currícula como en lo que respecta a las actividades adicionales, culturales y extraescolares. En el largo plazo, dichas acciones podrían impactar en decisiones estratégicas consensuadas para proteger recursos naturales al tiempo que se busque la rentabilidad, colaborando con programas de educación, concientización de los clientes, a sus compañeros y como imagen a seguir para la sociedad. Una empresa que tiene la preocupación no sólo de maximizar las utilidades, sino también procurar actividades sociales y ambientales sostenibles, puede generar compromiso con sus empleados, lealtad con sus clientes y confianza hacia los inversionistas, y de esta manera, contribuir al mejoramiento de la sociedad.

Referencias

Aubrun, S. y Orifiamma R. (1990), Les competences de 3em. dimensión, París, Consevatorio de Arts e Metiers.

Briseño García, A., Lavín Verástegui, J., & García Fernández, F. (2011). Análisis exploratorio de la responsabilidad social empresarial y su dicotomía en las actividades sociales y ambientales de la empresa. Contaduría y administración, (233), 73-90. Recuperado de: http://goo.gl/YBG3bA (13-06-16).

Correa Jaramillo, J. G. (2007). Evolución Histórica de los Conceptos de Responsabilidad Social Empresarial y Balance Social, Semestre Económico, Vol. 10, No. 20, 87-102 ISSN 0120-6346. Recuperado de: http://goo.gl/7SCGK1 (13-06-16).

Flores, A. L., Galicia, G., & Sánchez, E. (2007). Una aproximación a la Sociedad de la Información y del Conocimiento. Revista Mexicana de Orientación Educativa, 5(11), 19-28. http://goo.gl/iVNLwT (13-06-16).

Guzmán, F., K. L. Becker-Olsen y R. P. Hill (2008). Desarrollar un programa de RSC a la manera correcta. Harvard Business Review. Vol. 86, issue 4: 42-49.

Hernández Sampieri, R., Fernandez Collado, C., & Baptista Lucio, P. (2010). Metodología de la investigación. México, D.F.: Mc Graw Hill, 6ª. Edición.

Informe Nuestro Futuro Común (1987), Comisión Mundial sobre Medio Ambiente y Desarrollo, Organización Mundial de las Naciones Unidas (A/42/427).

International Standard Organization. (2010) Norma Internacional ISO26000. Traducción oficial. Guía de Responsabilidad Social. Ginebra, Suiza: Secretaría Central de ISO.

McClelland, D. C. (1973) Testing for competence rather than for "intelligence." American Psychologist, Vol 28(1), Jan 1973, 1-14. Recuperado de http://dx.doi.org/10.1037/h0034092 (13-06-16).

Morin, E., & Vallejo-Gómez, M. (2001). Los siete saberes necesarios para la educación del futuro. Buenos Aires: Nueva Visión.

Pedraja-Rejas, L., Rodríguez-Ponce, E., & Rodríguez-Ponce, J. (2006). Sociedad del conocimiento y dirección estratégica: Una propuesta integradora. INCI, 31(8), 570-576. Recuperado de http://goo.gl/N6fLDy (13-06-16).

Porter, M., & Kramer, M. (2011). Creación de valor compartido: Cómo reinventar el capitalismo y desatar una ola de innovación y crecimiento. Harvard Business Review , 1. Recuperado de http://goo.gl/kkLq82 (19-06-16).

Raufflet, E., Lozano, Aguilar, Barrera & García de la Torre. (2012) Responsabilidad Social Empresarial. México, DF.: Pearson.

Salazar Botello, C. M., Chiang Vega, M. (2007). Competencias y educación superior. Un estudio empírico. Horizontes Educacionales, vol. 12, núm. 2, 2007, pp. 23-35, Universidad del Bío Bío Chile, Red de Revistas Científicas de América Latina, el Caribe, España y Portugal. Recuperado de http://goo.gl/yRy7Hg (16-06-16).

Tobón, Tobón, S., Jaik, Dipp, A. (2012) Experiencias de aplicación de aplicación de las competencias en la educación y el mundo organizacional. (1ª. Ed.) Red Durango de Investigadores Educativos A. C., ISBN: 978-607-9063-03-0.

Tobón, Tobón, S. (2013). Formación integral y competencias; pensamiento complejo, currículo, didáctica y evaluación. (3ª. Ed.) Bogotá: Ecoe.

Tobón, S., González, L., Nambo, JS., Vázquez,JM (2015a). La socioformación: Un estudio conceptual. Paradigma 36;1. 7-29. Recuperado de http://goo.gl/zdJqqr (13-06-14).

Tobón, S., Guzmán, C., Silvano, J., Cardona, S. (2015b). Sociedad del conocimiento: Estudio documental desde una perspectiva humanista y compleja. Paradigma, 36(2), 7-36. Recuperado de http://goo.gl/KJvOmU (14-06-16).

Tobón, S. (2016). Metodología de redacción de artículos científicos. Orlando (Estados Unidos): Create-Space-Amazon (formato).

Villar, M., Arenas, E., Montalbán, E., Avilez, J. (2012) "La Responsabilidad Social Empresarial. Cómo se vive en las áreas funcionales de la organización, a partir de una revisión de la ISO 26000." Mejores Prácticas para la Gestión de Procesos de Manufactura. México: Tercer Escalón del Grupo Difusión Científica.

CAPÍTULO 13

El Aprendizaje mediante proyectos formativos: experiencias y reflexiones a partir de los resultados de una práctica fundamentada en la teoría de la complejidad

Adris Díaz-Fernández
Departamento de Humanidades,
Universidad de Monterrey
adris.diaz@udem.edu

Referencia APA:

Díaz-Fernández, A. (2016). El Aprendizaje mediante proyectos formativos: experiencias y reflexiones a partir de los resultados de una práctica fundamentada en la teoría de la complejidad. En B. Tobón, H. Parra-Acosta, C. Guzmán, S. Tobón, & L. G. Juárez-Hernández (Eds.), *Experiencias en la implementación de la gestión del talento humano desde el pensamiento complejo* (pp. 295-344). Lake Mary: Kresearch.

Resumen

El propósito del estudio es conocer el impacto de los proyectos formativos en la educación superior, se empleó la investigación acción formativa por medio de encuestas y entrevistas. En los proyectos formativos se articularon varias estrategias didácticas tales como estudio de casos, debates, mapas mentales, seminarios, fórum de discusión, wiki, simulacro de una situación real (venta del producto y/o servicio), aprendizaje basado en problema y trabajo colaborativo. La mezcla de varias estrategias didácticas dentro de los proyectos formativos tuvo impacto en el logro de las metas esperadas. Se logró crear un ambiente de aprendizaje más motivador, amigable y centrado en resolver problemas pertinentes. También se generaron procesos de trabajo colaborativo y acciones interdisciplinarias articulando saberes de varias áreas. Por lo que se debe avanzar en generalizar esta metodología de trabajo en las universidades y continuar estudiando sus resultados.

Palabras clave: Aprendizaje por proyectos formativos, pensamiento complejo, socioformación, trabajo colaborativo, interdisciplinariedad.

Abstract

He purpose of the study is to determine the impact of formative projects in higher education, training action research was used through surveys and interviews. In formative projects various teaching strategies such as case studies, discussions, mind maps, seminars, discussion forums, wiki, simulation of a real situation (sale of the product and / or service), problem-based learning and collaborative work articulated. The mixture of various teaching strategies within the formative projects had an impact on the achievement of the expected goals. It was possible to create an environment more motivating, friendly and focused on solving problems relevant learning. collaborative work processes and interdisciplinary actions articulating knowledge from various areas were also generated. As it should advance generalize this methodology at universities and continue studying their results.

Keywords: Learning formative projects, complex thinking, socioformation, collaborative, interdisciplinary work.

Introducción

El modelo pedagógico de la UDEM (Universidad de Monterrey) considera al estudiante como agente básico del proceso enseñanza-aprendizaje y el maestro es el facilitador que promoverá en los estudiantes la creatividad, la excelencia académica, la objetividad, la honestidad intelectual, el juicio crítico y la libertad responsable, exigiendo ante todo una alta calidad humana y científica en el docente, al mismo tiempo que promoverá su realización personal y su actualización. Este tejido de saberes, de cambio de paradigma, implica un encuentro más directo entre los seres humanos, donde la vida misma es la protagonista y es la materia prima que permite acceder a las oportunidades que el contexto aporta al aprendizaje.

El curso Contextos Internacionales Comparados de la UDEM ofrece las herramientas básicas, necesarias y vitales a considerar para formar un profesional capacitado para enfrentar las exigencias del mundo globalizado, logrando un perfeccionamiento integral en su formación en áreas fundamentales del conocimiento del mundo, permitiéndoles así un aprendizaje cultural significativo. Brinda la posibilidad de aprender-haciendo, a partir del diseño de un proyecto que sea aplicable al país de estudio, alentando al estudiante a ser gala de los conocimientos que han adquirido durante su carrera, ya que tienen que aplicar todo lo que han estudiado, y además lograr diseñar proyectos a partir de un enfoque interdisciplinario, pues se conforman equipos con estudiantes de diferentes carreras y semestres que buscan dar solución alguna problemática y/o necesidades detectada en el país escogido. Al finalizar el curso el estudiante aprende no sólo a conocer el país de estudio, sino también a diseñar proyectos en correspondencia a la realidad, además de ser capaz de apreciar, reconocer, respetar la diversidad cultural, de haber adquirido habilidades interculturales, destreza de encuentro, hallazgo y análisis, así como a trabajar de manera colaborativa y vender proyectos.

Lo anteriormente expuesto, es una reflexión tangible de la imperante necesidad de plantear desde una postura académica las dificultades y/o problemas, las dinámicas y los retos a los que se enfrentan los estudiantes al graduarse. Todo esto encierra un compromiso de creación de espacios en donde lo teórico y lo práctico confluyan de una manera sistemática, reflexiva y propositiva.

En la actualidad urge un cambio inmediato de mentalidad tanto para el docente como para el alumno, un fortalecimiento de los límites entre las disciplinas, una enseñanza horizontal del conocimiento, cuestionadora e integral que sea más flexible y adaptable a la realidad que nos circunda en cuyo deseo se va construyendo una trama en la que se bifurcan ideas, experiencias, conocimientos que se mezclan, cruzan y en definitiva van configurando un modo de pensar y actuar que brinda la posibilidad de estar inmerso en un proceso múltiple de trasformación, por tal razón, más que discernir sobre las competencias, se trata de formar en actitudes ante la vida profesional del estudiante, de entremezclar la teoría, la práctica y la experiencia con la vida; construyendo de esta forma un conocimiento significativo en el alumno, evitando el reducir las materias a meros contenidos.

Aguerrondo (2009) explica que:

Existe hoy clara conciencia de que una de las dimensiones de la crisis de los sistemas educativos tiene que ver con que están en crisis los modelos hegemónicos de cómo enseñar y sobre todo la definición hegemónica clásica de qué enseñar. También hay acuerdo en que la gran novedad de nuestros tiempos es que estamos frente a una 'revolución' educativa que es de una naturaleza totalmente diferente a los cambios que la educación debió enfrentar anteriormente. El problema es que ya no alcanza con extender la educación, ni tampoco con mejorarla, ahora hay que repensar el modelo y para hacerlo se deben redefinir los tres pilares del triángulo didáctico: qué se entiende por sujeto de la enseñanza, qué se entiende por sujeto que enseña y qué se entiende por conocimiento 'válido' a transmitir. (p. 2-3)

Esta mirada evita que la enseñanza continúe siendo vertical, que el conocimiento sea fragmentado por disciplinas como viene fomentando la educación tradicional; las acciones educativas contribuyen a la realización de gestiones que permitan lograr un conocimiento significativo, éste es en definitiva el inicio de un pensamiento crítico, donde los estudiantes aprenden–haciendo, y cuando se está inmerso en el aprendizaje activo como nos explica O'Hara (1997) los alumnos están sumergidos de manera constante en el proceso de aprender, haciéndose cada vez más autónomos para proponer, plantear y expresar su propio trabajo y el de sus compañeros, favoreciendo de una manera mucho más directa la interacción y la reflexión entre grupos y reforzando de esta forma el aspecto social del aprendizaje.

La importancia de este proceso nos convoca a trabajar juntos para construir articulaciones flexibles, innovadoras que implique el reconocimiento desde el punto de vista educativo de la creciente necesidad de dotar al estudiante de las herramientas teóricas y prácticas necesarias para desarrollar su trabajo de una manera más profesional y acorde con los requerimientos del actual mundo globalizado.

Hacia una visión diferente

Partiendo de los criterios expuestos por Tobón; reconocidas y estudiadas cada una de las competencias descritas en el modelo pedagógico UDEM, se procedió a identificar las esferas de ejercicios, así como el proceso que estaría delimitado por fases, etapas y/o dimensiones del proceso de enseñanza-aprendizaje para el curso Contextos Internacionales Comparados, delimitando que el eje horizontal estaría formado por las competencias constructivistas y el eje vertical por las dimensiones en la que se involucra la dimensión institucional, local, nacional e internacional.

Sin duda, al hablar del proceso enseñanza-aprendizaje, nos encontramos con múltiples interrogantes en relación con el curso y la conectividad compleja que implica el vivir en un mundo globalizado, en este sentido, se asumió el reto de construir las bases de un diálogo y apertura con el alumno, con base a la apertura que signifique asumir, aceptar y descubrir lo desconocido, inesperado y sobre todo lo imprevisible y es a partir de estos cuestionamientos que surgieron interrogantes, tales como: ¿Qué deseo enseñar? , ¿Por qué lo deseo enseñar?, ¿Para qué lo deseo enseñar?, ¿Cómo lo deseo enseñar?, ¿Dónde lo deseo enseñar?, ¿Desde qué punto de vista quiero enseñar? Las respuestas a estas interrogantes invade en la necesidad de dar sentido práctico al conocimiento que se imparte en el curso, las mismas, que han permitido el navegar por un mundo del conocimiento interesante, ligado al descubrimiento de diferentes realidades y a la pluralidad de cultura y disciplinas que rompen con la rigidez. Los procedimientos y/o comportamientos cerrados que han logrado definir los resultados hasta ahora alcanzados con la creación de proyectos, nos permite vincularnos de una manera práctica, real y global con un país diferente al nuestro, es incluso un intento de involucrar e incentivar el diálogo de las diferentes disciplina, derivado en equipos interdisciplinarios con la finalidad de ir dando solución y/o respuestas a problemáticas y/o necesidades o buscar oportunidades en una espiral, alrededor de la cual rondan las experiencias, teorías, conocimiento e información.

El Desafío

Contextos Internacionales Comparados es un curso de cultura general, obligatorio para todos los estudiantes, los cuales pueden asumirlo en cualquier momento de su vida estudiantil, lo que trae aparejado que un grupo por lo general está conformado por estudiantes de diferentes semestres y disciplina. Su objetivo es lograr que el estudiante sea capaz de describir la realidad histórica, social, económica, política y cultural de un país distinto a México y comprender el papel de estas realidades en las relaciones interculturales. No sólo deben identificar lo que sucede en otras culturas, sino que también deben confrontarlas con su propia cultura, evaluarlas y tomar decisiones.

El curso es teórico-práctico, semipresencial con apoyo del Blackborad, se trabaja colaborativa la investigación y el diseño del proyecto, todo se sube a la plataforma (actividades, fórum y evaluación), los avances investigativos y las fases de proyectos también se presenta y discute en clases. Se le ofrece al estudiante una metodología que les permite encontrarse con una cultura y una realidad ajena a la propia. Encontrarse significa conocer, pero también comprender lo que ahí sucede y poder compararlo con la experiencia del propio país, con la finalidad de que el estudiante sea culturalmente más competente en los encuentros interculturales, permitiendo la construcción en equipo del conocimientos, es el aprender-haciendo, con un enfoque orientado a la gestión de proyectos formativos con orientación interdisciplinaria donde también se apuesta al desarrollo de valores y de una ética al servicio de la sociedad. La actividad final (venta del producto y/o servicio) es un simulacro de una situación de venta real, y es una de las actividades más importante porque tan solo tienen diez minutos cada equipo para vender y presentar su proyecto con vista a que sea comprado o financiado.

El vincular varias disciplinas en un proyecto, el tener que diseñar un proyecto para ser implementado en otro país y sobre todo el lograr venderlo, fue el gran reto del curso. La mezcla de varías técnicas y estrategias didácticas, los instrumentos empleados para la evaluación tanto formativa como sumativa, de los objetivos y de las competencias han demostrado que realmente se cumplieron los objetivos propuesto y los alumnos lograron mejorar sus destrezas y habilidades en cuanto al trabajo colaborativo, análisis y síntesis, argumentativa (búsqueda de nuevas y confidenciales información), etc., haciéndose más receptivos a las nuevas ideas, más tolerante y más abierto a la diversidad cultural, donde su trabajo ha sido visto como un desafío ante el nuevo y cambiante mundo globalizado, y lo más importante el estudiante está dispuesto a mejorar sus destrezas y habilidades. En fin, como explica Tobón (2006) con la paulatina emergencia de la sociedad del conocimiento, lo más importante no es tener conocimientos sino saberlos buscar, procesar, analizar y aplicar con idoneidad. (p. 4). Tobón (2006, 2014) refiere además que la socioformación está en el centro de una serie de cambios y transformaciones en la educación, tales como:

1. Del énfasis en conocimientos conceptuales y factuales al enfoque en el desempeño integral ante actividades y problemas. Esto implica trascender el espacio del conocimiento teórico como centro del quehacer educativo y colocar la mirada en el desempeño humano integral que implica la articulación del conocer con el plano del hacer y del ser.

2. Del conocimiento a la sociedad del conocimiento. Esto implica que la educación debe contextualizar el saber en lo local, lo regional y lo internacional, preparando a los docentes, estudiantes y administrativos para ir más allá de la simple asimilación de conocimientos y pasar a una dinámica de búsqueda, selección, comprensión, sistematización, crítica, creación, aplicación y transferencia.

3. De la enseñanza a la formación El enfoque de formación basado en competencias implica que el aprendizaje comienza a ser el centro de la educación, más que la enseñanza. Esto significa que en vez de centrarnos en cómo dar una clase y preparar los recursos didácticos para ello, ahora el reto es establecer con qué aprendizajes vienen los estudiantes, cuáles son sus expectativas, que han aprendido y que no han aprendido, cuáles son sus estilos de aprendizaje y cómo ellos pueden involucrarse de forma activa en su propio aprendizaje. A partir de ello se debe orientar la docencia, con metas, evaluación y estrategias didácticas. Esto se corresponde con el enfoque de créditos, en el cual se debe planificar no sólo la enseñanza presencial sino también el tiempo de trabajo autónomo de los estudiantes. (pp. 14-15)

Metodología

Tipo de estudio

Es la investigación acción formativa apoyado en técnicas tantos cuantitativos como cualitativo que han permitido recabar datos importantes acerca de la disertación académica e ir descubriendo las interconexiones entre las diversas estrategias didácticas, el trabajo colaborativo, como por ejemplo:

*   Observación no participante /Entrevista /Test.

*   Cuestionarios estructurados dirigidos a docente y alumnos.

*   Lista de cortejo para evaluar el trabajo colaborativo y presentación de los trabajos.

*   Lista de cortejo para evaluar creatividad y modo de aprendizaje.

Procedimiento

El procedimiento trazado, es como sigue:

1. Análisis de la estrategia didáctica del curso según el modelo pedagógico UDEM.

2.   Establecimiento de los objetivos, justificación y tipo de investigación.

3. Extracción y recopilación de información de interés.

4. Selección de la estrategia académica Aprendizaje por proyecto formativo con orientación interdisciplinaria.

5. Elaboración y aplicación de los instrumentos de medición.

6. Descripción y análisis de las etapas o fases del proceso enseñanza-aprendizaje.

7. Evaluación sumativa y formativa

8.   Análisis e interpretación de la información.

9. Conclusiones

10. Publicación.

11. Factibilidad de transferencia a otros cursos.

Participantes

Nuestra unidad de análisis fue intencional y no aleatoria fue escogida de manera arbitraria (dos grupos del curso Contextos Internacionales Comparados) no pretendíamos generalizar conclusiones tan solo queríamos conocer lo factible o no de la aplicación de la metodología escogida en relación con los objetivos de la materia para aplicarlo en futuros cursos.

Desarrollo

Para lograr los objetivos propuesto en el curso, se consideraron las siguientes estrategias didácticas.

1. Ensayo.
2. Mapas y redes conceptuales.
3. Entrevistas.
4. Taller reflexivo.
5. Proyectos formativos.
6. Estudios de Casos.
7. Debates / seminarios.
8. Simulación de procesos.
9. Panel.
10. Trabajo colaborativo.

La mezcla de cada una de estas estrategias lograron algunos resultados significativos, puesto que los estudiantes mostraron un mayor interés y reconocimiento de la necesidad de recibir cursos de este tipo, que no sólo les permite cambiar la imagen que tienen de su propio país o el adquirir cultura general; refirieron además que el contacto con problemas, historia de vida y estudios de casos de la vida real les obligaba a situarse en el lugar del afectado o involucrado en la trama, a reafirmar el trabajo en equipos y en otros casos a incursionar en el trabajo colaborativo. Constantemente se evalúo cada una de las actividades y se midió el conocimiento adquirido evidenciándose un cambio en cuanto a modos de pensar, actuar y colaborar, pero tan sólo estás quedaban en meras suposiciones académicas, por lo que era necesario profundizar en su valoración.

La combinación de estas estrategias es un punto clave en materia de preparación para el docente como para el alumno, a esto viene aparejado la adquisición de competencias en el campo de estudio y laboral. Particularmente, es la parte vinculada con la profesión un elemento importante a considerar, y no se cubría en su totalidad; el curso pretende acreditar competencias según su perfil como egresado para ser excelente profesionista, poseer una formación multicultural, mantener relaciones interpersonales constructivas; y, como profesional, estar apto para asumir los cambios inherentes con la actualización del conocimiento, los estilos y tendencias del mundo globalizado e integrar a los otros en los trabajos comunes y consentir las voluntades hacia el logro de las metas.

Sin embargo, para lograr todo lo anteriormente mencionado era necesario generar nuevos espacios que rompieran con lo que hasta ahora se estaba realizando; esto no significa desechar el empleo de las estrategias y técnicas didácticas empleadas, más bien es combinar y asumir estrategias que permita apropiarse y estar acorde con las competencias que se requiere para resolver problemas inherentes a las profesiones de los estudiantes en un mundo real, actual y diferente al suyo; de otra manera tan sólo se quedarían en la asimilación formal de la posesión de competencias con pocas incidencias en su ámbito profesional, y éste era el reto.

Enfoque de la innovación (método, recursos y evaluación

Eje problematizador.

Las cuestiones antes mencionadas, por simples que parezcan, son la antesala al empleo del pensamiento complejo, que nos permite ir más allá de la percepción a distancia que podría tenerse al estudiar a un país a partir en lo fundamental de fuentes secundarias, no siendo así con las primarias, limitantes que van vinculadas con el tiempo, presupuesto, etc. Estamos ante un curso que tan sólo abarca un semestre, ésta es una de las razones que pudiera señalarse como limitante, el querer diseñar un proyecto a distancia; pero a su vez se ha convertido en un desafío, pues el mundo en el cual vivimos se caracteriza por una alta demanda de profesionales preparados a diseñar, proyectar, elaborar y ejecutar proyectos y/o actividades, realidad que llevó a pensar en la necesidad de convivir, agruparnos y asociarnos, es decir, de trabajar de manera interdisciplinaria. Empleamos el proyecto formativos con orientación interdisciplinaria en un país diferente a México con la finalidad de solucionar una problemática social.

Partiendo del hecho de como expresó Follari (1999) lo interdisciplinario no es la reconstrucción de una unidad perdida, sino la esmerada edificación de una expresión y un punto de vista común entre los discursos independientes, fragmentado y distantes, en fin, es abordar un fenómeno y/o problema, encontrar una relación causa – efecto, naturaleza y sociedad; era la manera ideal de trabajar, coordinar y diseñar proyectos que desde su idea involucrará las diferentes disciplinas, pero luego de un análisis del hecho académico coincidimos con los criterios aportados por Canclini (1987) de que un trabajo interdisciplinario va encauzado a la yuxtaposición del conocimiento y a la obtención de un

303

conocimiento fragmentado y paralelo, es decir, entender el problema desde la visión de las diferentes profesiones, y no era lo se pretende, porque al igual que el trabajo en equipo se impulsaba el trabajo individualizado, fragmentado y por parcelas del conocimiento y no se lograba una comunicación entre las diferentes profesiones, hecho éste que dificultaba el trabajo. Es bueno señalar que, el simple hecho de mezclar disciplinas e incluso estudiantes de semestres diferentes, el estar vinculados con estudiantes que no conocían, con los que nunca había compartido ideas, era para el estudiante y por supuesto para el docente un desafío y momentos plenos de incertidumbres; pero lo que debíamos lograr era una visión integradora a partir de la mezcla de las distintas disciplinas con el objetivo de poder llegar a una enfoque diferente y nuevo para los estudiantes a partir de la solución y/o disminución de una problemática x.

Ante la disyuntiva de cómo sería el trabajo, interdisciplinario o transdisciplinario adoptamos el diseño de proyectos interdisciplinarios, proyectos que vayan más allá de la suma de conocimiento fragmentado, que busque entrecruzarlas, crear algo nuevo e ir a la búsqueda de algo distinto, creativo, novedoso, es decir, lograr interpretaciones y soluciones que den respuestas a las necesidades y/o problemáticas sociales existentes, que permitan observar al mundo desde lo local a lo global y viceversa, desde su diversidad, desde su propia complejidad, que logre el cuestionamiento y la toma de decisiones de manera acertadas y una unidad del conocimiento.

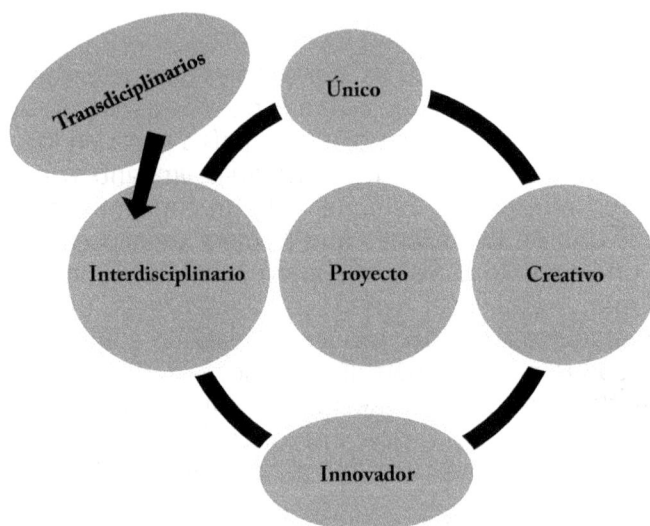

Figura 1

El explicarle a los estudiante que sus proyectos tenían que tener como características fundamentales el ser creativo, único, innovador y interdisciplinario (Fig. 1), era casi como decirles que diseñaran un cohete y viajaran a la luna, cuatro palabras que parecen sencillas pero encierran en sí mucho, y lo más extraordinario era lograr diseñar proyectos interdisciplinarios, comenzó a surgir interrogantes tales como: ¿Qué es interdisciplinario y transdisciplinario?, ¿Ud. cree que podemos integrarnos todo en un proyecto real?, ¿Cree que podamos lograrlo?, ¿Ya lo han hecho otras veces?, ¿Cómo vamos a saber si es factible o no?, ¿Qué necesidad hay de querer involucrarnos todos en un proyecto?, ¿Qué hacer, nunca hemos hecho proyectos?, ¿Podemos repetir las disciplinas?, y así una infinidad de preguntas que al principio con mucho optimismo se respondían, dándoles ánimo y motivándolos e impulsándolos a trabajar y a mirar al mundo de una manera diferente.

Retomando lo relacionado con este acápite podemos resumir que nos enfrentamos a:

- El 98 % de los estudiantes nunca habían trabajado con proyectos.

- El trabajo colaborativo no se cumple en todas sus especificidades, siempre se termina dividiendo el trabajo.

- Es importante transferir un conocimiento que no se dé por partes, sino partiendo del criterio de que las partes dependen del todo y viceversa.

- El buscar solución y resolver un problema a través de un proyecto no constituye una dificultad, está radicaba en esencia en el trabajar de manera interdisciplinaria.

- Existen equipos donde se repetían las disciplinas, aunque era algo que se trata de evitar, siempre trataban de unirse de acuerdo a su carrera, pues hacía mucho más fácil la comunicación y el trabajo.

- Existe el temor por parte del estudiante el enfrentarse a un mundo completamente diferente al suyo y sobre el incursionar, diseñar e implementar alguna acción.

- Los estudiantes son entendidos del conocimiento que le brinda su carrera en particular, pero en ocasiones les es difícil mezclar el conocimiento adquirido a lo largo de su vida estudiantil y aún más con la de sus compañeros de otras carreras.

- Se denota una incapacidad para interpretar sistemas complejos que no es inherente, porque el positivismo coexiste con nosotros.

Justamente, el hacer visible éstas dificultades, concibió consolidar un plan de acciones encaminadas a lograr el objetivo, además de conocer que las inquietudes, dificultades y anhelos son también existente en otras realidades, lo que generó una retroalimentación positiva, quedando claro que estábamos ante la presencia de un interesante y multifacético proyecto educativo que contribuye a una nueva mirada del mundo por parte de los estudiantes.

De lo simple a lo complejo

Este mundo globalizado es un mundo complejo, por lo que el tratar de conocer y abordar los conocimientos del curso a partir del diseño de proyectos formativos con orientación interdisciplinarios era un camino viable. Esto se debe también a las transformaciones sociales, económicas, políticas y culturales que suceden en las diferentes sociedades, que implica competir y ser de calidad; lo que se trata es sumar, no restar ni dividir, incluso multiplicar conocimiento para que nuevas ideas y por ende proyectos se hagan realidad. Todo esto implica el mirar de una manera diferente, desde el enfoque complejo que abarca el contexto a estudiar, el resolver o buscar una solución a una problemática x desde una visión compleja a partir de las diferentes disciplinas, permitiendo un cruce de ideas, experiencia, conocimiento que obliga a considerar la relación hombre-sociedad y para esto es preciso el diálogo con vista a lograr una visión integral.

Edgar Morin (citado por Pupo, 2014) con referencia al pensamiento complejo expresa que:

Es necesario el pensamiento complejo; aquel pensamiento capaz de unir conceptos que se rechazan entre sí y que son desglosado y catalogados en compartimentos cerrados (...) No se trata de rechazar lo simple, se trata de verlo articulado con otros elementos; es cuestión de separar y enlazar al mismo tiempo. Se trata pues, de comprender un pensamiento que separa y que reduce junto con un pensamiento que distingue y que enlaza. (p. 152)

Es reconocer y analizar los problemas de una manera compleja, en lugar de aislar, mutilar cada una de las dimensiones. Es conocer cada una de las realidades, respetar lo individual y reconocer la unidad, es decir, que el estudiante sea capaz de contextualizar, tener una visión global como expresará Edgar Morin, el aspirar a un saber no fragmentado y unidimensional, en definitiva, es lograr un pensamiento multidimensional capaz de concebir la complejidad del mundo al cual se van a enfrentar, descubrir, actuar y transformar.

Pupo (2014) nos plantea que:

El carácter disciplinar de la enseñanza convierte la educación en una ciencia que decide y desune con vacías abstracciones. La naturaleza, la sociedad y la cultura no llega al estudiante como una totalidad sistemática, en cuya relación la naturaleza y la sociedad se humanizan y el hombre y la sociedad se naturalizan. La enajenación progresiva lo invade todo. (p.154)

Para lograr el objetivo propuesto en el curso, se parte de la idea que éstos no son procesos que se dan de manera lineal y que es preciso combinar, integrar e interactuar cada una de las disciplina, y aquí radica el quid de nuestra intención. En esta dinámica se hacía necesario replantear las estrategias didácticas y ver al estudiante como un ser integral.

Cabe mencionar, que para que todo marche es importante el estímulo-respuesta. Para que se pueda lograr una contestación por parte de los estudiantes se necesita que la información que se adquiere pase por un proceso cognitivo, lograr su integridad social y que se sientan libres en tomar decisiones y al mismo tiempo responsables de su aprendizaje. Cuando el alumno es capaz de elegir qué proyecto diseñar y qué realidad enfrentarse, logran un aprendizaje significativo que permite que experimente y asimile el conocimiento de su interés, así lo plantea Helmut (1981); O´ Hara (1997) explico además que cuando el profesor perfila las actividades de manera tal que le sean significativas al estudiante, su aprendizaje genera un ambiente que permite que su instrucción sea mucho más atractiva y fácil.

A la par de este desarrollo en el que vivimos y para entender todas las urgencias y necesidades que el mundo global nos presenta se concluye que la transdiciplinariedad es una vía eficaz que nos invita a asociar las diferentes disciplinas y áreas de conocimiento. Esto estimula una educación transversal que permite desarrollar proyectos congruentes con la realidad de estudio, y este es en definitiva nuestro reto a enfrentar y una de las líneas de la visión estratégica de la universidad: fomentar un mayor rigor académico y promover la formación transdisciplinaria para maximizar la formación del alumno.

El reto de documentar una experiencia educativa.

Con el deseo de emprender un viaje al curso y conocer los momentos en el que se desarrollaron cada una de las acciones, se parte del empleo de la estrategia fundamental empleada la metodología del aprendizaje por proyecto desde un enfoque interdisciplinario, aunque ésta se entreteje con otras estrategias didácticas anteriormente mencionadas. El componente aprendizaje mediante proyectos formativos con orientación interdisciplinaria tuvo también la finalidad de trastocar las motivaciones y la vocación del estudiante, esto brinda la posibilitaba de conocer experiencias, asumir y adquirir nuevas estrategias y en definitiva desarrollar nuevos conceptos.

El análisis de esta práctica muestra como común denominador su relativa libertad de expresión y actuación donde el efecto de participar se observó en los siguientes ámbitos: unidad por un objetivo, aprendizaje individual y grupal y el sentimiento de oportunidad y aptitud ante el proyecto.

Unidad por un objetivo, los estudiantes reconocieron lo valioso que fue el compartir con compañeros de otras especialidades y semestres. En un ambiente de respeto donde fueron canalizadas cada una de las dudas, espacio propicio para expresar sus inquietudes e intranquilidades en torno al diseño del proyecto sin el temor de ser criticado por sus compañeros de equipos y del salón. Ante la situación se manifestaron emociones de incertidumbres dado lo complejo de la realidad que debían trabajar: un contexto dinámico, urgente y complejo. Al trabajar en esa situación tomando en cuenta el vínculo que necesitaba ser potenciado, lograron fomentar una identidad y una defensa de su trabajo a partir del compromiso de cada uno de sus integrantes por cumplir con las tareas asignadas, con lo que algo los unía y eso era el proyecto.

Aprendizaje individual y grupal, el ser parte importante de un equipo de trabajo y el máximo responsable de su aprendizaje y por ende el elemento definitorio de la disciplina a integrar en el proyecto, permitió que el estudiante haya podido priorizar la necesidad de profundizar y ahondar en la información que se necesitaba para darle rienda suelta al proyecto y por ende involucrar y convencer al resto de sus compañeros de equipos en el empleo de técnicas de investigación acorde con su disciplina que podrían ser empleadas.

El intercambio, la experiencia y el conocimiento interdisciplinario ayudó enfatizar los puntos negativos que se percibían anteriormente en cuanto al trabajo colaborativo. Realmente, fue un espacio que propició el auto y mutuo aprendizaje, incentivando la conversación reflexiva y crítica dentro del salón de clases y fuera del él. Esta interacción ayudó a tolerar y entender las dificultades que implica estar inserto en una estructura real. Permitió, así mismo, incentivar su trabajo profesional a través de una forma diferente de aprendizaje, lo cual se sustentó en reflexionar e incursionar acerca de las acciones ejecutadas por cada uno de los equipos de trabajo y compartir los distintos aprendizajes que cada uno de los integrantes había logrado generar a partir de su vivencia y estudio. Existió en todo momento una retroalimentación de los enfoques, perspectivas, estilos y conocimientos de cada uno de los alumnos ante el diseño de un proyecto formativo interdisciplinario. En definitiva, se buscaba compartir aprendizajes que permitieran a su vez crear alternativas de acción y tomas de decisiones reales.

Sentimiento de oportunidad y aptitud ante el proyecto. Esta manera de trabajar, tiene un amplio rango de estimular el que los estudiantes muestren los conocimientos adquiridos durante la carrera; el exponer criterios, ideas y proyecciones como lo podría hacer cualquier profesional capacitado en su área de estudio. Los alumnos involucrados mostraron un cambio con respecto a otros cursos que tocaban la materia pero desde otra perspectiva. Siendo valorada en su innovación la forma en que se buscó integrar a todos, logrando un trabajo personalizado y grupal que permitió solucionar o minimizar una problemática y/o necesidad social en otro país; no era tan solo sostener su aprendizaje, sino consolidar el vínculo con el resto de sus compañeros y de los equipos de trabajo existente en el salón de clases, haciéndose énfasis en las relaciones de compañerismo, respeto y mutua valoración.

Esta percepción hace reflexionar que realmente lo propuesto, aprendizaje formativo con orientación interdisciplinaria, es una apuesta por la capacidades y potencialidades de aprendizaje del estudiante, que contribuyen a que se sienta dotado de una mayor autonomía, apoyado y comprometido a trabajar en una práctica compleja y demandante. Se fundamentó en los criterios de Cusins cuando nos menciona que para que el proceso de aprendizaje activo pueda desarrollarse con buen provecho, se demanda de la puesta en marcha de un conjunto de actividades, tales como, el aprendizaje experiencial, solución creativa de los problemas, la adquisición de conocimiento relevante y el apoyo del grupo de compañeros de aprendizaje, en definitiva, era lo que se perseguía con el curso.

Etapas de trabajo

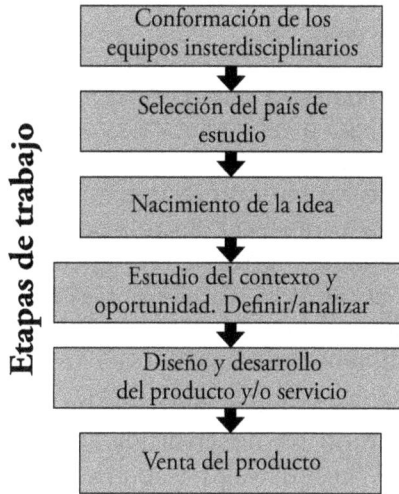

Figura 2

Conformación de los equipos de trabajo y la selección del país de estudio.

La actividad se realiza en equipos de no más de cinco estudiantes de diferentes disciplinas, y ésta es una de las características de estricto cumplimiento para el buen desarrollo de la misma; esta selección se hace de una manera libre, aleatoria en la cual los estudiantes transitando por el salón buscan identificar a sus compañeros de estudios. Cada alumno tiene una tarjeta en su pecho que lo identificaba con su nombre y la carrera de estudio; luego de conformarse los equipos de trabajo, los estudiantes se reúnen con la finalidad de conocerse con más detalle y decidir su manera de comunicación, interacción y trabajo.

Después de la conformación de los equipos de trabajo se decide qué país estudiar; el país seleccionado en ese momento es el se estudia durante todo el semestre y donde diseñan su proyecto; se explica por qué la selección de ese país y no otro. Es importante que los países no se repitan por lo que en cada grupo puede haber hasta siete equipos de trabajo, y es una cifra importante, porque significa que se estudia a profundidad siete países y que se diseña siete proyectos.

El estudio invita a viajar por el mundo y pasar de un continente a otro a partir de la red del conocimiento, incitándolos a conocer e indagar sobre la geografía, población, cultura, economía y política de cada país. En este momento, tan solo se limitó a la selección del equipo de trabajo y del país de estudio.

Trabajo en equipo

No siempre este tipo de trabajo es empleado a la medida, por tal razón se realizan actividades encaminadas a conocer a profundidad cuál es la dinámica del trabajo, incluso se les invita a llena el test Las escalas de estilo de aprendizaje Grasha- Reichman (1996) para conocer y comprender cuál es el estilo de aprendizaje de cada uno de los integrantes del equipo. De esta manera se logra sensibilizar a los participantes sobre la importancia del conocimiento de su estilo de aprendizaje y las ventajas que proporciona el conocerse así mismo, y cómo esta información puede ser de utilidad para el trabajo colaborativo, puesto que los resultados permiten descubrir cómo el estudiante percibe las interacciones y cómo responden a sus ambientes de enseñanzas. (Anexo 1)

Para alcanzar un clima de trabajo favorable ha sido muy propicio conocer las habilidades que el alumno ha desarrollado (el ser independiente, apático, colaborativo, dependiente, competitivo y participativo), provocando que los encuentros que se produzcan sean continuos y exitosos. Para alcanzar ese clima es importante mejorar la habilidades de interacción y resolución de problemas; esta información ha permitido que los estudiantes potencien sus destrezas y desarrollen a su vez otras.

En esta misma arista, se hace un sorteo para definir los coordinadores y/o facilitadores del equipo, ya que es una prioridad que cada estudiante cumpla con el rol de facilitador en un momento determinado, tarea que es evaluada por el resto de los miembros y viceversa, pues el propósito es incentivar el sentimiento de responsabilidad y reducir la competencia entre los alumnos.

Seleccionado el equipo, el país de estudio y la manera de aprender de cada miembro del equipo, así como la elección del facilitador se pasa a explicar la dinámica con el trabajo por proyecto y en especial el componente interdisciplinario.

Nacimiento de una idea

Steve Jobs. Co-fundador de Apple expresó en el 2005 en una ceremonia de graduación en Stanford: Tu tiempo es limitado, así que no lo desperdicies viviendo la vida de alguien más. No te dejes atrapar por el dogma, que es vivir con los resultados de los pensamientos de otras personas. No dejes que el ruido de las opiniones de otros ahogue tu voz interior. Y lo más importante: ten el coraje de seguir a tu corazón e intuición. De algún modo ellos ya saben lo que realmente quieres ser. Todo lo demás es secundario.

Y a partir de pensamientos como estos se parte para el diseño de proyectos (conjunto de acciones específicas, conectadas y relacionadas entre sí, que se ejecutan con la finalidad de producir bienes y servicios, para satisfacer insuficiencias o minimizar o solucionar problemas), es decir, el conjunto de acciones que se hacen atractivas para el estudiante en la medida en la que se involucran en su propias ideas, obligándolos a construir su propio aprendizaje, y lo más interesante de todo este proceso es que sus resultados están basados en un suceso real de resolución de un problema y/o conflicto que ha sido concebido por ellos mismos, haciendo más atractivo y significativo su aprendizaje (Según el teórico norteamericano David Ausubel, es el tipo de aprendizaje en que un estudiante relaciona la información nueva con la que ya posee, reajustando y reconstruyendo ambas informaciones en el proceso enseñanza- aprendizaje).

El curso les da la oportunidad de que el estudiante se involucre con conceptos importantes y con tendencias globales que identifican a cada uno de los países. Para estos fines se les proporciono las fuentes confiables y los estudios más recientes del tema, facilitándoles una mayor comprensión del contexto a estudiar, en el orden poblacional, en cuanto a los valores y encuentros interculturales, así como temas puntuales, como la política y la economía; en base a estos, los estudiantes deben explorar e indagar de una manera particular en la idea de su proyecto con la finalidad de buscar una solución y/o alternativa al problema a minimizar, para esto se apoyan y asesoran con expertos en el tema, entrevistan a personas del país de estudio con la finalidad de conocer si su proyecto puede ser o no factible, buscan ideas o proyectos similares empleando el benchmarking, es decir el proceso sistemático para evaluar comparativamente proyectos similares en otras organizaciones, por lo que se busca estimularlo a realizar una investigación a profundidad.

Al inicio teníamos varias ideas que se fueron conformando a partir de un estudio preliminar del país, donde descubrimos cuáles eran sus problemas sociales más importantes, de ahí nos dimos a la tarea de concretar una idea en la que estuvieran involucradas todas las disciplina, y ésta fue la parte más difícil, yo diría extremadamente difícil, porque siempre una de las disciplinas quedaba afuera, entonces decidimos analizar a profundidad todo las áreas que abarcaba nuestras disciplina y sobre todo algo que siempre nos recalcaban la maestra, el tener una mente abierta y que dos y dos no es cuatro; nos produjo mucho trabajo pero fue tan agradable el tener que involúcranos con otras carreras y ayudar a definir cómo podría vincularse al proyecto, ésta creo que, fue la parte más difícil porque ya con una idea que involucrará a todos solo nos quedaba conocer el país con sus especificidades y diseñar nuestro proyecto adaptado al países Alma Paulina, comunicación personal, 2014)

Tuvimos que estudiar, investigar mucho, pero fue apasionante, cada vez más nos involucrábamos más en el tema y en el quehacer de cada disciplina, fue una gran experiencia, porque nos percatamos que creamos proyectos únicos, yo y otro de mis compañeros queremos luego de graduarnos crear la consultoría con las características diseñadas. (Enrique, comunicación personal 2014)

Del Pensamiento Complejo a un Proceso Creativo o viceversa

No sólo incentivamos el poseer un pensamiento complejo sino también un pensamiento creativo, como nos menciona Cembrano y Medina (2004), el pensamiento creativo es un elemento primordial para incentivar los procesos creativos, que van orientados a apostar ideas donde realmente no existen, a desarrollar e indagar la idea de los miembros de un grupo a partir de una lluvia de ideas, haciendo ahínco en que la clave de este pensamiento radica en que las ideas no se aprecian o discuten, sino que simplemente se investigan e indagan.

Ballerster (2002) señala que:

Las situaciones abiertas de aprendizaje, a partir de experiencias y emociones personales, con estímulo del pensamiento divergente en que el alumnado proyecta sus ideas, potencian la diferencia individual y la originalidad y se convierten en hechos clave y decisivos para una enseñanza activa y creativa. (p.72).

Para poder lograr este proceso tuvimos que emplear como herramienta elemental el motivar e incentivar al estudiante a que crearán su propio proyecto, producto y/o servicio, y sobre todo que ellos tuvieran la capacidad de descubrir las habilidades que poseen en lo referido a la creatividad. Para esto nos apoyamos en el test de Guilford, creado en 1949 en Estados Unidos, cuya finalidad es averiguar los rasgos de la personalidad tales como la sociabilidad, estabilidad emocional, objetividad, capacidad de reflexión, consta de 300 preguntas con tres respuestas: Sí, No e Interrogación. Se incluyeron seis características de la personalidad relacionadas con la creación de proyectos, tales como fluidez, flexibilidad, sensibilidad, originalidad, elaboración y libertad, y se les dio un rango del 1 al 5 siendo el 5 la calificación más alta y el 1 la más baja, encuesta tomada de Paulo Benetti. (Anexo 2)

Para Joy Paul Guilfort (1978) la creatividad era huir de lo elemental, seguro e imaginable, y esto eran elementos que tratamos de que los estudiantes pudieran lograr, el mirar al mundo de otra manera, ya que siempre sus mentes se dirigían a lo más fácil, deducible y conocido. El crear un proyecto donde vinculara a varias disciplinas era un proceso de enseñanza-aprendizaje que debía lograrse a través de un pensamiento complejo y creativo.

Es sorprendente el ver cuando los estudiantes analizaron sus resultados y comprendieron que no eran tan creativos como creían, pero fueron elementos que se analizaron y que permitieron que estos fueran mejorándose a lo largo del curso, como mismo sucedió con su forma de aprendizaje. Pues la estrategia didáctica no solo les invitaba a conocer más sobre diseño de proyecto, encuentros interculturales sino que les permitió el conocerse así mismo desde el punto de vista de su aprendizaje y de sus habilidades creativas, aspecto estos que en ocasiones constituyo un descubrimiento inesperado por muchos.

En este proceso, no sólo era importante la persona, también existen otras tres dimensiones como menciona Mel Rhodes (1961), y estas son: el ambiente, el proceso y el producto final (Fig. 4). Ambiente que como hemos venido mencionando busca el obtener una relación de armonía, respeto entre cada uno de los integrantes del equipo y el resto de los compañeros del salón, un contexto de encuentro, conocimiento y reflexión. El proceso reside en nuestro caso en la motivación, uno de los objetivos del curso es desde un inicio lograr la estimulación del alumno a indagar e identificar una problemática y buscar vía de soluciones a partir del diseño de un proyecto. Para lograr una mayor motivación se les pone en contacto con estudios de casos que les permite ubicarse en situaciones similares y que a partir de una idea creativa sean elaborados proyectos únicos e innovadores. Estos análisis han logrado el incentivarlos, y a esto debemos añadir el deseo de estar expresando o enviando frase de incitación de que sí pueden lograr lo propuesto y que tienen toda la capacidad para diseñar y vender su proyecto. Lo más importante es el darle la libertad de expresar y crear libremente.

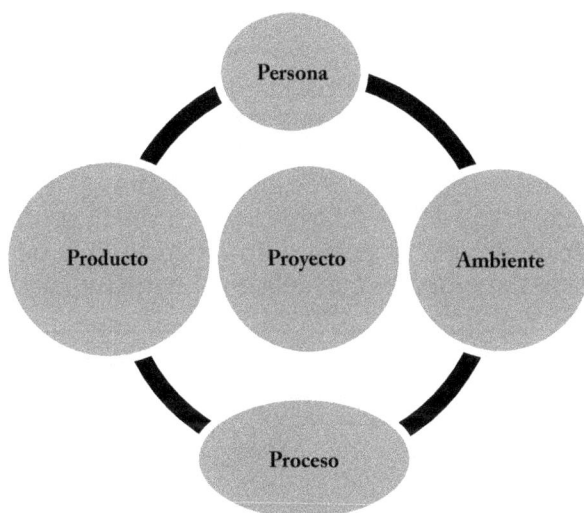

Figura 3

Estudio del contexto y oportunidad. Definir/analizar

El contexto como elemento dinamizador de un proyecto.

Paralelamente a lo mencionado anteriormente, es preciso que el estudiante sea capaz de reconocer la realidad geográfica, poblacional, cultural, política y económica del país donde definirían su proyecto; es urgente el delimitar y caracterizar los rasgos principales y particulares del área, es decir, deben realizar un diagnóstico que les suministre datos e información acerca del escenario sobre el que van a actuar con su consecuente razonamiento e interpretación.

En un inicio, se introduce al estudiante en las bases teóricas-conceptuales que sustentan el trabajo por proyecto, en cuanto a estructura, tipos de proyectos, qué información se requiere compendiar en cada momento y por qué, cuáles son las tendencias actuales, las deficiencias y errores más puntuales en su diseño, y de igual forma les brindamos los elementos para que puedan realizar un diagnóstico de la realidad en la cual piensan intervenir, se les aconseja buscar información referido a temas generales. El estudiante inicia un proceso de reflexión y análisis que orienta el diseño del proyecto como eje directriz de la práctica en el contexto estudiado, desarrollando competencias en el orden cognitivo, tales como, análisis teórico-conceptual, análisis y síntesis, y competencias actitudinales como capacidad argumentativa, crítica, comportamiento ético y colaboración.

Justamente, el hacer visible el contexto en el cual se aplicaría el proyecto, en primera instancia, consolidando como tal, la realidad en la cual se piensa incidir y sobre todo demostrando las problemáticas existentes, es decir, jerarquizar y/o seleccionar aquella que requiere de acción práctica, pertinente, de soluciones concretas y que puedan ser aplicadas y/o ejecutadas en un momento determinado con vista a minimizar la problemática divisada. Para lograr definirla partimos de los siguientes cuestionamientos qué es, específicamente, lo que nos concierne solucionar y cuál es la trama que nos interesa resolver, conformando así el marco teórico- conceptual y vivencial del proyecto.Toda la información recabada nos obliga a abocarnos con veracidad y exactitud en el escenario que se piensa intervenir, sumado a esto la información individualizada propia de cada profesión, permite ir definiendo muy bien los límites de la situación, su beneficiarios, objetivos, presupuestos, cronograma de trabajo, marco lógico, matriz FODA (análisis FODA o DAFO, es una metodología de estudio de la situación de una empresa o un proyecto, que permite analizar sus fortalezas y debilidades) momentos que definen la estructura del proyecto.

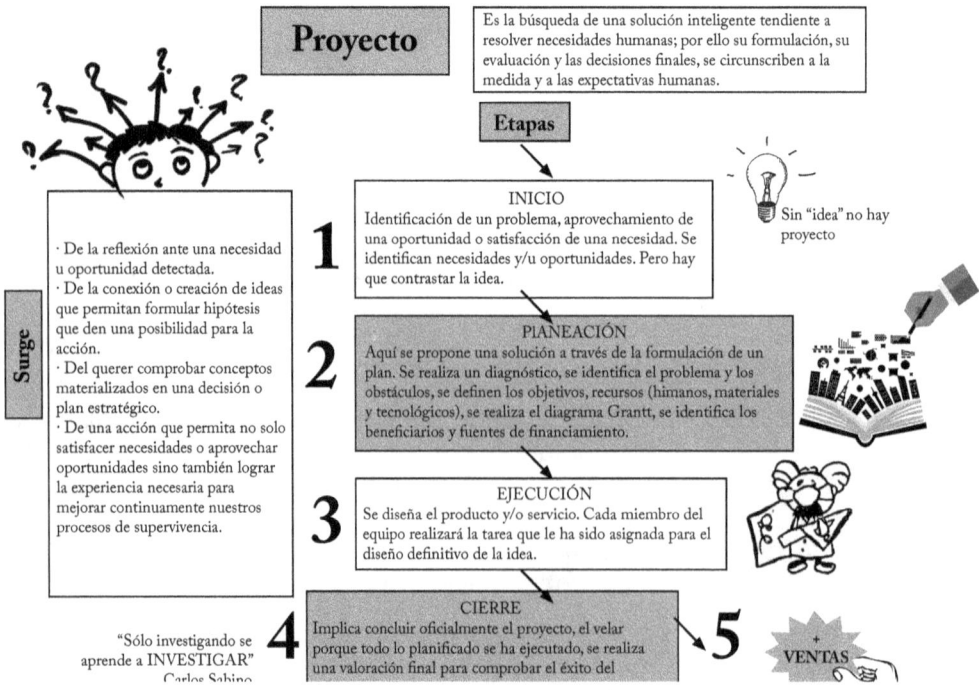

Un proyecto no es más que la respuesta a la "idea" que busca minimizar y/o solucionar un problema o también es la manera de aprovechar una oportunidad de negocio; es el recorrido para el logro de una noción específica del conocimiento en un espacio determinado o en un contexto en particular, diseñado a partir de la recolección y el análisis de datos e información.

A la par de toda la información recabada y del entretejido de conocimiento que por disciplina se poseía, se fue profundizándose en las alternativas de solución que darían forma y cuerpo al proyecto, y algo a destacar es que en esta etapa ya era explícito un trabajo coordinado en grupo y el intercambio de conocimiento, elementos estos que manifestó, por un lado, que se estaba creando un ambiente ameno, sistemático de trabajo y significativo del conocimiento; y, por otro, que cada equipo no estaba solo ante las dificultades conceptuales, expectativas e incluso del diseño de su proyecto, ya que todo lo recabado hasta el instante, así como las proyecciones futuras, eran compartidas en el salón de clases ante sus compañeros, se hacían debates e intercambios de ideas, recomendaciones incluso desde la perspectivas de otra disciplina que no estaba incluida en el equipo de trabajo, (Fig. 5) y sobre todo, se invitaron a expertos sobre el tema de proyecto que les ayudó desde otro matiz a reconocer la realidad tanto local, nacional como internacional en la que se mueven los proyectos. Toda esta experiencia sirvió de fundamento para diseñar nuevas acciones y/o tareas como una red virtual del conocimiento (a través del Facebook y el google drive) que le brindará al estudiante el estar en contacto con otras versiones, opiniones e interpretaciones. Eran verdaderos espacios de encuentro, debates e intercambio.

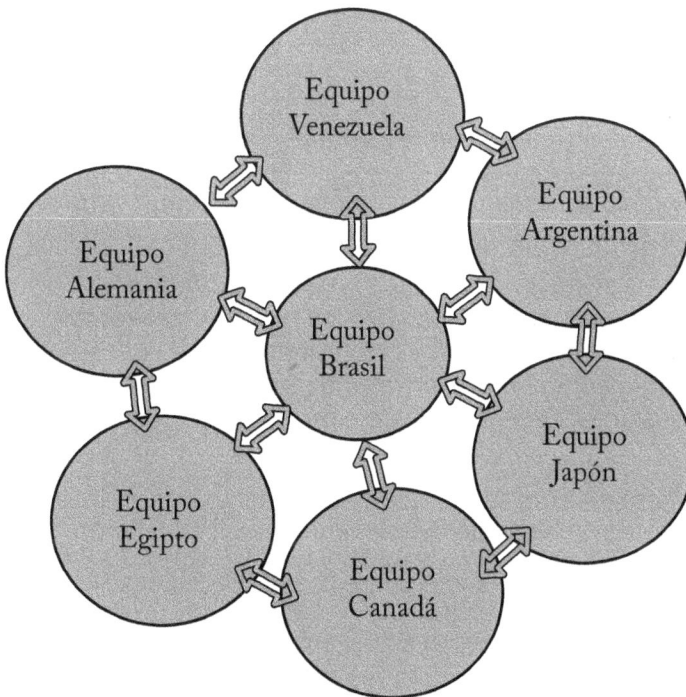

Diseño y desarrollo del producto y/o servicio.

Podemos referirnos al diseño del producto y/o servicio como una etapa más del proyecto, sin embargo, es una de las etapas cruciales en el desarrollo del trabajo interdisciplinario, ya que en este diseño deben estar involucradas de una manera obligatoria todas las disciplinas. El diseño del producto y/o servicio es responsabilidad de cada uno de los integrantes del equipo y del equipo en su conjunto; si uno de los miembros no cumple con calidad, eficiencia y en tiempo con el diseño del eslabón del producto que le corresponde, éste quedaría incompleto y el trabajo se vería afectado de manera general, por lo que resulta extremadamente importante el comprender y responsabilizarse con el proceso del diseño, puesto que el incumplimiento de una de las partes afecta a cada una de las disciplinas y al producto y/o servicio en sentido general.

Es interesante mencionar que la conjunción de ideas y soluciones para la creación del producto y/o servicio desde las diferentes disciplinas provoca que el equipo trabaje como una maquinaria o una verdadera y talentosa orquesta, donde cada sonido y letra musical va en el lugar adecuado, permitiendo escuchar una hermosa melodía; evidenciándose un buen trabajo en equipo, provocando que aquellos estudiantes que no pudieron seguir la dinámica de trabajo se retiraran por sí solos o trabajaran o inviertan más tiempo para poder lograr acoplarse a un 100 por ciento, ya que es la única alternativa viable para lograr el éxito.

¿Qué es el producto y/o servicio?

Existen muchas definiciones con respecto al tema, pero lo que nos queda claro que un producto es el elemento primordial básico del proceso de intercambio, que puede ser tangible, es decir, algo físico (un bien) o intangible, algo no material, y el servicio está vinculado con el área del conocimiento.

Los productos y/o servicios a su vez pueden clasificarse en bienes durables, no durables, que dependen del uso para los que fueron creados, y de servicios vinculados a una atención y asistencia profesional. Y dependiendo de la intención, de compra, pueden especificarse en productos de consumo (cuyo objetivo va destinado a satisfacer necesidades personales y/o domesticas) o productos industriales.

Los estudiantes se vieron en la necesidad de indagar que diseñar, un producto y/o servicio, y en dependencia de lo que deseaban o convinieron, verifican que su diseño fuera único, creativo e innovador.

Era preciso describir las especificaciones del producto y/o servicio de acuerdo a los resultados del análisis realizado previo, teniendo en cuenta las características y peculiaridades culturales del lugar, así como de la población, el tipo de gobierno y las leyes que apoyarían o no su aprobación y un elemento importante es el estudio detallado de los indicadores económicos que les ayudaría a comprender más a fondo sobre el ámbito donde introducirían su productos y/o servicios.

Realmente después de tener una idea y sobre todo la información que nos hiciera conocer el contexto donde habíamos escogido trabajar, nos percatamos que debíamos cambiar muchas cosas, porque la cultura no lo aceptaría, el gobierno no permitía ciertas cosas y existían indicadores económicos que no nos favorecían, y de diseñar o implementar como lo teníamos pensado podría ser un profundo fracaso. (Ana Cecilia, comunicación personal, 2014)

A veces pensamos que no terminaríamos nunca porque cuando creíamos que teníamos todo a la mano nos dimos cuenta que algo estaba mal, sí aprendimos que no debíamos diseñar por diseñar, tenemos que estudiar a profundidad el contexto, no nos fue nada fácil. (Célica, comunicación personal ,2014)

Lo logramos, pero no fue fácil, la misma realidad e información le va dando forma a tu diseño, fue muy interesante" (Marissa, comunicación personal, 2014)

Al realizar este minucioso estudio los alumnos quedaron sorprendidos de la cantidad de información disponible en fuentes confiables que pueden ser empleadas y que al entrecruzarlas les brinda un cúmulo de información importante e imprescindible. El mayor porciento de esta información se les brindó las fuentes donde podían consultarlas, pero las especificidades por disciplina estuvieron a cargo de cada estudiante. Se les fueron proporcionando plantillas, las cuales incluían instrucciones y rúbricas para ir evaluando puntualmente el trabajo.

En este apartado es bueno señalar que:

- Se debe diseñar productos que satisfagan las necesidades del consumidor o beneficiarios directo del proyecto.

- No se puede diseñar un producto y/o servicio sino se conoce a fondo el contexto donde se va a desarrollar, la idea es generar producto y/o servicios a partir de las necesidades y/o problemáticas existentes.

- Toda idea y producto es importante ser escuchada y analizada, pero éstas deben partir de la concepción de que deben ser creativos, únicos, innovadores e interdisciplinarios.

- El análisis y selección del diseño es subjetivo y puede estar limitado en cuanto a información y visión.

- Lograr que los proyectos sean sustentables, y de no ser posible, buscar la vía y mecanismo para lograr que sean mantenido por organizaciones que patrocinen el producto y/o servicio.Es importante investigar a fondo de que no exista algo similar a lo que se va a diseñar, de ser así, mencionarlo y explicar en qué consiste la innovación, es decir, qué mejoras tiene el producto y/o servicio diseñado.

- Cada producto y/o servicio debe tener su propio logo e imagen, en definitiva es la forma en la que los beneficiarios lo distinguen y cumplir con cada una de las etapas del proyecto.

Venta del producto y/o servicio

A lo largo del semestre se realizó diversas acciones de capacitación y, sobre todo, se propició espacios de encuentros con especialistas de temas como proyecto, presupuesto, marketing y ventas, en lo que tratamos de involucrar a los estudiantes directamente con ejemplos de buenas prácticas. Los alumnos en su totalidad no estaban familiarizados con términos ni trabajos de esta índole, por lo que era una necesidad involucrarlos también en estos ámbitos.

Luego de varios meses de trabajo, llegaba el momento de enfrentarse a uno de los períodos más importantes y para ellos el más difícil, la venta de su producto y/o servicio, estaba planificado a realizarse en un contexto lo más real posible (simulación de negocio). Los compradores eran doctores y master con especialidad en cada una de los temas que abarcaban los proyectos, era un ambiente profesional, de negocio, en el cual especialistas en arte, turismo, educación, proyectos, psicología, medicina, marketing, diseño de moda, artistas y funcionarios, fungían como los actores compradores y tenían la misión de hacer lo más real posible la sección de compra-venta del producto y/o servicios, para esto les fue facilitado con una semana de antelación cada uno de los proyectos y la rúbrica para su evaluación.

Los estudiantes tenían tan sólo diez minutos para presentar, enamorar y lograr cautivar y vender su producto y para ellos emplearon todos los medios posibles: presentaciones en prezi, folletos, exposición de pinturas, videos, etc., y su presentación fue lo más formal y profesional posible. Realmente fue una de las tareas más complicadas, pues el 100 por ciento de los alumnos nunca habían participado en una acción de este tipo y mucho menos enfrentarse a un tribunal tan exigente de seis y ocho miembros, cifra que rebasaba el número de participante en un tribunal de licenciatura.

Posteriormente de la presentación y el debate de cada uno de los proyectos el jurado decidía si compraba o no el proyecto o si se atenían, y para el cumplimiento de esta acción empleamos los cliquer que de manera anónima permitía mostrar los resultados en la pantalla, por lo que fue un medio interesante y nuevo tanto para los alumnos como para el jurado invitado.

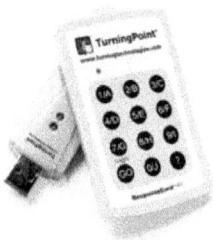

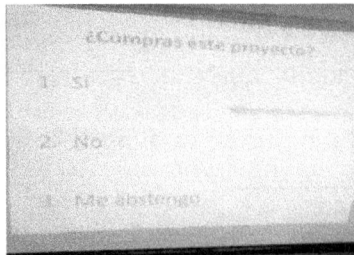

Se le daba al jurado tres opciones de selección con respecto a la compra del proyecto, Sí, No y Me abstengo, y estos resultados decidía la calificación de la presentación del proyecto. Algo importante a destacar es que nuestros alumnos no están capacitados para la venta de proyectos, y es una realidad, según lo observado, este momento se convirtió en la etapa de mayor incertidumbre y temor, por lo que se necesitó de una mayor intervención del docente para lograr motivarlos y sobre todo darle seguridad de la eficacia del trabajo realizado. Se les dio además la libertad de presentar su proyecto a través del medio o la vía en la cual ellos se sintiera más cómodo.

Una Mirada a Nuestro Interior. Evaluación/Cambio

La evaluación ha sido a lo largo del curso un componente importante porque ha contribuido a valorar el proceso de enseñanza- aprendizaje. Se evaluó el trabajo colaborativo, liderazgo, las presentaciones y cada uno de las etapas del proyecto. La evaluación se enfocó en dos aristas. Fig. 6

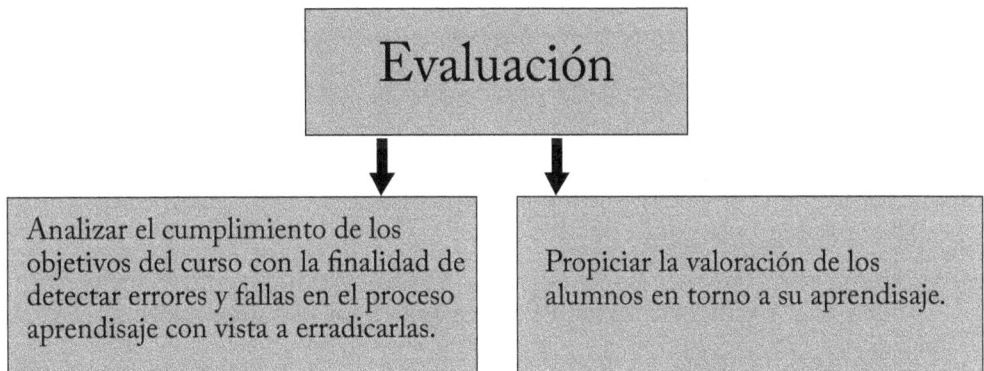

Los resultados fueron remitidos a cada alumno y equipo de trabajo para su análisis y su posterior mejora en el aprendizaje del estudiante, convirtiéndose un proceso de retroalimentación constante. Cada actividad y etapas del proyecto contaron con sus respectivas rúbricas (matriz de valoración para facilitar la comprensión del desempeño del estudiante), que más que convertirse en una herramienta de represión, era una guía para lograr resultados con calidad, éstas no pretendían coartar la libertad, ni hacer énfasis en lo mal hecho. El exceso de rúbricas es un arma de doble filo, tal como la espada de Damocles (frase popular proveniente de Grecia, hoy es utilizada para describir un peligro apremiante, insinuando a una espada que cuelga sobre nuestras cabezas y que en cualquier instante caerán sobre nosotros.) por lo que hay que trabajarla con inteligencia y con sentido en dependencia de la finalidad de la actividad.

Y en ese mismo orden, la actividad de venta del producto y/o servicio es evaluada por el jurado, luego de leído cada proyecto y durante la presentación se llenó la rúbrica por proyecto, se medía en una escala del 1 al 5 (5 Excelente, 4 sobresaliente, 3 muy bien, 2 bien, 1deficiente), en cada renglón se anotaba, de ser necesario, observaciones que les fueron entregadas a cada uno de los equipos finalizada su presentación.

- Los indicadores a evaluar fueron: (Anexo 3)

- Manejo y organización de la información.

- Selección de los materiales, creativamente modificados y adaptados.

- Redacción, ortografía, fluidez y orden en el texto, el documento está claramente escrito y presentado.

- Se modula correcta y apropiadamente el tono de voz. La comunicación oral fluye con naturalidad y corrección. Siempre utiliza el vocabulario correcto, adecuado y profesional así como medios digitales y otros.

- Se contesta con precisión las preguntas planteadas.

- Se evita leer lo que está escrito en la presentación.

- Siempre demuestran dominio del tema.

- Se presentó de forma secuencial y lógica la información.

- Cumplimiento del tiempo.

- Hubo una participación activa de los integrantes del equipo.

- El diseño cuenta con todas sus partes.

- El diseño del proyecto y/o servicios es presentado de una manera clara y convincente con la posibilidad de ser comprado o patrocinado.

- El proyecto destaca su potencial de aportación, innovación y creatividad.

- Tema de actualidad y con posibilidad de aplicación.

- Define su mercado describiendo claramente el comportamiento del producto y/o servicio, identificando claramente su competencia y obstáculos en su desarrollo.

- Presenta suficiente información sobre los datos de la empresa y/o características, objetivos del proyecto, existiendo una descripción clara de la idea, siendo original o innovadora.

- Elabora su eslogan, logo, etiqueta y la marca haciendo uso de su originalidad en el diseño.

- Se explica el impacto del proyecto.

- Imagen adecuada de los integrantes del equipo.

Los estudiantes también evaluaron las presentaciones de sus compañeros teniendo en cuenta los siguientes indicadores. (Anexo 4)

- - Dominio del tema.
- - Profundidad en la investigación.
- - Aportes en la información.
- - Claridad de la exposición.
- - Utilización de materiales de apoyo.
- - Participación equilibrada.
- - Expresión verbal y corporal.
- - Armonía en la presentación.
- - Eliminación de la distracción.
- - Selección de textos e imágenes.

En el caso específico de los alumnos se manejó la técnica PNI (positivo, negativo e interesante) también es conocido como P.M.I (Plus, Minus, Interesting), creada por Edward De Bono. Esta herramienta de evaluación permite valorar por separado los aspectos positivos y negativos, así como los interesantes y se le incluyó una casilla más donde proporcionaba una evaluación del 1 al 10, siendo el 10 la puntuación más alta. Los resultados de ambas evaluaciones se les proporcionaron a los estudiantes, los cuales disponían de diez días para hacer los arreglos finales a su proyecto, permitiéndoles presentar nuevamente su proyecto y recibir la evaluaciónn final del curso.

La evaluación y la rúbrica es el talón de Aquiles (expresión que se emplea para referirse al punto débil de una persona o cosa) del proceso de enseñanza-aprendizaje, la evaluación debe pensarse para enseñar y enmendar errores cometidos y no para restringir el pensamiento; en el curso no se buscaba la memorización de la información sino su análisis y reflexión, y destacar tanto los aspectos positivos como negativos, señalar lo negativo o mal realizado acompañado de recomendaciones viables como solución para su posterior cambio.

Estas evaluaciones formativas permiten comprender sí los objetivos del curso están siendo alcanzados, acentuar los contenidos más importantes y comunicar a cada estudiante y al equipo de trabajo los avances logrados, pero no sólo se limito a esta evaluación sistemática, también se planifico una evaluación sumativa para poder comprender, computar y calificar los objetivos del curso y mejorar la práctica educativa, la cual se realizó tanto a los alumnos como a los integrantes del jurado, arrojando los siguientes resultados.Se empleó una encuesta en línea, a través del Survey Monkey. Participaron 8 encuestados de 10 miembros del jurado, arrojando los siguientes resultados: (Anexo 5)

El 62,50 % expresaron que fue una excelente actividad y el 37.50 % que era buena.

El 100 % señalaron que estaban dadas todas las condiciones para que la actividad pudiera parecer una situación real.

La mayoría de los encuestados (75%) describieron que los estudiantes estaban preparados para la venta y presentación de su proyectos y el 25% explicaron que no, denotando que algunos no estaban preparados y no tenían conocimiento de cómo lo iban a evaluar y que estaban capacitados para explicar su idea, pero no vender su proyecto.

El 62.50 % reveló que era positivo el empleo del clicker y el 12.50% señalo que no, los comentarios fueron que era una excelente opción y algo nuevo para los estudiantes, docentes e invitados y que permitía el anonimato, aunque a veces fallaban.

El 100 % opinaron que el compendio de los proyectos que se les enviaron por email para su evaluación estaba completa, los proyectos cumplía con todas sus partes, estaban bien estructurados, y que los productos y/o servicios eran novedosos y que poseían una orientación interdisciplinaria.

El 87.50 % ilustraron que le gustaría volver a repetir la experiencia docente, que fue una experiencia gratificadora y muy instructiva, solo el 12.50% señalo que no.

El 97.50% considera que este tipo de actividades contribuye al aprendizaje de los estudiantes, aunque explica que se notaba que se prepararon y profundizaron en todo lo relacionado con su proyecto más se les notaba mucho nerviosismo, quizás por el número de integrantes del jurado, puesto que superaba la cifra de un tribunal normal. (Encuesta 1)

Los alumnos también respondieron un cuestionario, proyectando lo siguiente. (Anexo 6))

- El 100 % de los alumnos explicaron que el analizar los diferentes estudios de casos les hizo reflexionar y lo consideran de suma importancia para comprender el tema, incitándolos a vivir una situación real, y ver la manera de poder aplicar lo aprendido al proyecto.

- El intercambiar y reflexionar sobre cada uno de los proyectos con los alumnos o compañero del salón proporciona una opinión sobre el proyecto y ayuda a incorporar nuevas visiones o quitar aquello que el proyecto no necesita.

- El 95 % de los estudiante refieren que la dinámica del curso les obligaba a trabajar de manera colaborativa y equitativa.

- El 100 % expreso que el trabajo interdisciplinario le dio un toque personal a los proyectos ya que se le incluyo ese extra de la carrera de cada una de las disciplinas. El 98 % reflexiona de que sí aprendieron a diseñar su proyecto con cada una de sus especificaciones, y a vender un producto y/o servicios.

- -   Consideran que todavía falta algo de práctica, pero definitivamente esta actividad les ayudo a tener una visión más clara sobre el cómo vender y sobre todo defender una idea.

- -   Señalaron además que el ambiente en el salón fue muy ameno y el hecho de crear proyectos atendiendo las diversas necesidades les hizo conocerse un poco más.

- -   El 100 % mencionaron que era una excelente idea y necesario el trabajo por proyectos interdisciplinarios porque a lo largo de su vida, sea el giro en el que trabajen, hay mucha probabilidad de que tengan que diseñar un proyecto.

- -   Mostraron además que todo tipo de trabajo que realicen enfocado en un negocio le servirá para su vida profesional, por lo que creen que el conocimiento adquirido con este trabajo les será muy útil para su futuro.

- -   El 100 % mostraron como extraordinario el hecho de poder presentar un proyecto frente a personas tan importantes y de diversos ámbitos, por lo que creen que fue una experiencia muy enriquecedora y única.

- -   Los medios empleados para el intercambio de información fueron el Facebook, Google Docs y las herramientas del blackboard como foro de discusión, wiki, etc.

- -   El 98% expresaron que habían trabajado por proyecto pero no de forma interdisciplinario y tampoco habían realizado su presentación ante un jurado tan exigente y numeroso.

- -   Explican que el trabajo por proyecto formativo con orientación interdisciplinario es una buena idea, que les enseñan desde ahorita a diseñar proyectos con los lineamientos y formatos propios de los proyectos ejecutivos, resultando más fácil la adaptación a la vida laboral.

- -   Enuncian que es algo retador, porque aprenden que en todos los proyectos puedes integrar diferentes carreras y crear algo único.

- -   Explicaron además que la materia de Contextos Internacionales Comparados es muy importante ya que como alumnos aprenden a desarrollar nuevas habilidades de diseño de proyectos, a conocer a otro país y reconocer a México.

Algunos comentarios validos de destacar:

Pienso que el hecho de investigar sobre un país muy distinto al tuyo es complicado dado a que muchas veces apenas tenemos conocimientos sobre el propio país del cual somos originarios, y al querer saber sobre otro nos encontramos muchas barreras que nos harán más difícil nuestra investigación. Es por eso que el proceso de investigación se hace largo y a veces tedioso; sin embargo, lo importante es ser perseverante y no desanimarse al enfrentarse a ciertas dificultades. A pesar de todo creo que al final logramos avanzar poco a poco para poder llevar a cabo la investigación de la mejor manera posible y aprovechar los recursos con los que contábamos. (Daniel, comunicación personal, 2014)

Lo evaluaría de manera excelente, ya que en todo momento mis compañeros y yo estuvimos al pendiente de lo que falta y compartiendo comentarios e ideas que creíamos necesarias para que el proyecto saliera de la manera esperada. En cuanto al conocimiento, considero que fue significativo, ya que aunque la maestra nos dio la guía y el lugar donde sacar información, nosotras fuimos las que integramos la información relevante al proyecto. (Valeria, comunicación personal, 2014)

La manera de aprender y conocer de otro país por medio del proyecto me pareció una manera diferente e interesante, ya que además de conocer un país, aprendimos o reforzamos el conocimiento respecto a realizar un proyecto. Siendo que esto nos va a servir en cualquier momento a lo largo de nuestra vida profesional. (Bertha, comunicación personal, 2014)

Tipo de invención

El aprendizaje a través de proyectos formativos con modalidad interdisciplinaria es la técnica didáctica que empleamos, y que forma parte del Modelo Pedagógico Udem, acción académica que culmina con la acción inédita de la venta del producto y/o servicio en un ambiente completamente real. Este quehacer educativo se inserta en un escenario complejo y retador, esta práctica docente de base se enfrenta al desafío de entrar en sintonía con esta nueva visión de considerar al estudiante como agente básico del proceso enseñanza-aprendizaje, a esto se suma el hecho de que el jurado comprador y evaluador también tiene una visión interdisciplinaria.

Luigi Giussani (2004) en "Educar es un riesgo" nos expone que la auténtica educación es la que introduce al estudiante en un mundo real y complejo, explica que esta realidad es para la palabra educación como la meta para el camino. Por lo tanto el Aprendizaje por proyectos formativos con enfoque interdisciplinario es una eficaz herramienta para generar procesos participativos y de empoderamiento; esta práctica se enfrenta a una serie de acciones y mezcla de estrategias didácticas que desde la complejidad diseña proyectos que se ajustan a las condiciones sociales, históricas, culturales, políticas y económicas de cada sociedad donde se piensa incursionar. Ésta es la importancia de la formación de un estudiante integral, es un ir más allá del desarrollo del pensamiento crítico y analítico, es lograr un entramado de conocimiento que se nutre de la experiencia, la percepción y la teoría; es un viaje, un camino, es asumir la educación desde la vida misma.

Uso de la tecnología

El uso de la tecnología es empleada como un apoyo y objeto del aprendizaje, permitiendo una participación más proactiva del estudiante ante su aprendizaje. En este sentido, se ha realizado una planificación cuidadosa de cada una de las herramientas tecnológicas a utilizar, es un aprender a conocer y aprender a leer críticamente las informaciones generadas por el ordenador.

I. Se emplean las herramientas del blackboard como:

- Fórum de discusión: Para el análisis de los casos, historia de vida y aclarar las dudas, etc.
- Wiki: Enciclopedia de libre acceso por todos dentro de la plataforma educativa que permite revisar, escribir y editar el tema planteado potenciando el trabajo colaborativo.

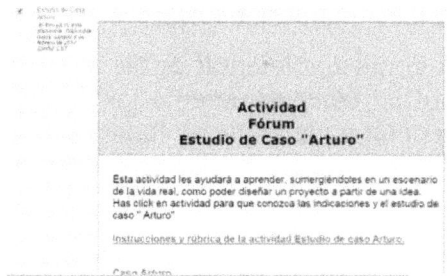

Se emplea como medio de comunicación interna de cada una de los equipos

- El Blog del grupo
- Tablero de discusión del grupo

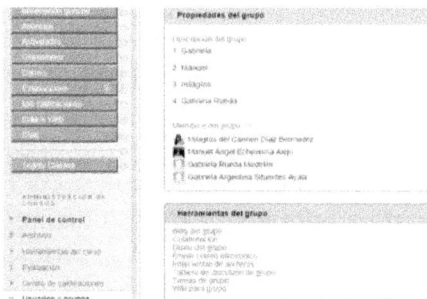

Las bandejas de actividades, para subir cada una de las tareas tanto grupales como individuales.

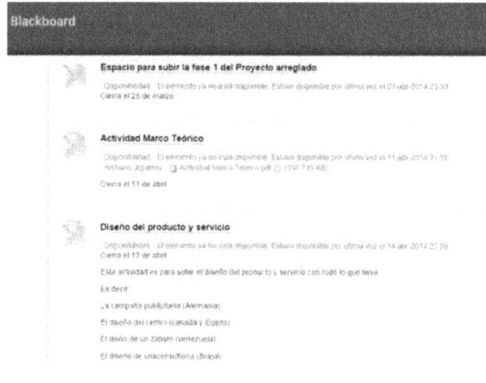

II.   Otros recursos empleados es el uso de la red, tales como.

- Los grupos en el Facebook, que ha sido un medio ideal para el intercambio de conocimiento y de interacción eficaz.

- El uso del blog "Contextos Internacionales Comparados" que fue creado para el curso. http://contextosinternacionalescomparados.blogspot.mx/, ayudándoles a contar en la Web con fuentes importantes para el estudio y compresión de los encuentros interculturales, así como debates sobre temas importantes, artículos, videos y datos curiosos, etc.

- El intercambio con personas de otros países, logrando en ellos un conjunto de experiencias significativas encaminadas a fortalecer su aprendizaje y lograr una mayor interacción global.

- El acceso a los catálogos de las bibliotecas, revistas electrónicas y páginas especializadas.

III.   El uso y creación de software.

Los estudiantes emplean y han creado software para mostrar sus avances creativos como con el diseño de una aplicación para móvil, IPAD y demás.

Las Tics (tecnologías de la información y la comunicación.) nos permite aprovechar las nuevas posibilidades didácticas que ofrece la tecnología, permite vincularnos en todos los ámbitos en el que el hombre se desarrolla e interactúa, es además un gran apoyo para el aprendizaje del estudiante, y para el fortalecimiento de sus competencias, permitiendo además su inserción en la sociedad del conocimiento.

A modo de cierre: Resultados y beneficios

La aplicación de la estrategia didáctica proyectos formativos con la metodología de trabajo interdisciplinario desde una visión de la teoría de la complejidad, conjuntamente con el empleó del estudio de casos, debates, mapas mentales, seminarios, fórum de discusión, wiki, simulacro de una situación real (venta del producto y/o servicio), aprendizaje basado en problema y el trabajo colaborativo; es decir la mezcla pensada y atinada de varias técnicas y el crear equipos de trabajos interdisciplinarios, donde se mezclen diferentes tipos de disciplina incluso no afines, contribuyo a que se crearán proyectos interdisciplinarios, novedosos y creativos. El ámbito en el que se desarrollaron los proyectos es general y se abordaron diferentes áreas del conocimiento.

La creación de un producto y/o servicio con base en un proyecto formativo a través de un grupo interdisciplinario abre un campo más amplio a la innovación y creación de proyectos únicos, y la posibilidad de resolver un problema y/o necesidad desde diferente enfoque y perspectiva. El aprendizaje por proyecto como estrategia didáctica no logra por sí solo obtener los resultados alcanzados, se precisa de la mezcla de varias estrategias didácticas como las antes mencionadas, acciones de estímulos y motivación, diseño de ambientes y contextos más amigables, del apoyo de otros docentes y/o especialistas en temas especializados, así como el encuentro con vivencias reales e historias de vidas, etc.

Tobón (2006) menciona que:

Puede apreciarse entonces un cambio en la enseñanza; cambio que no es hacer más práctico el saber, o integrar la teoría con la práctica, u orientar la educación hacia la empleabilidad. El enfoque de formación con base en competencias es mucho más que eso. Pretende orientar la formación de los seres humanos hacia el desempeño idóneo en los diversos contextos culturales y sociales, y esto requiere hacer del estudiante un protagonista de su vida y de su proceso de aprendizaje, a partir del desarrollo y fortalecimiento de sus habilidades cognoscitivas y metacognitivas, la capacidad de actuación, y el conocimiento y regulación de sus procesos afectivos y motivacionales. Las competencias, entonces, significan calidad e idoneidad en el desempeño, protagonismo de los estudiantes, orientación de la enseñanza a partir de los procesos de aprendizaje y contextualización de la formación. (p.15)

En este marco es necesario retomar algunas consideraciones para las proyecciones futuras con el aprendizaje con proyectos formativos con orientación interdisciplinaria en el curso Contextos Internacionales Comparados.

1. Los estudiantes lograron vivir una experiencia real de diseño, implementación y venta de un proyecto, actividad educativa que nunca habían realizado en su vida desde una visión interdisciplinaria ofreciéndoles un panorama más amplio y una visión diferente. El involucrar a los estudiantes en acciones

educativas diferentes, interesantes e incompatible a sus estudios es una vía interesante para lograr un aprendizaje significativo.

2. Se llegó a una gran idea y concreción del proyecto cuando cada alumno desde su disciplina se enfocó en hacer mejor el proceso de integración para lograr el éxito del proyecto.

3. Se necesitó de un ambiente amigable que motivara e incentivará la creación y la innovación a través de estímulos y motivación constantes. La motivación constituye un elemento clave de todo el proceso educativo.

4. Es importante que alumnos asuma su responsabilidad y se comprometa ante el equipo. Es importante involucrar a cada uno de los miembros del equipo desde el inicio, que todos sean partícipes desde la gestación de la idea, para que puedan sentirse como un eslabón clave en el diseño del proyecto y no un elemento aislado de ese gran engranaje de creación e innovación.

5. La supervisión es importante, no como método de imposición sino como apreciación del trabajo realizado; es importante estar supervisando constantemente y asesorando cada una de las etapas, y el capacitar a los alumnos en la metodología y estrategias didácticas a emplear, así como la presentación y venta de su producto y/o servicio fue un indicador importante para el éxito de los trabajos.

6. El aprendizaje con proyectos formativos con orientación interdisciplinaria permite ponernos en contacto con otras áreas del conocimiento y contribuye a que aprendamos a ponernos en el lugar del otro, a conocer las habilidades, conflictos y herramientas de otras disciplinas y como combinarlas para la solución de un problema común.

7. La constante evaluación de cada una de las acciones nos ayudó a evitar y enmendar los errores que podrían presentarse, por lo que es imprescindible y necesario el planificar desde el inicio la evaluación tanto formativa como sumativas y las coevaluaciones.

8. El definir los roles de cada uno de los integrantes del equipo es un aspecto importante a tener en cuenta, es importante que todos los miembros del equipo asuma la responsabilidad de coordinador del trabajo y la evaluación de sus compañeros.

9. La retroalimentación es un indicador importante en el proceso, pero sí quedo evidenciado que si importante era señalar las dificultades y errores encontrados era preciso destacar los logros y avances más significativos, pues estas incidían de manera directa en la autoconfianza y seguridad de sus proyectos.

10. Es necesario evaluar las fortalezas y debilidades de cada alumno y del grupo para asumir responsabilidades, compromisos y cumplir con tareas concretas en el tiempo asignado.

11. Es una prioridad el echar un vistazo y escuchar no sólo para reproducir experiencias similares, sino también para problematizar y transformar entornos en el que aspiremos intervenir, es en definitiva aprender-haciendo.

12. Todo este acontecimiento académico debe considerarse un proceso complejo que demanda perseverancia, constancia y creatividad.

13. Mientras más claras fueron las indicaciones y cada una de las etapas, así como el cumplimiento estricto del calendario de trabajo, y la retroalimentación de cada una de las actividades en el tiempo establecido mayores fueron las posibilidades de éxito de los trabajo.

14. La investigación individual como grupal a través de fuentes claves y confiables constituyeron un elemento meta para el éxito del proyecto.

15. Se requiere de una minuciosa planificación de cada una de las opciones a desarrollar durante el curso, un estricto cumplimiento del calendario y de los momentos y etapas del trabajo planificado.

16. Las tics a emplear durante el proceso enseñanza –aprendizaje deben estar acorde a los objetivos del curso, a las necesidades, preferencias y estilos de aprendizaje de los estudiantes. Deben estar encaminados a crear comunidades virtuales efectivas, a incentivar el trabajo colaborativo y a la búsqueda de aprendizaje significativos.

17. Es preciso desde el inicio del curso establecer un compromiso de responsabilidad con cada uno de los estudiantes, para garantizar trabajos exitosos, aspecto este que tendrá que ir siempre acompañado de la motivación y de la libertad de actuación.

18. Los estudiantes podrán estar preparados para elaborar proyectos, pero no a vender sus ideas, por lo general las propuestas se quedan en el diseño; trabajan con versiones y contextos cercanos, y con equipos de la misma disciplina; son muy estricto con el cumplimiento de rubricas, porque estos indicadores se traduce al término "calificación ", por lo que el darle la posibilidad de salirse del marco de su "rutina estudiantil" de su zona de confort puede ocasionar incertidumbre y miedo al error. Ante esta situación se necesita de un maestro creativo e innovador, motivador por excelencia y un gran facilitador del proceso de enseñanza- aprendizaje.

19. Se precisa de un cambio apremiante de la sociedad industrial a la sociedad del conocimiento, las escuelas de Educación Superior necesitan continuar innovando en los métodos formativos para convertirse en auténticos laboratorio de inspiración para las nuevas generaciones.

En cuanto a los beneficios del aprendizaje por proyecto formativo con orientación interdisciplinaria se destaca: un incremento del rigor académico que fue aceptado por el estudiante, se crearon lazos de compañerismo, respecto y mutua valoración; coadyuvo a incentivar los sentimientos de responsabilidad, ayudó a reconocer sus habilidades de aprendizaje, creatividad e interacción. Desarrolló en los estudiantes competencias en el orden cognitivo (análisis teórico- conceptual, análisis y síntesis) y competencias latitudinales como capacidad argumentativa, crítica, comportamiento ético y colaboración, entre otros mencionados a lo largo del trabajo.

Esta experiencia docente es fácil de transferir y ser aplicada en otros cursos y/o materias, la creación de un producto y/o servicio a través de un grupo interdisciplinario abre un campo más amplio a la innovación y creación de productos únicos y a la posibilidad de resolver un problema y/o necesidad desde diferente enfoque; el contar con un jurado interdisciplinario le dio un plus y mayor realce a la actividad logrando una mirada diferente desde varias perspectiva, desde la creación hasta la evaluación y compra del producto y/o servicio.

Referencias

ANUIES. (1998). La educación superior en el siglo XXI. Líneas estratégicas de desarrollo. Una propuesta de la ANUIES. México, D.F.: Publicaciones ANUIES.

Ballester Vallori, Antoni (2002). El aprendizaje significativo en la práctica. Cómo hacer el aprendizaje significativo en el aula. España. Recuperado de http://www.aprendizajesignificativo.es/mats/El_aprendizaje_significativo_en_la_practica.pdf

Berger, P. and Luckmann, T. (1966).The Social Construction of Reality. New York, EE. UU: Anchor Books.

Berstein Basil (1990). Poder, Educación y Conciencia. Editorial El Roure.

Blank, (1997); Dickinson, et al, (1998); Harwell, (1997).Aprendizaje Basado en Problemas Servicio de Innovación Educativa. Universidad Politécnica de Madrid1. Recuperado de http://innovacioneducativa.upm.es/guias/Aprendizaje_basado_en_problemas.pdf

Boshyk, Y. (2000). Business Driven Action Learning: Global Best Practices. New York, EE. UU: St. Martin's Press.

Bourdieu, P. and Passeron, J. C. (1977). Reproduction in Education, Society, and Culture. London, United Kingdom: Sage.

Bourdieu, Pierre y Jean-Claude Passeron. (1996). Le reproducción: elementos para una teoría del sistema de enseñanza. México D.F., Fontanarama.

Canclini, Néstor García (1987). Ni folklórico ni masivo ¿Qué es lo popular? Recuperado de http://www.perio.unlp.edu.ar/expotesis/doc/doc_recomen/Garcia_Canclini_Ni_folckorico_ni_masivo_que_es_lo_popular.pdf

Correa, Juan Guillermo. (2002). El método de caso como estrategia didáctica para la formación de administradores de empresas. Semestre Económico,95-105.

Correa, Santiago. (2001). El método de casos en la docencia universitaria. Conferencia, Especialización en Didáctica Universitaria, U. de A.

De Bono, E. (1999). El pensamiento creativo. El poder del pensamiento lateral para la creación de nuevas ideas. México. Editorial Paidós Plural.

De la Torre, S. (1999). Creatividad y formación. México. Editorial Trillas. Diccionario de la Lengua Española. Real Academia de la Lengua Española. (1970). Madrid, España

Delors, J, (1996). La educación encierra un tesoro. Informe a la UNESCO de la Comisión Internacional sobre la Educación para el siglo XXI. México, D.F.: Correo de la UNESCO.

Díaz Marchant, Carlos. (1999). De la Liberación a la esperanza: Paulo Freire y su educación popular. Ediciones LOM.

Dirección de investigación y Desarrollo Educativo de la Vicerrectoría Académica del ITESM. (2005). Técnicas y Estrategias Didácticas. Recuperado de http://www.sistema.itesm.mx/va/dide/inf-doc/estrategias/

Flechsig, K. H., & Schiefelbein, E. (2006). 20 Modelos Didácticos para América Latina. Washington, D. C., U. S. A

Freire, P. (1994). Pedagogía del oprimido México: Ed. Siglo XXI.

Giddens, A. (1984). The Constitution of Society. Outline of the Theory of Structuration. Berkeley, CA: University of California Press.

Giussani, L., 2004, Educar es un riesgo, Buenos Aires, Ediciones Ciudad Nueva

Goñi, A (2000). Desarrollo de la creatividad. Recuperado de http://books.google.com.ar/books?id=ppYeysf2PCoC&lpg=PA99&ots=DYAz8WB3Qg&dq=Guilford%20J.P.%20Intelecto&pg=PP1#v=onepage&q=Guilford%20J.P.%20Intelecto&f=false

Grasha, F. A. (1996). Teaching with style: A practical guide to enhancing learning by understanding teaching & learning styles. Pittsburgh, PA: Alliance Publisher

Gutiérrez, P. G. (1998). Metodología de las ciencias sociales I México: Ed. Repro Flo. S.A.Helmut, Q. (1981). Psicología humanista Barcelona: Ed. Herder.

Hernández, Fernando, (1998). "Repensar la función de la escuela desde los proyectos de trabajo", en Pátio, Revista Pedagógica, 6, 26-31. México.

ICFES (2000)"Los siete saberes necesarios para la educación del futuro"Bogotá".

Kein, S. (1995). Aprendizaje principios y aplicaciones Madrid: Ed. McGraw Hill.

Küng, H. (1998). Proyecto de una ética mundial Ed. Trotta.

Lawry, J. R., (1993). "The project Method", en The International Encyclopedia of teaching and teacher education, England Perganon Press, Londres.

Marquardt, M. and Waddill, D. (2004). "The Power of Learning in Action Learning: A Conceptual Analysis of How Five Schools of Adult Learning Theories are Incorporated within the Practice of Action Research." Action Learning: Research and Practice 1(2):185-202.

Marsick, V. and O'Neil, J. (2007).Understanding Action Learning. New York, EE. UU: American Management Association.

Martínez, Gerardo, (1984). Integración de un equipo de trabajo, I. D.H., México.

McGill, I. and Brockbank, A. (2004). The Action Learning Handbook: Powerful Techniques for Education, Professional Development and Training. New York, EE. UU: RoutledgeFalmer.

McGill, I. and Liz, B. (2001). Action Learning: A Practitioner's Guide. 2nd ed. Sterling, VA: Stylus Publishing.

Meneses, Benítez, (2007). E l proceso de enseñanza-aprendizaje: el acto didáctico. Recuperado de http://www.tdx.cat/bitstream/handle/10803/8929/Elproceso deensenanza.pdf;jsessionid=0AFA5FA5640A21ECCB46AF8F8416312E.tdx1? sequence=32

Morin, E. (1999). Los siete saberes necesarios para la educación del futuro. Paris: UNESCO. Recuperado de http://goo.gl/0je2Ph

Morín, Edgar, (1984). "Las reorganizaciones genéticas" en Morín E. Mis demonios. Edit. Kairos, Barcelona, 1995, 202-217. Ciencia con consciencia. Barcelona.

Mumford, A. (2006). "Action Learning: Nothing So Practical as a Good Theory." ActionLearning: Research and Practice 3(1), 69-75.

Munford, A. (1995). "Learning in action", Industrial and Commercial Training, Vol. 27 No. 8, 36-40.

Nereci, Imedeo, (1973). Hacia una didáctica general dinámica, Kapeluzs, Buenos Aires.

O´ Hara, S., Beaty, L., Lawson, J. Bourner, T. (1997). "Action learning comes of age – part 2: action learning for whom?", Education + Training, Vol. 39 No. 3, 91-95.

Packman Marcelo, "Introducción", en Morín E. Introducción al pensamiento complejo. Edit. Gedisa, Barcelona, 9-19

Pereira de G, M. N. (1997). Educación en Valores. Metodología e innovación educativa. México, Editorial Trillas.

Pupo, R. (2014). Educación y pensamiento complejo. Filosofía, educación, cultura y pluralidad discursiva ensayística (Hacia una visión cultural y compleja del saber humano). México: Editorial Centro Universitario ISIC, A.C, 149-155.

Tobón, S. (2006). Aspectos básicos de la formación basada en competencias. Recuperado de http://www.urosario.edu.co/CGTIC/Documentos/aspectos_basicos_formacion_basada_competencias.pdf

Tobón, S. (2014). Proyectos formativos: teoría y práctica. México: Pearson.

Tobón, S. (2016). Metodología de redacción de artículos científicos. Orlando (Estados Unidos): Create-Space-Amazon.

Tobón, S., González, L., Nambo, JS., Vázquez,JM (2015). La socioformación: Un estudio conceptual. Paradigma 36;1. 7-29. Recuperado de http://goo.gl/zdJqqr (13-06-14).

Anexos

Anexo 1

Las escalas de estilo de aprendizaje
De grasha-reichman

Forma general (Adaptado de Grasha. 1996)

El siguiente cuestionario ha sido diseñado para ayudarte a clarificar tus actitudes sentimientos hacia los cursos que usted ha tomado en su preparación académica. No existen respuestas correctas o equivocadas para cada pregunta. Sin embargo, conforme usted vaya contestando cada pregunta, tenga en cuenta que debe contestar tomando en cuenta su sentimientos y actitudes con, respecto a los cursos que ha tomado.

Por favor, responda a las preguntas que se presentan a continuación usando números del 1 al 5, donde

1 es totalmente en desacuerdo y 5 totalmente de acuerdo.

Ponga sus respuestas en la hoja separada. .

1. Yo prefiero trabajar por mí mismo en mis cursos.
2. Yo seguido me pongo a pensar en otras cosas durante la clase.
3. El trabajar con otros estudiantes en actividades de la clase es algo que yo disfruto mucho.
4. A mí me gusta que los maestros establezcan claramente lo que se espera de la clase y lo que es requerida para esta.
5. Para desempeñarme apropiadamente en la clase es necesario competir con otros estudiantes para obtener la atención del maestro-
6. Yo sigo las instrucciones que se me indican para aprender el material de las clases.

7. Mis ideas sobre el contenido de la clase son usualmente tan buenas como las del libro de la clase.

8. Las actividades del salón de clases son usualmente aburridas.

9. Yo disfruto discutiendo los contenidos de la clase con mis compañeros del curso.

10. Yo me baso en las instrucciones de mi maestro .sobre lo que es importante aprender del material de la clase.

11. Es necesario competir con otros estudiantes para obtener una buena calificación.

12. A las clases a las que asisto normalmente valen la pena asistir.

13. Yo estudio lo que yo creo es importante y no siempre lo que el profesor dice que es importante.

14. Yo rara vez me emociono sobre los contenidos en un curso.

15. Me gusta el escuchar lo que otros estudiantes piensan acerca de los temas que se discuten en clase.

16. Yo solo hago lo que se me requiere hacer en un curso para aprobarlo.

17. En la clase yo debo competir con otros estudiantes para expresar mi opinión.

18. Yo aprendo más asistiendo él clases que aprendiendo el material en casa.

19. Yo aprendo mucho del contenido de una clase por mí mismo.

20. Yo no quiero atender a la mayoría de mis clases.

21. Los estudiantes deben ser motivados a compartir más sus ideas los unos con los otros.

22. Yo realizo mis actividades de aprendizaje tal y como mi maestro me dice que debo realizarlas.

23. Los estudiantes deben ser agresivamente participativos para poder desempeñarse bien en una clase.

24. Es mi responsabilidad el aprender tanto como pueda de un curso.

25. Yo siento mucha confianza acerca de mi habilidad para aprender por mí mismo.

26. Me es muy difícil poner atención durante una clase.

27. Para prepararme para un examen me gusta estudiar con compañeros del grupo.

28. No me gusta tomar las decisiones sobre cómo realizar una tarea o una actividad de aprendizaje.

29. Me encanta solucionar problemas o contestar preguntas antes que nadie

en el salón de clases.

30. Las actividades de un salón de clases son interesantes.

31. Me gusta desarrollar mis propias ideas acerca del contenido de una clase.

32. Ya me di por vencido sobre creer que vaya aprender algo del contenido de una materia en un salón de clases.

33. Las sesiones de clases me hacen sentir como parte de un equipo en donde uno se ayuda con otros para aprender.

34. Los estudiantes deberían ser supervisados más cercanamente por los maestros en proyectos de la clase.

35. Para poder progresar en clase es necesario parase en los pies de otros estudiantes.

36. Yo trato de participar tanto como yo puedo en todos los aspectos de un curso.

37. Yo tengo mis propias ideas de cómo un curso debe ser.

38. Yo estudio solo para pasar los exámenes. 39. Una parte importante de un curso es el aprender cómo llevarse bien con los compañeros del curso.

39. Mis notas contienen casi todo lo que el maestro dice en la clase.

40. El ser uno de los mejores estudiantes de la clase es muy importante para mí.

41. Yo realizo muy bien mis tareas de la clase independientemente de si yo pienso que estas son interesantes.

42. Si a mí me gusta un tema yo trato de buscar por mí mismo más al respecto.

43. A mí me encantan los exámenes.

44. Aprender los materiales de un curso es un esfuerzo cooperativo entre estudiantes y maestro.

45. Yo prefiero las sesiones de clase Que están bien organizadas.

46. Para destacar en mis clases yo realizo mis tareas mejor Que otros estudiantes.

47. Yo típicamente acabo mis tareas y las entrego antes de las fechas de entrega.

48. A mí me gusta las clases en donde, te dejan, trabajar a tu propio ritmo.

49. Yo prefiero pasar desapercibido por el maestro durante una clase.

50. Yo estoy dispuesto a ayudar a otros estudiantes cuando ellos no entienden algo.

51. A los estudiantes se les debe decir exactamente los temas que serán cubiertos en un examen.

52. A mí me gusta conocer Que tan bien salen en los exámenes mis compañeros de curso.

53. Yo realizo igual de bien las tareas opcionales y obligatorias.

54. Cuando yo no entiendo algo, yo primero trato de entender el problema antes de preguntarle al .profesor.

55. En las clases yo tiendo a socializar con gente que está cercana a mí en el salón de clases.

56. A mí me encanta participar en grupos pequeños durante actividades de la clase.

57. Me encanta cuando los maestros son bien organizados en la impartición de una clase.

58. A mí me gusta que mis maestros me reconozcan por el buen trabajo que realizo.

59. A mí me gusta sentarme en la fila delantera del salón de clases.

HOJA DE RESPUESTAS

ESTILO DE APRENDIZAJE DE GRASHA-REICHMAN

Nombre: _____

Matrícula: _____   CRN: _____

Preparatoria de Proc Procedencia

1. Por favor, coloque las puntuaciones (1- 5) a continuación.

1 = totalmente en desacuerdo

2 = en desacuerdo

3 = indiferente

4 = de acuerdo

5 = totalmente de acuerdo

Traten de realizar esta encuesta individual, recuerde que estamos evaluando su forma de aprendizaje, por lo que debe ser completamente individual.

Respuestas para las preguntas de estilo de aprendizaje.

1. Coloque cada una de las respuestas como se le explico al inicio. Trate de no alterar las respuestas, ni los números de la pregunta porque si no los resultados estarán alterados, y no reflejara la verdad de tu forma de aprender.

Preg.	Resp.	Preg.	Resp.	Preg.	Resp	Preg	Resp.	Preg	Resp.	Preg	Resp.
01		02		03		04		05		06	
07		08		09		10		11		12	
13		14		15		16		17		18	
19		20		21		22		23		24	
25		26		27		28		29		30	
31		32		33		34		35		36	
37		38		39		40		41		42	
43		44		45		46		47		48	
49		50		51		52		53		54	
55		56		57		58		59		60	

1. Sume la puntuación para cada columna y colóquela en el espacio que le corresponda abajo.

######		######		####		####		####		####	

2. Divida su puntuación total para cada columna por 10 y coloque su respuesta en los espacios correspondientes abajo

######		######		####		####		####		####	

###########	Independiente	#########	Apático	#######	Colaborativo	#####	Dependiente	#####	Competitivo	#####	Participativo

Símbolos:

Independiente			*Apático*			*Colaborativo*			*Dependiente*			*Competitivo*			*Participativo*		
B	M	A	B	M	A	B	M	A	B	M	A	B	M	A	B	M	A
1.0	2.8	3.9	1.0	1.9	3.2	1.0	2.8	3.5	1.0	3.0	4.1	1.0	1.8	2.9	1.0	3.1	4.2
2.7	3.8	5.0	1.8	3.1	5.0	2.7	3.4	5.0	2.9	4.0	5.0	1.7	2.8	5.0	3.0	4.1	5.0

B: Bajo M: Medio A: Alto

Independiente _____ Apático _____ Colaborativo _____

Dependiente _____ Competitivo _____ Participativo _____

Anexo 2

CARACTERÍSTICA	DESCRIPCIÓN	POCO / MUCHO
1. Fluidez	Habilidad para generar un gran volumen de ideas, conceptos o respuestas a una cuestión o problema.	1 2 3 4 5
2. Flexibilidad	Habilidad para manejar y producir diferentes tipos de informaciones y pensamientos. Ver desde otros ángulos.	1 2 3 4 5
3. Sensibilidad	Habilidad para e n c o n t r a r problemas. Un nivel de capacidad analítica e intuitiva para ver el (núcleo) corazón del problema.	1 2 3 4 5
4. Originalidad	Habilidad para generar lo nuevo, la novedad, lo diferente.	1 2 3 4 5
5. Elaboración	Habilidad para desarrollar o construir un pensamiento o concepto.	1 2 3 4 5
6. Libertad	Estar libre de ataduras internas y externas.	1 2 3 4 5
Total		

Anexo 3

Rúbrica para evaluar la presentación por parte del Jurado.

Escala (5 Excelente, 4 sobresaliente, 3 muy bien, 2 bien, 1deficiente)

Indicadores	5	4	3	2	1	Observación
Se cuenta con una portada de presentación.						
Manejo y organización de la información.						
Los materiales están bien seleccionados y creativamente modificados y adaptados.						
Excelente redacción, ortografía, fluidez y orden en el texto, el documento está claramente escrito y presentado.						
Se modula correcta y apropiadamente						
el tono de voz. La comunicación oral fluye con naturalidad y corrección. Siempre utiliza el vocabulario correcto, ade cuado y profesional así como medios digitales y otros.						
Se contesta con precisión las preguntas planteadas. Se evita leer lo que está escrito en la presentación.						
Siempre demuestran dominio del tema.						
Se presentó de forma secuencial y lógica la información.						
No hubo exceso de diapositiva y se cumplió con el tiempo (15 minutos).						

Anexo 5

Cuestionario al jurado vía Survey Monkey sobre la actividad de venta del producto.
Liga https://es.surveymonkey.com/s/TRC8DJ9

1. ¿Cómo considera ud., la actividad de presentación y venta del proyecto de manera general?

a) Mala

b) Regular

c) Buena

d) Excelente

2. ¿Cree Ud., que estaban dadas todas las condiciones para que la actividad pudiera parecer una situación real?

a) Sí.

b) No.

c) De ser negativo, agradecería que nos explicará el porqué.

3. ¿Considera Ud., que los estudiantes se prepararon para su presentación?

a) Sí

b) No.

c) De ser negativo, agradecería que nos explicará el porqué

4. ¿Considera Ud., positivo el hecho de emplear los Clickers para la compra del proyecto?

a) Sí

b) No.

c) Explique su respuesta.

5. De la información que se le envío por email acerca de los proyectos, la considera:

a) Completa.

b) Incompleta.

c) Desorganizada.

d) Otra: _____

6. ¿Le gustaría volver a vivir otra experiencia similar?

a) Sí

b) No.

c) Explique su respuesta.

7. ¿Considera Ud., que este tipo de actividades contribuye al aprendizaje de los estudiantes?

a) Sí.

b) No.

c) Explique el porqué.

8. ¿Qué es lo que más le agrado de la actividad?

9. ¿Qué no le agrado de la actividad?

10. ¿Qué sugerencia y/o recomendaciones tiene a la actividad?

Anexo 6

Evaluación final del curso por parte del estudiante.

Estimados alumnos ha sido para mí un honor el tenerlo durante este curso, espero que hayan podido disfrutarlo tanto como yo, sé que a veces el tiempo es mínimo para poder desarrollar otras actividades, y es por eso tan importante que Uds. hagan una evaluación general del curso para ir corrigiendo errores y agregando otras ideas y actividades que les hubiera gustado hacer.

1.Temas

Temas	Aspectos Positivos	Aspectos Negativos	Sugerencias
Socio demográficos			
Culturales			
Políticos			
Económicos			
Metodología de proyectos.			
Otra información que desees incorporar.			

2. Actividades

Actividades	Aspectos Positivos	Aspectos Negativos	Sugerencias
Fórum de discusión			
Seminarios			
Actividad sobre las comidas y bebidas típicas.			
Estudios de casos			
Revisión de sus proyectos con los otros alumnos del salón.			
Cómo consideras la presentación de venta de tu proyecto.			
Fórum de dudas.			

3. Diseño del curso

Indicaciones de las actividades.			
Indicaciones de los fórum			
Materiales de apoyo.			
Explicación en clases de los temas.			
Aclaración de dudas.			
Diseño de actividades.			

4. Aprendizaje que contribuyeron a la realización de tu proyecto

Temas	Qué aprendiste?	Qué te hubiera gustado saber?	Sugerencias
Socio demográficos			
Culturales			
Políticos			
Económicos			
Otra información que desees incorporar.			

5. Trabajo colaborativo

Indicador	Aspectos Positivos	Aspectos Negativos	Sugerencias
Selección de los miembros del equipo.			
Evaluación del trabajo individual y en equipo.			
Retroalimentación de la información.			
Fue favorecedor el trabajo en equipo.			
Qué opinas de la integración de cada una de su carrera al proyecto.			
Medios empleados para la coordinación y realización de los trabajos.			
Aprendiste a trabajar en equipo, el curso te ayudo en este sentido.			
Cuál es la vía idónea para comunicarte y coordinar el trabajo con los miembros de tu equipo?			
Otra información que desees incorporar.			

1. Proyectos			
Consideras que aprendiste a diseñar un proyecto.			
Consideras necesario el conocer a diseñar e implementar un proyecto durante el estudio de tu carrera.			
Consideras que aprendiste más del país escogido para el estudio a partir del diseño del proyecto.			
Consideras que el trabajo proyecto y conocer un país te hiso prepárate de una manera mejor y más real a tu futuro profesional.			
Te consideras apto para el diseño, y venta de proyectos futuros			

¿Cómo evaluarías el trabajo del diseño del proyecto y su venta y/o promoción y el conocimiento de un país distinto al tuyo?

Excelente ___   Muy bueno ____   Bueno ____

Regular ____   Mal____   Muy mal _____

Explique:

Muchas Gracias por tus sugerencias y recomendaciones.

CAPÍTULO 14

Documentación de experiencias significativas de los docentes de la Institución Educativa San Vicente a través de una estrategia web

William Hernando Saa-Rico
Institución Educativa San Vicente de Paul
Carrera 30 # 29-79
Palmira, Colombia
(571) 3168502673
williamhernandosaa@hotmail.com

Oscar Herrera
Universidad Nacional de Colombia
Sede Palmira
Carrera 32 No 12 - 00 Chapinero, Vía Candelaria
Palmira - Valle del Cauca — Colombia
(571) 3146117024
oaherrerag@palmira.unal.edu.co   oherrerag@unal.edu.co

Raúl Díaz
Universidad Nacional de Colombia
Sede Palmira
Carrera 32 No 12 - 00 Chapinero, Vía Candelaria
Palmira - Valle del Cauca — Colombia
(571)3155480390
radiazpa@unal.edu.co

Referencia APA:

Saa-Rico, W., Herrera, O., & Díaz, R. (2016). Documentación de experiencias significativas de los docentes de la Institución Educativa San Vicente a través de una estrategia web. En B. Tobón, H. Parra-Acosta, C. Guzmán, S. Tobón, & L. G. Juárez-Hernández (Eds.), *Experiencias en la implementación de la gestión del talento humano desde el pensamiento complejo* (pp. 345-358). Lake Mary: Kresearch.

Resumen

En la Institución Educativa San Vicente, de la ciudad de Palmira, no existe una sistematización o documentación de los proceso pedagógicos de los profesores. Por este motivo este trabajo presenta una herramienta web donde los docentes puedan sistematizar sus experiencias pedagógicas. La metodología utilizada fue la Investigación–acción en un contexto virtual, donde se logró caracterizar la sistematización y categorizar los modelos pedagógicos de los docentes de la institución educativa mencionada anteriormente, en dos líneas principales, la conductista y la contemporánea; y finalmente, fortalecer los procesos de evaluación de las prácticas pedagógicas mediante la coevaluación. El resultado final de la estudio arrojó de manera positiva, la sistematización de las experiencias de docentes mediante una plataforma web. El conocimiento generado en este proceso contribuyó significativamente a enriquecer el patrimonio educativo histórico de la Institución Educativa San Vicente en el área de matemáticas.

Palabras clave: Sistematización, modelos pedagógicos, Investigación acción, coevaluación.

Abstract

At San Vicente Secondary School, City of Palmira, there is no systematic documentation for teaching process by teachers. For this reason this paper presents a web tool where teachers can systematize their educational experiences. The methodology used was Action - Research in a virtual context, where it was possible to characterize the systematization and categorize pedagogical models of teachers in the educational institution mentioned above, two main lines, behavioral and contemporary; and finally to strength the processes of evaluation of teaching practices through peer assessment. The final result of this paper gave a positive systematization of the experiences of teachers through a web platform. The knowledge generated in this process contributed significantly to enrich the educational historical heritage of School San Vicente in the area of mathematics.

Keywords: Documentation, pedagogical models, action - research, peer co-evaluation

Introducción

Diariamente en las instituciones educativas, dentro del aula de clase, los docentes desarrollan diferentes estrategias para la enseñanza y el aprendizaje de sus alumnos. Estas estrategias producen nuevas formas de enseñar y de aprender, marcadas por la particularidad que les imprime cada uno de los actores que participan en dichos procesos. Sin embargo, la mayor parte de dichas experiencias solo hacen parte de la vivencia cotidiana de cada uno de los profesores; algunas de ellas logran trascender hasta el punto de ser reconocidas como prácticas pedagógicas exitosas; mientras que otras quedan simplemente registradas en los planeadores diarios o en su archivo personal, ya que no son sistematizadas.

Al no tener registro de las actividades, proyectos o enseñanzas que se realizan en el aula, aparte de cifras y de informes básicamente de cumplimiento de actividades; tal como lo afirman Casas, Klinger y Cuesta (2008): "Cuando los aprendizajes positivos o negativos, no quedan documentados, se pierden los aspectos cualitativos de la labor docente y sólo se hace énfasis en lo cuantitativo, que por no tener dicha memoria estamos condenados a repetir errores o fracasos y no aprender de las experiencias" (p.58) .

Teniendo en cuenta lo dicho anteriormente, se percibe la necesidad que en las instituciones educativas se desarrollen procesos que permitan tener un registro claro de dichas prácticas, que además pueda ser consultado, leído y comprendido por los diferentes miembros de la comunidad académica.

Con relación a los procesos de sistematización, autores reconocidos, citados por Sousa (2008), han tratado de orientar la sistematización hacia la búsqueda de modelos metodológicos pertinentes para organizar, interpretar, resignificar, comprender, mejorar y comunicar los proyectos, experiencias y prácticas tanto de acción social como educativas. A partir de la década de los noventa, la sistematización ingresa al ámbito universitario y actualmente, explora con mucho éxito campos como la educación formal para posibilitar la reflexión, evaluación, conceptualización, interpretación, mejoramiento, socialización y transferencia o diseminación de las prácticas, experiencias y proyectos educativos de los maestros.

En nuestro caso puntual, la Institución Educativa San Vicente, colegio oficial femenino de la ciudad de Palmira, no cuenta, como todas las instituciones educativas de dicha ciudad en general, con un mecanismo que permita evaluar y hacer seguimiento del impacto de dichas metodologías en el proceso de enseñanza y aprendizaje. El único acercamiento con relación a esto, son los resultados de las pruebas externas, específicamente las pruebas "Saber", las cuales solo muestran los resultados del proceso de los maestros en el aula de clase, desde lo aprendido por sus estudiantes.

El problema que orientó el estudio se abordó a partir de la pregunta de investigación: ¿De qué manera, documentar las experiencias de los docentes de la Institución Educativa San Vicente en una página web interactiva, lograría impactar el ambiente de enseñanza-aprendizaje? Para responder esta pregunta, se desarrolló una estrategia web interactiva, que facilitó la construcción de un documento en el que se consignó la sistematización de las experiencias significativas de los docentes de dicha institución, cuya finalidad consistió en identificar lo que los docentes proyectan, hacen, reflexionan, evalúan y reformulan cuando enseñan, como parte de su tarea y saber profesionales.

Al desarrollar la investigación se puso a disposición de la comunidad académica de la Institución Educativa San Vicente, un conjunto de experiencias que cuentan las prácticas de enseñanza. Esto solo fue posible mediante la creación de condiciones institucionales y técnicas con las que los docentes reflexionaron y comunicaron a través del espacio virtual creado, sus experiencias de enseñanza que, por diferentes motivos y a través de distintos caminos, han generado buenos aprendizajes en los estudiantes. Logrando documentar las experiencias llevadas a cabo por docentes, se reconoció lo que hay detrás de sus decisiones cuando enseñan, sus puntos de vista, supuestos y proyecciones. Asimismo, se promovió la comunicación y circulación entre sus compañeros docentes, de sus ideas, saberes, innovaciones, proyectos que los interpelan en su profesionalidad y en su protagonismo como actores centrales de las tareas de enseñanza de la escuela. De modo que la documentación desarrollada por ellos, a través de relatos escritos, implicó recuperar y recrear reflexivamente lo que cotidianamente hacen, contar historias acerca de la enseñanza y del aprendizaje de los estudiantes.

Sistematización

La sistematización se puede entender como un proceso de recuperación, tematización y apropiación de una práctica formativa determinada, que al relacionar sistémica e históricamente sus componentes teórico-prácticos, permite a los sujetos comprender y explicar los contextos, sentido, fundamentos, lógicas y aspectos problemáticos que presenta la experiencia, con el fin de transformar y cualificar la comprensión, experimentación y expresión de las propuestas educativas de carácter comunitario. Es una forma científica de conocer las realidades contextuales y del maestro, a partir de sus propias experiencias. Es un proceso que permite aprender de la práctica, y redescubrir lo que los maestros han experimentado, pero que aún no se asimilan en un cuerpo "teórico" (Ghiso, 2008).

En este sentido, sabiendo que la sistematización es un proceso que facilita el registro de las experiencias cotidianas de los docentes en la institución educativa, surgen dos interrogantes: el primero ¿qué es Sistematizar? Y el segundo ¿cuál es la concepción de sistematización que se aborda en la presente investigación?

Para dar respuesta a estos interrogantes se asumen algunas definiciones, de acuerdo con Bolívar (2008): "Sistematizar es registrar de manera ordenada, una experiencia que deseamos compartir con los demás, combinando el quehacer con su sustento teórico, y con énfasis en la identificación de los aprendizajes alcanzados en dicha experiencia" (p.10). Esta definición sugiere un tipo de conocimientos que se presentan a partir de las experiencias de intervención en el aula desarrolladas por los maestros a diario, tal como se evidencia en la institución educativa San Vicente, estas se dan en la promoción y la educación en el aula, articulándose con otros sectores y buscando transformar la realidad pedagógica de la institución.

Otra definición es la propuesta por Jara (1994): "La sistematización es aquella interpretación crítica de una o varias experiencias que, a partir de su ordenamiento y reconstrucción, descubre o explica la lógica del proceso vivido, los factores que han intervenido en dicho proceso, cómo se han relacionado entre sí y por qué lo han hecho de ese modo" (p.25). Este autor permite visualizar en esta concepción que la sistematización requiere de la interpretación, uno de los puntos considerados claves, debido a que el significado de cada experiencia estará ligado a la interpretación que de esta se hagan los demás.

Como respuesta al segundo interrogante, después de analizar las diferentes concepciones sobre sistematización planteadas en las líneas anteriores, se asume para el desarrollo de esta investigación la sistematización como un proceso que permite aprender de la práctica propia, permitiendo redescubrir lo que se ha experimentado, pero que aún no ha sido asimilado en un cuerpo "teórico" propio, convirtiéndose en un proceso de conocimiento que no sólo reconstruye y ordena la experiencia en forma integradora, sino que también la interpreta, bajo la revisión de otros puntos de vista, lo que permite que los sujetos o actores de las experiencias aprendan de ellas y utilicen los conocimientos que han producido para mejorarlas y transformarlas.

En este orden de ideas, la sistematización debe permitir al maestro fortalecer su práctica educativa con miras al mejoramiento continuo, por tal motivo requiere de una estrategia que sea dinámica, que le permita hacer cambios con facilidad, una herramienta a la cual el acceso sea fácil y que no le genere mayores contratiempos a la hora de hacer transformaciones. En este sentido, las nuevas tecnologías ofrecen un sin número de posibilidades que facilitarían la sistematización.

Siguiendo a Vasco (2008) la sistematización se caracteriza por:

1. Ser un Proceso: En este caso, se circunscribe al plan curricular o la manera planeada como el docente desarrolla su asignatura.

2. Ser participativo dado que su metodología es dinámica y participativa porque se ha de crear un espacio de trabajo para compartir, confrontar y discutir las experiencias y las sugerencias u opiniones de las personas participantes.

3. Maneja un orden: organiza de manera lógica los hechos y los conocimientos de la experiencia. "El orden permite la interpretación crítica de la experiencia. Por tanto, es necesario, que: Se realice un registro ordenado de los hechos. Presentándose una organización y reconstrucción del proceso vivido. Se da igualmente un orden de los conocimientos desordenados y percepciones dispersas que surgieron en el transcurso de la experiencia" (p.22).

4. Se constituye en una memoria histórica: se guarda y recupera la experiencia para enriquecer el conocimiento. En este caso, el hecho de rescatar las experiencias pedagógicas permitirá la reflexión y el enriquecimiento de éstas.

5. Conlleva al análisis e interpretación: este es uno de los componentes básicos en toda sistematización. Una vez recuperada y ordenada la memoria histórica es necesaria una interpretación de la misma para poder objetivar la experiencia y así poder extraer los aprendizajes.

6. Genera aprendizaje y nuevos conocimientos: el principal beneficio que produce el ejercicio de la sistematización de experiencias es el aprendizaje y la incorporación de nuevos conocimientos. El conocimiento que se adquiere se obtiene de la propia experiencia práctica, por lo que la utilidad del aprendizaje es mayor al desarrollar este tipo de procesos. Una de las finalidades de la adquisición de estos saberes es la incorporación de los mismos a nuestras prácticas para poder continuar en nuestro trabajo de transformación social.

7. Se comparte y socializa la experiencia: al igual que ocurre en la mayoría de procesos de adquisición de conocimientos, el poder compartirlos con quienes trabajan en el mismo ámbito de la experiencia sistematizada es de gran utilidad ya que la organización de la información se realiza para transmitir una experiencia a otras personas y que éstas puedan aprovecharla en un futuro, lo que facilita compartir y contrastar un aprendizaje.

Jara (2001), teniendo en cuenta las orientaciones oficiales del Ministerio de Educación Nacional (MEN) en relación con la sistematización de las experiencias significativas, presenta las siguientes características, expuestas en la Tabla 1.

Tabla 1: Características de la Sistematización de Jara

Criterios	Características
La relación	¿Qué intención se tiene al sistematizar y qué registrar dado que no se trata de sistematizar por el mero hecho de publicar?
Los autores y participantes de las experiencias	Que se lanzan a sistematizarlas se hacen responsables de sus afirmaciones, mediante la circulación de conocimiento teórico y práctico, con carácter específico.
La sistematización del saber-hacer	Implica una revisión juiciosa tanto de lo logros como de los fracasos, asumidos ambos como fuentes potenciales de aprendizajes. Pero no se trata de simplificar la sistematización con la escritura de ambos, más bien con el abordaje de los mismos en el adentro de las experiencias y en el colectivo que la mueve, de tal

Fuente: Biblioteca Electrónica sobre Sistematización de Experiencias: www.cepalforja.org/sistematizacion

Con estas características los autores consideran que no se trata de escribir un documento sofisticado, con normas elevadas para lectores refinados, sino de producir un texto claro, cuidadosamente comunicativo, para ser fijado en un lugar que permita y facilite el intercambio de información, que promueva la evaluación desde el punto de vista de la coevaluación y que así mismo facilite explorar las posibles líneas o tendencias pedagógicas que se dan en la institución educativa.

En la sistematización debe existir una secuencia global del proceso que vele por la coherencia del conjunto. Como herramientas a utilizar en la reconstrucción de esta secuencia se encuentran: los registros –tanto escritos como audiovisuales-, la recuperación histórica a través de los relatos de actores, la bibliografía especializada, y las síntesis para comunicar y socializar los resultados. Bajo este criterio, Carvajal (2010) compila las propuestas metodológicas de Mercedes Barnechea y María de la Luz Morgan (2007), (Tablas 2 y 3) para llevar a cabo una sistematización de experiencias, pensadas principalmente para el caso de América Latina:

Tabla 2: Propuesta de María de la Luz Morgan.

Actividades	Elementos de trabajo:
• Reconstrucción de la práctica	• Definición
• Análisis de la práctica	• Finalidad
• Interpretación	• Objetivo
• Conceptualización	• Objetos que lo construyen
• Generalización	• Formas de reconstruir
	• Momento de reconstrucción
	• Personal

Fuente: Gagneten (1978).

Metodología

Para el presente estudió se diseñó y aplicó una herramienta Web, en la Institución Educativa San Vicente, siguiendo un proceso de programación PHP de una plataforma Web, de la página index, php. Como muestra del estudio, se seleccionaron 3 maestros del área de matemáticas, los cuales usaron la herramienta Web y validaron su uso teniendo en cuenta aspectos como la agilidad para acceder, velocidad para el cargue de las experiencias, la dinámica de navegación en la herramienta y su interactividad.

La herramienta Web fue creada en un ambiente de programación PHP, JAVA, HTML, el acceso a la plataforma se realiza a través de Menú de entrada, dominio o dirección web www.whisar.com/mecena.

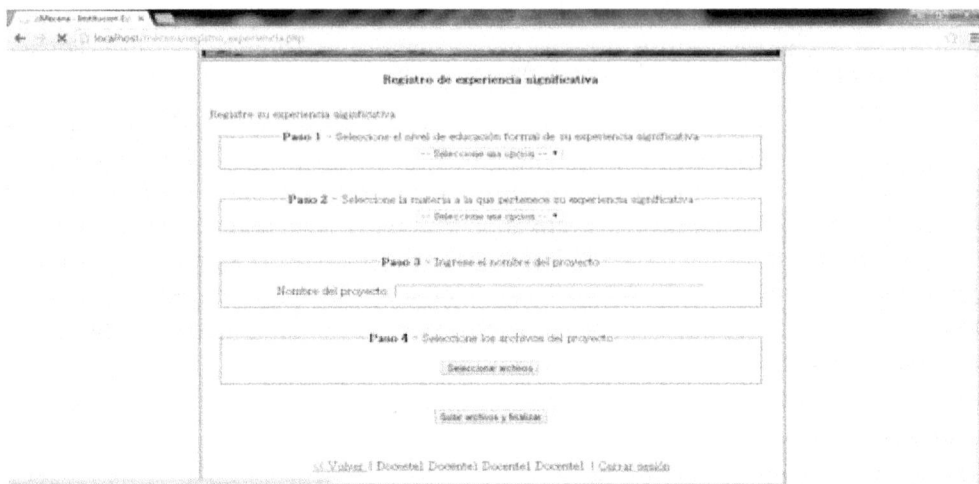

Figura 1. Página de registro de experiencia significativa. Fuente: El autor, 2014.

En esta página (Figura 2), al igual que en el registro de experiencia significativa, se cargan dentro de las cajas de elementos, por medio de una rutina de consulta a la base de datos, los niveles de educación formal y las asignaturas. Con el botón buscar, se captura la selección del usuario y se filtra en la base de datos, las experiencias significativas dependiendo de dicha selección. Las experiencias encontradas se muestran en las tablas a continuación, se puede calcular el tamaño de la muestra y al presionar el botón Aceptar, se procede a evaluar la experiencia significativa.

Figura 2. Página de coevaluación de experiencia significativa. Fuente: El autor, 2014

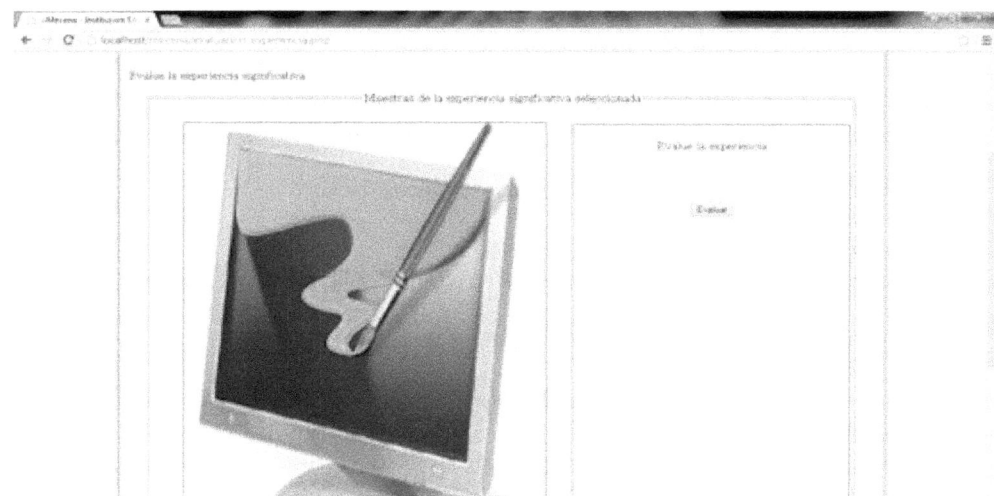

Figura 3. Página de coevaluación de experiencia significativa. Fuente: El autor. 2014

En dicha página (Figura 3) se da puntuación a la experiencia, clasificada de acuerdo a las corrientes de pensamiento registradas previamente. Esta información se almacena directamente en la base de datos.

Resultados

La caracterización de la sistematización mediante la investigación bibliográfica facilitó la creación de un esquema de la sistematización y la selección de los modelos pedagógicos para evaluar las experiencias de los docentes, contemplando en forma general aquellos que más se evidencian en sus prácticas pedagógicas; y permitió la clasificación de los modelos pedagógicos en las siguientes categorías:.

Enfoque conductual, humanista, tradicional, romántico, desarrollista, escuela nueva, contemporáneo.

Para realizar esta categorización de los diferentes modelos pedagógicos que se practican en la institución educativa San Vicente, se seleccionaron los docentes de Matemáticas, jornada de la mañana de la sede central de la i. e. La identificación de los modelos pedagógicos se logró a través de preguntas que se relacionaron con dichos modelos, y que se presentan en el Anexo B del informe de investigación del Trabajo Final, el cual se puede consultar en: http://www.bdigital.unal.edu.co/

A continuación se determinaron las pautas acogidas para la guía de presentación de las experiencias didácticas de los maestros para ser registradas en la plataforma, elaborada con base en la monografía de sistematización que ofrece Carvajal Burbano, las cuales se consignan en la siguiente tabla.

Tabla 4 . Esquema de informe de la sistematización

Esquema de informe de la sistematización
Título / Introducción
Justificación: antecedentes, trabajos, importancia de la sistematización
Contexto de la experiencia:
2.1. Contexto institucional
2.2. Proyecto de intervención – filosofía del proyecto, objetivos del proyecto, metodología, recursos, cronograma
2.3. Equipo de intervención: caracterización del equipo profesional – concepción de la promoción, rol del promotor
2.4. Contexto de la experiencia: caracterización del entorno, actores comunitarios, etcétera
Objeto de la sistematización
3.1. Problemática de intervención: delimitar en tiempo y espacio
3.2. Eje central y eje de apoyo: pregunta central o de apoyo
3.3. Objetivos de la sistematización: objetivos de conocimiento (general y específico); objetivos prácticos (de acción, mejoramiento, resultantes de la sistematización)
Marco de referencia teórico – conceptual: del tema o problema objeto de la sistematización)
Metodología de sistematización
5.1. Conceptualización de la sistematización
5.2. Metodología a utilizar
5.3. Fuentes de información
5.4. Instrumentos de registro y recuperación de información
Plan Operativo de la sistematización
6.1. Cronograma
6.2. Presupuesto de ejecución de la sistematización
7. Bibliografía / Anexos

Fuente: Adaptado de Carvajal (2010.)

La herramienta Web para registrar las experiencias significativas de los docentes de la institución educativa fue creada en un ambiente de programación PHP, JAVA, HTML; el acceso a la plataforma se realiza a través de menú de entrada, dominio o dirección web www.whisar.com/mecena. Todo el protocolo de ingreso, registro, evaluación, obtención de los resultados de la evaluación, descarga de las experiencias significativas de los docentes y cambio de claves, se pueden leer en el original de este Trabajo Final, en: http://www.bdigital.unal.edu.co/

La dinamización del espacio web, donde se almacenaron sistemáticamente las experiencias de los docentes de Matemáticas de la Institución Educativa San Vicente, facilitó conocer de forma fácil, dinámica y fiel a lo narrado por el docente, buena parte de su recorrido profesional, sus saberes sobre la enseñanza, su experiencia laboral, sus certezas, dudas e inquietudes, pues, al documentar y organizar las vivencias, se promueve una historia escolar distinta de la que habitualmente se conoce, en la medida en que el foco de dichas experiencias, se centre solamente en las de enseñanza y de aprendizaje que se desarrollan en la escuela para sistematizar las evidencias de una parte importante del currículum que se construye cotidianamente en las aulas de la institución.

El proceso de coevaluación adelantado en la propuesta, logró evidenciar la importancia que tiene en la práctica pedagógica, el permitir que otros pares evalúen el quehacer diario de los docentes, de forma crítica, facilitando con ello la detección de las buenas prácticas y de las posibilidades de mejora para otras. En este sentido, la herramienta WEB posibilitó el desarrollo del proceso de coevaluación., mediante la identificación de la tarea que consideraron oportuna sistematizar; así, la dinámica se volvió enriquecedora, es decir, que, cuando el trabajo colaborativo hace parte de la cotidianidad en los procesos pedagógicos, tal y como se plantea en el uso de las Tics, la coevaluación se convierte en una práctica asumida con naturalidad por parte de los docentes.

De igual manera, se dilucidó que estos procesos evaluativos visionados desde lo humano, potencian en cada ser humano docente, sus fortalezas para transformar sus debilidades. Finalmente, la coevaluación fundamentada en el uso de las Tics, mostró que se promueven espacios educativos enmarcados en la formación del ser, el saber y el sentir, para este caso, de los docentes.

La herramienta Web se probó con la experiencia del docente en matemáticas Harbey Lozano, de la Institución Educativa Jorge Eliécer Gaitán, de la ciudad de Palmira, quien muy amablemente facilitó toda la información sobre su experiencia de 28 años de trabajo en el área de matemáticas, con el fin de poner a prueba la plataforma diseñada.

Esta actividad de sistematización se desarrolló con el profesor en tres momentos: un primer momento, identificación del archivo en el cual el docente guardaba toda su información; el segundo momento consistió en la clasificación y categorización de los documentos por grados y por asignaturas; en el tercer momento, se realizó el proceso de escaneo, cargue y organización en carpetas virtuales de la información, de la misma forma como se organizaron en físico. Esta estrategia facilitó que la documentación de las experiencia pedagógica pudiese demostrar que ésta ha sido realmente significativa; en este sentido, en el momento de intervención en la institución educativa se observó la manera como en su quehacer diario el maestro guardaba sus documentos. Finalmente, la experiencia del profesor Harvey Lozano promovió la recuperación de su archivo de experiencias en formas de talleres, que el maestro ha realizado a lo largo de su trayectoria en la institución y que de una u otra forma ha influenciado el proceso de aprendizaje de los estudiantes.

La organización de las carpetas de esta forma facilita el acceso a los documentos, primeramente para el maestro, y luego, para su análisis y evaluación al ser puestas en la plataforma.

El docente registró su experiencia pedagógica realizando un proceso de trasferencia de archivos, desde el disco duro de su PC a un servidor Web el cual tiene disponibilidad 24 horas y mediante la aplicación, cualquier docente registrado en la plataforma, puede desarrollar un proceso de registro y de coevaluación.

Después de esto, sus experiencias registradas quedan disponibles para la descarga, para ser puestas a disponibilidad de la comunidad educativa de dos formas: el administrador del sistema con su manejo de claves puede tener acceso a todo el material guardado en el servidor; y el docente puede descargar su experiencia. Es importante, recordar que solo el administrador y el docente, para este caso Harvey Lozano, tienen acceso para descargar la experiencia.

El desarrollo de la estrategia de coevaluación permitió encontrar una serie de elementos pedagógicos inmersos en la experiencia tomada como ejemplo. Dichos elementos encaminan a poder detallar el posible modelo que usa de forma particular el maestro Harvey Lozano en su práctica pedagógica.

En su estrategia se observa que el modelo del profesor Lozano es una composición en la que los paradigmas de los modelos de la clasificación de Zubiría Samper (2007), los de la clasificación de Flores Ochoa (1995) y el modelo conceptual participan en menor proporción, mientras que los paradigmas de los modelos de Planchard y el de base Filosófica idealista se presentan en mayor proporción, lo que indica que su práctica está marcada por una dinámica en la que a veces se concibe al estudiante como objeto del proceso, pero particularmente se reconoce en la mayoría de los casos como un modelo que coloca al educando en el centro, como sujeto del proceso pedagógico y se corresponde con una comprensión humanista del mismo.

En este sentido la combinación de modelos presente en la práctica pedagógica del maestro Harvey le da validez al diálogo como fundamento de una nueva forma de enseñar, es decir, la apropiación del maestro Harvey de su proceso de enseñanza. De acuerdo con los paradigmas que mayormente fundamentan la labor de este maestro, el educador no es el único dueño del saber, sino quien estimula el proceso de construcción del conocimiento en el alumno, propiciando el cambio de actitudes del estudiante acrítico en crítico, desde la pasividad que implica el desarrollo de actividades tipo taller, la voluntad de asumir su proceso educativo como una oportunidad para explorar sus posibilidades.

Las reflexiones sobre lo que los docentes decidieron, planificaron, se cuestionaron y lograron, con este tipo de implementaciones, para este caso, la herramienta WEB creada, ya no se pierden, ni se diluyen; han pasado a un nuevo plano en el que algún día serán rescatadas, por los mismos docentes o por otros que encuentren en ellas un aporte valioso para reestructurar el desarrollo de sus clases y revaluar sus métodos de enseñanza.

Conclusiones

Se logró diseñar una plataforma web, la cual tiene la capacidad de almacenar la experiencia sistematizada del maestro en un servidor web con facilidad de ser consultada desde cualquier lugar del mundo, con servicio las 24 horas del día, por los miembros registrados en la plataforma.

Se probó la plataforma usando las experiencias de uno de los docentes obteniéndose resultados altamente satisfactorios, porque se logró organizar el archivo personal de su experiencia significativa tanto en físico como virtual, ubicándolos en la plataforma.

En la estrategia del profesor Lozano los paradigmas de los modelos de Planchard y el de base filosófica idealista se presentan en mayor proporción, lo que indica que su práctica está marcada por un modelo que coloca al educando en el centro, como sujeto del proceso pedagógico y se corresponde con una comprensión humanista del mismo.

La combinación de modelos presente en la práctica pedagógica del maestro Harvey le da validez al diálogo como fundamento de una nueva forma de enseñar.

Recomendaciones

La plataforma web diseñada es una herramienta de cualidades particulares que, de acuerdo al uso institucional, facilita el análisis de las diferentes prácticas pedagógicas de los maestros, lo que a su vez posibilita determinar las características conceptuales y filosóficas del modelo imperante en la institución. Para esta labor se deja abierto el camino con los directivos, estableciendo un acuerdo para socializar el uso de la plataforma con los docentes e invitarlos a participar de forma voluntaria en la sistematización de su experiencia significativa.

A continuación se determinaron las pautas acogidas para la guía de presentación de las experiencias didácticas de los maestros para ser registradas en la plataforma, elaborada con base en la monografía de sistematización que ofrece Carvajal Burbano, las cuales se consignan en la siguiente tabla.

Referencias

Barnechea, María y Morgan, María. (2007). El conocimiento desde la práctica y una propuesta de método de sistematización de experiencias, PUCP, Perú.

Bolívar, Ligia. (2003) Sistematización de experiencias educativas en derechos humanos: Una guía para la acción. Cuadernos pedagógicos. IIDH (Instituto Interamericano de Derechos Humanos). San José de Costa Rica. En:

http://iidhebserver.iidh.ed.cr/multic/UserFiles/Biblioteca/IIDH/10_2010/1846/Sistematizacion_de_Experiencias.pdf. ISBN 9968-917-01-X

Carvajal, Arizaldo. (2010). Teoría y práctica de la sistematización de experiencias. Universidad del Valle. 4ª. Edición. Cali-Colombia.

Casas, José Luis, Klinger, Piedad y Cuesta, María. (2008). Una organización que aprende a través de la sistematización de experiencias. Revista Internacional del Magisterio. Educación y Pedagogía. No. 33 junio-julio. Bogotá- Colombia.

Ghiso, Alfredo. (2008). Sistematización de experiencias en Educación popular. Memorias Foro: Los contextos Actuales de la Educación Popular. Medellín.

Jara, Oscar. (1994). Para sistematizar experiencias: una propuesta teórica y práctica. 3 edición. Centro de Estudios y Publicaciones Alforja. San José, Costa Rica.

Jara, Oscar. (2001). Dilemas y desafíos de la sistematización de experiencia. Centro de Estudios y Publicaciones Alforja. Costa Rica.

Jara, Oscar. (2008). Sistematización de experiencias: un concepto en la realidad latinoamericana. Revista Internacional del Magisterio. Educación y Pedagogía. No. 33 junio-julio. Bogotá- Colombia. P. 14-19.

Salazar, Juan y Vásquez, José. (2015). La socioformación: Un estudio conceptual. En: Revista Paradigma, Vol. 36, No. 1, junio.

Souza de, João Francisco. (2008). Sistematización: un instrumento pedagógico en los proyectos de desarrollo sustentable. Revista Internacional del Magisterio. Educación y Pedagogía. No. 33 junio-julio. Bogotá- Colombia. P.8-14

Tobón, Sergio, Guzmán, Clara, Hernández, José y Cardona Sergio. (2015). Sociedad del conocimiento: Estudio documental desde una perspectiva humanista y compleja. En: Revista Paradigma, Vol. 36, No. 2, diciembre.

Vasco, Carlos Eduardo. (2008). Sistematizar o no. he ahí el problema. En: Revista Internacional Magisterio. Educación y Pedagogía. Marzo de 2009. No.23. p 19 –21. Bogotá- Colombia.

CAPÍTULO 15

Desarrollo de las competencias laborales en beneficio de los estudiantes

Lilián M. Méndez-Ravina[1], Marissa Alonso-Marbán, Emmanuel Sánchez-Moreno, Cristina I. Méndez-Ravina y Emma Sierra-Escudero.
Instituto Politécnico Nacional (IPN).

Lilián Marisa Méndez-Ravina, Marissa Alonso-Marbán, Cristina Isabel Méndez-Ravina y Emma Sierra-Escudero
Profesoras Investigadoras, Escuela Superior de Turismo (EST), IPN. Emmanuel Sánchez Moreno, Estudiante de Maestría en Administración e Innovación del Turismo EST – IPN.

[1] Correspondencia: Lilián M. Méndez-Ravina
Posgrado Escuela Superior de Turismo, IPN, Miguel Bernard 39, Colonia Residencial La Escalera, C.P. 07630, Distrito Federal, México. Correo electrónico: mendezravina@gmail.com.

Referencia APA:

Méndez-Ravina. L., Alonso-Marbán, M., Méndez-Ravina, C., & Sierra-Escudero, E. (2016). Desarrollo de las competencias laborales en beneficio de los estudiantes. En B. Tobón, H. Parra-Acosta, C. Guzmán, S. Tobón, & L. G. Juárez-Hernández (Eds.), *Experiencias en la implementación de la gestión del talento humano desde el pensamiento complejo* (pp. 359-372). Lake Mary: Kresearch.

Resumen

Este artículo presenta los resultados de la investigación realizada en la Residencia para Investigadores Invitados (RIV) del Instituto Politécnico Nacional (IPN), dedicada a apoyar el desarrollo de los proyectos de investigación nacional e internacional, brindando hospedaje a académicos designados para contribuir a los propósitos del Modelo Educativo del IPN. La RIV, no cuenta con restaurante, siendo un área de oportunidad para desarrollar vinculación administrativa y docente con la Escuela Superior de Turismo, líder en la educación turística, para crear un modelo de Restaurante-Escuela que sirva de generador de competencias y enlace académico y laboral, teniendo como objetivo la formación de capital humano de calidad.

Palabras clave: Restaurante- Escuela, competencias, capital humano de calidad.

Abstract

This article presents the results of research conducted at the Residencia para Investigadores Invitados (RIV) of the Instituto Politécnico Naciona (IPN), dedicated to supporting the development of the projects of national and international research, by offering lodging to academics appointed to contribute to the purposes of the educational model of the IPN. The RIV, does not have a restaurant, being an area of opportunity to develop linking administrative and teaching with the Higher School of Tourism, a leader in the tourism education, to create a model of Restaurant - School to serve as a generator of competences and link academic and employment, taking aim at the training of quality human resources.

Key Words: Restaurant - School, skills, high quallty human resources.

Introducción

La Residencia para Investigadores Visitantes (RIV) del Instituto Politécnico Nacional (IPN), ubicada en la avenida Miguel Bernard y Juan de Dios Bátiz, Colonia San José Ticomán, Delegación Gustavo A. Madero, CP: 07340, Distrito Federal, México; surge para dar respuesta a los requerimientos actuales de vinculación y colaboración entre una gran diversidad de organismos e instituciones preocupadas, junto con el IPN, en desarrollar investigación que generen un impacto positivo en el desarrollo de México. (Anexo I)

Con esta visión, se presenta la necesidad de crear un espacio que permita brindar hospedaje a profesores investigadores para fomentar la realización de proyectos académicos, mediante el intercambio y cooperación entre la comunidad científica nacional e internacional.

La administración de la RIV se asigna a la Secretaría de Administración del IPN, instancia que de manera conjunta con la Dirección de Recursos Financieros, Materiales y Servicios, define los esquemas de mantenimiento y conservación del inmueble; así mismo se crea la página http://www.riv.ipn.mx, ubicada en el portal principal del IPN y en la página de la propia Secretaría de Administración. Con ello, se determina el procedimiento de coordinación con las dependencias politécnicas, para hacer uso de los servicios que ofrece en sus 30 habitaciones entre sencillas, dobles y suite, con una capacidad máxima de albergue de 45 huéspedes.

La RIV cuenta con un gran potencial de crecimiento, que no se ha aprovechado totalmente a lo largo de sus años de operación; por lo anterior, se propone sea complementado con un Restaurante-Escuela que ofrezca servicio a los huéspedes, a la comunidad y al público en general.

Metodología

La presente investigación es de tipo Descriptivo típico, porque se analizan las características de la muestra seleccionada y Exploratorio debido a que fue necesario realizar visitas periódicas de observación en la zona para aplicar los cuestionarios y guía de observación para el levantamiento de datos sobre la oferta y demanda, de un Restaurante-Escuela en la RIV.

El universo de estudio se conforma por los habitantes y los establecimientos de alimentos y bebidas de la zona de influencia de la RIV. Para el estudio de benchmarking se seleccionaron de manera aleatoria Restaurantes-Escuelas del Distrito Federal y zona conurbada.

Se aplicó un cuestionario, con el propósito de identificar la demanda de establecimientos de alimentos y bebidas, el instrumento busca conocer los gustos y preferencias de los clientes potenciales y finalmente se realizó una guía de observación (análisis de la oferta) para investigar las características de los establecimientos que ofrecen servicios de alimentos y bebidas en la zona.

Se implementó un sondeo (Benchmarking) de manera aleatoria en diferentes centros de estudios privados y públicos del Distrito Federal y zona conurbana, que permitirá observar directamente la operación de los mismos, en relación a si cuentan con un sitio de prácticas para sus estudiantes, como el que se quiere implementar en la presente investigación.

Diseño de instrumentos

Se creó el cuestionario de demanda y una guía de observación de la ofertas para el levantamiento de datos que sirvan de análisis de la viabilidad de creación de un Restaurante-Escuela en la RIV.

El cuestionario de demanda (Anexo II) consta de 14 preguntas, de las cuales cuatro reactivos son de identificación (1-3,14), que permitieron definir el perfil del consumidor y la forma de contactarlo; siete referentes a los hábitos de consumo de alimentos y bebidas fuera del hogar (4-10) y tres enfocadas a gustos y preferencias de servicio (11-13).

Para el caso de análisis de oferta se realizó una guía de observación (Anexo III), instrumento que permitió conocer la competencia, tipo de servicios ofertados, infraestructura, precios promedios y/o los servicios adicionales que brindan los establecimientos de alimentos y bebidas que operan en un radio de un kilómetro a la redonda de la RIV.

Población objeto

Para este proyecto se tomó como referencia una población finita, compuesta por la comunidad politécnica y habitantes de la zona cercana a la RIV. Se seleccionó una muestra aleatoria, probabilística y representativa, de 1285 encuestas; cifra obtenida de la aplicación de la fórmula sugerida por Hernández Sampieri (1991).

Para el análisis de los datos se agruparon y jerarquizaron los resultados con el fin de alinear los perfiles, las percepciones, los gustos, las preferencias y los hábitos de consumo de los clientes potenciales.

Resultados

El cuestionario de demanda proporcionó elementos valiosos que permitieron considerar la factibilidad de creación y operación de un establecimiento de alimentos y bebidas que ofrezca, en diversos horarios y días, servicios a los huéspedes, a la comunidad politécnica y al público en general; ya que la mayoría de los clientes potenciales que viven y/o trabajan en la zona acostumbran comer con sus amigos y compañeros del trabajo. Como parte de los resultados que arrojó la aplicación del instrumento, se establece que la población cuestionada regularmente come en casas adaptadas para brindar servicios de alimentos y bebidas, así como establecimientos dentro de los mercados o plazas comerciales. Por lo anterior, se asume que el Restaurante-Escuela, en esta zona, sería un producto diferenciado con una gran área de oportunidad.

Los resultados obtenidos de la aplicación de la guía de observación, muestra las áreas de oportunidad que deben considerarse para proponer la operación del Restaurante-Escuela, tomando en cuenta el tipo de establecimiento, personal de servicio, infraestructura, días y horarios de atención; servicios complementarios y extras.

Benchmarking (Anexo IV)

El Estudio de las los Restaurantes Escuelas del Distrito Federal y zona conurbada se utilizó para observar directamente la operación de los mismos, lo que permitió obtener información de primera mano sobre la forma en que se efectúan las actividades.

En México existen 61 instituciones que imparten gastronomía a nivel licenciatura o técnica, la mayoría son privadas. Los programas de estudio, costos, semestres e instalaciones varían de una escuela a otra.

En el caso del Politécnico, la Escuela Superior de Turismo (EST), prepara profesionales para desempeñar funciones dentro de la actividad turística en los sectores públicos, privados y sociales. Bajo la observación e investigación realizadas y tomando en cuenta los modelos de aprendizaje basados en el alumno, así como los programas por competencias, es necesario que los estudiantes cuenten con espacios para realizar sus prácticas profesionales, es decir, acercar el aula a la práctica y a una realidad latente, en donde éstos apliquen los conocimientos obtenidos, descubran debilidades y fortalezas en su desempeño profesional, al interactuar de manera profesional con el personal y con los clientes, que asistan al restaurante, lo que les permitirá, enfrentarse con problemas reales del contexto.

El benchmarking realizado proporcionó los elementos necesarios para desarrollar una propuesta viable de un Restaurante-Escuela, ya que en el nivel superior no existe uno al público que cuente con la infraestructura para brindar servicio con atención a la población en general y a la comunidad del Politécnico en particular. Por otra parte, este estudio permitió conocer las escuelas restaurantes en la ciudad de México, que cuentan con una gran infraestructura y oferta educativa y que son privadas, las cuales operan con gran éxito desde hace años.

Discusión y conclusiones

Con base en la investigación realizada y con fundamento en los resultados obtenidos en el análisis de factibilidad de la creación de un Restaurante-Escuela en la RIV se concluye que:

Existe la necesidad de contar con un área de alimentos y bebidas, considerando que cerca de la zona no existen establecimientos que atiendan esta carencia y los que existen no cuentan con las características higiénicas que aseguren la calidad del servicio.

La operación del Restaurante-Escuela en la RIV del IPN, se puede formalizar en coordinación con las dependencias politécnicas, específicamente con la Escuela Superior de Turismo (EST), a fin de realizar la vinculación necesaria para que los alumnos y docentes de la Licenciatura en Turismo, especialmente los del área de alimentos y bebidas sean los responsables de la realización de las actividades del Restaurante-Escuela, a fin de desarrollar en ellos las competencias profesionales requeridas para su desempeño profesional en un contexto real, puesto que en la actualidad no cuentan con los suficientes espacios para su formación y los existentes, no les dan la oportunidad de adentrarse de manera eficiente en la realidad que operan las organizaciones turísticas restauranteras.

Lo anterior, implicará direccionar, planear, ejecutar y socializar proyectos que se articulen para la rotación de los alumnos de los últimos semestres de la carrera y de los profesores de los programas de prácticas profesionales. Estos proyectos pueden ser a nivel micro o macro y abordarse en una semana, un mes, un bimestre o un semestre.

De esta manera, la EST se beneficiará porque le permitirá seguir con su posición de liderazgo en la formación de recursos humanos de calidad en el ámbito turístico, ya que el Restaurante-Escuela es un espacio perfecto en el que se pueden generar, aplicar y transmitir conocimientos, además que se tendrá la certeza de que los recursos humanos que se formarán en este sitio, contarán con las competencias idóneas para crear e innovar en el ámbito gastronómico; conforme a los requerimientos establecidos en los programas de prácticas profesionales de las materias de Administración de restaurantes I, Administración de cocina, Control de costo de Alimentos y Bebidas, Planeación de costo de Alimentos y Bebidas, Técnica culinaria, Ventas y servicio de banquetes, mismas que se encuentran incluidas en el mapa curricular existente, todo esto a través de la mediación y supervisión de los docentes de la EST.

De igual manera, conforme a lo propuesto por Tobón (2010), el Restaurante-Escuela será un proyecto formativo, fundamentado en los cuatro ejes mínimos propuestos por éste, lo que permitirá formar y evaluar las competencias de los alumnos de la EST desarrolladas en las aulas, mediante la resolución de problemas en un contexto real, es decir los alumnos que realicen prácticas profesionales en el Restaurante- Escuela tendrán la oportunidad de crear y producir platillos y bebidas innovadores con apego a las normas de sanidad actuales, mediante el manejo, aprovechamiento y uso correcto de las mercancías, minimizando costos para una mayor utilidad a corto plazo.

A través de la siguiente propuesta:

Restaurante-Escuela en las instalaciones de la RIV operado por alumnos de la EST del IPN	
Horas teórico-prácticas	Para los estudiantes del área de alimentos y bebidas, se propone un promedio de 1300 horas divididas en: 70% destinadas a la práctica y 30% destinadas al aspecto teórico.
Tipo de escuela	Pública
Reconocimientos	
Oferta educativa	Certificación de competencias, media superior, superior, cursos, diplomados, seminarios de titulación, especializaciones y posgrado.
Modelo Educativo	Por competencias
Funciones que operan los alumnos	Los estudiantes de este plan deberán desempeñar funciones directivas y operativas del área de alimentos y bebidas como: Administrar, Planear, Seleccionar productos y proveedores, Almacenar, Cocinar, Investigar, Servir al cliente. Además de poder planear, organizar y ejecutar servicios de eventos y banquetes. Aplicar estrategias de marketing, promoción y difusión del restaurante.
Capacidad del establecimiento	82 comensales en una planta o 120 comensales en dos plantas (Anexo V).
Infraestructura e instalaciones	En función de la capacidad del establecimiento
Servicios extras	• Reservación en línea y telefónica • Valet parking. • Pago con tarjeta de débito y crédito. Renta del espacio para eventos. Servicio de banquetes y eventos.
Estrategias de promoción y difusión	Campañas vía web, flyers, volantes, Facebook, Ferias gastronómicas, Expo-profesiográficas y Carteles publicitarios.

365

Referencias

Gutiérrez N. R. (2007). Análisis de Resultados de la Acreditación en la Educación Turística 2004-2007. Ponencia presentada en el Congreso CONAET-AMESTUR, Octubre 2007

Hernández Sampieri, R. (1991). Metodología de la Investigación. p 216. México: McGraw-Hill.

Malhorta, N. (2004). Ivestigación de Mercados. México: Pearson Educación.

Secretaria de Administación del IPN. Manual de procedimientos. Recuperao de http://www.riv.ipn.mx

Tobón, S. (2010). Formación basada en competencias. Pensamiento complejo, diseño curricular y didáctica. D. F., México: CIFE.

Tobón, S. (2010). Formación integral y competencias. Pensamiento complejo, currículo, didáctica y evaluación. Bogotá, Colombia: ECOCE.

Tobón, S., Pimienta, J., y García Fraile, J. (2010). Secuencias didácticas: aprendizaje y evaluación de competencias. México: Pearson.

Anexo 1

Fotografía de la Residencia para Investigadores del IPN

Elaboración propia

Zona de influencia de la RIV del IPN

Elaboración propia

Anexo II

Cuestionario de demanda

Proyecto: Propuesta de creación de una Escuela Restaurante en el predio de la Residencia de Investigadores Visitantes (RIV) del IPN, en el Distrito Federal.

Registro SIP: 20130632

Cuestionario de demanda

Objetivo: Identificar la demanda de establecimientos de alimentos y bebidas en la zona conurbada a la Residencia de Investigadores Visitantes del Instituto Politécnico Nacional, en el Distrito Federal, para determinar la viabilidad de la creación de un restaurante en la RIV.

Fecha de aplicación:_____ **Aplicador:**_____ _

Nota: (los reactivos con paréntesis da oportunidad de seleccionar varias opciones de ser necesario)

Perfil del encuestado

1. Sexo:
   a. Femenino
   b. Masculino

2. Procedencia y actividad del encuestado
   a. Vive en la zona_____
   b. Trabaja en la zona _____
   c. Estudia en la zona _____

3. Edad:
   a. Menos de 25
   b. Entre 26 y 30
   c. Entre 31 y 40
   d. Entre 41 y 50
   e. Más de 51

4 ¿Consume alimentos preparados fuera de casa de vez en cuando?

   1. Si (pasa a la siguiente pregunta)
   2. No (termina la encuesta)

Hábitos de consumo de Alimentos y bebidas fuera del hogar

4. ¿Con qué frecuencia desayuna, come o cena fuera de casa?
   1. ( ) Una vez a la semana
   2. ( ) Dos veces a la semana
   3. ( ) Tres veces o más a la semana
   4. ( ) de lunes a viernes
   5. ( ) El fin de semana
   6. ( ) Toda la semana

5.¿Qué tipo de establecimiento de alimentos frecuenta?
   1. ( ) Ambulantes
   2. ( ) Casas adaptadas para brindar servicios de alimentos
   3. ( ) Mercado
   4. ( ) Restaurantes
   5. ( ) servicio a domicilio

6.¿Qué tipo de alimentos acostumbra consumir?
   1. ( ) Antojitos
   2. ( ) Comida casera
   3. ( ) Vegetariana
   4. ( ) Gourmet o de especialidades

7. ¿Cuándo come más frecuentemente fuera de casa es a la hora de (del) ...
   1. ( ) Desayuno
   2. ( ) comida
   3. ( ) cena
   4. ( ) los tres tiempos (desayuno, comida y cena)

Le agradecemos su participación.

Proyecto: Propuesta de creación de una Escuela Restaurante en el predio de la Residencia de Investigadores Visitantes (RIV) del IPN, en el Distrito Federal.

Registro SIP: 20130632

8. ¿Con quién acostumbra comer?

1. ( ) Solo
2. ( ) Compañeros de la oficina
3. ( ) Amigos
4. ( ) Familia

9. ¿Cuánto gasta en promedio en cada consumo de sus alimentos de forma individual?

1. Menos de $50.00
2. Entre $51.00 a $100.00
3. Entre $101.00 a $200.00
4. Entre $201.00 a $300.00
5. Más de $301.00

10 ¿Qué tipo de servicio de restaurante le gustaría? (puede seleccionar varias opciones)

1. ( ) Antojitos
2. ( ) comida corrida
3. ( ) Auto servicio y/o servicio a domicilio
4. ( ) Menú y a la carta
5. ( ) Buffet
6. ( ) De especialidad (carnes, vegetariana o macrobiótica)

11. ¿Qué tipo de promociones le gustaría que ofreciera el restaurante?
1. ( ) Descuentos de consumo
2. ( ) Cupones de descuentos
3. ( ) Promociones del 2x1 en un día a la semana
4. ( ) Otras ¿Cuáles?_____

12. Señale con una x cuales de las siguientes cualidades del servicio tienen mayor importancia para usted al visitar el restaurante:

1. ( ) Localización del restaurante
2. ( ) Variedad de los platillos
3. ( ) Atractivo del restaurante
4. ( ) Presentación de platillos
5. ( ) Ambiente agradable
6. ( ) Sabor de los platillos
7. ( ) Tranquilidad
8. ( ) Trato personalizado
9. ( ) Seguridad
10. ( ) Precio
11. ( ) Calidad en el servicio
12. ( ) Correspondencia calidad-precio
13. ( ) Servicio rápido
14. ( ) Correspondencia cantidad/precio
15. ( ) Información de la carta
16. ( ) Servicio de estacionamiento

Le agradecemos su participación.

Anexo III

Guía de observación de la oferta

Proyecto: Propuesta de creación de una Escuela Restaurante en el predio de la Residencia de Investigadores Visitantes (RIV) del IPN, en el Distrito Federal.
Registro SIP: 20130632

Guía de observación de oferta

Objetivo: La presente documento tiene como propósito identificar la oferta de establecimientos de alimentos y bebidas en la zona conurbada a la Residencia de Investigadores Visitantes del Instituto Politécnico Nacional, en el Distrito Federal.

Nota: (los reactivos con paréntesis da oportunidad de seleccionar varias opciones de ser necesario)

Fecha de aplicación:_____ Aplicador:_____ _

Nombre del establecimiento:_____
Dirección:_____

1) Horario de atención:

Días	Desayuno	Comida	Cena
Lunes a viernes:			
Fines de semana:			
Otros:			

2) Establecimiento:
1) Fijo
2) Semifijo:
   a. Vía pública
   b. al interior
3) en vivienda con acceso
4) en vivienda sin acceso/uso exclusivo
5) en vivienda sin accesos/uso compartido

3) Tipo de restaurantes
1. Preparación de alimentos de especialidades y comida internacional
2. Con servicio de alimentos
   i. a la carta,
   ii. comida corrida y
   iii. cocinas económicas
3. Taquerías
4. Preparación de pizzas, hamburguesas y hot dogs
5. Cafeterías
6. Preparación de pollos rostizados y otras preparaciones
7. Comida regional
8. Preparación de pescados y mariscos
9. Preparación de antojitos mexicanos
10. Fuentes de sodas,
   i. Neverías y refresquerías,
   ii. Juguerías,
   iii. puestos de elotes,
   iv. gelatinas,
   v. tamales, frituras y similares.
11. Servicios de comedor para empresas e instituciones
12. Torterías
13. Servicios de preparación de alimentos para ocasiones especiales
14. Otros restaurantes

Personal empleado en el establecimiento
4) Estratos de personal ocupado en el establecimiento
1) 0 a 2
2) 3 a 5
3) 6 a 50
4) 51 a 250
5) 251 y más

5) ¿Cuenta con?
1) Meseros
   a. Si
      i. Desayuno ¿Cuántos? :_____
      ii. Comida ¿Cuántos? :_____
      iii. Cena ¿Cuántos? :_____
   b. No
2) Personal de cocina:
   a. Si- ¿Cuántos? :_____
   b. No
3) Cajero:
   a. Si- ¿Cuántos? :_____
   b. No
4) Hostess:
   a. Si- ¿Cuántos? :_____
   b. No
5) Valet parking
   a. Si- ¿Cuántos? :_____
   b. No

Servicio y alimentos

6) Sabor, calidad y presentación de los alimentos:
a. ( ) Buena presentación de los platillos
b. ( ) Buena decoración
c. ( ) Buen aroma
d. ( ) Gusto y sabor
e. ( ) Buena ración

Infraestructura e instalaciones:

12) Mesas
   a. Si
     i. ¿Cuántas?_____
     ii. ¿Para cuantas personas?_____
   b. No
   c.

Le agradecemos su participación.

Anexo IV

Benchmarking

Nombre de la Institución)
Horas teórico-prácticas
Tipo de escuela
Reconocimientos
Oferta educativa
Modelo Educativo
Funciones que operan los alumnos
Horarios de servicio del establecimiento
Infraestructura e instalaciones
Servicios extras
Estrategias de promoción y difusión

Anexo V

El área física que se propone para crear el Restaurante Escuela delimita en el siguiente mapa con líneas negras y medidas reales:

La propuesta abarca dos diferentes estructuras una en una planta para 82 comensales:

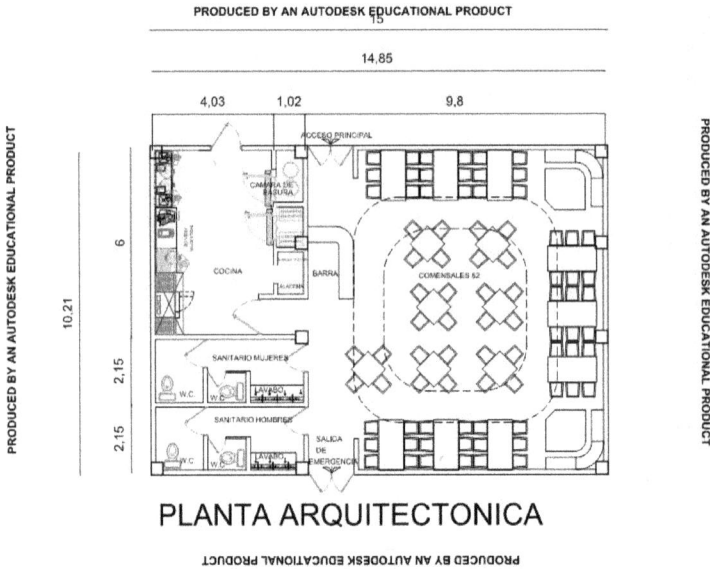

PLANTA ARQUITECTONICA

Y una en dos plantas para 120 comensales:

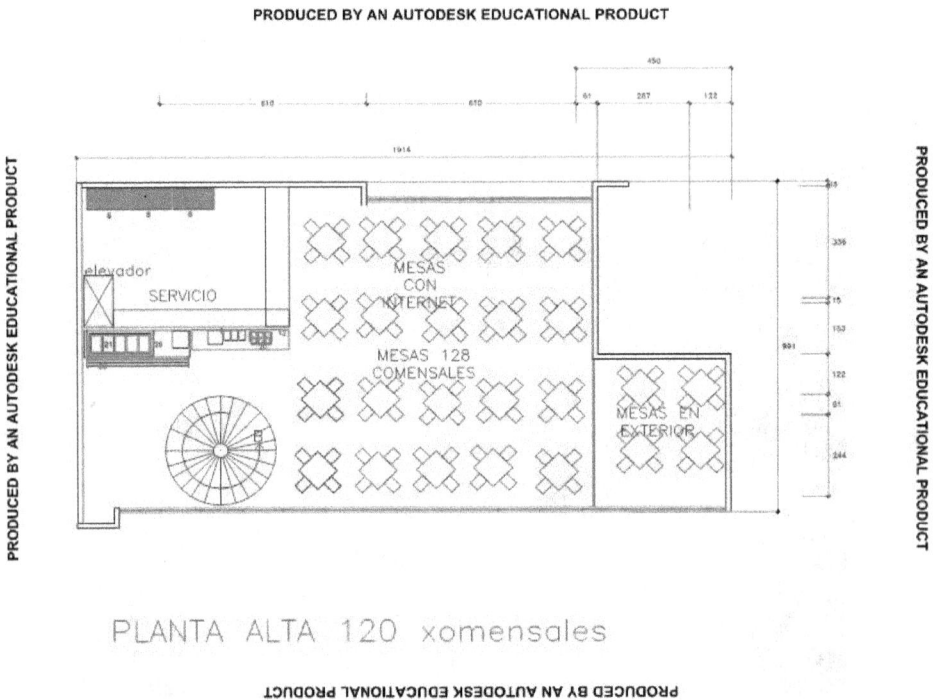

PLANTA ALTA 120 xomensales

www.ingramcontent.com/pod-product-compliance
Lightning Source LLC
Chambersburg PA
CBHW081356270326
41930CB00015B/3321